Die Ehen von/mit Nichtkatholiken vor der lateinischen Kirche

ADNOTATIONES IN IUS CANONICUM

Hrsg. von Elmar Güthoff und Karl-Heinz Selge

Band 44

PETER LANG

Frankfurt am Main · Berlin · Bern · Bruxelles · New York · Oxford · Wien

Burkhard Josef Berkmann

DIE EHEN VON/MIT NICHTKATHOLIKEN VOR DER LATEINISCHEN KIRCHE

Das neue Ehe-Kollisionsrecht in *Dignitas Connubii*

PETER LANG
Internationaler Verlag der Wissenschaften

Bibliografische Information der Deutschen Nationalbibliothek
Die Deutsche Nationalbibliothek verzeichnet diese Publikation in der Deutschen Nationalbibliografie; detaillierte bibliografische Daten sind im Internet über <http://www.d-nb.de> abrufbar.

Zugl.: München, Univ., Diss., 2007

D 19
ISSN 0946-9176
ISBN 978-3-631-57149-1

www.peterlang.de

Vorwort

Die Berührungen zwischen den verschiedenen Konfessionen und Religionen nehmen in der heutigen Welt immer mehr zu. Viele Menschen fragen sich, wie in der Zukunft eine friedliche Koexistenz gewährleistet werden kann. Meiner Meinung nach wird zur Lösung dieser Frage das Recht eine entscheidende Rolle spielen, was heute jedoch noch kaum gesehen wird.

Besonders stark sind die wechselseitigen Berührungen in den Ehen, die von Personen unterschiedlicher Konfessionen und Religionen geschlossen werden. Mit der neuen Eheprozessordnung „Dignitas Connubii" legt die katholische Kirche erstmals Normen vor, welche die damit zusammenhängenden Rechtsfragen regeln.

Mit diesem delikaten Sachgebiet, das in der Wissenschaft noch kaum aufbereitet worden ist, habe ich mich in der vorliegenden Arbeit befasst, die im Sommersemester 2007 vom Klaus-Mörsdorf-Studium für Kanonistik an der Ludwig-Maximilians-Universität München als Dissertation zur Erlangung des akademischen Grades eines Lizentiaten des kanonischen Rechts angenommen wurde.

Danken möchte ich besonders dem Betreuer dieser Arbeit, Herrn Prof. Dr. Dr. Elmar Güthoff, der meinen Themenvorschlag mit Begeisterung aufgenommen und mich auch in schwierigen Phasen zur Vollendung des Projekts ermutigt hat. Dank gebührt auch weiteren Professoren: Von Prof. Dr. Dr. Helmuth Pree, der das Zweitgutachten erstellt hat, konnte ich viel an kanonistischem und interreligiösem Problemverständnis lernen. Prof. Dr. Dr. Stephan Haering OSB und Akad. Rätin Dr. Margit Weber gaben mir eine Arbeitsstelle als wissenschaftliche Hilfskraft am Klaus-Mörsdorf-Studium für Kanonistik, mit der ich nicht nur das Studium finanzieren, sondern mich auch fachlich weiter entwickeln konnte. Wertvolle Quellen- und Literaturhinweise für die vorliegende Studie habe ich von Prof. Dr. Dr. Nikolaus Schöch OFM erhalten.

Prof. Dr. Dr. Elmar Güthoff und PD Dr. Karl-Heinz Selge haben meine Arbeit gerne in die Reihe „Adnotationes in Ius Canonicum" aufgenommen, deren Herausgeber sie sind. Ihnen danke ich ebenso wie dem Verlag Peter Lang, insbesondere Herrn Dr. Benjamin Kloss und Frau Sabine Mittenhuber, die die Drucklegung rasch und mit viel Wohlwollen besorgt haben. Herzlich gedankt sei schließlich auch allen jenen, die in irgendeiner anderen Weise – etwa durch die Beschaffung von Material oder die Korrektur des Manuskripts – zum Gelingen dieser Arbeit beigetragen haben, aber lieber ungenannt bleiben wollen.

Mit dieser Arbeit möchte ich die neuen Normen für die Anwendung in der Rechtspraxis darlegen, sie aber auch in einen größeren juristischen, theologischen und soziologischen Zusammenhang stellen, um ihr Verständnis zu fördern. Ich beleuchte sie kritisch und zeige Perspektiven für die Zukunft auf. Es soll ein Beitrag für das friedliche Zusammenleben zwischen den Konfessionen und Religionen sein.

Burkhard Josef Berkmann,
München im Juli 2007

Inhaltsverzeichnis

Abkürzungsverzeichnis

1 Kor	1. Korintherbrief
AAS	Acta Apostolicae Sedis
AfkKR	Archiv für katholisches Kirchenrecht
AIC	Adnotationes in Ius Canonicum
AS	Acta synodalia sacrosancti concilii oecumenici Vaticani II, Typ.Pol.Vat., 1970-1980.
Art.	Artikel
BzMK	Beihefte zum Münsterischen Kommentar
bzw.	beziehungsweise
c.	Canon
CA	Constitutio Apostolica, Centesimus Annus
CCEO	Codex Canonum Ecclesiarum Orientalium
CIC	Codex Iuris Canonici (ohne nähere Angabe: 1983)
CICO	Codex Iuris Canonici Orientalis
CLSA	Canon Law Society of America
ComEx	Comentario exegético
Comm	Communicationes
Congr. Cult	Congregatio de Cultu Divino et Disciplina Sacramentorum
Congr. DocFid	Congregatio pro Doctrina Fidei
Congr. EcclOr	Congregatio pro Ecclesiis Orientalibus
CrAll	Crebrae Allatae
DBK	Deutsche Bischofskonferenz
Denz.	Denzinger / Hünermann
ders.	derselbe
d.h.	das heißt
DH	Dignitatis Humanae
dies.	dieselbe(n)
DignCon	Dignitas Connubii
DirEccl	Il Diritto Ecclesiastico
DirOec	Directorium Oecumenicum
DPM	De processibus matrimonialibus
dt.	deutsch
ebd.	ebenda
EG	Europäische Gemeinschaft
EGMR	Europäischer Gerichtshof für Menschenrechte
EGV	Vertrag zur Gründung der Europäischen Gemeinschaft
EKD	Evangelische Kirche in Deutschland
Enc.	Encyclica
engl.	englisch
EMRK	Europäische Menschenrechtskonvention
ErgLfg.	Ergänzungslieferung
f.	folgende
FamCons	Familiaris Consortio

FamRZ	Zeitschrift für das gesamte Familienrecht
GS	Gaudium et Spes
Hg.	Herausgeber
HK	Herder Korrespondenz
i.V.m.	in Verbindung mit
Instr.	Instructio
IPR	Internationales Privatrecht
IusCan	Ius Canonicum
IusEccl	Ius Ecclesiae
LE	*Ochoa, Xavier* bzw. *Andrés Gutiérez* (Hg.), Leges Ecclesiae post CIC editae
LEF	Lex Ecclesiae Fundamentalis
LexKR	Lexikon des Kirchenrechts
LexKStKR	Lexikon für Kirchen- und Staatskirchenrecht
LG	Lumen Gentium
LM	Lutherische Monatshefte
LSS	Leitsätze-Sammlung
MatrMixt	Matrimonia mixta
MKCIC	Münsterischer Kommentar zum CIC
MP	Motu Proprio
MthStkan	Münchener theologische Studien, kanonistische Abteilung
NA	Nostra Aetate
NKD	nachkonziliare Dokumentation
Nr.	Nummer
ÖAKR	Österreichisches Archiv für Kirchenrecht
ÖARR	Österreichisches Archiv für Recht und Religion
OE	Orientalium Ecclesiarum
OR	Osservatore Romano
ORD	Osservatore Romano deutsch
PastBon	Pastor Bonus
PCCICO	Pontificia Commissio ad redigendum Codicem Iuris Canonici Orientalis
PCDCVI	Pontificia Commissio Decretis Concilii Vaticani II Interpretandis
PCI	Pontificia Commissio ad Codicis Canones Authentice Interpretandos / Pontificium Consilium de Legum Textibus Interpretandis
PCLT	Pontificium Consilium de Legum Textibus
PCRCICO	Pontificia Commissio ad Redigendum Codicem Iuris Canonici Orientalis
Per	Periodica de re canonica
PontConsMigr	Pontificium Consilium de Spirituali Migrantium atque Itinerantium Cura
PontConsUnit	Pontificium Consilium ad Unitatem Christianorum fovendam
PT	Pacem in Terris
RDC	Révue de droit canonique
REDC	Revista española de derecho canonico
RegGenCR	Regolamento generale della Curia Romana
REU	Regimini Ecclesiae Universae
RN	Rerum Novarum
Rn.	Randnummer
Röm	Römerbrief
RR	Rota Romana
RR Dec	Romanae Rotae Decisiones seu Sententiae
Rs.	Rechtssache
SC DiscSacr	Sacra Congregatio de disciplina sacramentorum

SC DocFid	Sacra Congregatio pro Doctrina Fidei
SC Off.	Sacra Congregatio Sancti Officii
SC Or	Sacra Congregatio pro Ecclesia Orientali
SollNostr	Sollicitudinem Nostram
StdZ	Stimmen der Zeit
StudCan	Studia Canonica
ThQ	Theologische Quartalsschrift
TThZ	Trierer Theologische Zeitschrift
Typ.Pol.Vat.	Typis Polyglottis Vaticanis
u.a.	und andere
übers.	übersetzt
UR	Unitatis Redintegratio
usw.	und so weiter
v.	von
VApSt	Verlautbarungen des Apostolischen Stuhls
vgl.	vergleiche
YB	Yearbook on the Convention of Human Rights
z.B.	zum Beispiel
ZevKR	Zeitschrift für evangelisches Kirchenrecht

1. Einleitung

1.1. Das Eherecht in einer religiös pluralistischen Welt

PRADER bemerkte bereits im Jahr 1970, dass Tourismus und Migration die Kontakte zwischen den Menschen verschiedener Kulturen erleichtern und so auch die Eheschließungen zwischen ihnen zunehmen.[1] Dies gilt heute in noch höherem Maße. Die Globalisierung, die sich nach dem Kalten Krieg verschärft, lässt das oft erwähnte „*global village*" entstehen, in dem Menschen mit unterschiedlichen religiösen und kulturellen Hintergründen, die einander vorher kaum begegnet sind, nun als Nachbarn miteinander leben müssen.[2] Die vielgestaltigen Lebensweisen, die gerade auch religiös geprägt sind, tragen ein hohes Konfliktpotential in sich. Oft berichten die Medien von religiös motivierten Auseinandersetzungen. Weite Verbreitung erlangte das Buch „*The clash of civilizations*" von HUNTINGTON. Darin beschreibt er die Zukunft der Menschheit als einen Kampf der Kulturen, wobei auffällt, dass er die einzelnen Kulturkreise vor allem gemäß den Verbreitungsgebieten der Weltreligionen voneinander abgrenzt.[3] Verhält es sich tatsächlich so, dass die Religionen zwangsläufig Krieg in die Welt bringen? Müssen sie zuerst zurückgedrängt werden, damit weltweiter Friede gewährleistet ist? Das wäre gewiss der falsche Weg. Wer Friede herstellen möchte, ohne die Religionen zu beachten, verkennt nicht nur eine wichtige Dimension im Leben der meisten Menschen, sondern schürt erst recht Aggressionen, weil religiöse Bedürfnisse sich nicht einfach unterdrücken lassen. Vielmehr verfügen die Religionen selbst über die Fähigkeit, den religiösen Frieden zu sichern. Papst BENEDIKT XVI. sagte in diesem Sinne: „Man darf nicht meinen, die rein rationale Kultur hätte es aufgrund ihrer Toleranz leichter, mit den anderen Religionen zu Rande zu kommen. Ihr fehlt weitgehend das religiöse Organ und gerade damit eigentlich der Bezugspunkt, auf den hin die anderen ansprechen und angesprochen werden wollen. Insofern müssen wir zeigen, können wir zeigen, dass gerade für die neue Interkulturalität, in der wir leben, die pure, von Gott losgelöste Rationalität nicht genügt, sondern eine weite Rationalität nötig ist, die Gott in der Einheit mit der Vernunft sieht, und dass unser christlicher Glaube, der sich in Europa entwickelt hat, auch ein Mittel ist, um Vernunft und Kultur zueinander zu bringen und in einer verständnisvollen Einheit auch des Handelns miteinander zu halten."[4] Den religiösen Frieden zu sichern ist also in erster Linie die Aufgabe der einzelnen Religionen selbst. Welches Mittel können

---

[1] Vgl. *Prader*, Matrimonio nel mondo, 1. Auflage, 1.
[2] Vgl. *De Bertolis*, Globalizzazione, 378.
[3] Vgl. *Huntington*, Kampf der Kulturen, 30f.
[4] *Benedikt XVI.*, Gott wieder entdecken, 10.

sie dabei verwenden? KANT bemerkte, dass Friede einer rechtlichen Ordnung bedarf.[5] Das Recht ordnet nämlich die sonst wirren Beziehungen zwischen den einzelnen Subjekten und sorgt dafür, dass jedem das Seine zukommt. Auf das Verhältnis zwischen den Religionen angewandt, besagt dieses Prinzip, dass der religiöse Friede durch den Ausbau des religiösen Rechts angestrebt werden muss. Religionsgemeinschaften sind in der Regel selbst rechtlich verfasst und können in rechtliche Beziehungen zueinander treten. Damit wird es möglich, Grenzen abzustecken, Konflikte zu lösen und sogar die Grundlagen für eine Zusammenarbeit zu schaffen. Das Kollisionsrecht der Staaten dient dazu, die einzelnen staatlichen Rechtsordnungen voneinander abzugrenzen, ihren Anwendungsbereich zu klären und damit Konflikte zu vermeiden. In ähnlicher Weise müsste ein religiöses Kollisionsrecht das Verhältnis zwischen den Rechtsordnungen der einzelnen Religionsgemeinschaften klären. Ist ein derartiges religiöses Kollisionsrecht überhaupt möglich? NEUHAUS konnte sich 1966 trotz der Fortschritte, die das Zweite Vatikanische Konzil auf interreligiösem und interkonfessionellem Gebiet gebracht hat, nicht vorstellen, dass die katholische Kirche ein dem staatlichen vergleichbares religiöses Kollisionsrecht entwickelt, weil sie dazu die anderen religiösen Rechtsordnungen als gleichberechtigt anerkennen müsste.[6] Knapp vierzig Jahre später beweist die Kirche, dass NEUHAUS Unrecht hatte. Die neue Eheprozessordnung *Dignitas Connubii* aus dem Jahr 2005 enthält mit den Art. 2-4 eine Gruppe von Normen, die tatsächlich die Funktion eines Kollisionsrechts gegenüber fremden religiösen Rechtsordnungen erfüllt.[7]

Gewiss handelt es sich dabei lediglich um einen Ansatz. Die Kollisionsnormen von *Dignitas Connubii* betreffen nur das Eherecht, doch gerade dieses Rechtsgebiet spielt im interreligiösen Geflecht eine herausragende Rolle. Die meisten Religionsgemeinschaften betrachten die Ehe nämlich als ein religiös bedeutsames Rechtsinstitut, das sie ziemlich detailliert regeln. Außerdem können in der Ehe, wenn zwei Menschen heiraten, die unterschiedlichen Religionen angehören, verschiedene religiöse Rechtsordnungen mit einer Intensität aufeinander treffen, wie sie kaum in einem anderen Bereich erreicht wird. Sind die beiden betroffenen Regelungen nicht miteinander vereinbar, so treten Konflikte auf, die das Wohl der Gatten und letztlich auch das friedliche Zusammenleben der Religionsgemeinschaften beeinträchtigen. Gerade bei der Ehe zeigt sich also, wie notwendig ein religiöses Kollisionsrecht ist, um Konflikte zu vermei-

---

[5] Vgl. *Kant*, Metaphysik der Sitten, A 227, B 257; *ders.*, Zum ewigen Frieden, BA 36f.

[6] Vgl. *Neuhaus*, Verhältnis, 122.

[7] Bereits nach der Promulgation des CIC/1983 versuchten manche Kanonisten, Ansätze für ein kirchliches Kollisionsrecht zu entwickeln. *Breitbach* (Vollmacht, 183f.) schlug z.B. eine Ergänzung zu c. 11 CIC vor. Manche erwarteten eine Lückenschließung kraft einer Erklärung der zuständigen Autorität. Aus heutiger Sicht ist klar, dass der kirchliche Rechtsetzer mit *Dignitas Connubii* einen anderen Weg gewählt hat (*Kowal*, L'istruzione, 493).

den. Dazu leistet die lateinische Kirche mit *Dignitas Connubii* einen Beitrag und nimmt gleichzeitig eine Vorreiterrolle auf diesem Gebiet ein.

1.2. Die Entstehung von Dignitas Connubii

Dignitas Connubii ist die Frucht einer längeren Rechtsentwicklung. Schon 1936 wurde für die lateinische Kirche eine Eheprozessordnung mit der Bezeichnung „*Provida Mater*" veröffentlicht. Der CIC von 1917 hat das Eheprozessrecht nämlich nicht in einem Stück geregelt, was der Übersichtlichkeit abträglich war. Es zeigte sich daher, dass für die Praxis ein Rechtsdokument hilfreich wäre, das alle und nur die für das Ehenichtigkeitsverfahren relevanten Normen systematisch zusammenstellt. Dies wurde durch *Provida Mater* erreicht. Auf Seiten der katholischen Ostkirchen wurde das materielle Eherecht im MP *Crebrae Allatae* von 1949 und das Prozessrecht im MP *Sollicitudinem nostram* von 1950 geregelt. Das Zweite Vatikanische Konzil setzte neue Akzente im Eheverständnis und brachte vor allem eine neue Sichtweise der interreligiösen und interkonfessionellen Beziehungen, was sich in mehreren nachkonziliaren Gesetzen niederschlug. Die Instruktion der Glaubenskongregation *Matrimonii Sacramentum* (1966) und vor allem das MP *Matrimonia mixta* (1970) erleichterten das Eingehen einer konfessions- bzw. religionsverschiedenen Ehe. Auf dem Gebiet des Prozessrechts ist das MP *Causas Matrimoniales* (1971) zu nennen, das die Zuständigkeit kirchlicher Gerichte für die Ehen mit Nichtkatholiken neu formulierte und ProvMat in einigen Punkten abänderte. Das Dekret *Crescens Matrimoniorum* (1967), das für die lateinische und die ostkatholischen Kirchen gleichermaßen galt, löste, indem es Art. 18 OE umsetzte, Probleme bei der Eheschließung zwischen Katholiken und Angehörigen einer getrennten orientalischen Kirche. Allein für die katholischen Ostkirchen galt das MP *Cum Matrimonialium* (1973), das den Eheprozess erneuerte. Schließlich wurde 1983 ein neues Gesetzbuch für die lateinische Kirche erlassen, womit ProvMat außer Kraft trat. Entgegen mancher Erwartungen regelte dieser neue Codex den Eheprozess aus rechtssystematischen Überlegungen nicht als Standardverfahren sondern als Sonderfall des ordentlichen Streitverfahrens.[8] Damit entstand dasselbe Problem wie schon beim CIC/1917. Denn die für das Annullierungsverfahren relevanten Normen waren auf mehrere Abschnitte verstreut und es war nicht in jedem Fall klar, welche Vorschriften des allgemeinen Streitverfahrens aufgrund der Natur der Sache auch in Eheprozessen anzuwenden sind (c. 1691 CIC). Aus diesen Gründen wurde erneut das Projekt einer einheitlichen Eheprozessordnung in Angriff genommen, die nun mit *Dignitas Connubii* vorliegt. Dabei konnten auch Regelungen des inzwischen erlassenen CCEO – etwa die cc. 780f. über die konfessionsverschiedenen Ehen – einfließen.

---

[8] Vgl. *Pulte*, Provida Mater, Rn. 1.

Nach dem Inkrafttreten des CIC/1983 ließ man bewusst einige Zeit verstreichen, bis mit der Ausarbeitung einer neuen Eheprozessordnung begonnen wurde, um Erfahrungen zu sammeln und die authentischen Interpretationen des PCI sowie die Entwicklungen in Lehre und Rechtsprechung einbeziehen zu können.[9] Den eigentlichen Anstoß zur Ausarbeitung einer neuen Eheprozessordnung gab Papst JOHANNES PAUL II., der dieses neue legislatorische Vorhaben in der Rota-Ansprache vom 22.1.1996 andeutete.[10] Am 24.2. desselben Jahres berief er durch Schreiben von Kardinalstaatssekretär SODANO eine interdikasterielle Kommission ein, an der die Glaubenskongregation, die Sakramentenkongregation, die Apostolische Signatur, die Römische Rota und das PCI beteiligt waren. Am 15.3.1996 wurden ihre Mitglieder bestätigt. Sie hielt insgesamt 46 Treffen[11] und stellte am 22.2.1999 ein erstes Schema fertig, das aus 15 Titeln mit 308 Artikeln bestand. Es wurde zur Stellungnahme an die Bischofskonferenzen versandt, von denen einige überhaupt nicht,[12] andere hingegen mit weitgehenden Änderungswünschen antworteten.[13] Diese Vorschläge flossen in ein zweites, völlig anders gestaltetes Schema ein, das vom 12.7.2002 datiert und lediglich 47 Artikel in 11 Titeln enthielt.[14] Es ist jedoch auf zu großen Widerstand gestoßen und wurde zu Beginn des Jahres 2003 von der „*higher authority*“[15] endgültig verworfen. Am 4.2.2003 ordnete der Papst an, dass das nunmehrige PCLT in Zusammenarbeit mit anderen Dikasterien einen endgültigen Text nur über die tatsächlich geltenden Normen erarbeiten soll.[16] So verfasste der Präfekt des PCLT, HERRANZ, schließlich einen dritten Entwurf.[17] Eine Kombination des ersten und des dritten Entwurfs liegt nun im Ergebnis als *Dignitas Connubii* vor.[18] Dieses Dokument trägt das Datum vom 25.1.2005. Es wurde jedoch erst am 8.2.2005 in einer Pressekonferenz der Öffentlichkeit vorgestellt. Der vollständige Text war erst in den folgenden Wochen als Druck der *Typis Polyglottis Vaticanis* zugänglich.

---

[9] Vgl. Abs. 10 der Einleitung zu *Dignitas Connubii.*

[10] Der Hinweis war jedoch so versteckt, dass er kaum wahrgenommen wurde (*Haering*, Eheprozessordnung, 158). Deutlicher wurde der Papst in der Rota-Ansprache 1998, vgl. *Heinemann*, Ansprache 1998, 195

[11] *Wrenn*, Procedural Law, 199.

[12] Vgl. *Haering*, Eheprozessordnung, 173.

[13] Vgl. die Antwort *Wrenns* für die US-amerikanische Bischofskonferenz (*Wrenn*, Procedural Law, 199-207).

[14] Vgl. ebd. 209.

[15] Ebd. 210.

[16] Vgl. Vorrede zu Dignitas Connubii, Abs. 14.

[17] Vgl. *Pulte*, Provida Mater, Rn. 38.

[18] Ebd.

1.3. Die Rechtsnatur von Dignitas Connubii

Welche rechtliche Qualität besitzt nun dieses Dokument, dessen Entstehung sich so kompliziert gestaltet hat? Der CIC/1983 beschreibt die verschiedenen Typen von generellen Rechtsquellen des Kirchenrechts in den cc. 8-34. Die Zuordnung eines konkreten Dokuments zu einem dieser Typen erweist sich aber oft als schwierig.[19] Die Selbstbezeichnung liefert zwar einen ersten Anhaltspunkt, führt aber bisweilen in die Irre.[20] Weitere Hinweise auf den Rechtscharakter liefern das erlassende Organ und seine Kompetenzen, der Adressatenkreis, die Art der Veröffentlichung und das Inkrafttreten sowie der Inhalt. Im Folgenden soll *Dignitas Connubii* anhand dieser Kriterien auf jene Rechtsquellentypen hin untersucht werden, die dafür am ehesten in Frage kommen.

1.3.1. Eine Instruktion?

Bezeichnung: Dignitas Connubii trägt selbst den Titel „*Instructio*" und bezeichnet sich auch am Ende in der Approbationsformel noch einmal als solche.[21]

Normgeber: Als erlassendes Organ tritt das PCLT auf. Mit dem ursprünglichen Mandat vom 24.2.1996 wurde zwar eine interdikasterielle Kommission unter der Leitung der Apostolischen Signatur eingesetzt,[22] doch erteilte der Papst am 4.2.2003 ein neues Mandat allein für das PCLT. Die anderen Dikasterien konnten sich nun, sofern sie daran interessiert waren, zwar weiterhin einbringen, dürfen aber nicht mehr als Urheber angesehen werden. Das endgültige Dokument trägt lediglich die Unterschriften des Präsidenten und des Sekretärs des PCLT. Damit ein Rechtsakt gültig zustande kommt, muss er von einer dazu befähigten Person vorgenommen werden (c. 124 § 1 CIC).[23] Das PCLT besitzt jedoch – abgesehen von den authentischen Interpretationen – weder im legislativen noch im administrativen Bereich Rechtsetzungsbefugnis. Die Zuständigkeit bezüglich der allgemeinen Ausführungsdekrete und Instruktionen gemäß Art. 156 PastBon bezieht sich nur auf die formelle Überprüfung derartiger Rechtsakte, wenn sie von anderen Dikasterien verfasst werden. Sie bedeutet

---

[19] Vgl. *May / Egler*, Methode, 149. Ein konkretes Beispiel für eine schwierige Zuordnung, mit der sich *García Martín* (Actos administativos, 735f.) auseinandergesetzt hat, stellt das *RegGenCR* dar.

[20] Vgl. *Aymans / Mörsdorf*, Lehrbuch I, 47f. Ein Extrembeispiel für eine Fehlbezeichnung liefert die so genannte „Instruktion" über die Auflösung nichtsakramentaler Ehen durch den Papst von 1973. *Heimerl* hoffte in Bezug auf dieses Dokument, dass „die Normen des CIC über die Instruktionen in Zukunft nicht mehr zur Scheinrechtfertigung solcher absolutistischer Geheimerlass-Praktiken herhalten müssen" (*Heimerl*, Bindung, 426).

[21] Vgl. *Montini*, Introduzione, 344. Auch Papst *Benedikt* XVI. bezeichnete *Dignitas Connubii* in seiner ersten Rota-Ansprache vom 28.1.2006 mehrmals als Instruktion (135 und 138).

[22] Vgl. *Montini*, Introduzione, 358.

[23] Das gilt auch für die Rechtsetzung, vgl. *Heimerl*, Bindung, 428.

hingegen nicht, dass das PCLT diese Rechtsakte selbst erlassen könnte.[24] Nach Art. 125 § 1 RegGenCR können die Dikasterien zwar allgemeine Ausführungsdekrete und Instruktionen erlassen, jedoch nur im Bereich ihrer Kompetenzen. Weil das PCLT aber keine eigene Kompetenz zur Regelung des Eheprozessrechts besitzt, bedarf es einer Delegation, wie sie der Papst mit dem Mandat vom 4.2.2003 vorgenommen hat.[25] Das PCLT besaß für diesen konkreten Fall also die Kompetenz, eine Instruktion zu erlassen.

Normadressaten: Der Adressatenkreis von Instruktionen beschränkt sich gemäß c. 34 § 1 CIC auf die Organe, die das Gesetz anwenden müssen, auf das sich die Instruktion bezieht. Wie weit sie darüber hinaus indirekt alle Gläubigen betreffen, die an das jeweilige Gesetz gebunden sind, ist in der Lehre umstritten.[26] Ausgeschlossen ist jedenfalls, dass ihr Adressatenkreis weiter ist als derjenige des zugrunde liegenden Gesetzes. *Dignitas Connubii* will gemäß seiner Einleitung lediglich eine Hilfe für die Richter sowie die übrigen Gerichtspersonen sein und gemäß der Approbationsformel soll es von jenen eingehalten werden, die es unmittelbar betrifft. Nach Art. 1 betrifft es nur die lateinischen Gerichte. HERRANZ betonte anlässlich der Pressekonferenz, auf der *Dignitas Connubii* vorgestellt wurde, dass es eine Art „*vademecum*"[27] für das Gerichtspersonal sein soll, und in ähnlicher Weise erklärte DE PAOLIS, dass es die etwa 800 Diözesan- und Interdiözesangerichte der lateinischen Kirche betrifft.[28] Alle diese Aussagen bestätigen, dass der Adressatenkreis von *Dignitas Connubii* der einer typischen Instruktion ist und nur die unmittelbaren Rechtsanwender umfasst. Betrachtet man hingegen den Inhalt der Eheprozessordnung genauer, so stellt man bald fest, dass manche Bestimmungen sich nicht allein an die Richter und das übrige Gerichtspersonal wenden. Gerade die hier interessierenden kollisionsrechtlichen Bestimmungen legen unter anderem fest, welchem Sachrecht die Ehen von Nichtkatholiken unterstehen und unter welchen Voraussetzungen Nichtkatholiken ihre Ehe vor einem kirchlichen Gericht anfechten können. Damit gestalten sie jedoch eindeutig die Rechtspositionen dieser außenstehenden Personen aus. Indem sie sich auch auf Nichtkatholiken beziehen, gehen sie sogar

---

[24] Vgl. *Baura*, Funzione, 362

[25] Fehlt die entsprechende Kompetenz, so muss der Papst sie durch eine vorgängige oder nachfolgende Beauftragung übertragen, die sich auf die Schaffung eines Gesetzes, eines Ausführungsdekrets oder einer Instruktion beziehen kann (vgl. *Heimerl*, Bindung, 430f.). Bei *Dignitas Connubii* liegt eine vorgängige Beauftragung zu einer Instruktion vor.

[26] *Lüdicke* (Entwurf, 127) wirft die Frage einer Drittwirkung auf, ohne sie zu beantworten. *Socha* (c. 34 MKCIC, Rn. 6) spricht den Instruktionen keine direkte verbindliche Kraft für alle Gläubigen zu. Ähnlich *Heimerl*, Bindung, 427. Nach *Huels* (Judicial Documents, 350) mögen Instruktionen zwar Bestimmungen enthalten, die sich auf die Gemeinschaft als ganze beziehen, sie binden aber nicht die Gemeinschaft selbst. Für *García Martín* (Atti, 93 und 184) hingegen deckt sich der Adressatenkreis der Instruktion mit dem des Gesetzes, das ihr zugrunde liegt.

[27] *Herranz*, Istruzione.

[28] Vgl. *De Paolis*, Considerazioni.

über den Adressatenkreis des zugrunde liegenden Gesetzes, nämlich des CIC, hinaus, was keinesfalls der Rechtsnatur einer Instruktion entspricht.[29]

Veröffentlichung und Inkrafttreten: Allgemeine Ausführungsdekrete sind gemäß c. 31 § 2 i.V.m. c. 8 CIC auf dieselbe Weise zu promulgieren wie Gesetze. Zur Veröffentlichung von Instruktionen äußerst sich der CIC in c. 34 hingegen nicht. Dieses Schweigen wird von den meisten Autoren so gedeutet, dass es hier keiner förmlichen Promulgation bedarf.[30] Da sich Instruktionen ohnehin nur an die unmittelbaren Rechtsanwender richten, genügt es, wenn ihr Inhalt für diese hinreichend zugänglich gemacht wird,[31] was freilich nicht heißt, dass sie nicht auch promulgiert werden könnten.[32] Eine Promulgation gemäß c. 8 CIC besteht in der Veröffentlichung in den AAS oder auf andere Art wie etwa durch Drucklegung in den *Typis Polyglottis Vaticanis*.[33] GARCÍA MARTÍN weist darauf hin, dass Art. 131 § 5 RegGenCR hinsichtlich der Publikation von allgemeinen Ausführungsdekreten, Instruktionen und anderen Dokumenten der Dikasterien keinen Unterschied macht, so dass für Instruktionen wohl dieselben Promulgationsvorschriften gelten.[34] In Wirklichkeit regelt Art. 131 § 5 RegGenCR aber nicht direkt die Promulgationsweise, sondern behandelt die Überprüfung der zur Publikation bestimmten Dokumente, ohne dass mit Publikation eine förmliche Promulgation gemeint sein muss. Es kann daher nicht geschlossen werden, dass für Instruktionen dieselben strengen Promulgationserfordernisse gelten wie für allgemeine Ausführungsdekrete und Gesetze. Da Instruktionen aber trotz ihres rein erklärenden und entfaltenden Inhalts Rechtskraft besitzen, kennen sie ein Inkrafttreten und auch ein Außerkrafttreten.[35] Zwischen Veröffentlichung und Inkrafttreten liegt gewöhnlich die Spanne der Vakanz, die es den Rechtsanwendern ermöglichen soll, sich auf die Umsetzung vorzubereiten.[36] Aber auch hin-

---

[29] Aus eben diesem Grund bezweifelt *Otaduy*, dass es sich bei *Dignitas Connubii* um eine echte Instruktion handelt (Principio, 56).

[30] Vgl. *Aymans / Mörsdorf*, Lehrbuch I, 224; *Heimerl*, Bindung, 426; *Wächter*, Gesetz, 197. Nach *Wächter* (Gesetz, 199) können Instruktionen geheim gehalten oder sogar über den Adressatenkreis hinaus publiziert werden, doch ist es nicht zulässig, dass die geheim gehaltenen Instruktionen Außenstehende tangieren.

[31] Vgl. *Socha*, c. 34 MKCIC, Rn. 7.

[32] Nicht nur die unmittelbar Betroffenen, sondern auch die übrige Rechtsgemeinschaft kann ein legitimes Interesse daran haben, über alles informiert zu sein, was in ihr allgemein geordnet wird (*Aymans / Mörsdorf*, Lehrbuch I, 157). Wenn bei Instruktionen die gleiche Promulgationsformel verwendet wird wie für Gesetze, lassen sie sich, wie *Huels* (Judicial Documents, 358) feststellt, von diesen kaum unterscheiden.

[33] Vgl. *Socha*, c. 8 MKCIC, Rn. 4.

[34] Vgl. *García Martín*, Atti amministrativi, 173.

[35] *Lüdicke* (Entwurf, 127) stellte während der Kodexreform die Rechtskraft von Instruktionen aufgrund ihrer Definition noch in Frage. C. 34 §§ 2 und 3 CIC sprechen nun jedoch eindeutig von Rechtskraft und ihrer Beendigung.

[36] Sie wird von der herrschenden Lehre als naturrechtliches Erfordernis angesehen. Ein zeitliches Zusammenfallen von Veröffentlichung und Inkrafttreten ist nach *Socha* zumindest bei den Gesetzen nur unter bestimmten Voraussetzungen zulässig (c. 8 MKCIC, Rn5).

sichtlich der Vakanz obwaltet nicht dieselbe Strenge wie gemäß c. 8 CIC bei Gesetzen, da Instruktionen im Grunde keine Innovationen beinhalten können und das Erfordernis der Vorbereitung daher gering ist. Wie wurde nun *Dignitas Connubii* veröffentlicht? Es trägt das Datum des 25.1.2005, doch hat dies rein interne Bedeutung, weil das Dokument an jenem Tag noch nicht an die Öffentlichkeit gelangt ist.[37] Die Pressekonferenz am 8.2.2005 richtete sich dann zwar an die Öffentlichkeit, kann aber nicht als Veröffentlichung angesehen werden. Dazu wäre nämlich notwendig, dass der gesamte Text zugänglich gemacht wird.[38] Dies geschah jedoch erst in den folgenden Wochen durch Drucklegung in den *Typis Polyglottis Vaticanis*, ohne dass ein bestimmter Erscheinungstag angegeben werden könnte.[39] Gemäß der Approbationsformel ordnete der Papst an, dass *Dignitas Connubii* sofort ab dem Tag der Veröffentlichung verbindlich ist.[40] Es wurde also keine Schwebefrist eingeräumt. Noch bedauerlicher ist, dass das Datum der tatsächlichen Veröffentlichung und damit auch der Tag des Inkrafttretens nicht genau feststehen. Diese nachlässige Art der Veröffentlichung ist nur bei Instruktionen tolerabel. Dass das Datum des Inkrafttretens nicht feststeht, kann nämlich nur bei denjenigen Dokumenten hingenommen werden, die inhaltlich keine Neuerungen bringen, so dass sich an der Rechtslage ohnehin nichts ändert. Die Vorgehensweise bei der Veröffentlichung von *Dignitas Connubii* deutet also darauf hin, dass es sich um eine Instruktion handelt, da sie für höherrangige Rechtsakte unzureichend gewesen wäre.[41]

Inhalt: Ein letztes Kriterium zur Bestimmung der Rechtsnatur eines Dokumentes ist sein Inhalt. Nach c. 34 § 1 CIC kommen den Instruktionen zwei Aufgaben zu: Erstens sollen sie die Vorschriften von Gesetzen erklären und zweitens Vorgehensweisen entfalten und bestimmen, die bei deren Ausführung zu beachten sind. Die erste Funktion beschränkt sich auf die schlichte Interpretation von Gesetzen, die nicht mit der authentischen Interpretation nach c. 16 CIC verwechselt werden darf; die zweite Funktion besteht im Erlass von Vollzugs-

---

[37] Dieses Datum – gleichzeitig das Fest der Bekehrung des Apostels Paulus – wurde vermutlich deswegen gewählt, weil sich an diesem Tag die erste Ankündigung des Zweiten Vatikanischen Konzils durch Papst *Johannes XXIII.* und die Promulgation des CIC/1983 jähren (*Maragnoli*, Dignitas connubii, 229). In Wirklichkeit war dieses Datum aber schon bei der Promulgation des CIC rein fiktiv. Der Zahlensymbolik wird offenbar größeres Gewicht beigemessen als der Rechtssicherheit und dem Schutz derer, die sich an die (zu spät veröffentlichten) Rechtsvorschriften halten müssen.

[38] Es muss nämlich nicht nur die Existenz eines neuen Rechtsdokuments sondern auch sein Inhalt bekannt gemacht werden (vgl. *Socha*, c. 8 MKCIC, Rn. 4).

[39] Zu Recht wird die Unbestimmtheit dieses Datums von *Otaduy* (Principio, 59) kritisiert.

[40] Ähnlich wurde bei der Instruktion *Redemptionis Sacramentum* vorgegangen. Obwohl der Papst die sofortige Befolgung anordnete, kommt *Schmitz* (Liturgie-Instruktion, 5) zu dem Schluss, dass die Instruktion erst mit dem Tag der Veröffentlichung in Kraft treten konnte.

[41] Nach *Otaduy* (Principio, 60) wurden die ordentliche Promulgation und die Einräumung einer Legisvakanz bewusst unterlassen, weil eine Instruktion ohnehin die niedrigste Normstufe darstellt und aufgrund ihres rein deklarativen Charakters das primäre juridische System nicht ändert.

anweisungen.[42] Den rechtsanwendenden Organen wird damit aufgetragen, wie sie ein bestimmtes Gesetz handhaben sollen, ohne dass jedoch inhaltlich eine Neuordnung getroffen würde. Instruktionen sind somit immer auf ein bestimmtes Gesetz hingeordnet und an dieses gebunden. Ihre Rechtskraft endet mit der des jeweiligen Gesetzes (c. 34 § 3 CIC) und sofern sie Vorschriften enthalten, die mit dem Gesetz nicht in Einklang gebracht werden können, entbehren sie jeder Rechtskraft. Dabei ist es unerheblich, ob der Widerspruch zum ausführenden oder zu einem anderen Gesetz besteht und ob er konträr oder kontradiktorisch ist.[43] Nicht geregelt ist der Fall, dass Instruktionen zwar keine Anordnung *contra legem,* sondern *praeter legem* treffen. Nach der Lehre sind die Anordnungen auch dann unverbindlich, wenn sie im gesetzesfreien Raum ergehen,[44] weil dem erlassenden Organ keine Gesetzgebungsgewalt zukommt und keine gesetzliche Deckung besteht.[45] Sind nur einzelne Teile der Instruktion *contra* oder *praeter legem*, so bleiben die übrigen Vorschriften verbindlich. Die Unwirksamkeit muss nicht erst gerichtlich festgestellt werden, sondern besteht schon von Anfang an.[46] Wie ist nun der Inhalt von *Dignitas Connubii* zu bewerten? HERRANZ beteuerte anlässlich der Pressekonferenz am 8.2.2003, dass die Eheprozessordnung keinen neuen Gesetzestext darstellt und erst recht keinem Gesetz derogieren will, sondern nur die Ermittlung und die Anwendung des geltenden Rechts erleichtern möchte. Sie beschränke sich zwar nicht darauf, den Text der Canones des CIC zu wiederholen, sondern enthalte auch Interpretationen und Erklärungen dazu, doch entspreche dies durchaus dem Charakter einer Instruktion, die dem Gesetz untergeordnet ist.[47] Demgemäß wird in Abs. 14 der Einleitung zu *Dignitas Connubii* betont, dass die prozessrechtlichen Normen des CIC für Annullierungsverfahren ihre volle Gültigkeit bewahren. Betrachtet man die einzelnen Artikel, so stellt man fest, dass viele mit den entsprechenden Vorschriften des CIC wörtlich übereinstimmen und auf diese ausdrücklich verweisen. Andere präzisieren den Wortlaut oder lassen die authentischen Interpretationen, die ständige Rechtsprechung oder die herrschende Lehre einfließen. Dies alles entspricht ohne Zweifel den Aufgaben einer Instruktion. Es finden sich jedoch auch einzelne Bestimmungen, die neu sind und über die bestehende Rechtslage hinausgehen bzw. sie verändern.[48] Gerade die kollisionsrechtlichen

---

[42] Vgl. *Socha*, c. 34 MKCIC, Rn. 5.

[43] Vgl. *Heimerl*, Bindung, 427.

[44] Vgl. *Socha*, c. 34 MKCIC, Rn. 8; *Wächter*, Gesetz, 198.

[45] Es genügt jedoch, wenn die Instruktion durch ein anderes als das Bezugsgesetz gedeckt ist (*Heimerl*, Bindung, 428).

[46] Ebd.

[47] Vgl. *Herranz*, Istruzione; ähnlich *ders.*, Natura e finalità, 14. Papst *Benedikt* XVI. griff in seiner ersten Rota-Ansprache den Ausspruch *Herranz'* vom „*vademecum*" auf und bekräftigte, dass *Dignitas Connubii* die geltenden Normen nur so weit durch weitere Verfügungen anreichere, wie es für die korrekte Anwendung der ersteren notwendig ist (135).

[48] Einige Beispiele bringt *Otaduy* (Principio, 75). Für *Llobell* (Valor jurídico, 244) hingegen ist das, was wie echte Änderungen aussieht und deswegen nichtig wäre, in Wirklichkeit nur

Artikel, um die es in dieser Arbeit vornehmlich geht, stellen eine Innovation im lateinischen Kirchenrecht dar. Wenn *Dignitas Connubii* tatsächlich eine Instruktion ist, müssten die darin enthaltenen Bestimmungen *contra* bzw. *praeter legem* als unwirksam betrachtet werden, während die anderen rechtsverbindlich bleiben. Möglicherweise stellt *Dignitas Connubii* aber trotz der Selbstbezeichnung gerade wegen seines überschießenden Inhalts und wegen seines ausgedehnten Adressatenkreises eine andere Rechtsaktform dar, so dass allen seinen Normen Verbindlichkeit zukommt. Das wird im Folgenden untersucht.

1.3.2. Ein allgemeines Ausführungsdekret?

Die gegenüber den Instruktionen nächsthöhere Stufe von Rechtsakten stellen die allgemeinen Ausführungsdekrete dar. MONTINI[49] und PULTE[50] vertreten die Auffassung, dass es sich bei *Dignitas Connubii* um ein solches handelt. Um dies genauer zu prüfen, sind im Folgenden wiederum die bereits bekannten Kriterien anzuwenden.

Normgeber: Wie bereits festgestellt, besitzt das PCLT als Urheber der Eheprozessordnung von sich aus keine Rechtsetzungsbefugnis im Verwaltungsbereich.[51] Zum Erlass eines allgemeinen Ausführungsdekrets ist gemäß c. 31 § 1 CIC jedoch ausführende Gewalt erforderlich. Diese müsste dem PCLT eigens übertragen worden sein. Das Mandat des Papstes vom 8.2.2003 bezieht aber nur auf die Schaffung einer Instruktion. Hätte das PCLT *Dignitas Connubii* als allgemeines Ausführungsdekret erlassen wollen, so hätte es die übertragene Kompetenz überschritten und damit einen ungültigen Rechtsakt gesetzt.

Normadressaten: Der Adressatenkreis eines allgemeinen Ausführungsdekrets kann sich mit jenem des auszuführenden Gesetzes decken oder kleiner sein (vgl. c. 31 CIC).[52] Bei der Betrachtung von *Dignitas Connubii* als Instruktion zeigte sich das Problem, dass sich die kollisionsrechtlichen Normen nicht nur an die unmittelbaren Rechtsanwender richten. Betrachtet man es nun als allgemeines Ausführungsdekret, so ergibt sich keine Schwierigkeit bei der Annahme, dass es sich an alle wendet, die Normadressaten des CIC sind, nämlich alle Katholiken (c. 11 CIC). Allerdings geht der Adressatenkreis von *Dignitas Connubii*, wie

---

eine Erklärung vorkodikarischer Normen, denen mit dem CIC nicht derogiert wurde, oder es handelt sich um Änderungen, die schon vor dem Erlass von *Dignitas Connubii* vorgenommen wurden.

49 Vgl. *Montini*, Introduzione, 357. *Daneels* (Introducción, 44) folgt *Montini* darin, dass *Dignitas Connubii* weniger streng an die Ausführung konkreter Normen gebunden ist, als vielmehr der Schließung von Lücken dient, und er meint, dass dies vom Mandat des Papstes gedeckt ist.

50 Vgl. *Pulte*, Provida Mater, Rn. 41.

51 Vgl. *Montini*, Gerarchia delle fonti, 443.

52 Vgl. *Socha*, c. 31 MKCIC, Rn. 3.

bereits aufgezeigt, gerade bei den interreligiösen Kollisionsnormen über die Katholiken hinaus. In diesem Punkt bleibt das Problem also bestehen.

Veröffentlichung und Inkrafttreten: Für allgemeine Ausführungsdekrete gelten bezüglich der Promulgation und des Beginns der Verbindlichkeit dieselben Vorschriften wie für Gesetze (c. 31 § 2 i.V.m. c. 8 CIC). Wie bereits dargelegt, entspricht die Vorgehensweise bei der Veröffentlichung von *Dignitas Connubii* diesen strengen Anforderungen nicht.[53] Auch aus diesem Grund kann es sich also um kein solches Dekret handeln.

Inhalt: Auch allgemeine Ausführungsdekrete sind an die Gesetze gebunden, auf die sie sich beziehen. Im Unterschied zu den Instruktionen beschränken sie sich aber nicht auf Interpretationen oder Vollzugsanweisungen für die rechtsanwendenden Organe, sondern gestalten das Gesetz, das in vielen Punkten allgemein gehalten ist, im Hinblick auf eine konkrete Situation näher aus. So wird die Gesetzgebung entlastet, weil sie nicht in alle Einzelheiten gehen muss, und die Anwendung des Gesetzes wird anpassungsfähiger, weil die Verwaltung auf eventuell notwendige Änderungen leichter eingehen kann.[54] Dennoch dürfen auch allgemeine Ausführungsdekrete den Gesetzen nicht widersprechen, da sie sonst jeglicher Rechtskraft entbehren (c. 33 § 1 CIC). Die Lehre geht davon aus, dass nicht nur Dekrete *contra legem*, sondern auch Dekrete *praeter legem* unwirksam sind.[55] Sie stellen also keine innovatorischen oder autonomen Normen dar.[56] Daher können die Anordnungen von *Dignitas Connubii*, die über das geltende Recht hinausgehen, auch von einem allgemeinen Ausführungsdekret nicht rechtswirksam abgedeckt werden. Die Möglichkeit, dass es sich bei *Dignitas Connubii* um ein allgemeines Ausführungsdekret handelt, scheidet also aus, weil die formellen Kriterien dazu nicht erfüllt sind und die außer- und gegengesetzlichen Normen damit ohnehin nicht „gerettet" werden könnten.

1.3.3. Ein Gesetz oder ein allgemeines Dekret?

Allgemeine Dekrete sind gemäß c. 29 CIC im eigentlichen Sinn Gesetze und unterliegen denselben Vorschriften, so dass sie hier gemeinsam abgehandelt werden können.

Normgeber: Zum Erlass eines Gesetzes ist legislative Gewalt erforderlich. Diese besitzen die Dikasterien der Römischen Kurie gemäß Art. 18 PastBon

---

[53] Auch *Pulte* (Provida Mater, Rn. 41) kommt zu dem Schluss, dass eine Promulgation gemäß c. 7 fehlt.

[54] Vgl. *Aymans / Mörsdorf*, Lehrbuch I, 223.

[55] Vgl. *Heimerl*, Bindung, 428; *Heimerl / Pree*, Kirchenrecht, 56; *Socha*, c. 33 MKCIC, Rn. 5. *Montini* (Introduzione, 357) meint hingegen, dass allgemeine Ausführungsdekrete wenigstens *extra* oder *praeter legem* erlassen werden können, so dass zumindest diese Bestimmungen – wenn schon nicht die Bestimmungen *contra legem* – von *Dignitas Connubii* gerettet werden könnten.

[56] Vgl. *Socha*, c. 33 MKCIC, Rn. 3.

nicht.[57] Ein Gesetz, das von einem Organ ohne Legislativkompetenz erlassen wurde, ist nichtig.[58] Eine Ausnahme bildet jedoch gerade das PCLT, das der Urheber von *Dignitas Connubii* ist. Dieser Päpstliche Rat besitzt nämlich gemäß Art. 155 PastBon die Kompetenz, zu den universalkirchlichen Gesetzen authentische Interpretationen vorzutragen, die dieselbe Rechtskraft genießen wie das Gesetz selbst (c. 16 § 2 CIC). Können die überschießenden Bestimmungen von *Dignitas Connubii* möglicherweise als eine derartige authentische Interpretation angesehen werden?[59] Dazu fehlt es jedoch schon an den formalen Voraussetzungen, wie etwa einem in einer Anfrage vorgetragenen Rechtszweifel. Das Erscheinungsbild von *Dignitas Connubii* entspricht keineswegs einer authentischen Interpretation.

Das Kirchenrecht kennt jedoch noch eine weitere Möglichkeit, wie Dokumente der Römischen Kurie Gesetzeskraft erlangen können, nämlich die Approbation durch den Papst *in forma specifica. Dignitas Connubii* erhielt hingegen nur eine Approbation *in forma communi*, wie sie für jedes Dokument, das ein Dikasterium der Kurie erlässt, erforderlich ist.[60] Wäre eine Approbation *in forma specifica* intendiert gewesen, so hätte dies explizit mit der Formel „*in forma specifica approbavit*" angegeben werden müssen (Art. 126 § 4 RegGenCR).[61]

Normadressaten: Der mögliche Adressatenkreis von Gesetzen ist grundsätzlich unbeschränkt. Wäre *Dignitas Connubii* ein Gesetz, so ergäben sich keine Schwierigkeiten hinsichtlich der Adressaten des interreligiösen Kollisionsrechts.

Veröffentlichung und Inkrafttreten: In diesem Punkt gilt dasselbe, was bereits zu den allgemeinen Ausführungsdekreten gesagt worden ist. Der Veröffentlichungsmodus von *Dignitas Connubii* entspricht nicht dem eines Gesetzes.

Inhalt: Gesetze können selbstverständlich neue Inhalte regeln und anderen Gesetzen derogieren. Das Gesetz ist daher die angemessene Rechtsform für Rechtsnormen, mit denen die bisherige Rechtslage verändert oder ergänzt wird. Könnte *Dignitas Connubii* als Gesetz qualifiziert werden, so würden sich die Schwierigkeiten hinsichtlich des Adressatenkreises und der innovativen Inhalte erübrigen. Wegen der fehlenden Kompetenz der rechtsetzenden Behörde und der mangelhaften Promulgation muss der Gesetzescharakter jedoch verneint werden.

Wenn es nach Ausschöpfung aller Interpretationsmöglichkeiten zweifelhaft bleibt, ob ein Dokument Gesetzescharakter hat, so liegt HEIMERL zufolge ein Rechtszweifel vor, weshalb gemäß c. 14 CIC davon auszugehen ist, dass es nicht als Gesetz, sondern nur als Ausführungsdekret bzw. Instruktion verpflichtet und dass die darin enthaltenen gegen- oder außergesetzlichen Normen keine

---

57 Sie könnte ihnen höchstens in einzelnen Fällen vom Papst übertragen werden, doch beinhaltet das päpstliche Mandat vom 8.2.2003 keine derartige Übertragung.

58 Die Wendung „*non valet*" in c. 30 CIC hat inhabilitierenden Charakter, vgl. *Socha*, c. 30 MKCIC, Rn. 3.

59 Diese Frage wirft *Pulte* (Provida Mater, Rn. 40) auf.

60 Vgl. *Gonzalez Ayesta*, La instrucción, 761; *Montini*, Introduzione, 359.

61 Vgl. *Huels*, Judicial Documents, 369.

Verpflichtungskraft besitzen.[62] Im Fall von *Dignitas Connubii* muss diese Zweifelsregel nicht angewandt werden, weil die soeben angestellten Überlegungen klar beweisen, dass es sich um kein Gesetz handelt. Aus dem päpstlichen Mandat, aus der Einleitung zu *Dignitas Connubii* und aus den Stellungnahmen bei der Pressekonferenz am 8.2.2005 ergibt sich, dass kein Gesetz angestrebt war. Vielmehr soll die Eheprozessordnung dem Gesetz unterstehen.

1.3.4. Ein neuer Rechtsquellen-Typ?

Wie die soeben gemachten Ausführungen zeigen, entspricht *Dignitas Connubii* keiner der im CIC geregelten generellen Rechtsaktformen ganz. In der Literatur wird daher die Möglichkeit erwogen, ob es sich vielleicht um einen neuen Rechtsquellentyp handelt. Für PULTE stellen die Eheprozessordnungen ein „eigenes rechtliches Genre"[63] dar. GONZALEZ AYESTA fasst die allgemeinen Ausführungsdekrete und die Instruktionen zunächst in einer Übergruppe genereller Verwaltungsakte zusammen und ordnet *Dignitas Connubii* dann dieser Kategorie zu.[64] Mit der Konstruktion einer derartigen Übergruppe können jedoch nicht alle Probleme gelöst werden. Innovationen gegenüber der bisherigen Gesetzeslage können nur durch ein Gesetz, nicht durch einen wie auch immer gearteten Verwaltungsakt verwirklicht werden. Wie bereits in Abschnitt 1.3.2 aufgezeigt, entspricht *Dignitas Connubii* keinem der Kriterien, die allgemeine Ausführungsdekrete kennzeichnen. Es kann daher auch keine Zwischenstellung zwischen diesen und den Instruktionen einnehmen. Gegen die Konstruktion eines neuen Rechtsquellentyps sprechen aber noch viel grundsätzlichere Einwände. Gewiss muss der Katalog an generell/abstrakten Rechtsaktformen – Gesetz, allgemeines Dekret, allgemeines Ausführungsdekret und Instruktion – den der CIC in den cc. 7-22 und 29-34 enthält, nicht taxativ verstanden werden. Es kann durchaus noch weitere Typen geben, doch müssen diese um der Rechtssicherheit willen zunächst eine Grundlage im höherrangigen Kirchenrecht besitzen. Dies ist beispielsweise bei den völkerrechtlichen Verträgen der Fall, die in den cc. 3 und 365 § 1 ° 2 CIC als eine mögliche Quelle des Kirchenrechts vorausgesetzt werden. Es ist hingegen abzulehnen, dass eine Verwaltungsbehörde eine neue Rechtsaktform *ipso facto* einfach dadurch einführt, dass sie eine Norm schafft, die diese Rechtsaktform verkörpert. Bei der CIC-Reform war es ein wichtiges Anliegen, die legislative, exekutive und judikative Gewalt in der Kirche klarer voneinander zu unterscheiden, was eine klarere Abgrenzung der einzelnen Typen von Rechtsquellen einschließt.[65] Diese Errungenschaft darf nun keinesfalls durch eine nachlässige Rechtsetzungspraxis wieder zurückgenom-

---

[62] Vgl. *Heimerl*, Bindung, 432.
[63] *Pulte*, Provida Mater, Rn. 1.
[64] Vgl. *Gonzalez Ayesta*, La instrucción, 770.
[65] Vgl. *Lüdicke*, Entwurf, 131; *Socha*, vor c. 29 MKCIC, Rn. 1; *ders.*, c. 34 MKCIC, Rn. 1; *Wächter*, Gesetz, 199.

men werden. Vor allem geht es nicht an, nur die „Vorteile“, die die einzelnen Typen aus der Sicht des Normgebers aufweisen, in einem neuen Typus zusammenzufügen. Die Rechtsaktform des Gesetzes hat den Vorteil, dass damit Innovationen eingeführt werden können. Weil dies einen starken Eingriff in die Rechtsordnung bedeutet und die Rechtsunterworfenen hier besonders schutzwürdig sind, werden an den Erlass eines Gesetzes bezüglich Kompetenz, Promulgation und Legisvakanz hohe Anforderungen gestellt. Die Rechtsaktform der Instruktion hingegen hat den Vorteil, dass die formellen Anforderungen an ihre Erstellung relativ gering sind. Dies lässt sich jedoch nur damit rechtfertigen, dass sie keine neue Rechtslage schaffen kann. Wer nun einen neuen Rechtsquellentyp schaffen will, mit dem Neuerungen ohne großen formellen Aufwand eingeführt werden können, verwischt die Systematik der kirchlichen Normenhierarchie und missachtet letztlich das Schutzbedürfnis der Normadressaten. Bedauerlicherweise muss man mit OTADUY feststellen, dass versucht wurde, die Eheprozessordnung *Dignitas Connubii* mit einem möglichst geringen legislatorischen Aufwand zu schaffen, und dabei nicht wenige Mängel in Kauf genommen wurden.[66] Der Kanonistik kommt die Aufgabe zu, derartige Mängel aufzuzeigen, anstatt sie zu verharmlosen.

1.3.5. Fazit

Nachdem nun mehrere Typen von Rechtsquellen geprüft wurden, zeigt sich, dass *Dignitas Connubii* doch am ehesten als Instruktion zu qualifizieren ist, wie es auch der Normgeber selbst getan hat. Der größte Teil der Eheprozessordnung entspricht ohne weiteres den Kriterien einer Instruktion gemäß c. 34 CIC. Nur die wenigen Normen, die *contra* bzw. *praeter legem* erlassen wurden, müssen als unwirksam angesehen werden. Wenn man auch diese Normen „retten“ möchte, müsste man das Vorliegen eines Gesetzes annehmen, doch dann wäre die gesamte Eheprozessordnung nichtig, weil dazu die Kompetenz gefehlt hätte.

Dieses Ergebnis erweist sich besonders im Hinblick auf das interreligiöse Kollisionsrecht von *Dignitas Connubii* als heikel, weil gerade in diesem Bereich zahlreiche Innovationen enthalten sein dürften, die in einer Instruktion fehl am Platze sind. Für den weiteren Gang dieser Arbeit empfiehlt sich daher die folgende Vorgangsweise: Zunächst werden die Kollisionsnormen ohne Rücksicht auf den Rechtscharakter von *Dignitas Connubii* auf dem Hintergrund der Grundrechte der menschlichen Person vorgestellt und ausgelegt. Dabei werden die bisherige Rechtslage und die Aussagen des Zweiten Vatikanischen Konzils zu den anderen Konfessionen und Religionen berücksichtigt. So kann am Ende entschieden werden, wie weit das Ehe-Kollisionsrecht von *Dignitas Connubii* tatsächlich außer- oder gegengesetzlich und daher unwirksam ist.

---

[66] Vgl. *Otaduy*, Principio, 57.

2. Die religiöse Zugehörigkeit der Ehepartner

Zu allen Zeiten und an allen Orten der Erde verbinden sich Frau und Mann, um miteinander eine Ehe zu schließen. Sie ist eine rechtlich geordnete Form, die dem Menschen hilft, seine natürlichen Anlagen zu verwirklichen. Sie dient also wie alles Recht letztlich dem Menschen, der bei sämtlichen Regelungen immer im Mittelpunkt stehen muss. In besonderer Weise ist der Mensch für die Kirche von zentraler Bedeutung, hat sie doch die Aufgabe für sein Heil zu sorgen. Das muss sich auch in ihrem Eherecht und in ihrem Eheprozessrecht niederschlagen. Als Religionsgemeinschaft schenkt die Kirche der religiösen Dimension des menschlichen Lebens besondere Aufmerksamkeit. Sie muss den Menschen in seiner jeweiligen religiösen Zugehörigkeit ernst nehmen und das gilt gerade im Hinblick auf die Ehe, die in den verschiedenen Religionen mit einer je eigenen Prägung ausgestaltet ist. Aus der Sicht der katholischen Kirche lassen sich die verschiedenen Religionszugehörigkeiten je nach Nähe zu ihr grob in drei konzentrischen Kreisen darstellen: der zentrale Kreis der Katholiken, die in voller Gemeinschaft mit ihr stehen, der weitere Kreis der nichtkatholischen Christen, die nicht in voller Gemeinschaft mit ihr stehen, und schließlich der weiteste Kreis der Nichtchristen, der alle anderen Menschen umfasst.[1]

Die kollisionsrechtlichen Bestimmungen in den Art. 2-4 DignCon, die von den Ehen mit Nichtkatholiken handeln, tragen den verschiedenen Kreisen der Religionszugehörigkeit Rechnung, indem sie von Katholiken („*catholici*"), nichtkatholischen Getauften („*baptizati non catholici*") und von Nichtgetauften („*non baptizati*") sprechen.[2] Die Religionszugehörigkeit als „religiöses Personalstatut" bildet den entscheidenden Anknüpfungspunkt für verschiedene Rechtsfolgen wie die Zuständigkeit kirchlicher Gerichte und das anzuwendende Sachrecht.[3] *Dignitas Connubii* definiert die genannten Begriffe jedoch nicht. Da *Dignitas Connubii* für die kirchlichen Gerichte nur eine Hilfe sein will, die den CIC in voller Geltung belässt und in Übereinstimmung mit ihm ausgelegt wer-

---

[1] Vgl. die Kategorien, die *Pospishill* (Eastern catholic marriage law, 213-224) aufstellt. Er führt noch einige weitere Kategorien ein, die jedoch von den drei hier beschriebenen Kreisen miterfasst sind.

[2] Vgl. die drei Kreise, nach denen *Paul VI.* einige Sekretariate in der Römischen Kurie eingerichtet hat (*Del Re,* Curia Romana, 250). Nach *Pree* (vor c. 96 MKCIC, Rn. 1) müsste ein kirchliches Kollisionsrecht mindestens vier Ebenen umfassen: die interrituelle, die interkonfessionelle, die interreligiöse und die nichtreligiöse. Die ersten beiden Ebenen entsprechen den ersten beiden der oben genannten Kreise. Die beiden letzten Ebenen sind im dritten Kreis zusammengefasst. Gewiss muss jeder der Kreise noch weiter unterteilt werden.

[3] So versteht es sich von selbst, dass eine Ehesache nicht entschieden werden kann, solange die Religionszugehörigkeit der Gatten nicht bekannt ist (vgl. *Sacra Congregatio Orientalis*, Responsum 1827 vom 12.4.1945).

den muss,[4] ist diesen Begriffen dieselbe Bedeutung beizulegen wie im CIC. Zwar ist dessen Terminologie nicht immer ganz einheitlich, doch enthält er die notwendigen Kriterien für eine Begriffsabgrenzung, wie sie im Folgenden vorzunehmen ist.

2.1. Katholiken

Ein Mensch wird Glied der katholischen Kirche, indem er die Taufe empfängt und dabei die Intention hat, in die katholische Kirche aufgenommen zu werden.[5] Bei Kindern unter sieben Jahren und Personen, die des Vernunftgebrauchs entbehren, ist die Intention ihrer Eltern bzw. ihrer Vertreter entscheidend (c. 868 CIC).[6] Die ordentlichen Spender der Taufe sind Bischof, Priester und Diakon (c. 861 § 1 CIC). Es ist jedoch nicht zur Gültigkeit erforderlich, dass der Spender selbst katholisch ist. In Notfällen spendet ein Nichtkatholik die Taufe sogar erlaubt (c. 861 § 2 CIC). Der Getaufte wird dabei trotzdem in die katholische Kirche eingegliedert, wenn er selbst die Absicht dazu hat (cc. 861 und 867 CIC).[7] Wer bereits in einer anderen Kirche oder kirchlichen Gemeinschaft die Taufe gültig empfangen hat, muss, um katholisch zu werden, nicht noch einmal getauft werden und könnte es nicht einmal. Vielmehr genügt die Aufnahme in die katholische Kirche gemäß den im liturgischen Recht vorgeschriebenen Richtlinien und Formen.[8] Kinder unter sieben Jahren folgen der Konversion ihrer Eltern.[9] Die Entscheidungen der obersten kirchlichen Instanzen in Ehesachen setzen sich nur selten ausführlich mit der Frage auseinander, ob die Ehepartner wirklich Katholiken sind – wohl weil dies meist außer Zweifel steht. In einem Responsum vom 3.1.1950 betrachtete das Heilige Offizium ein Kind katholischer Eltern, das gleich nach der Geburt im Krankenhaus wegen Todesgefahr von einem Amtsträger der *Episcopal Church* getauft wurde, als Katholik, weil es katholisch erzogen wurde.[10] In diesem Fall wäre es aber wohl

---

[4] Einleitung zu DignCon Abs. 13.

[5] Vgl. *Huels*, c. 11, 63.

[6] Vgl. *Socha*, c. 11 MKCIC, Rn. 5.

[7] Die Formulierung „in der katholischen Kirche getauft" von c. 11 CIC kann sich *Zotz* zufolge weder auf den Taufort noch auf den Taufspender noch auf die natürliche Abstammung des Täuflings, sondern lediglich auf die Intention bei der Taufe beziehen. Dabei kommt es zunächst auf die Intention des Taufwerbers selbst an. Nur wenn dieser ein Kind ist oder des Vernunftgebrauchs entbehrt, entscheidet die Intention der Eltern bzw. des Vormundes. Bloß subsidiär ist die Intention des Taufspenders maßgeblich (*Zotz*, Katholisch, 137f.).

[8] Vgl. *Riedel-Spangenberger*, Konversion, 603. Die Aufnahme eines bereits Getauften in die katholische Kirche setzt selbstverständlich dessen Willen und Wissen voraus (*Zotz*, Katholisch, 140).

[9] Vgl. *Walser*, Kirchenaustritt, 518. *Walser* hält auch eine *De-facto*-Konversion für möglich (ebd. 517). Die DBK erließ Sonderregelungen für Kinder unter 14 Jahren (vgl. *Zotz*, Katholisch, 141).

[10] *Sacra Congregatio Sancti Officii,* Declaratio vom 3.1.1950, 2661.

richtiger gewesen, seine Zugehörigkeit zur katholischen Kirche damit zu begründen, dass in Todesgefahr auch die Taufe durch einen nichtkatholischen Spender in die katholische Kirche eingliedert, denn das entsprach gewiss der Intention der katholischen Eltern.[11] Schon durch die Taufe, nicht erst durch die katholische Erziehung und den Empfang der weiteren Initiationssakramente in der katholischen Kirche wurde dieses Kind zum Katholiken.

2.1.1. Lateinische und orientalische Katholiken

Die Katholische Kirche gliedert sich in mehrere Kirchen *sui iuris*. Zu diesen zählen die lateinische und mehrere orientalische Kirchen. Es ist daher weiter zu fragen, welcher von diesen ein Katholik nun konkret zugehört. Die diesbezügliche Regelung im CCEO (cc. 29-38) ist ausführlicher und detaillierter als jene des CIC (cc. 111f.) und kann zur Ergänzung des lateinischen Rechts herangezogen werden.[12] Der Taufbewerber, der das 14. Lebensjahr vollendet hat, bestimmt selbst, in welche Kirche *sui iuris* er eingegliedert werden möchte (c. 111 § 2 CIC; c. 30 CCEO). Weder die Zugehörigkeit des Taufspenders noch der Taufritus geben den Ausschlag. Taufbewerber unter vierzehn Jahren folgen der Zugehörigkeit ihrer Eltern. Gehören diese verschiedenen Kirchen *sui iuris* an, so entscheidet ihre Übereinkunft bzw. mangels einer solchen die Zugehörigkeit des Vaters (c. 111 § 1 CIC; c. 29 § 1 CCEO). Auf die Zugehörigkeit der Mutter kommt es an, wenn nur sie katholisch ist oder wenn sie unverheiratet ist. Sind die Eltern unbekannt, so entscheidet die Zugehörigkeit jener, die mit der Obsorge für das Kind betraut sind (c. 29 § 1 ° 2 CCEO). Sind weder Vater noch Mutter katholisch, so entscheidet die Zugehörigkeit jener, die für die religiöse Erziehung des Kindes sorgen (c. 29 § 1 ° 3 CCEO). Adoptiveltern sind den leiblichen gleichgestellt. Konvertiten werden grundsätzlich jener Kirche *sui iuris* zugeschrieben, die der getrennten Kirche oder kirchlichen Gemeinschaft, aus der sie stammen, entspricht (c. 35 CCEO).[13]

Wer bereits katholisch ist, kann mit Zustimmung des Apostolischen Stuhls in eine andere Kirche *sui iuris* wechseln (c. 32 § 1 CCEO). Diese Zustimmung wird vermutet, wenn die neue Kirche im Territorium des Betroffenen eine Hierarchie eingerichtet hat und die Eparchialbischöfe beider Hierarchien schriftlich zustimmen (c. 32 § 2 CCEO). Diese Voraussetzungen entfallen bei einer Ehe zwischen zwei Angehörigen verschiedener Kirchen *sui iuris*. Anlässlich der Heirat oder während der Ehe kann der lateinische Gatte, gleichgültig ob es die Frau oder der Mann ist, zur Kirche des anderen wechseln (c. 112 § 1 ° 2 CIC).

---

[11] Bei der Nottaufe entscheidet sich die Frage, welcher Kirche das Kind zugehört, nicht daran, wer die Taufe gespendet hat, sondern aufgrund der Wahl der Eltern (*Hallermann*, Vereinbarungen, 138).

[12] Vgl. *Fürst*, Taufe, 579-585; *Prader / Reinhardt*, Eherecht, 45f.

[13] Diese Bestimmung hat nach *Prader / Reinhardt* (Eherecht, 46) aber nur empfehlenden Charakter.

Von orientalischer Seite erhält hingegen nur die Frau die Möglichkeit, sich der Kirche des Mannes anzuschließen (c. 33 CIC). Kinder unter 14 Jahren folgen dem übertretenden Elternteil, können aber nach Erreichen des 14. Lebensjahres wieder in ihre ursprüngliche Kirche zurück (c. 112 § 1 ° 3 CIC; c. 34 CCEO).[14]

Nun stellt sich die Frage, ob der Begriff *„catholicus"* in den Art. 2-4 DignCon nur lateinische oder auch orientalische Katholiken umfasst. Obwohl die Eigenschaft „katholisch" auf beide zutrifft, verwendet der CIC den Begriff oft nur im Sinne von „lateinisch".[15] Auch für *Dignitas Connubii* liegt auf den ersten Blick eine derartige einschränkende Auslegung nahe, zumal diese Instruktion gemäß Art. 1 § 1 nur die Gerichte der lateinischen Kirche betrifft. Nun können lateinischen Gerichten aber auch Ehen, an denen orientalische Katholiken beteiligt sind, zur Entscheidung vorgelegt werden. Dies ist nicht nur der Fall, wenn der andere Partner lateinischer Katholik ist, sondern auch dann, wenn es im betroffenen Gebiet keine orientalische Hierarchie gibt, so dass gemäß c. 916 § 5 CCEO der lateinische Ortsordinarius für die Jurisdiktion zuständig ist. Würde man die orientalischen Katholiken nicht unter den Begriff des *„catholicus"* rechnen, so fielen sie unter die *„non catholici"*. Das würde aber unter anderem dazu führen, dass die Zuständigkeit kirchlicher Gerichte für ihre Ehenichtigkeitssachen nach Art. 3 § 2 DignCon zu beurteilen wäre. Das dafür aufgestellte Erfordernis, dass der Ledigenstand vor der katholischen Kirche nachgewiesen werden soll, erscheint bei orientalischen Katholiken aber völlig unnötig. Außerdem würde durch diese Zuständigkeitsregel jene des c. 916 § 5 CCEO bzw. Art. 16 DignCon ausgehöhlt, was wohl nicht intendiert sein kann. Auch die Klausel in Art. 4 § 1 ° 2 DignCon, wonach bei Ehenichtigkeitssachen nichtkatholischer Getaufter die Einhaltung des *ritus sacer* zu beachten ist, wenn wenigstens ein Partner einer orientalischen nichtkatholischen Kirche angehört, legt es nahe, dass die Angehörigen der orientalischen katholischen Kirchen nicht zu den „nichtkatholischen Getauften" zu zählen sind. Gewiss werden Ehenichtigkeitssachen von orientalischen Katholiken eher selten von lateinischen Gerichten zu behandeln sein. Wenn dies aber der Fall ist, so ist der Begriff *„catholicus"* durchaus wörtlich zu nehmen.

2.1.2. „Ausgetretene" Katholiken

Bisher wurde die Frage behandelt, wie jemand Katholik wird. Ebenso ist aber zu untersuchen, ob das Katholisch-Sein auch wieder abgelegt werden kann, so dass eine andere religiöse Zuordnung und damit ein anderer Anknüpfungspunkt für die Kollisionsnormen von *Dignitas Connubii* entsteht. Die Taufe stellt ein

---

[14] Zu Recht kritisiert *Fürst* (Taufe, 581) diese Altersgrenze, da im Taufrecht sonst die Grenze bei sieben Jahren gezogen wird (c. 852 § 1 CIC).

[15] So kann *„Ecclesia catholica"* in c. 11, wenn man ihn in Einklang mit c. 1 auslegt, nur die lateinische Kirche meinen. vgl. *Socha*, c. 1 MKCIC, Rn. 1.

unauslöschliches Prägemal dar, das durch keinen wie auch immer gearteten Akt verloren werden kann (vgl. c. 849 CIC). Das Kirchenrecht geht vom Grundsatz „*semel catholicus – semper catholicus*“ aus, wonach jemand, der einmal katholisch war, immer als Katholik angesehen wird, auch wenn er sich von der Kirche trennt oder einer anderen Religion beitritt. Wer der Kirche angehört, hat die Pflicht, die Gemeinschaft mit ihr zu wahren (c. 209 § 1 CIC). Sonst wird er zum Schismatiker (c. 751 CIC) und zieht sich die Tatstrafe der Exkommunikation zu (c. 1364 § 1 CIC).

Verletzt die Kirche damit nicht das Grundrecht auf Religionsfreiheit, das den freien Wechsel der Religion einschließt? Auch die Kirche muss die Religionsfreiheit beachten, jedoch in anderer Weise als der religionsneutrale Staat.[16] Als Gemeinschaft, die sich durch ein gemeinsames Glaubensbekenntnis, die Sakramente und die Bindung an die gemeinsame kirchliche Leitung konstituiert (c. 205 CIC), gäbe sie sich selbst auf, wenn sie von ihren Gliedern keine Treue in diesen drei Elementen verlangen würde. Das Zweite Vatikanische Konzil bekannte sich zur Religionsfreiheit (Art. 26 Abs. 2 GS, DH). Dies führte jedoch zu keiner Weiterentwicklung dieser Frage im CIC. C. 748 § 2 CIC bleibt vielmehr auf dem Stand des c. 1351 CIC/1917, wenn er zwar bei der Annahme des Glaubens Zwang verbietet, die Aufgabe des Glaubens aber nicht behandelt.[17] Etwas weiter geht c. 586 Satz 2 CCEO, wenn er ausdrücklich das Recht auf Religionsfreiheit zu halten mahnt, aber selbst dies geschieht im Grunde nur zu dem Zweck, dass niemand von der Kirche ferngehalten wird. Wenn die Kirche auch kein Grundrecht auf Austritt gewähren kann und die beiden Codices den Glaubensabfall nicht unter dem Aspekt der Religionsfreiheit würdigen, so besteht in der Lehre doch Einigkeit, dass Katholiken am Ausscheiden zumindest nicht mit Gewalt gehindert werden dürfen.[18]

Darüber hinaus kann die Religionsfreiheit beim Austritt noch in einer anderen Weise wirksam werden. Auch wenn die Taufe unauslöschlich ist und somit immer eine Verbindung zur Kirche bestehen bleibt, so heißt das nicht, dass ausgetretene Katholiken an den gesamten Rechtsbestand des kirchlichen Rechts gebunden bleiben müssten.[19] C. 11 CIC hält zwar an dem Grundsatz fest, dass

---

[16] Vgl. *Aymans*, Grundrechte, 397f.

[17] *Löffler* (Ungestraft, 85) meint sogar, der CIC beantworte die Frage der Glaubens- und Gewissensfreiheit des Katholiken hinsichtlich des Kirchenaustrits negativ.

[18] Vgl. *Busso*, Libertad religiosa, 258. Nach *Krämer* (Religionsfreiheit, 28) verlangt die Religionsfreiheit, auch die Abkehr vom Glauben nicht mit Zwang und Gewalt zu verhindern. Die Religionsfreiheit, zu der sich die Kirche bekennt, hat auch Auswirkungen auf das Verhältnis der Religionen zueinander (*Luf*, Religionsfreiheit, 51). *Socha* fragt zu Recht, ob nicht auch der nicht mehr voll in der Gemeinschaft der Kirche stehende Gläubige einen Anspruch hat, dass seine Glaubens- und Gewissensfreiheit geachtet wird (*Socha*, c. 11 MKCIC, Rn. 12).

[19] Wie *Primetshofer* (Normadressaten 494) bereits 1977 festgestellt hat, greift die Befreiung von der Rechtsunterworfenheit nicht in die sakramentalen Wirkungen der Taufe ein. Eine ähnliche These vertritt *Lüdicke* (Kirchengliedschaft, 383), wenn er die unverlierbare sakramentale Kirchengliedschaft von der verlierbaren korporativen unterscheidet.

jeder, der einmal katholisch war, für immer dem kirchlichen Recht einschließlich dem *ius mere ecclesiasticum* unterworfen bleibt,[20] doch sieht der lateinische Codex in einzelnen Normen auch vor, dass ausgetretene Katholiken von bestimmten Vorschriften ausgenommen werden. Dies ist an drei Stellen im Eherecht der Fall.[21] Wer durch Formalakt von der katholischen Kirche abgefallen ist,[22] wird von der Pflicht zur kanonischen Eheschließungsform freigestellt (c. 1117 CIC), benötigt keine Erlaubnis für die Ehe mit einem nichtkatholischen Christen (c. 1124 CIC) und kann ohne Dispens eine Ehe mit einem Nichtchristen schließen (c. 1086 CIC).[23] Darin zeigt sich also, dass ausgetretene Katholiken auch bei prinzipiellem Weiterbestehen der Kirchengliedschaft doch von der Verpflichtungskraft des kirchlichen Rechts freigestellt werden können[24] und allein darum geht es letztlich bei der hier interessierenden Frage, an welches (Ehe-)Recht diese Personen gebunden sind. Es handelt sich dabei nicht um die These einer „Kirche der freien Gefolgschaft", wie sie von KLEIN[25] vertreten und von der kirchlichen Autorität verworfen wurde. Vielmehr geht es einfach darum, das Faktum anzuerkennen, dass ausgetretene Katholiken sich ohnehin nicht mehr nach dem Kirchenrecht richten.

Dass eine Freistellung möglich und zulässig ist, beweist der kirchliche Gesetzgeber selbst mit den drei erwähnten Regelungen im CIC. Diese weisen jedoch drei Unzulänglichkeiten auf.[26] Erstens beschränken sie sich auf drei sehr begrenzte Rechtsfragen. So ist es nicht verständlich, warum ausgetretene Katholiken nur von den Formvorschriften aber nicht etwa auch von den Ehehindernis-

---

[20] Da c. 96 CIC das Ausmaß von Rechten und Pflichten vom Stehen in der *plena communio* abhängig macht, wäre es *Socha* zufolge konsequent gewesen, abgefallene Katholiken nicht mehr dem rein kirchlichen Recht zu unterwerfen (vgl. *Socha*, c. 11 MKCIC, Rn. 12). Ein in den ursprünglichen Schemata vorgesehener § 3, der eine derartige Unterwerfung ausdrücklich festgelegt hätte, ging zwar nicht in die endgültige Version des c. 11 CIC ein, aber das ändert nichts an der Rechtslage, die sich ebenso aus dem verbliebenen Text ergibt (vgl. *Otaduy*, c. 11 ComEx, 325).

[21] Der CCEO kennt diese drei Ausnahmebestimmungen hingegen nicht und verpflichtet auch abgefallene orientalische Katholiken durchweg auf die Einhaltung kirchlichen Rechts (c. 1490 CCEO).

[22] Nach *Heimerl / Pree* (Kirchenrecht, 247) und *Selge* (Verpflichtung, 417) gilt dasselbe für Personen, die als Kinder katholisch getauft, aber nicht katholisch erzogen wurden. Bei der Kodexreform wurde die Klausel „*nisi extra Ecclesiam educati fuerint*" zunächst gutgeheißen, doch schließlich lehnte die Mehrheit der Konsultoren es ab, der Erziehung einen Einfluss auf den Gliedschaftsstatus beizumessen [Comm 34 (2002) 66 bzw. 68].

[23] Die Formulierung „*actu formali*" setzte sich bei der Kodexreform gegen „*publice*" bzw. „*publice et notorie*" durch [Comm 34 (2002) 68f.].

[24] Vgl. *Lüdicke*, Kirchengliedschaft, 386.

[25] Vgl. *Klein*, Skandalon, 73; dazu: *Nelles*, Klein, 1109.

[26] In der Lehre sind sie sehr umstritten (vgl. *Aymans*, Defektionsklauseln, 806-809; *Walser*, Kirchenaustritt, 509-511). Die Motive, die bei der Kodexreform dafür angeführt wurden, sind jedoch durchweg zu begrüßen: die Verminderung der Zahl ungültiger Ehen, die Förderung der Ökumene und die Anerkennung der Gewissensfreiheit (vgl. *Walser*, Kirchenaustritt, 509).

sen rein kirchlichen Rechts ausgenommen sein sollten. Bei der CIC-Reform gab es durchaus Bestrebungen, auch dies zu verankern, was von SCHMITZ begrüßt wurde.[27] PRIMETSHOFER schlug sogar vor, dem Kirchenaustritt generell normbefreiende Wirkung zuzuerkennen und die ausgetretenen Katholiken damit rechtlich den getauften Nichtkatholiken gleichzustellen.[28] Zweitens sagt der CIC nicht, an welches Recht ausgetretene Katholiken anstelle des kirchlichen Rechts gebunden sind. Wenn sie zu einer anderen Religionsgemeinschaft übergetreten sind, wäre es wünschenswert, dass deren Recht als beachtlich vorgeschrieben würde, andernfalls das jeweilige staatliche.[29] Ohne eine derartige Aussage sind die betroffenen Personen hingegen an überhaupt keine Formvorschriften gebunden, so dass sie aus kirchlicher Sicht sogar eine formlose Ehe schließen können. Drittens sagt der CIC nicht, worin der Formalakt besteht, durch den ein Katholik sich rechtswirksam von der Kirche trennen kann.[30]

Diese Frage wurde in der Lehre äußerst kontrovers diskutiert, inzwischen aber durch zwei Entscheidungen des PCLT[31] geklärt, in denen die drei notwendigen Elemente dieses Aktes beschrieben werden.[32] Damit sind erstmals Ansätze

---

[27] Vgl. *Schmitz*, Reform, 162. Obwohl der CIC eine Freistellung nur von drei Normen ausdrücklich vorsieht, geht *Bañares* (c. 1059 ComEx, 1080) davon aus, dass der Wille des Gesetzgebers auf eine Freistellung vom gesamten kirchlichen Eherecht ausgerichtet war, weil eine Ausnahme, die sich auf drei Punkte beschränkt, wenig vernünftig wäre. Dagegen hält *Beal* (c. 1059, 1255) daran fest, dass Ausnahmen nur in den drei eigens geregelten Fällen vorliegen.

[28] Vgl. *Primetshofer*, Normadressaten, 494.

[29] Damit würden ausgetretene Katholiken rechtlich jenen Personen gleichgestellt, die nie katholisch waren. Dies würde den ökumenischen Fortschritt, den c. 11 gebracht hat, indem er jene, die nie katholisch waren, von der Anwendung rein kirchlichen Rechts ausgenommen hat, nicht in Frage stellen, wie *Aymans* befürchtet (Defektionsklauseln, 807), sondern ihn sogar weiterentwickeln. Von den getrennten Kirchen und kirchlichen Gemeinschaften würde es nämlich sicher begrüßt, wenn alle ihre Mitglieder gleich behandelt würden, ob sie nun von Anfang an zu ihnen gehört haben, oder ursprünglich katholisch waren (vgl. *Lüdicke*, Kirchengliedschaft, 383f.).

[30] Ein formaler Akt der Trennung ist um der Rechtssicherheit willen erforderlich, weil sonst nicht klar wäre, ob etwa auch fern stehende oder nicht praktizierende Katholiken von den entsprechenden Rechtsvorschriften entbunden wären (vgl. *Carreras*, Giurisdizione, 214).

[31] Vom 3.5.2005 bzw. vom 13.3.2006. Das zweite Dokument hat einen stärkeren Verbindlichkeitscharakter, da es den Voraussetzungen nach Art. 16 und 155 PastBon entspricht und für die Gesamtkirche Geltung hat (*Bier*, Kirchenaustritt, 349; *Zapp*, Kirchenaustritt, Rn. 30). Weil das Dokument jedoch nur an die Vorsitzenden der Bischofskonferenzen versandt und nicht gemäß c. 16 § 2 i.V.m. c. 8 CIC promulgiert wurde, kann es nicht als authentische Interpretation bzw. als Gesetz angesehen werden (*Bier*, Kirchenaustritt, 349. Anderer Ansicht *Zapp*, Kirchenaustritt, Rn. 29). Auf die schwierige formale Einordnung weist auch *Löffler* (Ungestraft, 227) hin.

[32] Dies geschah, obwohl das PCI am 4.6.1999 einmütig die Streichung der drei Sonderregelungen vorgeschlagen hatte (CLSA Newsletter 127/2001, 5-6). Offensichtlich wird nun doch nicht ihre Streichung, sondern ihr Ausbau in Richtung einer klareren Handhabung angesteuert.

zu einem kirchenamtlichen Austrittsverfahren[33] geschaffen worden.[34] Der Abfall ist im Taufbuch zu vermerken.[35] Ob dies in weiterer Entwicklung schließlich dazu führt, dass die durch ein solches Verfahren Ausgetretenen auch von der Einhaltung der übrigen rein kirchlichen Gesetze befreit werden und als Unterworfene desjenigen Rechts angesehen werden, das ihrem neuen Status entspricht, bleibt freilich offen. Vorerst ist auch der ausgetretene Katholik – von den drei Ausnahmen abgesehen – weiterhin voll dem kanonischen Recht unterworfen und muss in *Dignitas Connubii* unter den Begriff des „*catholicus*" subsumiert werden. Das bedeutet zum Beispiel, dass die Ehe, die er mit einem nichtkatholischen Christen geschlossen hat, nach Art. 2 § 2 zu beurteilen ist und nicht nach Art. 4 § 1.

Der Grundsatz des *semel catholicus – semper catholicus* kann gerade im Eherecht zu unbefriedigenden Konsequenzen führen, z.B. wenn ein Katholik eine Person heiraten will, die einmal katholisch war, später aber zum Islam übergetreten ist. Diese gilt lediglich als „vom Glauben offenkundig abgefallen" (c. 1071 § 1 ° 4 CIC), nicht jedoch als Angehörige einer anderen Religionsgemeinschaft, weil sie ja getauft ist. Der Eheschließung steht daher nur das Trauverbot gemäß c. 1071 § 1 ° 4 CIC, nicht jedoch das verungültigende Ehehindernis der Religionsverschiedenheit gemäß c. 1086 § 2 CIC entgegen.[36] Mit dem genannten Grundsatz macht es sich die Kirche also selbst unmöglich, die tatsächliche Religionszugehörigkeit ernst zu nehmen und dieser Ehe eine stärkere

---

[33] Dabei handelt es sich um ein Verwaltungsverfahren. Wird an dessen Ende der Austritt festgestellt, so bedarf es dazu keines Gerichtsverfahrens mehr, wie *Reinhardt* (Trauung, Rn. 352) meint. *Schmitz* erblickt in der Austrittserklärung einen genehmigungsbedürftigen Willensakt (Kirchenaustritt, 504). Man wird aber wohl nur von einer Überprüfungbedürftigkeit durch den kirchlichen Amtsträger sprechen können.

[34] Der Austritt muss vor der zuständigen kirchlichen Autorität (Ordinarius oder Pfarrer) erklärt werden. *Aymans* hielt dies nicht für möglich, weil es der Meinung Vorschub leisten würde, die Kirche sei ein Verein, aus dem man rechtswirksam seinen Austritt erklären könne (Defektionsklauseln, 805). Die Entscheidungen des PCLT lassen nun aber erkennen, dass die Kirche auf den Glaubensabfall nicht nur strafend reagieren, sondern auch aktiv die entsprechende Willenserklärung entgegennehmen kann. Es sprechen demnach keine zwingenden theologischen Gründe dagegen. Von Kanonisten wie *Busso* (Libertad religiosa, 259 und 261) und *Navarro-Valls* (c. 1117 ComEx, 1468) wurde diese Meinung schon vorher vertreten.

[35] Nr. 6 des Dokuments vom 13.3.2006. *Busso* (Libertad religiosa, 263) hatte die Möglichkeit eines Taufbucheintrags schon erwogen, bevor das PCLT sich dazu äußerte. Er hielt es jedoch noch nicht für möglich, der betreffenden Person eine Bescheinigung über ihren Kirchenaustritt auszustellen. Vielleicht wird nun auch das realisierbar.

[36] Gemäß c. 1071 § 2 CIC sind aber immerhin die Vorschriften des c. 1125 anzuwenden (vgl. *Busso*, Libertad religiosa, 262; *Navarrete*, Diritto fondamentale, 77; *Reinhardt*, Trauung, Rn. 195). In einem Responsum vom 11.2.1972 erklärte das PCDVI, dass der Ortsordinarius für eine Ehe zwischen einem Katholiken und einer Person, die ursprünglich katholisch war, dann aber zu einer anderen Konfession übergetreten ist, eine Dispens von der Formpflicht erteilen kann. Heißt dies, dass der Übertritt und die Zugehörigkeit zu einer neuen Rechtsordnung doch ernst genommen werden? Eher liegt diesem Responsum aber nur der Grundsatz der Formfreiheit abgefallener Katholiken zugrunde.

Barriere entgegenzusetzen, die den Problemen, die sie in sich birgt, tatsächlich entspräche.[37]

2.1.3. Katechumenen

Als noch nicht Getaufte können Katechumenen nicht als Katholiken bezeichnet werden. Sie sind zwar in besonderer Hinsicht mit der Kirche verbunden und können eigene Vorrechte erhalten (c. 206 CIC, c. 9 CCEO), doch müssen diese eigens als Katechumenenrechte genannt werden.[38] Das kirchliche Eherecht enthält keine derartigen Sonderregelungen. Katechumenen sind daher auch in *Dignitas Connubii* unter den Begriff der Ungetauften („*non baptizati*") zu subsumieren. Da sich das anzuwendende Ehrecht gemäß Art. 4 § 1 ° 2 DignCon nach dem Zeitpunkt der Eheschließung richtet, ist bei Katechumenen nicht das kirchliche Eherecht maßgeblich. Zu beachten ist allerdings, dass die nachfolgende Taufe Auswirkungen auf ihre Ehe haben kann, z.B. hinsichtlich der Sakramentalität.

2.2. Nichtkatholische Christen

Christ ist, wer die Taufe empfangen hat. Es werden keine weiteren Bedingungen, wie etwa die eucharistische Initiation,[39] aufgestellt. Die Taufe gliedert der Kirche Christi (c. 96 CIC) bzw. Christus und damit dem Volk Gottes (c. 204 § 1 CIC; c. 7 § 1 CCEO) ein. Art. 8 Abs. 2 LG sagt nicht mehr, dass die Kirche Christi mit der katholischen Kirche identisch ist, sondern nur, dass sie in ihr „subsistiert". Sie verwirklicht sich zwar in ihr, doch finden sich auch in den anderen Kirchen und kirchlichen Gemeinschaften Elemente der Kirche Christi.[40] Die Taufe schafft damit eine grundlegende Verbindung zwischen allen Christen, die der konkreten Zuordnung zu einer bestimmten Kirche oder kirchlichen Gemeinschaft vorausgeht.[41] Der CIC verwendet die Bezeichnungen „*baptizatus*" (Getaufter), „*christianus*" (Christ) und „*christifidelis*" (Christgläubiger) grund-

---

[37] Man könnte dagegen einwenden, dass jemand, der einmal katholisch war, dem Islam kulturell nicht so stark verhaftet und immer noch vom westlichen Eheverständnis geprägt ist. Letztlich geht es aber nicht nur um das kulturell bedingte Ehebild, sondern um das Ehe*recht* und in dieser Hinsicht werden sowohl der Übergetretene als auch seine neue Religionsgemeinschaft jedenfalls von der Anwendung des islamischen Rechts ausgehen.

[38] Vgl. *Reinhardt*, c. 206 MKCIC, Rn. 4.

[39] Ein entsprechender Vorschlag bei der Kodexreform konnte sich nicht durchsetzen [Comm 17 (1985) 31].

[40] Vgl. *Aymans*, Kirchengliedschaft, 410.

[41] Dass c. 96 CIC nicht direkt die Zugehörigkeit zu einer bestimmten Kirche oder kirchlichen Gemeinschaft normiert, macht ihn nicht falsch, wie *Fürst* (Taufe, 573) meint. Vielmehr verfolgt er einfach eine andere Aussageabsicht, nämlich dass der konkreten Konfessionszugehörigkeit die allen Getauften gemeinsame Gliedschaft in der Kirche Christi vorausliegt.

sätzlich synonym.[42] Insbesondere ist nach der Mehrheit der kanonistischen Lehre die Gleichsetzung des Christgläubigen mit dem Getauften in c. 204 § 1 CIC wörtlich zu nehmen.[43] Erst im Anschluss an diese Aussage über die prinzipielle Gleichheit wird eine Differenzierung nach verschiedenen Kirchen und kirchlichen Gemeinschaften bzw. nach der Zugehörigkeit der Getauften zu diesen vorgenommen (cc. 204 § 2 und 205 CIC).[44] In gleicher Weise verfährt der CCEO in den cc. 7-8. Die Art. 2-4 DignCon verwenden fast ausschließlich den Begriff „*baptizatus*"; nur in Art. 4 § 1 ° 2 taucht der Ausdruck „*christifidelis*" auf. Im Deutschen scheint es besser, einfach von „Christen" zu sprechen, weil die Substantivierung „Getaufte" besonders in Zusammensetzungen wie „nichtkatholische Getaufte" umständlich klingt.

Nur wer *gültig* getauft ist, wird Christ.[45] Gültig ist die Taufe dann, wenn sie in der rechten Absicht durch Untertauchen in oder Übergießen mit Wasser unter Verwendung der trinitarischen Formel gespendet wird (vgl. c. 854 CIC; c. 675 CCEO).[46] Damit die Taufe unter den christlichen Kirchen und kirchlichen Gemeinschaften gegenseitig anerkannt werden kann, ist es nötig, dass diese unverzichtbaren Elemente von allen eingehalten werden (vgl. Nr. 93 DirOec).[47] In Deutschland haben verschiedene katholische Diözesen und evangelische Landeskirchen Vereinbarungen über die gegenseitige Anerkennung der Taufe geschlossen.[48] Die grundsätzliche Anerkennung der Taufe anderer Kirchen und kirchlichen Gemeinschaften geht außerdem aus c. 869 § 2 CIC hervor. Demnach sind in einer nichtkatholischen kirchlichen Gemeinschaft Getaufte entgegen

---

[42] *Riedel-Spangenberger*, Rechts- und Handlungsfähigkeit, 394.

[43] Z.B: *Breitsching*, Eucharistiegemeinschaft, 135; *Hallermann*, Rechtsstellung, 35; *Rees*, Kirchenbegriff, 695; *Riedel-Spangenberger*, Implikationen, 240; *Selge*, Christifidelis, 273; für eine Beschränkung auf Katholiken hingegen: *Aymans / Mörsdorf*, Lehrbuch II, 50f; *Weber*, Anmerkungen, 667. Eine Mittelposition nimmt *Ghirlanda* ein, demzufolge *theologisch* alle gültig Getauften, *technisch* aber nur jene, die in voller Gemeinschaft mit der katholischen Kirche stehen, als *christifideles* bezeichnet werden können (*Ghirlanda*, Diritti fondamentali, 8).

[44] C. 204 § 2 CIC übernimmt nahezu wörtlich Art. 8 Abs. 2 LG (vgl. *Güthoff*, Gliedschaftslehre, 154).

[45] Will ein ungültig Getaufter die Ehe mit einem Katholiken eingehen, so steht dem das Ehehindernis der Religionsverschiedenheit entgegen [vgl. das Urteil des Regionalgerichts Pedemontano, *coram Ricciardi* (27.11.1984), Nr.3]. Wenn nicht um Dispens von diesem Hindernis angesucht wird, ist die Ehe nichtig [vgl. das Urteil des Regionalgerichts Flaminio, *coram Benetti* (6.2.1988), Nr. 5.].

[46] Vgl. *Ahlers*, Taufe, 936.

[47] Eine Auflistung der Gemeinschaften mit und jener ohne gültige Taufe bietet *Reinhardt*, Trauung, Rnn.148f.

[48] Vgl. *Hallermann*, Vereinbarungen, 130-137. Am 29.4.2007 haben die katholische Kirche und mehrere andere Kirchen und kirchliche Gemeinschaften in einer gemeinsamen Erklärung in Berlin die Taufe wechselseitig anerkannt (www.dbk.de/imperia/md/content/ pressemitteilungen/2007-1/taufanerkennungstext.pdf [1.6.2007]).

einer früher gängigen Praxis nicht mehr bedingungsweise zu taufen, außer es bestehen ernsthafte Zweifel an der Gültigkeit.[49] Da die Taufe ein unauslöschliches Prägemal bildet (c. 849 CIC), ist sie nicht wiederholbar. Die Taufe ist durch einen Taufschein der jeweiligen Kirche oder kirchlichen Gemeinschaft nachzuweisen. Falls ein solcher fehlt – was häufig der Fall ist –, genügt nach c. 876 CIC die Erklärung eines einwandfreien Zeugen oder sogar der Eid des Getauften selbst.[50]

Dass der Getaufte „*persona in Ecclesia*" (c. 96 CIC) ist, bedeutet, dass er rechtsfähiges Subjekt in der Kirche ist.[51] Die Rechtsfähigkeit kommt allen Getauften in gleicher Weise zu, während die Handlungsfähigkeit je nach Grad der *communio* mit der katholischen Kirche beschränkbar ist.[52] Der Respekt vor den nichtkatholischen Christen findet seine Konkretisierung in c. 11 CIC bzw. c. 1490 CCEO, wonach sie durch rein kirchliche Gesetze nicht verpflichtet werden.[53] Bei der CIC-Reform war ursprünglich geplant, neben c. 11 CIC speziell im Eherecht noch einmal gesondert zu verankern, dass nichtkatholische Christen nicht an rein kirchliche Ehenormen gebunden sind.[54] Dieses Vorhaben wurde

---

[49] Manche protestantische Gemeinschaften legen an den Taufritus keine strengen Maßstäbe an, so dass er möglicherweise die katholischen Gültigkeitsbedingungen nicht erfüllt. Nachdem die katholische Kirche durch die Aufgabe der Bedingungstaufe aber einen Schritt auf diese Gemeinschaften zu gemacht hat, mahnten innerhalb des Protestantismus mehrere Autoren zu größerer Formstrenge, um dieses Entgegenkommen der katholischen Kirche nicht durch nachlässiges Taufen wieder in Frage zu stellen (vgl. *Hollerbach*, Taufrecht, 151).

[50] Vgl. *Schöch*, Zivilehe, 904.

[51] Comm 3 (1971) 85; vgl. *Gänswein*, Kirchengliedschaft, 215.

[52] Vgl. *Riedel-Spangenberger*, Rechts- und Handlungsfähigkeit, 396. Nach *Otaduy* (c. 11 ComEx, 323) sind die nichtkatholischen Christen Rechtssubjekte aber nicht Rechtsunterworfene der kirchlichen Rechtsordnung.

[53] Vgl. *Güthoff*, Gliedschaftslehre, 154. *Gasparri* brachte schon bei der Abfassung des CIC/1917 den Vorschlag ein, die Protestanten von der Formpflicht und den Ehehindernissen des kirchlichen Rechts freizustellen, doch bestand das Heilige Offizium darauf, dass keine Neuerungen eingeführt werden (*Turchi*, Disposizioni, 256 und 260). So betrachtete der CIC/1917 die getrennten Christen noch durchweg als Unterworfene auch des rein kirchlichen Rechts (Zum damaligen Gliedschaftsrecht siehe *Dausend*, Das interrituelle Recht, 18f. und *Heinemann*, Rechtliche Stellung, 82-84). Das neue Recht geht hingegen davon aus, dass nur jemand, der selbst von der katholischen Kirche abgefallen ist, dafür Verantwortung trägt. Wenn jedoch schon die Eltern einer anderen Kirche oder kirchlichen Gemeinschaft angehört haben, trägt er an der Trennung keine persönliche Schuld und wird daher vom rein kirchlichen Recht freigestellt. Die Überlegung, dass die Kinder von Häretikern nicht mehr für den Glaubensabfall verantwortlich sind und das Gesetz daher nicht auf sie angewandt werden kann, findet sich übrigens auch im jüdischen Recht (vgl. *Lorberbaum*, Interpretation).

[54] Dabei entstand das Problem, den Kreis der ausgenommenen Personen möglichst korrekt zu umschreiben. Folgende Varianten wurden erwogen: alle außerhalb der katholischen Kirche Getauften; auch jene, die die katholische Kirche im Alter des Vernunftgebrauchs verlassen haben; alle, die außerhalb der katholischen Kirche stehen, außer den Apostaten; oder in positiver Formulierung alle an die kirchlichen Vorschriften binden, die nach dem 16. Lebensjahr jemals der katholischen Kirche adskribiert waren [Comm 33 (2001) 36f.].

dann aber aufgegeben. Der CIC geht grundsätzlich davon aus, dass die getrennten Christen ihr Christsein in ihrer jeweiligen Kirche oder kirchlichen Gemeinschaft verwirklichen.[55] Deswegen spricht er ihnen nur bestimmte Rechte zu, die sie in der katholischen Kirche wahrnehmen können. Auflistungen dieser Rechte zeigen, dass es in Wirklichkeit nicht wenige sind.[56] Die Grundrechte und -pflichten gelten jedenfalls für alle Getauften.[57]

Die Taufe gliedert nicht nur allgemein in die Kirche Christi ein, sondern auch konkret in eine ganz bestimmte Kirche oder kirchliche Gemeinschaft.[58] *Dignitas Connubii* verlangt vom kirchlichen Richter nicht nur festzustellen, ob die Ehepartner Christen sind, sondern auch welcher Kirche oder kirchlichen Gemeinschaft sie zugeschrieben werden, weil nur so das anzuwendende Sachrecht eruiert werden kann (Art. 2 § 2 bzw. Art. 4 § 1). Welche Kriterien hat er dabei anzuwenden? Grundsätzlich sind zwei Möglichkeiten denkbar: Entweder wendet er die Kriterien analog an, mit denen die katholische Kirche beurteilt, ob jemand in der katholischen Kirche getauft wurde; oder er zieht die Kriterien heran, die der Kirche oder kirchlichen Gemeinschaft eigen sind, deren Zugehörigkeit geprüft werden soll.[59] Die erste Alternative würde den getrennten Kirchen und kirchlichen Gemeinschaften in ungebührlicher Weise katholisches Recht auferlegen. Außerdem könnte sie zu der unbefriedigenden Situation führen, dass jemand aus katholischer Sicht einer bestimmten Kirche oder kirchlichen Gemeinschaft angehört, die ihn selbst keineswegs als ihr Mitglied betrachtet.[60] Die

---

[55] Vgl. *Krämer*, Zugehörigkeit 208; *Selge*, Verpflichtung, 416; *Socha*, c. 11 MKCIC, Rn. 13.

[56] Vgl. *Hallermann*, Rechtsstellung, 44-47; *Riedel-Spangenberger*, Rechts- und Handlungsfähigkeit, 399-402.

[57] Ebd. 395.

[58] Nach *Krämer* (Zugehörigkeit 208) geht dies aus Art. 15 LG und Art. 3 Abs. 1 UR hervor. Vgl. auch *Fürst*, Taufe, 575; *Güthoff*, Gliedschaftslehre 154; *Rees*, Communicatio in Sacris, 76; *ders.* Kirchenbegriff, 76; *Socha*, c. 11 MKCIC, Rn. 13.

[59] Im Rota-Urteil *coram Anné* vom 28.5.1974 wurde in lobenswerter Weise die Frage aufgeworfen, welches Recht die Zugehörigkeit der getrennten griechisch Orthodoxen regelt: Das vom Heiligen Stuhl erlassene, das den unierten Ostkirchen eigene oder die vernünftigen Gewohnheiten der getrennten griechisch-orthodoxen Kirche (Nr. 2.A.a). Die Richter geben dann aber keine eindeutige Antwort, sondern ziehen alle Varianten in Zweifel.

[60] Nach der ersten Alternative wäre beispielsweise das Prinzip „*semel catholicus, semper catholicus*" analog auf die anderen Kirchen und kirchlichen Gemeinschaften anzuwenden, so dass deren Mitglieder nicht aus- oder übertreten könnten. Aus der Sicht von Kirchen und kirchlichen Gemeinschaften, die eine derartige Möglichkeit einräumen, wären die betroffenen Personen nicht ihre Mitglieder, aus der katholischen Sicht hingegen schon. Es bestehen in den einzelnen Kirchen und kirchlichen Gemeinschaften nämlich unterschiedliche Auffassungen über die Rechtsfolgen des Verlustes der Mitgliedschaft durch Austritt aus der kirchlichen Gemeinschaft oder Übertritt zu einer anderen Konfession oder Religionsgemeinschaft (*Prader*, Die Ehe in der kirchlichen Rechtsordnung, 902). *Lüdicke* wendet das genannte Prinzip zur Bestimmung des Begriffs des nichtkatholischen Christen gemäß c. 1124 CIC jedenfalls nicht an, wenn er sagt, dass dieser Begriff Menschen nicht erfasst, die zwar in einer getrennten Kirche oder kirchlichen Gemeinschaft getauft worden waren, dann aber konfessionslos wurden oder einer nichtchristlichen Religionsgemeinschaft beigetreten sind (*Lüdicke*, c. 1124

zweite Alternative entspricht besser dem Geist der Art. 2-4 DignCon, die insgesamt bestrebt sind, dasjenige Recht anzuerkennen und anzuwenden, dem die betreffende Person tatsächlich untersteht.[61] Ferner steht sie in Einklang mit dem weltlichen IPR, demzufolge die Staatsangehörigkeit nach dem Recht des Staates zu beurteilen ist, um dessen Staatsangehörigkeit es geht.[62] Daher wird auch der kirchliche Richter die Konfessionszugehörigkeit nach dem Recht der jeweiligen Kirche oder kirchlichen Gemeinschaft zu beurteilen haben, selbst wenn dies vor dem Erlass von *Dignitas Connubii* nicht immer praktiziert worden sein mag.[63] Mit dem Instrumentarium des katholischen Rechts kann er nur feststellen, ob jemand überhaupt gültig getauft wurde; welcher Kirche oder kirchlichen Gemeinschaft jemand hingegen zugeschrieben ist, muss er nach deren jeweiligem Recht beurteilen.[64]

MKCIC, Rn. 4). Ebenso wenig wendet er allerdings das Mitgliedschaftsrecht der jeweiligen Kirche oder kirchlichen Gemeisnchaft an, was der oben genannten zweiten Alternative entspräche. Es geht ihm an der genannten Stelle in Wirklichkeit um ein anderes Problem, so dass er die hier interessierende Frage nicht näher behandelt. Würde das Prinzip „*semel catholicus, semper catholicus*" ausnahmslos auf alle Fälle der getrennten Christen analog angewandt, so wäre auch deren Konversion zur katholischen Kirche nicht möglich. Dies kann vom kanonischen Recht aber keineswegs intendiert sein.

[61] Zum Beispiel die altkatholische Kirche in Österreich verfügt über ein detailliertes Mitgliedschaftsrecht (vgl. dazu *Haunschmidt*, Mitgliedschaft, 965-967).

[62] Bezüglich Deutschland: *Andrae*, Familienrecht, Rn. 9.

[63] In Entscheidungen der obersten kirchlichen Gerichte und Behörden finden sich selten gründliche Untersuchungen der Konfessionszugehörigkeit. Ein Negativbeispiel stellt das Responsum der SC Or vom 1.12.1959 dar. Darin wurde die Gattin der griechisch-melkitischen Kirche zugeordnet, mit der Begründung, dass sie von einer Katholikin dieses Ritus' geboren worden sei. Nun entsteht Kirchenzugehörigkeit aber nicht mit der Geburt und die Zugehörigkeit der Mutter gibt nicht allein den Ausschlag, wenn nicht auch andere Voraussetzungen vorliegen. Außerdem sollte in diesem Fall c. 72 des trullanischen Konzils angewandt werden. Das setzt aber voraus, dass der betreffende Ehepartner einer getrennten orientalischen Kirche angehört. Der Hinweis auf die katholische Mutter ist deswegen ohnehin nicht zielführend. Ein Positivbeispiel liefert hingegen das Rota-Urteil *coram Anné* (28.5.1974), wo festgestellt wird, dass die *adscriptio* der getrennten griechisch-orthodoxen Christen zu ihrer Kirche nicht nach dem vom Heiligen Stuhl für die unierten Orientalen erlassenen Recht sondern nach dem griechisch-orthodoxen (Gewohnheits-)Recht beurteilt werden soll (Nr. 2.A.a).

[64] So bleibt *Pospishill* zufolge ein getrennter Orientale, der zum Protestantismus übertritt, an sein ursprüngliches Recht gebunden, während ein Protestant, der zu einer getrennten orientalischen Kirche wechselt, nun deren Recht untersteht. Der Grund dafür liegt darin, dass die protestantischen Gemeinschaften einen Austritt mit normbefreiender Wirkung kennen, die orientalischen Kirchen hingegen nicht (*Pospishill*, Eastern catholic marriage law, 230 und 232). Bei dieser Argumentation werden also tatsächlich Kriterien angewandt, die aus den betreffenden fremden Rechtsordnungen selbst stammen. Nach einem Urteil des Diözesangerichts Osnabrück ist eine katholisch-orthodoxe Ehe aufgrund eines Formmangels, der im orthodoxen Recht gründet, für nichtig zu erklären, auch wenn der orthodox getaufte Gatte zum Protestantismus gewechselt oder ungläubig geworden ist (*coram Vollmer* 25.9.1975).

2.3. Nichtchristen

Wer nicht getauft ist, gehört der Kirche nicht an; er ist „Nichtchrist".[65] Die Art. 2-4 DignCon sprechen von *„non baptizati"* (nicht Getauften). Zu ihrem Kreis, der sich sehr vielfältig darstellt, gehört der Großteil der Menschen weltweit. Dass jeder Mensch dennoch mit der katholischen Kirche in rechtliche Beziehung treten kann, verdankt sich dem Umstand, dass er als natürliche Person Rechtssubjekt ist.

Die Rechtspersönlichkeit jedes Menschen steht in der katholischen Soziallehre außer Zweifel. Schon LEO XIII. leitete aus der Natur des Menschen den Besitz von Rechten ab (Art. 6 RN). Besonderes Gewicht erlangen solche Überlegungen in der Enzyklika *„Pacem in Terris"* JOHANNES' XXIII., derzufolge jeder Mensch seinem Wesen nach Person ist und folglich aus seiner Natur unmittelbar und gleichzeitig Rechte und Pflichten hervorgehen (Art. 9 PT), deren Wahrnehmung für das Zusammenleben der Menschen in der Gemeinschaft unerlässlich ist (Art. 34 PT). Das Recht gehört also wesentlich zur menschlichen Person wie auch zur Beziehung der Menschen untereinander. Das Zweite Vatikanische Konzil begrüßt das wachsende Bewusstsein, dass die menschliche Person Träger allgemeingültiger und unverletzlicher Rechte und Pflichten ist, was mit der Würde des Menschen und seiner Erhabenheit über die gesamte Welt der Dinge zusammenhängt (Art. 26 Abs. 2 GS).[66] Noch am Ende seines Pontifikats betonte JOHANNES PAUL II., dass die Zugehörigkeit zur Menschheitsfamilie jedem Menschen eine Art Weltbürgerschaft verleiht, die ihn zum Träger von Rechten und Pflichten macht.[67]

Umso mehr überrascht es, dass eine Aussage über die Rechtspersönlichkeit aller Menschen gerade dort fehlt, wo sie am meisten zu erwarten und am dringendsten nötig wäre, nämlich im Gesetzbuch der katholischen Kirche, zumal sie der Grundbaustein jeder Rechtsordnung und damit auch das verbindende Glied der verschiedenen Rechtsordnungen wie der kirchlichen und der europäischen untereinander ist. Dabei war in der LEF vom *Schema prius* bis zum *Schema 1980* durchgängig ein Canon vorgesehen, mit dem die Kirche allen und jedem Menschen die Rechte und Pflichten zuerkannte, die aus seiner Personwürde entspringen.[68] Diese Bestimmung ging mit der LEF unter, ohne in den CIC Eingang zu finden. In diesen ging als c. 96 vielmehr nur c. 5 aus dem Schema LEF 1980 ein, der aber nicht die Rechtspersönlichkeit aller Menschen, sondern nur die besondere Rechtsstellung der Getauften behandelt.[69] Da nun aber, wie die

---

[65] Vgl. *Amann*, Nichtchrist, 671.

[66] Die Kirche kann diese Rechte nicht in Abrede stellen (*Vela Sanchez*, Persona fisica, 792).

[67] Botschaft zum Weltfriedenstag (1.1.2005), Nr. 5.

[68] Jeweils c. 3. Die Formulierung *„omnibus et singulis hominibus"* betont, dass wirklich jeder einzelne Mensch Träger von Rechten und Pflichten ist. Dass die Klausel *„in ordine morali"* aus c. 6 § 1 Schema LEF II in den späteren Schemata gestrichen wurde, zeigt, dass nicht der Bereich der Moral, sondern tatsächlich der des Rechts gemeint war.

[69] Der CCEO verzichtete sogar auf diese Norm.

Lehre[70] aufzeigt, die Rechtsstellung des Getauften in der Kirche die natürliche Rechtspersönlichkeit zwingend voraussetzt, muss diese in c. 96 CIC, insbesondere im Ausdruck „*homo*“, als implizit miterfasst angesehen werden.[71] Denn die natürliche Person ist das rechtliche *a priori* aller Rechte.[72] Außerdem stellt der CIC selbst auch Ungetaufte unter strafrechtlichen Schutz (c. 1397f.), bezeichnet sie als „*persona*“ (c. 1086 § 1) und verleiht ihnen auch in der Kirche eine gewisse Handlungsfähigkeit, etwa als dem *ius divinum* Unterstehende, als Adressaten kirchlichen Heilswirkens (c. 383 § 4, c. 528 § 1 CIC), als Taufspender (c. 861 § 2 CIC), bei Rechtsgeschäften (Ehe, Dienstvertrag), in kirchlichen Prozessen und als Katechumenen.[73] Bei entsprechender Disposition haben sie ein Recht auf Empfang der Taufe.[74] Schließlich kommen ihnen all jene Rechte zu, die mit dem menschlichen Personsein unmittelbar verbunden sind und die im CIC als Grundrechte der menschlichen Person bezeichnet werden (cc. 747 und 786 § 2 CIC).[75] Daraus, dass nach c. 11 CIC rein kirchliche Gesetze nur Katholiken verpflichten, kann *e contrario* geschlossen werden, dass es andere Gesetze gibt – göttliches, fremdes religiöses oder weltliches Recht –, die auch Nichtkatholiken binden, seien sie getauft oder nicht, so dass selbstverständlich auch sie als Rechtspersonen anzusehen sind. Somit ist Protagonist auch in der kirchlichen Rechtsordnung nicht irgendeine Institution, sondern der Einzelne.[76]

Innerhalb der Nichtchristen sind zwei Hauptgruppen voneinander abzugrenzen: Jene, die einer nichtchristlichen Religionsgemeinschaft angehören, und jene, die sich zu keiner Religion bekennen. Diese Unterscheidung ist grundlegend, weil sich daraus verschiedene Rechtsstellungen ergeben.[77] Die Angehörigen der ersten Gruppe besitzen nämlich in der Regel ein eigenes religiöses Recht, die anderen hingegen nicht. Sie unterstehen allein dem weltlichen Recht. In Art. 4 § 2 ° 2 DignCon kommt diese Differenzierung nicht deutlich zum Ausdruck, doch muss angenommen werden, dass das Recht, von dem hier die Rede ist, im einen Fall religiöses und im anderen weltliches ist. Hinsichtlich der nichtkatholischen Christen trifft Art. 2 § 2 DignCon sehr wohl eine entsprechende Unterscheidung. Aus denselben Gründen wie bei den nichtkatholischen

---

[70] Vgl. *Aymans / Mörsdorf*, Lehrbuch I, 290; *Pree*, vor c. 96 MKCIC, Rn. 1; *ders*., c. 96 MKCIC, Rn. 2.

[71] Vgl. Comm 2 (1970) 91. Bejaht man die kanonische Rechtssubjektivität der Ungetauften, so erhält c. 96 einen gegenüber c. 204 CIC eigenständigen Sinn (*Otaduy*, c. 11 ComEx, 324). Damit ist c. 96 CIC nicht überflüssig, wie *Fürst* (Taufe, 575) meint.

[72] Vgl. *Vela Sanchez*, Persona fisica, 790.

[73] Vgl. *Pree*, c. 96 MKCIC, Rn. 9.

[74] Vgl. *Amann*, Nichtchrist, 671f.

[75] Vgl. *Hallermann*, Rechtsstellung, 40.

[76] Vgl. *Pree*, Rechtscharakter, 64.

[77] Eine PCI-Entscheidung vom 30.7.1934 stellte die Mitglieder atheistischer Gemeinschaften hinsichtlich des Eherechts hingegen noch den Mitgliedern nichtkatholischer Religionsgemeinschaften gleich. Dies dürfte bei der heutigen Sichtweise nicht mehr möglich sein.

Christen ist auch bei den Nichtchristen die Religionszugehörigkeit nach dem Recht jener Religion zu bestimmen, um die es geht.[78]

Um festzustellen, welches kirchliche Gericht für eine bestimmte Ehe zuständig ist, kann es nach Art. 10 DignCon notwendig sein, den Wohnsitz, Quasiwohnsitz oder Aufenthaltsort eines nichtkatholischen Gatten zu ermitteln. Dieser kann nur nach kanonischem Recht, nicht nach dem Eigenrecht der jeweiligen Glaubensgemeinschaft bestimmt werden, da es um die Feststellung eines kirchlichen Gerichtssprengels geht. Soweit fremde Religionsgemeinschaften überhaupt eine Gebietseinteilung vornehmen, wird sie sich wohl kaum mit den kirchlichen Jurisdiktionsbezirken decken. Die Kriterien hinsichtlich des Wohnsitzes in den cc. 100-107 CIC gehören zu den *condiciones* der *persona in Ecclesia* nach c. 96 CIC, sind aber nicht nur auf Christen, sondern auf alle natürlichen Personen anwendbar.[79] Mit Ausnahme von c. 103 CIC setzen sie nämlich die Taufe nicht voraus, sondern sprechen allgemein von Personen (c. 100 CIC), Kindern (c. 101 CIC), Minderjährigen (c. 105 CIC) usw. Für WALSER hingegen können Nichtkatholiken keinen kanonischen Wohnsitz haben, da die kodikarischen Wohnsitzregelungen als rein kirchliche Gesetze gemäß c. 11 CIC nur Katholiken binden. Er kommt dann aber praktisch zum selben Ergebnis, da er sie als Wohnsitzlose betrachtet, für die sich der Gerichtsstand nach dem tatsächlichen Aufenthaltsort richtet (c. 1409 § 1 CIC), der in der Regel mit dem zivilen Wohnort übereinstimmt.[80] GERINGER hat nachgewiesen, dass der kirchliche Gesetzgeber die Wohnsitzregelungen selbst nicht streng auf Katholiken beschränken wollte, so dass bei ihnen auch der tatsächliche Wohnsitz als Wohnsitz im Sinne des c. 1673 CIC zu gelten hat.[81] Gemäß Art. 11 § 1 DignCon können zur Bestimmung des (Quasi-)Wohnsitzes geeignete kirchliche oder zivile Urkunden herangezogen werden. Im Falle von Nichtkatholiken werden vor allem zivile in Frage kommen. Das bedeutet jedoch nicht, dass ihr ziviler Wohnsitz maßgeblich wäre. Vielmehr soll durch die zivile Urkunde die Pfarrei bzw. Diözese ermittelt werden, in der sie wohnen oder sich aufhalten und die deswegen zuständig ist.

Schließlich ist noch das Problem der mehrfachen Religionszugehörigkeit zu behandeln. Da die einzelnen Religionsgemeinschaften unterschiedliche Kriterien zur Bestimmung der Mitgliedschaft anwenden, kann es vorkommen, dass ein und dieselbe Person von mehreren Religionsgemeinschaften als ihr Mitglied betrachtet wird.[82] Wenn eine dieser mehreren Zugehörigkeiten die katholische

---

[78] Dies wird durch das Rota-Urteil *coram Felice* (16.11.1985) bestätigt. Hier wurde der Nachweis, dass der Gatte Jude war, durch ein Dokument des obersten israelitischen Staatsrates erbracht (Nr. 8).

[79] Vgl. *Pree*, c. 96 MKCIC, Rn. 6.

[80] Vgl. *Walser*, Bedeutung des Wohnsitzes, 104f.

[81] *Geringer*, Wohnsitz, 11. Seine Hauptargumente sind, dass c. 1476 CIC auch Nichtkatholiken ein Klagerecht einräumt und dass c. 857 § 2 CIC voraussetzt, dass der Taufwerber bereits eine eigene Pfarrkirche hat, obwohl er noch nicht getauft worden ist.

[82] *Küng* unterscheidet mehrere Arten doppelter Religionszugehörigkeit und hält es bis zu einem gewissen Grad für möglich, gleichzeitig mehreren Religionen anzugehören (*Küng*,

ist, muss sie vor katholischen Gerichten den Ausschlag geben. Ein Beispiel hierfür wäre jemand, der katholisch getauft wurde, dann aber zu einer evangelischen Kirche übergetreten ist. Wegen des Grundsatzes „*semel catholicus, semper catholicus*“ betrachtet die katholische Kirche ihn nach wie vor als ihr zugehörig. Der katholische Richter muss selbstverständlich nach diesem Prinzip seiner eigenen Rechtsordnung vorgehen. Schwieriger ist die Lage, wenn keine der mehreren Zugehörigkeiten die katholische ist. Ein Beispiel dafür wäre eine Person mit jüdischer Mutter und muslimischem Vater. Gemäß jüdischem Recht bestimmt sich die religiöse Zugehörigkeit des Kindes nämlich nach jener der Mutter, gemäß islamischem Recht hingegen nach der des Vaters.[83] In einem derartigen Fall müsste wohl die tatsächlich gelebte Religionszugehörigkeit maßgeblich sein.[84] Wer hingegen keiner Religion angehört, gilt, wie oben bereits dargelegt, als Nichtchrist, der allein dem jeweiligen weltlichen Recht untersteht.

Doppia cittadinanza, 96). Dabei geht es ihm aber nur um eine glaubensmäßige, nicht um eine rechtliche Zugehörigkeit.

[83] Vgl. *Prader*, Bedeutung, 10.

[84] Im weltlichen IPR stellt sich das analoge Problem der mehrfachen Staatsbürgerschaften. Wenn keine davon dem Staat des entscheidenden Gerichts entspricht, ist jene heranzuziehen, zu der die engste Beziehung besteht (*Andrae*, Familienrecht, Rn. 13).

3. Der grundrechtliche Rahmen für Ehe und Eheprozess

3.1. Recht auf Eheschließung

Quellen: Auch wenn es in *Dignitas Connubii* nicht direkt behandelt wird, ist das Grundrecht auf Ehe für die in dieser Arbeit zu behandelnden Fragen doch von entscheidender Bedeutung. Der Codex der lateinischen Kirche schützt es an mehreren Stellen. Im Katalog der Grundrechte und -pflichten der Christen (cc. 208-223 CIC)[1] scheint es zwar nicht als eigenes Recht auf, ist aber in zwei anderen enthalten. Das eine ist das Recht auf Empfang der Heilsgüter (c. 213 CIC), zu denen besonders die Sakramente und damit die Ehe gehören; das andere ist das Recht auf freie Wahl des Lebensstandes (c. 219 CIC), worunter auch der Ehestand fällt.[2] Während für CENALMOR[3] das Recht auf Ehe mehr in der letztgenannten Bestimmung zu verorten ist, hat OLSCHEWSKI aufgezeigt, dass die erstgenannte von eben solcher Bedeutung ist.[4] Im Katalog der Grundrechte und -pflichten der Laien (cc. 224-231 CIC) setzt zumindest c. 226 ein Recht auf Ehe voraus. Ein eigentliches Recht auf Ehe wird aber erst in den einleitenden Bestimmungen zum Eherecht, nämlich in c. 1058 CIC, formuliert.[5] BAÑARES stellt die Frage, ob es sich wegen der Stellung außerhalb der Grundrechtskataloge wirklich um ein Grundrecht handelt, kommt aber zu dem Schluss, dass es von den Grundrechten des c. 219 und des c. 226 CIC immerhin getragen wird und diese konkretisiert.[6] Eine solche Konkretisierungs- und Spezifizierungsfunktion des c. 1058 CIC konstatieren die meisten Autoren[7] und sprechen ihm ohne weiteres Grundrechtscharakter zu. Neben diesen Bestimmungen im kirchlichen

---

[1] Obwohl dieser Katalog im Unterschied zum ursprünglichen Entwurf in der LEF nicht mehr die Bezeichnung „Grundrechte und -pflichten" gebraucht, ist es *Kremsmair* zufolge weiterhin berechtigt, sie zu verwenden und auch auf das Recht auf Ehe anzuwenden (*Kremsmair*, Umfang, 232).

[2] Wie *Reinhardt* (c. 219 MKCIC, Rn. 1) hervorhebt, besteht kein Recht der Wahl schlechthin, sondern nur ein Recht der *freien* Standeswahl.

[3] Vgl. *Cenalmor*, c. 213 ComEx, 95.

[4] *Olschewski*, Recht auf Ehe, 138; *ders.*, Sakramentenempfang, 238. Schon im Laufe der Geschichte, als das weltliche Recht und bestimmte Familiensitten gewisse Personenkreise davon ausschließen wollten, verteidigte die Kirche das Grundrecht auf Ehe, indem sie sich auf die Rechtsfähigkeit dieser Personen zum Empfang von Sakramenten berief (ebd. 140).

[5] Die Vorgängerbestimmung des CIC/1917 befand sich unter den Canones zum Hindernisrecht. Bei der Codexreform wurde bewusst die Stelle unter den einleitenden Canones zum gesamten Eherecht gewählt, um die grundlegende Bedeutung dieser Norm hervorzuheben [Comm 32 (2000) 221].

[6] Vgl. *Bañares*, c. 1058 ComEx, 1064.

[7] Z.B. *Kremsmair*, Umfang, 233; *Lüdicke*, c. 1058 MKCIC, Rn. 1; *Moneta*, Diritto al matrimonio, 219; *Olschewski*, Recht auf Ehe, 151; *Reinhardt*, c. 213 MKCIC, Rn. 2.

Gesetzbuch betonen zahlreiche kirchliche Verlautbarungen, die jedoch selbst keine Rechtsnormen sind, die Bedeutung des Grundrechts auf Ehe, so z.B. die Enzyklika JOHANNES' XXIII. *Pacem in terris* (Nr. 15), das Zweite Vatikanische Konzil (Art. 26 GS), das Apostolische Schreiben JOHANNES PAULS II. *Familiaris Consortio*, die Charta der Familienrechte des Apostolischen Stuhls und verschiedene Rota-Ansprachen der Päpste.

Träger des Grundrechts: Als Träger des kodikarischen Grundrechts auf Ehe kommen zunächst die Katholiken in den Blick, zumal der CIC sich gemäß c. 11 in erster Linie an Katholiken wendet und die Kirche naturgemäß hauptsächlich mit den Ehen von Katholiken zu tun hat. Als Personen, die in voller Gemeinschaft mit der katholischen Kirche stehen (cc. 96 und 205 CIC), können sie von diesem Recht grundsätzlich nur durch eine kirchliche Eheschließung Gebrauch machen, es sei denn sie wären von der Formpflicht ausgenommen, weil sie von der Kirche durch Formalakt ausgetreten sind (c. 1117 CIC) oder eine entsprechende Dispens erlangt haben (z.B. c. 1127 § 2 CIC). Es ist jedenfalls ausgeschlossen, dass ein Katholik, der keine kirchliche Ehe eingehen kann oder will, unter Berufung auf das Grundrecht den Anspruch erhebt, stattdessen eine gültige Zivilehe zu schließen.[8]

Im Hinblick auf das Thema dieser Arbeit interessiert aber vor allem die Frage, ob die Kirche das Grundrecht auf Ehe auch Nichtkatholiken zuerkennt.[9] Die cc. 213 und 219 CIC sind als Rechte aller Christen formuliert. Nach gängiger Lehre stehen diese Christenrechte tatsächlich allen Getauften zu,[10] werden von Nichtkatholiken aber in erster Linie in deren Kirche oder kirchlicher Gemeinschaft und nur in gewissem Umfang in der katholischen Kirche wahrgenommen. KASLYN macht darauf aufmerksam, dass das Recht des c. 213 CIC auf Sakramentenempfang in erster Linie auf die Christen in voller Gemeinschaft anwendbar ist, dass aber c. 844 §§ 3-4 CIC die Sakramente der Eucharistie, Buße und Krankensalbung in gewissem Umfang auch für andere Christen öffnet.[11] Das Sakrament der Ehe erwähnt er dabei nicht, obwohl auch dieses nichtkatholischen Christen offen steht und in gewisser Hinsicht sogar mehr als jene, weil dafür nicht etwa wie in c. 844 § 4 CIC Todesgefahr, sondern nur eine Erlaubnis gemäß c. 1125 CIC erforderlich ist. Die Ehen mit nichtkatholischen Christen werden ausführlich in den cc. 1124-1129 CIC geregelt. Besonders in Ländern mit konfessionell gemischter Bevölkerung machen nichtkatholische Christen

---

[8] Vgl. *Prader*, Ehe in der kirchlichen Rechtsordnung, 899. Ein Recht auf eine gültige nichtsakramentale Ehe kann es für Katholiken nach *Rincón Pérez* (Derecho a contraer matrimonio, 1137) nicht geben, da dies ein Rückschritt aus der Heils- in die Schöpfungsordnung wäre.

[9] Abgefallenen Katholiken kann es jedenfalls nicht verweigert werden, wie Relator *Huizing* bei der Kodexreform unterstrich [Comm 5 (1973) 71].

[10] Vgl. *Selge*, Verpflichtung, 415.

[11] Vgl. *Kaslyn*, c. 213, 268; ähnlich *Olschewski*, Sakramentenempfang, 310 und 331. Zur Eucharistiegemeinschaft mit nichtkatholischen Christen vgl. *Rees*, Communicatio in sacris, 70.

ziemlich häufig von diesem Recht, das ihnen die katholische Kirche zuerkennt, Gebrauch.

Wird dieses Recht aber auch Nichtchristen zuerkannt? C. 1058 CIC differenziert nicht nach Rechtssubjekten, sondern spricht das Recht schlichtweg allen („*omnes*") zu, was auf die Rechtsträgerschaft aller Menschen schließen lässt.[12] Bestätigt wird dies durch zwei Rota-Ansprachen JOHANNES PAULS II., in denen der Papst unter Hinweis auf c. 1058 CIC ausdrücklich von einem Recht jedes Menschen bzw. einem natürlichen Recht sprach.[13] „Natürliches Recht" bedeutet, dass es bereits in der Natur des Menschen, nicht erst in der heilsbedeutsamen Taufe gründet, und somit jedem Menschen einschließlich des Ungetauften zusteht.[14] Meist begründet auch die kanonistische Lehre mit dieser Argumentation die Rechtsträgerschaft aller Menschen.[15] Einen weiteren Hinweis dafür liefert c. 1086 CIC, wonach Katholiken mit Nichtchristen unter Dispens die Ehe schließen können. Mit dieser Bestimmung ermöglicht das kirchliche Gesetzbuch die Wahrnehmung des Grundrechts auf Ehe auch im Hinblick auf Nichtchristen. Einer nicht getauften Person das kirchliche Grundrecht abzusprechen, weil sie eine *persona extra ecclesiam* ist, wäre unhaltbar.[16] Gerade c. 1086 CIC stellt nämlich einen jener Fälle dar, in denen jede natürliche Person Rechtsfähigkeit in der Kirche besitzt.[17] Art. 1 der Charta der Familienrechte, die zwar keine kirchliche Rechtsnorm darstellt, aber bereits bestehende Rechte deklariert und dabei die Prinzipien des Apostolischen Stuhls wiedergibt, spricht die Freiheit zu heiraten eindeutig allen Personen zu. Es kann also festgehalten werden, dass die kirchliche Rechtsordnung das Grundrecht auf Ehe nicht nur als Recht der Katho-

---

[12] Bei der Kodexreform wurde das ursprünglich vorhandene „*catholicus*" mit Zustimmung aller Konsultoren gestrichen [Comm 32 (2000) 222]. Ein Konsultor wollte sogar, dass ausdrücklich von einem „*ius fundamentale humanum*" gesprochen wird [Comm 32 (2000) 231].

[13] Rota-Ansprache 1999, Nr. 7 und Rota-Ansprache 2001, Nr. 6.

[14] Vgl. auch das Urteil des Diözesangerichts Münster, *coram Laws* (20.10.1976). Nach *Bonnet* gibt es zwischen den Menschenrechten und den Christenrechten sowohl Kontinuität als auch Diskontinuität. Die erstere besteht darin, dass die Christenrechte auf den Menschenrechten aufbauen und sie im Hinblick auf die Christen ergänzen und vervollkommnen. Die zweitere besteht darin, dass die Menschenrechte der menschlichen Gesellschaft vorausgehen, weil sie in der menschlichen Natur gründen, während die Christenrechte der Kirche nicht vorausgehen, sondern erst durch die Taufe begründet werden, die das Handeln der kirchlichen Gemeinschaft voraussetzt (*Bonnet*, Diritti-doveri, 161).

[15] Vgl. *Bañares*, Ius connubii, 259; *Cenalmor*, c. 219 ComEx, 133; *Errazuriz*, Matrimoni misti 225; *Kremsmair*, Umfang, 233; *Moneta*, Diritto al matrimonio, 191; *Olschewksi*, Recht auf Ehe, 151; *Rincón Pérez*, Derecho a contraer matrimonio, 129; *Schouppe*, Ius connubii, 206. Wenn die Kirche die Menschenrechte in der Natur des Menschen begründet sieht, so wird argumentiert, dann muss sie diese Rechte auch selbst allen Menschen zuerkennen (vgl. *Breitsching*, Menschenrechte, 197; *Brieskorn*, Menschenrechte, 12; *Puza*, Menschenrechte, 161).

[16] Vgl. *Schouppe*, Ius connubii, 209f.

[17] Vgl. *Pree*, c. 96 MKCIC, Rn. 9.

liken, sondern aller Christen und darüber hinaus jedes einzelnen Menschen anerkennt.

Verpflichtete: Im Anschluss an die Berechtigten ist nun nach den Verpflichteten des Grundrechts auf Ehe zu fragen. Da es sich um ein Grundrecht aller Menschen handelt, sind sowohl die weltlichen als auch die kirchlichen Autoritäten verpflichtet, es zu achten.[18] Was die Kirche betrifft, so ist die Sorge für die Ehe von allen Ebenen je nach deren Aufgabenkreis wahrzunehmen, sei es durch den Erlass entsprechender Normen, durch pastorale Ermahnungen oder ganz konkret durch die Trauungsassistenz. Es hat aber nicht jeder Gläubige gegen jeden Amtsträger einen Anspruch auf den Empfang von Sakramenten, sondern nur gegen die ihm rechtlich zugeordneten.[19] Als Pflichten der Kirche nennt BAÑARES unter anderem die Vorbereitung ihrer Glieder auf die Ehe, die Verteidigung und Verbreitung der Wahrheit über die Ehe in der Gesellschaft und die Hilfe für Gläubige in Schwierigkeiten.[20]

Inhalt: Das Grundrecht auf Ehe stellt sich im CIC/1983 detaillierter dar als im CIC/1917.[21] Es umfasst insbesondere die Freiheit von Zwang beim Eingehen der Ehe, den Ausschluss ungebührlicher Ehehindernisse und das Recht, in der Ehe zu verharren.[22] Form und Inhalt des Ehevertrages stehen jedoch nicht zur Disposition.[23] Ebenso wenig gibt es ein Recht auf Ehescheidung und Wiederheirat.[24]

Als Grundrecht aller Menschen umfasst es nach BAÑARES fünf Elemente: Die Freiheit, eine Ehe zu schließen oder nicht; die freie Partnerwahl; das Recht auf die vorgesehenen Rechtswirkungen der Ehe; das Recht auf Schutz und Unterstützung des familiären Lebens und das Recht auf prozessuale Mittel bei ehelichen Konflikten.[25] Als Grundrecht der Gläubigen ändert sich der Inhalt nicht, doch zeigt er sich in einer neuen Weise, die BAÑARES in fünf analogen Elementen zusammenfasst:[26] Die Freiheit, eine Ehe einzugehen, als Verwirklichung der christlichen Berufung; die Partnerwahl in der Überzeugung, dass sie dem göttlichen Heilsplan entspricht; Recht auf die kanonischen Ehewirkungen; Schutz und Unterstützung durch die Kirche; Trennungs- bzw. Nichtigkeitsverfahren vor kirchlichen Gerichten. So wird das natürliche Recht durch das Christenrecht

---

[18] Vgl. *Bañares*, Ius connubii, 259; *Beal*, c. 1058, 1254.
[19] Vgl. *Cenalmor*, c. 213 ComEx, 93.
[20] Vgl. *Bañares*, c. 1058 ComEx, 1070.
[21] Vgl. *Prader*, Ehe in der kirchlichen Rechtsordnung, 898; *Cenalmor*, c. 213 ComEx, 92.
[22] Vgl. *Cenalmor*, c. 219 ComEx, 133.
[23] Vgl. *Prader*, Ehe in der kirchlichen Rechtsordnung, 898.
[24] Diese ist nach Art. 6 lit. b der Charta der Familienrechte ein Angriff auf die Institution selbst von Ehe und Familie. Was den weltlichen Bereich betrifft, so entschied der EGMR, dass Art. 12 EMRK kein Recht auf Scheidung und Wiederheirat einschließt (Entscheidung des EGMR, Rs. 9697/82, Johnston / Irland, vom 18.12.1986, in: Serie A 112).
[25] Vgl. *Bañares*, c. 1058 ComEx, 1069.
[26] Ebd. 1070.

nicht aufgehoben, sondern vielmehr auf eine höhere Ebene gehoben.[27] Unter Christen ist jede gültige Ehe gleichzeitig Sakrament (c. 1055 § 2 CIC). Daher schließt das Christenrecht auf Ehe immer auch das Recht auf Sakramentenempfang ein.[28] Umgekehrt kann hingegen ein Ungetaufter sein Recht auf Eheschließung nicht mit dem Recht auf Sakramentenempfang (c. 213 CIC) begründen.

Schranken: Die cc. 213 und 219 CIC enthalten keine Schrankenklauseln, doch greift die generelle Schrankenbestimmung des c. 223 § 1 CIC, wonach bei der Ausübung der Grundrechte das Gemeinwohl der Kirche sowie die Rechte anderer und die Pflichten gegenüber anderen zu beachten sind. Gemäß c. 223 § 2 CIC steht es der kirchlichen Autorität zu, die Ausübung der Grundrechte im Hinblick auf das Gemeinwohl zu regeln. Eine auf den ersten Blick sehr weitgehende Möglichkeit für Einschränkungen des Grundrechts auf Ehe enthält c. 1058 CIC, wenn er es dafür genügen lässt, dass jemand einfach durch das Recht („*iure*") am Eingehen einer Ehe gehindert wird.[29] Nach mehreren Aussagen in den Rota-Ansprachen Papst JOHANNES PAULS II. ist die Einschränkungsmöglichkeit in c. 1058 CIC sehr eng zu verstehen, damit das Grundrecht nicht ausgehöhlt wird.[30] Eine Einschränkung des Grundrechts erfolgt vor allem durch das Aufstellen von Ehehindernissen, Trauungsverboten und in gewisser Weise auch durch die Formpflicht. Einem Übermaß an Ehehindernissen beugt die kirchliche Rechtsordnung aber dadurch vor, dass sie nur der höchsten kirchlichen Autorität die Kompetenz verleiht, sie aufzustellen (c. 1075 CIC).[31] MONETA beobachtet, dass die Kirche die Auferlegung von Ehehindernissen im Laufe der Geschichte immer mehr zurückgenommen und dafür die Konsensmängel stärker ausgebaut hat, die den freien Entschluss des Individuums zur Ehe eigentlich nicht einschränken, sondern erst wirklich ernst nehmen.[32]

Im Hinblick auf das Thema dieser Arbeit interessieren hier hauptsächlich jene Einschränkungen, die sich auf konfessions- und religionsverschiedene Ehen beziehen. Wie soeben dargelegt, erkennt die kirchliche Rechtsordnung an, dass auch Nichtkatholiken Träger des Grundrechts auf Ehe sind. In Art. 2 lit. b der Charta der Familienrechte stellt der Apostolische Stuhl eine Verbindung zum Grundrecht auf Religionsfreiheit her und hält fest, dass von den zukünftigen Eheleuten nicht verlangt werden darf, dass sie ihren Glauben verleugnen oder dass sie einen Glauben annehmen, der ihrem Gewissen widerspricht. Das bedeu-

---

[27] Vgl. *Bañares*, Ius conubii, 259. *Kremsmair* (Umfang, 234) geht daher zu weit, wenn er sagt, dass das Menschenrecht im Christenrecht aufgeht, so dass der Menschenrechtsanteil nicht mehr zum Tragen kommt.

[28] Vgl. *Rincón Pérez*, Derecho a contraer matrimonio, 1130; *Schouppe*, Ius connubii, 209.

[29] Nach Art. 1 lit. a der Charta der Familienrechte hingegen sind nicht beliebige rechtliche, sondern nur gesetzliche Einschränkungen zulässig und auch dies nur bei schweren und objektiven Erfordernissen.

[30] Rota-Ansprache 1999, Nr. 7 und Rota-Ansprache 2001, Nr. 6.

[31] Vgl. *Beal*, c. 1058, 1254.

[32] *Moneta*, Diritto al matrimonio, 193f.

tet, dass Ehen zwischen Partnern verschiedener Glaubensrichtungen ermöglicht werden müssen. Dennoch sieht die kirchliche Rechtsordnung Einschränkungen für solche Ehen vor. Konfessionsverschiedene Ehen bedürfen nämlich einer besonderen Erlaubnis (c. 1124 CIC), und die Religionsverschiedenheit der Partner stellt sogar ein verungültigendes, wenn auch dispensables Ehehindernis dar (c. 1086 CIC). Solche Einschränkungen eines Grundrechts bedürfen aber einer besonderen Rechtfertigung, um zulässig zu sein. Als Rechtfertigungsgründe nennt c. 223 § 1 CIC das Gemeinwohl der Kirche, die eigenen Pflichten und die Rechte anderer. Im Folgenden sind daher jene Grundrechte zu untersuchen, die kirchliche Rechtsgüter schützen und Pflichten mit sich bringen, die für religiös homogene Ehen sprechen.[33] Eine angemessene Lösung des Problems der konfessions- und religionsverschiedenen Ehen verlangt eine Abwägung zwischen dem Grundrecht auf Ehe einerseits und jenen Grundrechten andererseits.[34]

3.2. Grundrechte, die religiös gemischten Ehen entgegenstehen

1. Grundrecht auf Schutz des Glaubens: Die Glieder der Kirche haben das Recht auf Partizipation am Glaubensgut. So verankert c. 217 CIC das Recht auf christliche Unterweisung, das unabhängig vom jeweiligen Alter einen Anspruch auf Erschließung des Glaubens beinhaltet. Während alle Christen („*christifidelibus*“) Träger des Grundrechts sind, üben die Katholiken dieses Recht in der katholischen Kirche aus.[35] Speziell für Laien legt c. 229 § 1 CIC das Grundrecht fest, von der Glaubenslehre Kenntnis zu erlangen. Dabei ist die jeweilige Stellung des Rechtsträgers zu berücksichtigen, was auch seine familiäre Situation einschließt.[36] Verpflichtete des Grundrechts auf Glaubensschutz ist zunächst die kirchliche Hierarchie. So hat die Kirche nach c. 747 § 1 CIC die Pflicht und das angeborene Recht, überall das Evangelium zu verkündigen, und die cc. 756f. CIC weisen darauf hin, dass dies in je eigener Weise die besondere Aufgabe von Papst, Bischöfen, Priestern und Diakonen ist. Dabei ist das Glaubensgut vollständig und getreu vorzulegen (c. 760 CIC). Verpflichtete sind aber auch die Laien, denn alle Gläubigen haben die Grundpflicht, in Bekenntnis und Verhalten die Gemeinschaft mit der Kirche stets zu wahren (c. 209 CIC) und in Gehorsam die kirchliche Lehre zu befolgen (c. 212 CIC). Zudem finden sich über den gesamten Codex verteilt zahlreiche weitere Bestimmungen, die das Glaubensgut schützen sollen. Darin zeigt sich das vorrangige Interesse, das die Kirche als Glaubensgemeinschaft an diesem Rechtsgut naturgemäß haben muss. Nun werden konfessions- und religionsverschiedene Ehen aber sowohl von offizieller

---

[33] Vgl. *Gerhartz*, Aufriss, 35-38; *Katzinger*, Migrantenseelsorge, 825; *Moneta*, Diversa fede, 1324; *Navarrete*, Disparitas cultu, 518-521; *Tocanel*, Matrimoni misti, 118.
[34] Vgl. *Boni*, Disciplina canonica universale, 23.
[35] Vgl. *Reinhardt*, c. 217 MKCIC, Rn. 3.
[36] Vgl. *Reinhardt*, c. 229 MKCIC, Rn. 2.

kirchlicher Seite[37] als auch von der kanonistischen Lehre[38] häufig als Belastung für den Glauben des katholischen Partners angesehen, weil er vom nichtkatholischen in Frage gestellt wird. Das Grundrecht auf Ehe und das Grundrecht als Glaubensschutz müssen daher gegeneinander abgewogen werden. Das verlangt von der kirchlichen Hierarchie als Grundrechtsverpflichteter, ein eherechtliches System bereit zu stellen, das konfessions- und religionsverschiedene Ehen zwar nicht ausschließt, aber gleichzeitig Schutz für den Glauben des katholischen Partners bietet.[39] Vom Heiratswilligen selbst als Grundrechtsverpflichtetem ist verlangt, dass er seinen Glauben bewahrt, stärkt und Gefahren abwendet. Bei entsprechender Bereitschaft der Partner können derartige Ehen durchaus zur Stärkung des Glaubens beider beitragen. Die Kirche würdigt dies, übersieht aber nicht, dass in der Mehrzahl der Fälle religiöse Gleichgültigkeit und Glaubensschwund Platz greifen.[40]

2. Grundrecht auf Ehe als totius vitae consortium: Mit dem Grundrecht auf Glaubensschutz hängt eng der Umstand zusammen, dass die Ehe gemäß c. 1055 § 1 CIC ein *„totius vitae consortium"*, d.h. eine Gemeinschaft des ganzen Lebens ist. Damit ist nämlich nicht nur gemeint, dass diese Gemeinschaft während des ganzen Lebens andauert, sondern auch, dass sie alle Lebensbereiche erfasst. Unter diesen nimmt das Glaubensleben im kirchlichen Verständnis der Ehe selbstverständlich eine herausragende Stellung ein. Die Ehepartner sollen sich im Glauben gegenseitig stärken, ihn gemeinsam ausüben und einander so zur Heiligkeit führen (vgl. Nrr. 52 und 56 FamCons). Diese Dimension fällt jedoch weitgehend dahin, wenn sie keinen gemeinsamen Glauben teilen.[41] In dieser Hinsicht steht dem Grundrecht auf Ehe, das prinzipiell auch die Ehe mit Nichtkatholiken einschließt, also nicht ein anderes Grundrecht sondern ein bestimmter Aspekt desselben Grundrechts entgegen. Dieses Grundrecht kann nämlich bei konfessions- und religionsverschiedenen Ehen nicht vollständig verwirklicht werden, da es sich eigentlich auf die Ehe als einer umfassenden Gemeinschaft bezöge, in diesem Falle aber das Glaubensleben weitgehend ausgeklammert bleibt.

3. Grundrecht auf Sakramente: Wie bereits in Abschnitt 3.1 dargelegt, kann das Grundrecht auf Ehe als ein Teil des Grundrechts auf Sakramentenempfang gemäß c. 213 CIC angesehen werden. Es ist jedoch nur die Ehe unter Getauften zur Würde eines Sakraments erhoben (c. 1055 CIC), so dass ein Katholik, der mit einem Nichtgetauften die Ehe schließen möchte, auf die Verwirklichung des Grundrechts, soweit es die Sakramentalität betrifft, verzichten muss. Die Ein-

---

[37] Vgl. Ecclesia in Oceania, Nr. 45; MatrMixt, Einleitung, Abs. 3; MatrSacr, Einleitung.

[38] Vgl. *Bañares*, c. 219 ComEx, 1067; *Errazuriz*, Matrimoni misti, 225 und 245; *Moneta*, Diritto al matrimonio, 202f.

[39] Eine Abwägung zwischen diesen grundrechtlich geschützten Gütern stellte Papst *Paul* VI. in der Einleitung zu MatrMixt an.

[40] Vgl. Ecclesia in Oceania, Nr. 45.

[41] Vgl. *Navarrete*, Matrimoni misti, 280.

wände, die sich aus dem Grundrecht auf die Ehe als einem *totius vitae consortium* und aus dem Grundrecht auf Sakramente gegen die konfessions- bzw. religionsverschiedenen Ehen vorbringen lassen, gelten selbstverständlich nicht absolut, da es der freie Entschluss jedes Einzelnen ist, von diesen Grundrechten Gebrauch zu machen oder nicht. Diese Einwände sollen die konfessions- und religionsverschiedene Ehe aber ohnehin nicht unmöglich machen, sondern lediglich die damit verbundenen Schwierigkeiten aufzeigen. Letztlich muss eine Abwägung zwischen Grundrechten vorgenommen werden, um eine rechtliche Lösung zu finden, die das Recht auf Ehe auch mit einem nichtkatholischen Partner anerkennt, aber gleichzeitig die anderen Grundrechte berücksichtigt. Gewiss bleibt es der freie Entschluss jedes Einzelnen, eine solche Ehe einzugehen, doch gerade um eine wirklich freie und überlegte Entscheidung zu gewährleisten, bedarf es rechtlicher Regelungen, die sicherstellen, dass den Ehewilligen die möglichen Schwierigkeiten schon vor der Heirat bewusst gemacht werden und dass Aussicht besteht, sie zu überwinden.

4. Recht der Eltern, die Kinder in ihrem Glauben zu erziehen: Da die Ehe gemäß c. 1055 § 1 CIC auf die Zeugung und Erziehung von Nachkommenschaft hingeordnet ist, sind auch jene Grundrechte in den Blick zu nehmen, die das Verhältnis zwischen Eltern und Kindern betreffen, vor allem das Recht der Eltern, die Kinder in ihrem Glauben zu erziehen. Dieses ist im kirchlichen Gesetzbuch an mehreren Stellen verankert.[42] Nach c. 793 § 1 CIC haben katholische Eltern das Recht und die Pflicht, für die katholische Erziehung ihrer Kinder zu sorgen. Der CIC beschränkt sich aber nicht auf Katholiken, sondern legt in c. 226 § 2 die Aufgabe aller christlichen Eltern fest, für die christliche Erziehung der Kinder zu sorgen. Noch einmal erweitert sich der Kreis der Normadressaten in c. 1136 CIC, wonach die Eltern – ohne dass nach ihrer Religionszugehörigkeit differenziert wird – allgemein zur religiösen Erziehung berechtigt und verpflichtet sind.[43] Die kirchliche Rechtsordnung nimmt in dieser Frage also auch Nichtkatholiken in den Blick und erkennt ihnen gleichfalls die Erziehung der Kinder nach ihrer jeweiligen Religion zu. Erziehungsrecht und -pflicht werden damit begründet, dass die Eltern den Kindern das Leben schenkten (c. 226 § 2 CIC), und stehen gemäß dem Prinzip der Gleichberechtigung von Frau und Mann in der Ehe (vgl. c. 1135 CIC) beiden Gatten in gleicher Weise zu. Der Umstand, dass beide Elternteile berechtigt und verpflichtet sind und dass auch dem nichtkatholischen Partner die Erziehung nach seinem Glauben zukommt, führt nun bei konfessions- und religionsverschiedenen Ehen zwangsläufig zu einer Normenkollision, denn die Nachkommenschaft kann nicht zugleich in zwei verschiedenen Glaubensrichtungen erzogen werden.[44] Die Möglichkeit, dass ein Elternteil einfach zugunsten des anderen auf die Ausübung des Rechts

---

[42] Vgl. dazu *Weber*, Sehnsucht, 35f. Auch Art. 5 der Charta der Familienrechte enthält dieses Grundrecht.

[43] Vgl. *Reinhardt*, c. 226 MKCIC, Rn. 4.

[44] Vgl. *Errazuriz*, Matrimoni misti, 227.

verzichtet, scheidet aus, da beide nicht nur berechtigt, sondern auch verpflichtet sind. Das Grundrecht auf religiöse Erziehung stellt somit das schwerwiegendste Problem bei konfessions- und religionsverschiedenen Ehen dar, da es notwendig zu einer juristisch nicht lösbaren Pflichtenkollision führt.[45] Dennoch darf das Grundrecht auf Eheschließung in solchen Fällen nicht einfach verweigert werden. Ein Ausweg aus dem Dilemma ist wohl in dem allgemeinen Rechtsgrundsatz zu suchen, dass Unmögliches nicht verpflichtet.[46] Wenn es daher schon aus logischen Gründen unmöglich ist, dass beide Ehepartner zugleich ihre Pflichten erfüllen, können sie für Pflichtverletzungen nicht zur Rechenschaft gezogen werden.[47]

5. Grundrecht der Kinder, in ihrem Glauben erzogen zu werden: Träger des Grundrechts auf religiöse Erziehung sind nicht nur die Eltern, sondern auch die Kinder selbst.[48] Nach c. 217 CIC besitzt nämlich jeder Gläubige das Grundrecht auf christliche Erziehung. In erster Linie wird dieses Recht für Kinder und Jugendliche aktuell, die einen Rechtsanspruch vor allem gegenüber ihren Eltern haben.[49] Insofern es sich um ein Recht der „*christifideles*", also der Getauften (c. 204 CIC), handelt, entsteht es mit der Taufe des Kindes, die auch gleichzeitig die jeweilige Glaubensrichtung festlegt. Nun kommt es aber gerade in religions- und konfessionsverschiedenen Ehen immer wieder vor, dass die Kinder nicht in dem Glauben erzogen werden, der ihrer Taufe entspräche, und bei einer Zivilscheidung werden sie möglicherweise dem Elternteil zugesprochen, der nicht ihrer Glaubensgemeinschaft angehört.[50] Damit wird ihr Grundrecht verletzt, in ihrem eigenen Glauben erzogen zu werden. Bei der rechtlichen Regelung der religions- und konfessionsverschiedenen Ehen ist also auch die grundrechtlich geschützte Position der zu erwartenden Kinder zu berücksichtigen und das Grundrecht auf Ehe entsprechend zu beschränken.

---

[45] *Kandler-Mayr* (Fragen, 71) spricht bei katholisch-muslimischen Ehen im Hinblick auf die religiöse Kindererziehung von einem „unüberbrückbaren Gegensatz".

[46] *Regula iuris* Nr. 6 in VI°: *Nemo potest ad impossibile obligari.*

[47] So kann *Rees* zufolge die Strafe für die nichtkatholische Taufe und Erziehung der Kinder nach c. 1366 CIC nur verhängt werden, wenn der katholische Teil nicht das ihm Mögliche tut (*Rees*, Religionsunterricht, 183).

[48] *Rees* (Religionsunterricht 182, *ders.*, Katholische Schule 371) hat drei Aspekte des Erziehungsrechts herausgearbeitet: Das Recht aller Gläubigen, christlich erzogen zu werden; das Recht der Eltern, ihre Kinder religiös zu erziehen und schließlich das entsprechende Recht der Kirche. Letzteres kann im vorliegenden Zusammenhang, in dem es nur um das Verhältnis Eltern-Kinder geht, außer Acht bleiben.

[49] Vgl. *Reinhardt*, c. 217 MKCIC, Rn. 4.

[50] Vgl. EGMR, Rs. 12875/87, Hoffmann / Österreich, vom 23.6.1993, in: YB 36 (1993) 197.

3.3. Recht auf Rechtsschutz

Quellen: Manche Autoren weisen darauf hin, dass bereits das Grundrecht auf Ehe ein Recht einschließt, die Ehe auf dem Gerichtsweg überprüfen zu lassen.[51] In der Tat bedeutet das Recht auf Ehe selbstverständlich ein Recht auf eine gültige Ehe. Wenn nun eine Ehe nicht gültig zustande gekommen ist, so besteht ein Recht, dass dies gerichtlich festgestellt wird, um den Weg für eine neue, diesmal gültige Ehe zu öffnen oder einfach um Gewissheit über den Lebensstand zu erhalten, dessen Wahl, wie bereits zu c. 219 CIC gesagt wurde, frei ist. Es gehört nämlich zum Konzept des *ius* selbst, dass Rechte einklagbar sein müssen, um ihre Wirksamkeit zu bewahren.[52] Indessen finden sich in der kirchlichen Rechtsordnung auch Bestimmungen, die direkt das Recht auf Rechtsschutz verankern. Innerhalb des Katalogs der Grundrechte erfüllt c. 221 CIC diese Funktion. Mit ihm wurde das siebte Prinzip der CIC-Reform[53] verwirklicht, wonach die Rechte des Einzelnen mit verfahrensrechtlichen Mitteln geschützt werden sollen. Während § 1 das Recht sichert, ein Verfahren zu veranlassen und zu führen, verankert § 2 den Anspruch auf ein Urteil, das gemäß den Vorschriften des Rechts gefällt wird. § 3 hingegen betrifft nur Strafprozesse. Im letzten Buch des CIC, dem Prozessrecht, zeigt sich das Recht auf Rechtsschutz vor allem in c. 1476, wonach jeder vor Gericht klagen kann. Dazu gehört die speziell eheprozessrechtliche Vorschrift des c. 1674 ° 1, wonach die Ehegatten zur Anfechtung der Ehe fähig sind. DignCon fasst diese beiden Bestimmungen in Art. 92 ° 1 zusammen. Außerhalb der rechtlich verbindlichen Texte findet sich das Recht auf Rechtsschutz in zahlreichen kirchlichen Dokumenten von verschiedenem Rang.[54]

Träger des Grundrechts: Wie schon bei den zuvor besprochenen Grundrechten interessiert hier gemäß dem Thema dieser Arbeit vor allem die Frage, ob auch Nichtkatholiken Träger des kirchlichen Grundrechts sind. Der Codex von 1917 kannte keine Verbürgung des Grundrechts auf Rechtsschutz ähnlich dem heutigen c. 221 CIC. Das Recht, vor Gericht Klage zu erheben, wurde von c. 1646 CIC/1917 jenen verwehrt, die rechtlich daran gehindert waren, wozu auch die Nichtkatholiken gehörten. Die gleiche Regelung enthielt Art. 35 § 1 ° 1 ProvMat. Als Wendepunkt in dieser Frage wird in der Literatur stets das PCDVI-Responsum vom 8.1.1973 genannt, das die Aktivlegitimation für Nichtkatholiken geöffnet hat.[55] Die *capacitas standi in iudicio* wurde hingegen schon früher anerkannt. Ein Rota-Urteil von 1971 leitete sie aus mehreren Normen ab,

---

[51] Z.B. *Bañares*, c. 1058 ComEx, 1069f., *Olschewski*, Recht auf Ehe, 154.
[52] Vgl. *Cenalmor*, c. 221 ComEx, 221.
[53] Comm 1 (1969) 82-83.
[54] Z.B. Art. 7 Abs. 2 DH; vgl. *Calvo Tojo*, Reforma, 80. Schon Pius XII. mahnte in der Rota-Ansprache von 1946 (Nr. III) verschiedene Verfahrensgarantien ein.
[55] Vgl. *Lüdicke*, c. 1476 MKCIC, Rn. 1; *Navarrete*, Acta Tribunalia, 347; *Rodríguez-Ocaña*, c. 1674 ComEx, 1859.

in denen die Zuständigkeit kirchlicher Gerichte für Fälle mit Nichtkatholiken festgelegt wurde.[56] Der Codex von 1983 hat diese Öffnung bekräftigt. Nach dem Wortlaut von c. 221 CIC steht das Recht auf Rechtsschutz allen Christen („*christifidelibus*") zu und die kanonistische Lehre weitet es auch auf Nichtchristen aus.[57] Dies ist mit Blick auf c. 1476 CIC gerechtfertigt, der im Unterschied zur Vorgängernorm des c. 1646 CIC/1917 keine Einschränkung der Klagebefugnis mehr vorsieht, sondern im Gegenteil festlegt, dass jeder beliebige, ob getauft oder nicht („*quilibet, sive baptizatus sive non baptizatus*"), Klage erheben kann. Auch in c. 1674 CIC/1983 ist die einengende Klausel des c. 1971 § 1 ° 1 CIC/1917 entfallen, so dass der Ausdruck „*coniuges*" nun im Lichte des c. 1476 CIC/1983 uneingeschränkt auf getaufte wie auf ungetaufte Gatten zu beziehen ist. Art. 92 ° 1 DignCon bestätigt dies, indem er beide Canones in der Formulierung „*coniuges, sive catholici sive acatholici*" zusammenführt. Dass dabei „*baptizatus*" durch „*catholicus*" ersetzt wurde, bringt inhaltlich keine Veränderung. In der kirchlichen Rechtsprechung, sowohl bei der Apostolischen Signatur[58] als auch bei der Römischen Rota[59], steht die Klagebefugnis von Nichtkatholiken nicht mehr in Zweifel. Es werden verschiedene Begründungen für die Grundrechtsträgerschaft aller Menschen angeführt. Für manche ist es ein natürliches Recht, das in der menschlichen Person gründet und daher jedem zukommt.[60] Da es sich um ein Menschenrecht handelt, muss es auch in der Rechtsordnung der Kirche eine praktische Relevanz haben.[61] Gewiss haben auch ökumenische Gründe eine Rolle bei der Ausdehnung des Rechts gespielt, doch wie LÜDICKE betont, sind letztlich strukturelle Gesichtspunkte ausschlaggebend, denn soweit „die Kompetenz des kirchlichen Rechtes und der kirchlichen Gerichte reicht, muss ihr das Klagerecht der Betroffenen entsprechen"[62]. Wenn also Nichtkatholiken in der Kirche Rechte erhalten – und eine Ehe bringt solche Rechte mit sich –, dann schließt das auch den nötigen verfahrensrechtlichen Schutz für diese Rechte ein. Die Fähigkeit jedes Menschen zum prozessualen Auftreten vor kirchlichen Gerichten ergibt sich aus seiner allgemeinen Rechts-

---

[56] *Coram Ferraro* (28.10.1971) Nr. 13.

[57] Vgl. *Berlingò*, Diritto al Processo, 249; *Cenalmor*, c. 221 ComEx, 144; *Diego-Lora*, Derecho, 279. Dass es nur den Christen ausdrücklich zugesprochen wird, erklärt *Cenalmor* damit, dass sie die gewöhnlichen Subjekte kirchlicher Prozesse seien, dass das einschlägige Kapitel des CIC eben von ihren Rechten handle und dass die Gleichheit aller Glieder des Volkes Gottes hinsichtlich ihrer Rechte unterstrichen werden solle (*Cenalmor*, c. 221 ComEx, 144).

[58] Vgl. Responsio vom 1.2.1990; Dekret vom 28.5.1993.

[59] *Coram Stankiewicz* (27.3.1998) Nr. 4. Hier wird ausdrücklich gesagt, dass das Recht, die Ehe anzufechten, allen Nichtkatholiken zusteht, sowohl den getauften als auch den ungetauften.

[60] Vgl. *Calvo Tojo*, Reforma, 85; *Cox*, c. 1674, 1767; *Heinemann*, Ansprache 1996, 195. *Sobański* zählt es nicht unter den spezifischen Christenrechten auf (Ökumenismus, 728). Das heißt wohl, dass auch er davon ausgeht, dass es ein Grundrecht aller Menschen ist.

[61] Vgl. *Madero*, Tiempo, 584.

[62] *Lüdicke*, c. 1476 MKCIC, Rn. 2.

fähigkeit, die auch im Falle von Ungetauften eine gewisse Handlungsfähigkeit in der katholischen Kirche bedingt.[63] Dass Ehen zwischen zwei Nichtkatholiken nur dann vor einem kirchlichen Gericht angefochten werden können, wenn irgendein Bezug zur katholischen Kirche besteht, liegt nicht an der mangelnden Partei- oder Prozessfähigkeit der Partner, sondern an der Beschränkung der kirchlichen Zuständigkeit.[64] Nach c. 221 § 1 CIC kann vom Recht auf Rechtsschutz eben nur vor einem zuständigen Kirchengericht („*in foro competenti ecclesiastico*") Gebrauch gemacht werden. Ein Problem ergibt sich aber, wenn der Nichtkatholik nicht Kläger, sondern Antragsgegner ist, weil er dann möglicherweise die Kompetenz katholischer Gerichte nicht anerkennt.[65]

Inhalt: Vom Grundrecht auf Rechtsschutz sind alle Rechte erfasst, die der Einzelne besitzt, gleichgültig aus welcher Art von Rechtsquelle sie sich ableiten.[66] Es muss sich nur um Rechte handeln, die der Betroffene in der Kirche genießt.[67] Um das Recht auf Rechtsschutz zu gewährleisten, kennt das kirchliche Verfahren nicht nur das Recht, Klage zu erheben, sondern noch eine Reihe weiterer Garantien wie z.B:[68] Das Recht auf Gehör; das Recht auf Verteidigung; das Recht, Beweise zu erbringen; das Recht auf Information über die Prozesshandlungen; das Recht auf Akteneinsicht; das Recht auf Berufung. Viele dieser Rechte sind dadurch geschützt, dass ihre Missachtung zur Nichtigkeit des Urteils führt (cc. 1620-1623 CIC; Art. 270-273 DignCon). Darüber hinaus ist die Kirche verpflichtet, genügend Gerichte einzurichten, damit jeder seine Rechte vor einem unparteilichen Richter ohne übermäßige Verfahrensdauer geltend machen kann. Es besteht hingegen kein Anspruch auf einen bestimmten Verfahrensausgang, also etwa auf eine Nichtigerklärung der Ehe.[69] Die Gerichtsentscheidung, auf die der Betroffene gemäß c. 221 § 2 CIC einen Anspruch hat, muss unter Beachtung der Rechtsvorschriften („*servatis iuris praescriptis*") gefällt werden, die mit Billigkeit („*cum aequitate*") anzuwenden sind. Damit

---

[63] Vgl. *Pree*, c. 96 MKCIC, Rn. 9. Nach einem Rota-Urteil hingegen geht die Parteifähigkeit des Nichtkatholiken nicht aus seiner eigenen Rechtspersönlichkeit hervor, sondern aus einer partizipierten Rechtspersönlichkeit („*ex personalitate iuridica participata*"), d.h. aus einer indirekten aufgrund der eingegangenen Ehe (*coram Stankiewicz* (27.3.1998) Nr. 4). Eine derartige Begründung ist aber nicht nur unklar und unnötig umständlich, sondern nimmt auch den Nichtkatholiken als Rechtsperson nicht ernst. Immerhin ist dem Urteil zugute zu halten, dass es sich mit diesen Fragen überhaupt auseinandersetzt, was sonst meist fehlt. Nach der Auffassung von *Arroba Conde* ist die Klagefähigkeit von Nichtkatholiken kein Ausfluss der allgemeinen Rechtsfähigkeit. Diese würde ihnen nach c. 96 CIC sogar fehlen (*Arroba Conde*, Diritto processuale, 244).

[64] Vgl. *Rodríguez-Ocaña*, c. 1674 ComEx, 1859; siehe auch unten Abschnitt 6.1.2.

[65] Vgl. *Lüdicke*, c. 1476 MKCIC, Rn. 6.

[66] Vgl. *Reinhardt*, c. 221 MKCIC, Rn. 2.

[67] C. 221 § 1 CIC: „*iura, quibus in Ecclesia gaudent*".

[68] Vgl. *Böckenförde*, Lehrenzykliken, 32; *Calvo Tojo*, Reforma, 91; *Cenalmor*, c. 221 ComEx, 147; *Madero*, Tiempo, 584.

[69] Vgl. *Johannes Paul II.*, Rota-Ansprache 1996, Nr. 3; dazu *Heinemann*, Ansprache 1996, 195.

wird nach CALVO TOJO das materielle Legalitätsprinzip geschützt.[70] Was unter den Rechtsvorschriften zu verstehen ist, wird jedoch nicht näher bestimmt. CENALMOR geht davon aus, dass es sich um die kanonischen Normen handelt.[71] Gewiss wird dies in der Mehrzahl der Fälle zutreffen, doch ist vom Wortlaut her eine solche Einschränkung nicht geboten. Vielmehr sind die für die zu behandelnde Sache jeweils einschlägigen Rechtsvorschriften zu beachten, die in besonderen Fällen auch aus einer anderen Rechtsordnung stammen können.

Schranken: Auch wenn c. 221 CIC keine ausdrückliche Schrankenklausel enthält, sind doch die generellen Grundrechtsschranken des c. 223 CIC zu berücksichtigen. Was speziell das Verfahrensrecht betrifft, so muss im kanonischen Recht das Bestreben der Kirche beachtet werden, die gerichtliche Austragung von Streitigkeiten möglichst zu vermeiden und sie friedlich beizulegen (c. 1446 CIC). In Ehenichtigkeitsverfahren, in denen ein Vergleich oder Schiedsspruch nicht möglich ist, bedeutet dies, dass der Richter einen Konvalidierungsversuch vornehmen soll, wenn Hoffnung für eine Wiederherstellung des ehelichen Lebens besteht (c. 1676 CIC; Art. 65 DignCon).[72] Diese Versöhnungsversuche dürfen jedoch nicht so weit gehen, dass den Betroffenen ein ordentliches Gerichtsverfahren verweigert und damit ihr Recht auf Rechtsschutz verletzt würde.[73] Es ist hingegen sehr wohl zulässig, die missbräuchliche Inanspruchnahme prozessualer Rechte zu unterbinden. So kann eine Klage abgewiesen werden, wenn sie jeder Grundlage entbehrt und sich auch aus dem Verfahren keine Grundlage ergeben wird (c. 1505 § 2 ° 4 CIC; Art. 121 § 1 ° 4 DignCon). Zu verwerfen sind Beschwerden, die sich auf mutmaßliche Verletzungen des Verteidigungsrechts beziehen, aber als reiner Vorwand erscheinen, das Verfahren zu verzögern.[74] Ferner ist es zulässig, das Klagerecht an ein entsprechendes Rechtsschutzinteresse zu knüpfen.[75] So muss das Gericht nicht tätig werden, wenn der Kläger keinen einsichtigen Grund angeben kann, warum er eines Urteils bedarf.[76] Nichtkatholiken werden vor kirchlichen Gerichten ein Rechtsschutzinteresse in der Regel nicht so leicht nachweisen können wie Katholiken.

---

[70] Vgl. *Calvo Tojo*, Reforma, 97.
[71] Vgl. *Cenalmor*, c. 221 ComEx, 147.
[72] *Dignitas Connubii* unternimmt das Möglichste, um die Partner zur Heilung zu veranlassen (vgl. *Moneta*, Procedura consensuale, Rn. 5).
[73] Vgl. *Cenalmor*, c. 221 ComEx, 146.
[74] Vgl. *Johannes Paul II.*, Rota-Ansprache 1996, Nr. 4.
[75] Vgl. *Lüdicke*, c. 1674 MKCIC, Rn. 3.
[76] Eine Bestimmung des Begriffs „*interesse ad actionem*“ findet sich im Rota-Urteil *coram Palestro* (31.1.1990) Nr. 7.

4. Anerkennung fremden Rechts

Kapitel 3 hat gezeigt, dass die Kirche die Grundrechte auf Ehe sowie auf Rechtsschutz auch im Hinblick auf Nichtkatholiken anerkennt. Kapitel 2 hat hingegen dargelegt, dass Nichtkatholiken verschiedenen Rechtsordnungen unterstehen, je nach dem, ob und welcher Religionsgemeinschaft sie angehören. Wenn die Kirche ihnen nun das Recht auf ein Verfahren zur Prüfung ihrer Ehen gewährt, stellt sich die Frage, ob sie dabei gleichzeitig ihr jeweiliges Recht anerkennt. Dem soll in diesem Kapitel nachgegangen werden.

4.1. Das weltliche Recht

„Weltliches Recht" ist der Gegenbegriff zum religiösen Recht. Es umfasst das Recht der Staaten, ihrer internen Untergliederungen, ihrer internationalen Zusammenschlüsse und das Völkerrecht. *Dignitas Connubii* verwendet den Begriff „*ius civile*" nicht, schließt ihn aber mit ein, wenn es von dem Recht spricht, das die jeweilige kirchliche Gemeinschaft anwendet (Art. 2 § 2 ° 2) oder an das die Parteien zur Zeit der Eheschließung gebunden waren (Art. 4 § 2 ° 2). Der CIC/1983 verweist häufig auf weltliches Recht und zwar häufiger als der CIC/1917.[1] Ein sprachlicher Indikator ist das Adjektiv „*civilis*" (bürgerlich, weltlich) etwa in Verbindungen wie „*ius civile*" oder „*lex civilis*"[2], doch müssen diese Begriffe nicht unbedingt vorkommen. Da aber eine allgemeine subsidiäre Geltung weltlichen Rechts in der kirchlichen Rechtsordnung bewusst abgelehnt wurde,[3] darf sie nicht angenommen werden, wo das *ius Ecclesiae* keinen Hinweis darauf enthält.

Im Ehe- und Eheprozessrecht des CIC nehmen sieben Bestimmungen auf weltliches Recht Bezug, nämlich die cc. 1059, 1062 § 1, 1071 § 1 ° 2, 1095 i.V.m 110, 1105§ 2, 1152 § 2 und 1672. Die Kirche ist sich dessen bewusst, dass auch hinsichtlich der Ehe zwischen Katholiken der Staat eine gewisse Verantwortung trägt, und dass beide Rechtsbereiche zum Wohl der Ehen und Familien

---

[1] Vgl. *Spinelli,* Diritto pubblico ecclesiastico, 75. Beispielsweise in c. 98 § 2 (Vormundschaft) und in c. 231 § 2 CIC/1983 (Entlohnung von Laienmitarbeitern) ist heute auch die weltliche Regelung zu beachten, wo der CIC/1917 noch allein die kirchliche für maßgeblich ansah (*Feliciani,* Droit canonique, 113). Neu sind außerdem die Verweise in den cc. 1105 § 2, 1286 ° 1 und 1500 CIC.

[2] Vgl. *Haering,* Rezeption, 25 und 308.

[3] Vgl. *Chiappetta,* Codice, Rn. 344; *Göbel,* Verhältnis, 185; *Haering,* Rezeption, 31.

aufeinander abgestimmt werden müssen.[4] So ermahnt das Zweite Vatikanische Konzil die staatliche Gewalt dazu, es als ihre heilige Aufgabe zu betrachten, die wahre Eigenart von Ehe und Familie anzuerkennen, zu hüten und zu fördern, die öffentliche Sittlichkeit zu schützen und den häuslichen Wohlstand zu begünstigen (Art. 52 Abs. 2 GS). Nach c. 1059 CIC fallen die rein bürgerlichen Wirkungen der Ehe in die Zuständigkeit der weltlichen Autorität. Der entsprechende c. 246 des Sakramentenschemas von 1975 wies noch darauf hin, dass die Ehe als Prinzip und Fundament der menschlichen Gemeinschaft auch die bürgerliche Gesellschaft betrifft, Christus aber ihre Ordnung und Sorge, was die Reinheit und Heiligkeit anbelangt, der Kirche anvertraut hat, da die zwischen Getauften geschlossene Ehe unter die Sakramente des neuen Gesetzes gezählt wird. Dieser Zusatz wurde dann gestrichen, weil das Gesetzbuch keine lehrmäßigen Aussagen machen sollte. Dennoch gibt er Aufschluss darüber, wie nach kirchlicher Auffassung die Ehe sowohl den weltlichen als auch den kirchlichen Bereich berührt. Art. 2 § 2 DignCon übernimmt c. 1059 wörtlich, jedoch ohne die Klausel über die zivilen Wirkungen. Stattdessen verweist er auf Art. 3 § 3, welcher seinerseits c. 1672 CIC aufgreift, also die prozessrechtliche Bestimmung, dass Streitsachen hinsichtlich der rein bürgerlichen Wirkungen in die Zuständigkeit der weltlichen Behörde fallen. Somit verknüpft Art. 2 § 1 DignCon unpassend eine materiellrechtliche Aussage (welches Recht auf eine Ehe anwendbar ist) mit einer verfahrensrechtlichen (welche Gerichte zuständig sind). Zu den „rein bürgerlichen Wirkungen" der Ehe gehört, was nicht das Wesen der Ehe selbst betrifft[5], also beispielsweise das Namensrecht, die Standesrechte der Ehegatten, das eheliche Güterrecht, der Unterhalt der Ehegatten und der Kinder, die elterliche Gewalt, die Pflegschaft, die Vormundschaft und Adoption sowie das Erbrecht.[6] Die salvatorische Klausel des c. 1059 CIC ist kein Zugeständnis an die weltliche Rechtsordnung, sondern eine prinzipielle Abgrenzung der Zuständigkeit.[7]

---

[4] Vgl. *Berkmann*, Ehe, 127. Bevor eheliche Angelegenheiten aber auf die Zuständigkeitsbereiche von Kirche und Staat aufgeteilt werden, ist die grundlegende Autonomie von Ehe und Familie anzuerkennen (vgl. *Carreras*, Giurisdizione, 208).

[5] Vgl. *Sobański,* Velut, 356.

[6] Statt vieler: *Prader / Reinhardt*, Eherecht, 41. In die Zuständigkeit der Kirche fallen hingegen die Fragen der Vertragsschließung, der Gültigkeit, der wesentlichen Rechtswirkungen, der Ehehindernisse, der Ehefähigkeit, des Ehewillens und der Form, vgl. *Mörsdorf,* Lehrbuch II, 152. Es genügt also nicht, wenn die zivile Gesellschaft nur die religiöse Form der Eheschließung anerkennt (*Bañares*, c. 1059 ComEx, 1074). *Pospishill* (Eastern catholic marriage law, 205) unterscheidet bürgerliche Wirkungen, die nicht vom Sakrament der Ehe getrennt werden können (z.B. elterliche Rechte), und solche, die es sehr wohl können (z.B. Namensrecht).

[7] Vgl. *Haering,* Rezeption, 153. Bereits bei der Redaktion des CIC/1917 wollte man mit c. 1016, der Vorgängerbestimmung zu c. 1059 CIC/1983, die zu Recht bestehende staatliche Kompetenz begrenzen und von der kirchlichen abgrenzen. Das Wort „*mere*" sollte dabei anzeigen, dass außerhalb der bürgerlichen Wirkungen die Ehekompetenz allein der Kirche zufällt (*Turchi*, Disposizioni, 251f.).

Eine weitere Aussage zur Abgrenzung der beiden Bereiche lässt sich aus c. 1071 § 1 ° 2 CIC gewinnen. Außer im Notfall darf nach dieser Vorschrift niemand ohne Erlaubnis des Ortsordinarius bei einer Eheschließung assistieren, die nach Vorschrift des weltlichen Gesetzes nicht anerkannt oder vorgenommen werden kann.[8] RINCÓN PÉREZ nennt drei Gründe für die Einführung dieser Bestimmung:[9] Die Kirche wollte dem weltlichen Gesetz Respekt zollen und Konflikte zwischen den beiden Rechtsordnungen in einer für das soziale Zusammenleben so wichtigen Materie vermeiden, vor allem aber wollte sie mit Blick auf c. 1059 CIC, dass alle kanonisch gültigen Ehen auch bürgerliche Wirkungen entfalten. Anderseits darf die Kirche sich dem staatlichen Eherecht aber auch nicht völlig beugen, indem sie dieses ausnahmslos zur Voraussetzung für die kirchliche Eheschließung macht, weil das Grundrecht auf Eheschließung und die *salus animarum* schwerer wiegen als die bürgerlichen Wirkungen. Das Trauungsverbot ermöglicht nun die goldene Mitte zwischen der Achtung des staatlichen Gesetzes und der Eigenständigkeit des kirchlichen Eherechts. Die Ehe von Katholiken wird also in ihrem Kern vom kirchlichen Recht geregelt und das weltliche Recht ist nur in den Randbereichen bzw. in Sonderfällen zu berücksichtigen.

Wie verhält es sich aber bei der Ehe von Nichtkatholiken und worin gründet die Verbindlichkeit des weltlichen Rechts aus der Sicht der Kirche? Nach Röm 13,1 schuldet auch der Christ der staatlichen Macht Gehorsam, weil sie von Gott kommt und von ihm verordnet ist. Entsprechend lehrte Papst LEO XIII., dass die politische Herrschaft von Gott stammt und nicht aus dem Willen der Menschen hervorgeht.[10] Ferner habe Gott die Sorge für das Menschengeschlecht auf zwei Gewalten aufgeteilt, die kirchliche und die zivile, wobei die eine für die göttlichen und die andere für die menschlichen Dinge zuständig sei.[11] Die Wahlen durch das Volk übertragen dem Regierenden nicht die Hoheitsgewalt, was nur Gott kann, sondern dienen nur der Bestimmung der jeweiligen Person. Erst allmählich erkennt die Kirche die Demokratie in der Weise an, dass die Herrschaft vom Volk ausgeht. So begrüßt das Zweite Vatikanische Konzil, dass die Staatsbürger immer mehr die Möglichkeit erhalten, an der rechtlichen Grundlegung ihrer politischen Gemeinschaft teilzuhaben (Art. 75 Abs. 1 GS).[12] Der göttliche und der menschliche Ursprung der politischen Autorität werden in Art. 74 Abs. 3 GS miteinander verbunden. Lange Zeit hielt sich aber auch die Lehre von der Dualität der beiden Gewalten, der weltlichen und

---

[8] Eine Bischofskonferenz schlug bei der Kodexreform sogar vor, das bürgerliche Eheband als neues Ehehindernis aufzunehmen, doch die Konsultoren hielten dazu das dispensable Trauungsverbot für ausreichend [Comm 9 (1977) 362].

[9] Vgl. *Rincón Pérez,* c. 1071 ComEx, 1128.

[10] Enc. *Diuturnum illud,* Denz. 3151.

[11] Enc. *Immortale Dei*, Denz. 3168.

[12] Vgl. auch Nr. 46 CA. Die Demokratie wird heute von der Kirche nicht mehr nur toleriert, sondern begrüßt (vgl. *Mikat*, Kirche, 469).

der kirchlichen. Vereinfacht ausgedrückt ist demnach die Kirche für die Ehen aller Getauften[13] und der Staat für die Ehen aller Ungetauften[14] zuständig. Diese Sicht wird jedoch den tatsächlichen Verhältnissen nicht gerecht und differenziert zu wenig. Die nichtkatholischen Christen folgen nämlich *de facto* dem Recht, das ihre Kirche oder kirchliche Gemeinschaft anwendet, und die Nichtchristen unterstehen nicht nur dem staatlichen Recht, sondern auch dem ihrer jeweiligen Religionsgemeinschaft. Dass es neben der kirchlichen nicht nur die staatliche, sondern noch einige weitere Rechtsordnungen gibt, wurde erst allmählich zur Kenntnis genommen, wie im Folgenden zu zeigen ist.

4.2. Das Recht nichtchristlicher Religionsgemeinschaften

Mag der CIC auch relativ häufig auf weltliches Recht verweisen, Bezüge auf das Recht anderer Religionsgemeinschaften lässt er vermissen. Erst durch *Dignitas Connubii* kommt es in den Blick, wenn Art. 4 § 2 ° 2 dasjenige Recht für maßgeblich erklärt, an das die nichtgetauften Eheleute zur Zeit der Eheschließung gebunden waren. Es verwundert, dass es erst so spät in der kirchlichen Rechtsordnung berücksichtigt wird, zumal es schon in einigen Aussagen des Zweiten Vatikanischen Konzils Anerkennung gefunden hat.[15]

An erster Stelle ist dazu Art. 4 Abs. 2 DH zu nennen, wo das Recht der Religionsgemeinschaften anerkannt wird, sich gemäß ihren eigenen Normen zu leiten („*ut secundum proprias normas sese regant*").[16] Das schließt die Freiheit ein, eine eigene Rechtsordnung zu besitzen und zu beobachten. In der Literatur gehen jedoch die Meinungen darüber auseinander, ob die Kirche das entsprechende Recht hier nur vom Staat für alle Religionsgemeinschaften einfordert, oder ob sie es auch selbst anerkennt.[17] An der genannten Stelle wird der Staat nicht erwähnt – erst recht nicht als einziger Anerkennungsverpflichteter. Nur die

---

[13] Dies wurde erst durch c. 11 CIC/1983 geändert, der im Unterschied zu c. 12 CIC/1917 nichtkatholische Christen von der Anwendung rein kirchlichen Rechts grundsätzlich ausnimmt. *Aymans* (Aspekte, 482) spricht im Hinblick auf die Rechtslage des CIC/1917 von einer Rechtsfiktion, da die nichtkatholischen Christen von den Ansprüchen des Kirchenrechts in ihrem praktischen Leben unberührt blieben.

[14] Dies wurde noch länger beibehalten (vgl. *Reinhardt*, Verwaltungskanonistik, 206). Zu den Diskussionen bei der Genese des CCEO vgl. *Rambacher*, Formerfordernisse, 19 und 23f. Eine Änderung in diesem Punkt bringt erst *Dignitas Connubii* (unten Abschnitt 6.3.1).

[15] Auch in der Lehre erwacht erst seit einigen Jahren das Bewusstsein, dass es unter den Rechtssystemen der Welt eine Familie der religiösen Rechtssysteme gibt (*Huxley*, Sistemi, 193).

[16] Die völlig veränderte Haltung der Kirche zur Religionsfreiheit, die *Dignitatis humanae* gebracht hat, streicht besonders *Böckenförde* (Lehrenzykliken, 31f.) hervor.

[17] Für Ersteres z.B. *Breitbach*, Vollmacht, 109; für Letzteres: *Prader / Reinhardt*, Eherecht, 58; *Salachas*, Sacramento, 60 und wohl auch *Böckenförde*, Konzilserklärung, 309, demzufolge die Kirche mit *Dignitatis humanae* das äußere Existenzrecht der nichtkatholischen Glaubensgemeinschaften anerkannt hat.

Einschränkung, dass die öffentliche Ordnung nicht verletzt werden dürfe, könnte darauf hindeuten. In Wirklichkeit zeigt aber die passive Formulierung „*iure debetur immunitas*", dass die Freiheit der Religionsgemeinschaften nicht nur von einem bestimmten Verpflichteten geschuldet wird, sondern gegen alle wirkt, also auch gegen die Kirche, die ja Urheberin dieses Dokumentes ist. Das literarische *genus* von *Dignitatis humanae* ist das einer Erklärung, wie sie im Völkerrecht vorkommt, mit der die Kirche eine Mitteilung an die Adresse der Weltöffentlichkeit richten will, nämlich dass von nun an niemand mehr sagen kann, dass die Religionsfreiheit für sie kein Grundrecht sei.[18] Dass die Kirche sich mit dieser Erklärung im Grunde selbst bindet, gilt dann aber nicht nur für die individuelle Religionsfreiheit in Art. 2, sondern auch für die korporative in Art. 4: Sie selbst erkennt die Freiheit aller Religionsgemeinschaften an, sich gemäß den eigenen Normen zu leiten.[19] Danach zu differenzieren, ob sie diese Freiheit nur von der staatlichen Seite verlangt oder auch selbst anerkennt, wäre ohnehin unbegründet, denn wenn die Religionsgemeinschaften wirklich legitimerweise eine eigene Rechtsordnung besitzen können, dann ist es nicht möglich, dass sie diese nur im Verhältnis zum Staat besitzen, aber verlieren, sobald sie der Kirche gegenüberstehen.

Für diese Interpretation spricht außerdem, dass die Freiheit für eine eigene Rechtsordnung aus der Sozialnatur des Menschen abgeleitet wird (Art. 4 Abs. 1 DH).[20] Die gesellschaftliche Dimension des Menschen verlangt nämlich, dass er seine Religion nicht nur als Einzelner, sondern auch in Gemeinschaft ausüben kann.[21] Wo es aber eine religiöse Gemeinschaft gibt, da ist auch eine rechtliche Ordnung nötig, gemäß der sie lebt und wirkt. Dem Gedankengang von Art. 4 Abss. 1 und 2 DH liegt also das Prinzip „*ubi societas, ibi ius*" zugrunde. In Art. 4 Abs. 5 DH wird außerdem eigens die religiöse Versammlungsfreiheit hervorgehoben. Die ersten Entwürfe dieses Konzilstexts enthielten noch eine weitere Begründung für das Recht der Religionsgemeinschaften zu Rechtsordnungen. Diese wurde darin gesehen, dass sie sich durch den freien Willen von Personen konstituieren, die sich von ihrem Gewissen leiten lassen.[22] Die Sichtweise, wonach sie sich dem freien Zusammenschluss ihrer Mitglieder verdanken, entspricht aber wohl nicht dem Selbstverständnis aller Religionsgemein-

---

[18] Vgl. *Hilpert*, Anerkennung, 809.

[19] Zu diesem Ergebnis kommen *Prader / Reinhardt*, indem sie eine Verbindung zu Art. 13 Abs. 3 DH herstellen. Denn danach fordert die Kirche, was sie für sich fordert, für alle und sie fordert es nicht nur vom Staat, sondern auch von sich selbst (*Prader / Reinhardt*, Eherecht, 58).

[20] Die Religionsgemeinschaften werden hier nicht als bloß numerische Summen ihrer Mitglieder betrachtet, sondern vielmehr als soziologisch-juridische Einheiten (*Pavan*, Erklärung, 722).

[21] Die Freiheit, sich nach dem eigenen Recht zu leiten, ist keine staatliche Konzession, sondern kommt ihnen aufgrund ihrer eigenen Natur zu (*Prader / Reinhardt*, Eherecht, 58).

[22] So in der *declaratio prior* (23.9.1964) AS III/2, 317-322 (Nr. 30 Abs. 1).

schaften und auch nicht dem der katholischen Kirche. Diese Aussage wurde daher zu Recht fallengelassen.[23]

Bisher wurde kaum gesehen, dass sich Ansätze zu einer Anerkennung der Rechtsordnungen von Religionsgemeinschaften auch aus jenem Konzilsdokument gewinnen lassen, das sich direkt mit den nichtchristlichen Religionen befasst, nämlich *Nostra Aetate*. Die Handlungs- und Lebensweisen, Vorschriften und Lehren fremder Religionsgemeinschaften, die nach Art. 2 Abs. 2 NA von der katholischen Kirche mit aufrichtigem Ernst betrachtet werden, mögen zwar eines echten Rechtscharakters entbehren, stellen aber doch die Grundlage religiösen Rechts dar. Art. 2 Abs. 3 NA spricht ausdrücklich von Anerkennung. Denn hier ermahnt die Kirche ihre Glieder, die geistlichen und sittlichen Güter sowie die soziokulturellen Werte, die sich bei den anderen Religionen finden, anzuerkennen („*agnoscant*"). Auch derartige Güter und Werte bilden zwar noch keine Rechtsordnung, stellen aber nach traditioneller kirchlicher Lehre deren Grundlage dar. Gewiss sprechen die Aussagen von *Nostra Aetate* nicht so klar von der Freiheit, sich nach dem eigenen Recht zu leiten wie *Dignitatis humanae*, können aber als Voraussetzung und Stütze dafür angesehen werden.

Anders als bei den Rechtsordnungen von Staat und Kirche wird der göttliche Ursprung bei den Religionsgemeinschaften nicht als rechtsbegründend genannt, obwohl sie sich mehr als die Staaten zu einem Gottesglauben bekennen. Das mag daran liegen, dass die Kirche in ihnen nur einzelne Strahlen der Wahrheit (Art. 2 Abs. 2 NA) erkennt und den göttlichen Ursprung des Rechts daher gemäß der traditionellen Lehre nur den beiden Größen Staat und Kirche zusprechen will. Das hindert sie aber nicht, ihre Rechtsordnungen eben aufgrund ihres Gemeinschaftscharakters und der vorhandenen Werte und Güter anzuerkennen. Eine Ausnahme bildet hingegen das Judentum, in dessen Tradition das Christentum steht. Der göttliche Ursprung des Sinaibundes wird von der Kirche nämlich nicht im Geringsten angezweifelt und daher auch nicht der göttliche Ursprung des Gesetzes, das jenem Bund eingestiftet ist. Das Konzil erkennt mit einem Zitat von Röm 9,4-5 an, dass den Juden der Bund und das Gesetz („*legislatio*") gehören (Art. 4 Abs. 3 NA).[24]

---

[23] *Gismondi* überlegt, ob es sich bei der Autonomie, die Art. 4 Abs. 2 DH den Religionsgemeinschaften zuspricht, um eine institutionelle, eine normative oder eine bloß private Autonomie handelt und neigt eher der letzten Variante zu, da die Kirche in den nichtchristlichen Religionsgemeinschaften nur Vereinigungen von Menschen sehe (*Gismondi*, Chiese, 203). In Wirklichkeit führt die Kirche den Dialog mit den nichtchristlichen Religionsgemeinschaften aber nicht über einzelne ihrer Gläubigen als Menschen, sondern mit den von ihnen verfassungsmäßig aufgestellten Repräsentanten. Die Formulierung „*secundum normas proprias sese regere*" wäre für bloße Vereine wohl zu schwach. Die Freiheit, religiöse Vereinigungen zu gründen, wird an einer eigenen Stelle in Art. 4 Abs. 5 DH deklariert.

[24] Nach *Siebenrock* ist das soteriologische Prinzip des Gesetzes durch den Bund in Jesus Christus keineswegs aufgehoben, sondern hat sogar für das Kirchenrecht Bedeutung (*Siebenrock*, Bund, 83f.).

4.3. Das Recht der nichtkatholischen christlichen Konfessionen

Näher als die fremden Religionsgemeinschaften und auch näher als das Judentum stehen der katholischen Kirche selbstverständlich die anderen christlichen Konfessionen. Deswegen ist auch die Frage der Anerkennung ihrer Rechtsordnungen anders zu beantworten. *Dignitas Connubii* differenziert zwischen den einzelnen Konfessionen in zweierlei Hinsicht: Zum einen werden jene, die ein eigenes Eherecht besitzen (Art. 2 § 2 ° 1), von jenen abgehoben, die keines haben (Art. 2 § 2 ° 2); zum anderen wird zwischen Kirchen und kirchlichen Gemeinschaften differenziert (Art. 2 § 2 und Art. 4 § 1 ° 2). Die beiden Unterscheidungen decken sich zwar weitgehend, aber nicht notwendig in allen Fällen, da es nach Art. 2 § 2 ° 1 auch kirchliche Gemeinschaften geben kann, die ein eigenes Eherecht besitzen, während in Art. 2 § 2 ° 2 unter jenen, die keines haben, die Kirchen nicht genannt werden. Die Differenzierung zwischen Kirchen und kirchlichen Gemeinschaften ist in den Texten des Zweiten Vatikanischen Konzils angelegt[25] und wurde in Nr. 17 der Erklärung „*Dominus Jesus*" der Glaubenskongregation vom 6.8.2000 verdeutlicht.[26] Kirchen sind demnach diejenigen, die zwar nicht in vollkommener Gemeinschaft mit der katholischen Kirche stehen, aber durch engste Bande, wie die apostolische Sukzession und die gültige Eucharistie, mit ihr verbunden bleiben. Die kirchlichen Gemeinschaften hingegen haben den gültigen Episkopat sowie die ursprüngliche und vollständige Wirklichkeit des eucharistischen Mysteriums nicht bewahrt, stehen aber doch in einer gewissen Gemeinschaft mit der Kirche, weil die Taufe, die in ihnen gespendet wird, die Getauften Christus eingliedert. Der CIC/1983 greift diese Differenzierung in mehreren Bestimmungen auf[27] und knüpft in c. 844 mit seinem gestuften Aufbau unterschiedliche Rechtsfolgen an die Mitgliedschaft in einer Kirche bzw. kirchlichen Gemeinschaft.[28] Auch in Bezug auf die Anerkennung der Rechtsordnungen, die im Folgenden geprüft wird, ist diese Unterscheidung maßgeblich.[29]

---

[25] Das Ökumenismusdekret *Unitatis Redintegratio* unterscheidet die Kirchenspaltung im Orient von jener im Abendland (Art. 13), hebt die orientalischen Kirchen als der katholischen Kirche besonders nahe stehend hervor (Art. 14f.) und differenziert hinsichtlich der abendländischen Spaltungen zwischen Kirchen und kirchlichen Gemeinschaften (Art. 19); vgl. *Gismondi*, Chiese, 196.

[26] Diese Lehre wurde von der Glauebnskongregation in Nr. 3 und 4 der „Antworten auf Fragen zu einigen Aspekten bezüglich der Lehre über die Kirche" vom 29.6.2007 bekräftigt.

[27] Vgl. cc. 364 ° 6, 463 § 3, 844 §§ 2-5, 908, 933, 1124 und 1183 § 3.

[28] Vgl. *Heinemann*, Kirchen, 385f.

[29] Im Hinblick auf die Terminologie des CCEO hingegen meint *Navarrete*, die Kirchen und die kirchlichen Gemeinschaften würden nicht als zwei verschiedene Realitäten aufgefasst (*Navarrete*, Giurisdizione, 120).

4.3.1. Die Kirchen

Nach katholischer Auffassung ist die Ausübung von Leitungsgewalt grundsätzlich an die Weihe gebunden (c. 129 § 1 CIC), obwohl es davon Ausnahmen gibt (c. 129 § 2 CIC).[30] Da die getrennten Kirchen aufgrund der apostolischen Sukzession und der in ihnen gültig gespendeten Sakramente echte Weihegewalt besitzen, können sie ohne weiteres von sich aus Rechtsvorschriften erlassen.[31] Die Anerkennung ihrer Rechtsordnungen stößt daher auf keine größeren Probleme.

Dementsprechend hat das Zweite Vatikanische Konzil erklärt, dass die Kirchen des Orients die Fähigkeit haben, sich nach den ihnen eigenen Ordnungen zu leiten (Art. 16 UR).[32] Vor dem Konzil herrschte hingegen die Auffassung vor, dass sie zwar geltende Rechtsordnungen besäßen, diese aber seit der Kirchenspaltung im Jahr 1054 nicht mehr hätten verändern können, weil ihnen von da an die Einheit mit dem Papst gefehlt hätte.[33] Demgegenüber erkannte das Konzil die Rechtsetzungsbefugnis der orientalischen Kirchen und damit auch ihre Rechtsordnungen an, wie sie zum jeweiligen Zeitpunkt vorliegen. Die Bestimmung des Art. 16 UR, welche die getrennten Ostkirchen betrifft,[34] lehnt sich an jene des Art. 5 OE an, die das Gleiche für die katholischen Ostkirchen bestimmt. Während aber Art. 5 OE von einem Recht und einer Pflicht („*ius et officium*") spricht, sich nach der eigenen Ordnung zu leiten, nennt Art. 16 UR nur die Fähigkeit („*facultas*") dazu. Das Konzil hielt es nämlich nicht für angebracht, den getrennten Kirchen ebenso eine Pflicht aufzuerlegen, wenngleich es davon ausging, dass sie diese Pflicht tatsächlich haben.[35] Jedenfalls macht die Formulierung von Art. 16 UR deutlich, dass die entsprechende Befugnis den orientali-

---

[30] Vgl. *Sobański*, Ökumenismus, 716.

[31] So die Rota-Urteile *coram De Jorio* vom 17.10.1968, Nr. 10 und *coram Anné* vom 28.5.1974, Nr. 2.A.c jeweils unter Berufung auf Art. 21 LG; vgl. *Salachas*, Sacramento, 54; *Staffa*, Validitate, 24, *Žužek*, Jurisdiktion, 128.

[32] Obwohl das Konzil sich zu den anderen Kirchen, wie etwa den altkatholischen, nicht eigens äußert, muss dasselbe auch für sie gelten, da sie sich in der gleichen Lage befinden, wie aus c. 844 §§ 2 und 3 CIC erhellt (vgl. *Breitbach*, Vollmacht, 105f.).

[33] Welches Recht nach katholischer Auffassung für die getrennten Ostkirchen galt, legt ausführlich *Breitbach* (Vollmacht, 89f.) dar.

[34] Nach *Feiner* (Dekret, 103) sind hier zwar in erster Linie die getrennten, aber daneben doch auch die katholischen Ostkirchen erfasst. Das dritte Kapitel des Ökumenismusdekrets, in dem sich Art. 16 befindet, steht jedoch unter dem Titel „*De Ecclesiis et de Communitatibus ecclesialibus a Sede Apostolica Romana seiunctis*", so dass hier nur die getrennten gemeint sein können. Für die katholischen Ostkirchen schuf das Konzil mit *Orientalium Ecclesiarum* ein eigenes Dokument (vgl. *Weitzel*, Zivilehen, 485).

[35] Ursprünglich war sehr wohl der Begriff „*officium*" enthalten. Drei Konzilsväter schlugen vor, ihn zu streichen, weil es auch die Freiheit geben müsse, das Recht zu ändern, was aber mit der Begründung abgelehnt wurde, dass die Pflicht, die Tradition zu wahren, Veränderungen nicht ausschließe (AS III/VII 634). Später wurde „*officium*" aber doch ersetzt (vgl. *Gefaell*, Basi ecclesiologiche, 139; *Hilberath*, Dekret, 172; *Reinhardt*, Selbstbeschränkung, 257).

schen Kirchen von sich aus als ihre eigene Fähigkeit („*facultas*") zusteht und von der katholischen Kirche nicht gewährt, sondern anerkannt wird („*declarat*").[36] Da es sich um eine Erklärung und nicht um eine Gewährung handelt, besteht in der Lehre weitgehend Einigkeit darüber, dass die Bestimmung des Art. 16 UR rückwirkende Kraft besitzt.[37] Dies wurde von Papst JOHANNES PAUL II. bestätigt, nach dessen Aussage die Autonomie, von der Art. 16 UR spricht, den orientalischen Kirchen seit apostolischer Zeit zusteht.[38] Umstritten ist jedoch, ob es sich dabei um eine direkt anwendbare Rechtsnorm handelt oder lediglich um eine Konzilsaussage, die erst noch in eigenen Rechtsnormen verwirklicht werden muss. Nach WIJLENS[39] verwandte das Konzil in *Unitatis Redintegratio* Konzepte, die nicht rechtlich verstanden werden dürfen, und nach SELGE[40] müssen die Aussagen dieses Dekrets in rechtliche Formen gegossen werden. Die genannten Autoren sprechen aber nur allgemein über das Ökumenismusdekret, ohne konkret auf Art. 16 einzugehen. Nun können die Dokumente des Konzils und auch die einzelnen Teile von ihnen jedoch von ganz unterschiedlicher rechtlicher Qualität sein.[41] PRIMETSHOFER untersucht speziell Art. 16 und bejaht seine unmittelbare juridische Wirkung.[42] Für diese Auffassung spricht, dass die Aussage von Art. 16 UR die für eine rechtliche Verfügung nötige Bestimmtheit aufweist und dass von einem Anordnungswillen des Konzils ausgegangen werden kann. Auch RAMBACHER stellt fest, dass Art. 16 UR die Rechtslage erneuert hat, wenngleich er aufzeigt, dass dies in der Judikatur nicht sofort aufgegriffen wurde.[43]

In der Tat unterlag die nachkonziliare Judikatur der kirchlichen Höchstgerichte großen Schwankungen. Aus jener Zeit liegen zahlreiche Entscheidungen über Ehen vor, an denen ein orthodoxer Christ beteiligt war. Nach der vorkonziliaren Auffassung war auf diese c. 72 des Trullanischen Konzils (691-692) anzuwenden, wonach konfessions- und religionsverschiedene Ehen ungültig sind. Diese Bestimmung ist in den orthodoxen Kirchen inzwischen längst außer Kraft getreten, jedoch erst nach dem Schisma von 1054.[44] Die katholische Kirche wandte hingegen weiterhin das orthodoxe Recht an, wie es vor dem Schisma bestand, weil sie der Auffassung war, die orthodoxen Kirchen hätten nachher

---

[36] Irreführend ist daher die Übersetzung „Erlaubnis" in *Hünermann*, Dokumente, 233. Papst *Johannes Paul* II. machte deutlich, dass die Autonomie nach Art. 16 UR nicht als Privileg durch die katholische Kirche gewährt wurde, sondern den orientalischen Kirchen *a lege ipsa* zusteht (Euntes in mundum, Nr.10); vgl. dazu *Navarrete*, Giurisdizione, 110; *Vadakumcherry*, Diritto matrimoniale, 145.

[37] Vgl. *Breitbach*, Vollmacht, 94; *Reinhardt*, Verwaltungskanonistik, 206.

[38] Euntes in Mundum, Nr. 10.

[39] Vgl. *Wijlens*, Verbindlichkeit, 62.

[40] Vgl. *Selge*, Korreferat, 82.

[41] Vgl. *Mörsdorf*, Hirtenaufgabe, 148.

[42] Vgl. *Primetshofer*, Normadressaten, 486; *ders*., Jurisdiktion, 38.

[43] Vgl. *Rambacher*, Formerfordernisse, 12.

[44] Vgl. *Breitbach*, Vollmacht, 89f.

keine Befugnis zur Rechtsänderung mehr gehabt, da sie vom Papst getrennt waren.[45] Nach dem Konzil war diese Judikatur wegen Art. 16 UR jedoch nicht mehr aufrechtzuerhalten, weil damit auch ihre Fähigkeit anerkannt wurde, ihr Recht selbst zu ändern, so dass der Nichtigkeitsgrund der Konfessionsverschiedenheit nun entfallen war. Stattdessen ergab sich jetzt aber ein neuer Nichtigkeitsgrund, nämlich derjenige des Formmangels wegen Fehlens eines *ritus sacer*.[46] Nach der inzwischen entwickelten orthodoxen Lehre ist nämlich zur Gültigkeit der Ehe die Segnung des Paares durch einen Priester erforderlich.[47] Prüft man nun die nachkonziliare Judikatur darauf hin, ob das Mischehenverbot oder das Fehlen des *ritus sacer* als Nichtigkeitsgrund herangezogen wird, so lassen sich daraus Schlüsse für das Verständnis von Art. 16 UR ziehen.

Manche Entscheidungen erwähnen Art. 16 UR überhaupt nicht. Das Rota-Urteil *coram Pinna* vom 23.1.1969 erklärt eine Ehe zwischen einem griechisch-orthodoxen Mann und einer presbyterianischen Frau nach wie vor wegen des Mischehenverbots nach c. 72 des Trullanums für nichtig (Nr. 6). Was bedeutet das Schweigen dieses Urteils zu Art. 16 UR? Wahrscheinlich wurde diese Bestimmung für unerheblich gehalten, jedenfalls wird ihr keine rückwirkende Kraft zuerkannt, denn die gegenständliche Ehe wurde 1942 geschlossen. Dass die Trauung von einem methodistischen Amtsträger vorgenommen wurde, der von den orthodoxen Kirchen nicht als gültig geweihter Priester angesehen wird, und deshalb mangels *ritus sacer* nichtig ist, kommt in diesem Urteil nicht in den Blick. Andere Entscheidungen betrachten das Fehlen des *ritus sacer* zwar als Nichtigkeitsgrund, begründen dies aber nicht mit der durch Art. 16 UR anerkannten eigenständigen Rechtsetzungbefugnis der orthodoxen Kirchen, sondern damit, dass diese den *ritus sacer* nach neueren Erkenntnissen der Forschung schon vor dem Schisma von 1054 zur Gültigkeit verlangt hätten.[48] Auch wenn hier der gute Wille spürbar wird, die orthodoxen Formvorschriften zu würdigen, so besteht im Grunde doch die vorkonziliare Auffassung fort, dass den Ostkirchen seit der Trennung eine eigene Rechtsetzungsbefugnis fehlt, und die Bedeutung von Art. 16 UR wird nicht wahrgenommen. In ihrer Entscheidung vom 28.11.1970 begründet die Apostolische Signatur das orthodoxe Formerfordernis

---

[45] So hielt das *Sacrum Officium* die Ehe zwischen einem nichtkatholischen Christen und einer orthodoxen Frau noch in einem Responsum vom 6.2.1964 aufgrund von c. 72 des Trullanums für nichtig.

[46] Vgl. *Pivonka*, Marriages, 121.

[47] Vgl. *Schöch*, Zivilehe, 892.

[48] So die Rota-Urteile *coram Lefebvre* vom 25.4.1970 (Nr. 13) und *coram Canals* vom 3.5.1971 (Nr. 2) sowie das Urteil der Apostolischen Signatur vom 23.11.1974 (Nr. 6). Die letztgenannte Entscheidung führt zwar auch Art. 16 UR an, geht aber, wie *Rambacher* (Formerfordernisse, 43) bemerkt, fälschlich davon aus, dass diese Bestimmung sich nur auf die katholischen Ostkirchen beziehe. Das Erfordernis des *ritus sacer* wird hier auch mit der heiligen Natur der Ehe begründet, deren Schutz es dient. Diese Argumentation erscheint aber schwierig, denn wenn der *ritus sacer* wirklich zur Natur der Ehe gehört, dürfte es auch unter Nichtorthodoxen keine gültige Ehe ohne diese Form geben.

des *ritus sacer* sowohl mit der vorschismatischen Praxis (Nr. II.e) als auch mit Art. 16 UR, der anerkennt, dass die getrennten Orientalen immer die Fähigkeit zu einer eigenen Rechtsordnung hatten und haben (Nr. III).[49] Diese beiden Argumente stützen einander aber keineswegs, sondern stellen sich vielmehr gegenseitig in Frage. Denn wenn man die Anerkennung durch Art. 16 UR wirklich ernst nähme, müsste man sich nicht noch zusätzlich auf eine vorschismatische Praxis berufen. Hier tritt also eine gewisse Unsicherheit zutage. Bemerkenswerterweise deutet die Formulierung „*habuerunt et habent*“ in dieser Entscheidung (Nr. III) dann sogar auf die rückwirkende Kraft von Art. 16 UR hin. Manche Entscheidungen versuchen außerdem die Verbindlichkeit des *ritus sacer* gewohnheitsrechtlich zu begründen. Dahinter steht die Meinung, dass die orthodoxen Kirchen nach der Spaltung zwar nicht die Fähigkeit hatten, neues Recht zu setzen, sehr wohl aber Gewohnheitsrecht auszubilden.[50] Auch hier wird die Bedeutung des Art. 16 UR nicht wahrgenommen. Im Übrigen kann nicht angegeben werden, nach welchem Recht die Entstehung des Gewohnheitsrechts zu beurteilen ist. Nach lateinischem Recht bedarf es der Approbation durch den Gesetzgeber (c. 25 CIC/1917; c. 23 CIC/1983), doch wurde den getrennten Ostkirchen die gesetzgebende Gewalt gerade abgesprochen. Nach dem ostkatholischen Recht (c. 1507 CCEO) bedarf es dieser Approbation nicht.[51]

Trotz allem gibt es nicht wenige höchstrichterliche Entscheidungen, die Art. 16 UR in angemessener Weise berücksichtigen. Aus dieser Bestimmung wird einerseits die Konsequenz gezogen, dass c. 72 des Trullanischen Konzils keinen Nichtigkeitsgrund mehr darstellt,[52] dass aber anderseits der *ritus sacer* als Gültigkeitserfordernis zu beachten ist.[53] Oft ziehen die Richter in ein und demselben Urteil beide Aspekte in Betracht und entscheiden dann auf der Grundlage des letzteren. Bemerkenswert ist, dass die Kongregation für die orientalischen Kirchen im Auftrag des Heiligen Offiziums bereits am 1.12.1959, also deutlich vor dem Zweiten Vatikanischen Konzil, in einem Responsum festgestellt hat, dass c. 72 des Trullanums nicht mehr angewandt werden kann, weil er bei der

---

[49] In dieser Entscheidung ging es, wie *Robleda* (De nullitate, 98) zusammenfasst, um die Frage, ob die orthodoxe Formvorschrift nur aufgrund der Gewohnheit vor der Kirchenspaltung, oder aufgrund der Gewohnheit nach der Trennung oder aufgrund der Gewalt der orthodoxen Kirchen selbst, die ihnen nach Art. 16 UR nicht fehlt, verbindlich ist.

[50] *Coram Lefebvre* vom 25.4.1970 Nr. 16; *coram Canals* vom 3.5.1971, Nr. 2. Keine Rechtskraft sprach hingegen das Urteil *coram Anné* vom 28.5.1974 den orthodoxen Gewohnheiten zu, die die Zuschreibung eines unehelichen Kindes betreffen (Nr. 2.2.d).

[51] Vgl. *Vasil*, Gewohnheit.

[52] *Coram Bejan* vom 17.12.1969, Nrr. 11 und 14; *coram Abbo* vom 4.6.1969, Nrr. 14f; *coram Abbo* vom 5.2.1970, Nr. 5; *coram Levebvre* vom 22.3.1971, Nr. 2; *coram Agustoni* vom 20.10.1971, Nr. 15.

[53] *Coram De Jorio* vom 17.10.1968, Nr. 10; *coram Bejan* vom 17.12.1969, Nr. 21; *coram Abbo* vom 5.2.1970, Nr. 7; *coram Levebvre* vom 22.3.1971, Nr. 7; *coram Agustoni* vom 20.10.1971, Nr. 16. Dies wurde auch in der teilkirchlichen Rechtsprechung rezipiert, vgl. Diözesangericht Regensburg, *coram Hopfner* (25.10.1991).

betreffenden orientalischen Kirche nicht mehr in Gebrauch ist.[54] Nach der Mitte der 70er Jahre werden Entscheidungen über Ehen mit orientalischen Christen seltener. Soweit es sie dennoch gibt, erkennen sie die Rechtsvorschriften, die den getrennten Ostkirchen eigen sind, unter Berufung auf Art. 16 UR ohne weiteres an.[55] Mag die Rechtsprechung in den ersten Jahren nach dem Konzil auch noch uneinheitlich gewesen sein,[56] so überwog doch schon damals die Anerkennung der Rechtsordnungen der getrennten Ostkirchen aufgrund von Art. 16 UR und heute kann diese Judikaturlinie zweifellos als gefestigt angesehen werden.

Das II. Vatikanische Konzil hat das Prädikat „Kirche" ausdrücklich auf die getrennten Kirchen des Orients angewandt, aber auch gesagt, dass es im Abendland echte Kirchen gibt, die von der katholischen getrennt sind (Art. 19 UR). Gemeint sind damit wohl die Altkatholiken.[57] Obwohl sie in Art. 16 UR nicht genannt werden und sich dazu keine höchstrichterliche Judikaturlinie nachzeichnen lässt, muss für sie hinsichtlich der Anerkennung ihrer Rechtsordnungen dasselbe gelten wie für die orientalischen Kirchen.

4.3.2. Die kirchlichen Gemeinschaften

Im Unterschied zu den Kirchen ist bei den kirchlichen Gemeinschaften die Frage nicht so leicht zu beantworten, auf welcher Grundlage sie eigene Rechtsordnungen besitzen können, die von der katholischen Kirche anerkannt werden. Ihnen fehlen nämlich die apostolische Sukzession sowie der Großteil der Sakramente und damit auch die echte Weihegewalt. Wie weit nun die Weihegewalt unabdingbare Voraussetzung für die Jurisdiktion ist, gehört zu den Fragen, die vom Zweiten Vatikanischen Konzil nicht abschließend geklärt worden sind. Nach der einen Meinung können nur Kleriker Träger von Leitungsgewalt sein,[58] nach der anderen kommen dafür zumindest in gewissem Umfang auch Laien in Frage.[59] Beispiele hierfür finden sich bereits im kirchlichen Recht selbst: c. 129

---

[54] Allerdings wird hier der Schritt zur Nichtigkeit wegen Formmangels noch nicht getan, weil im byzantinischen Ritus keine Klarheit über die Form bestehe, bevor der Heilige Stuhl die Gesetzgebung nicht in die Hand nehme.

[55] Vgl. *coram Jarawan* vom 10.3.1989, Nr. 7; *coram Stankiewicz* vom 27.3.1998, Nr. 5.

[56] Die „Wende" in der höchstrichterlichen Rechtsprechung lässt sich nicht so klar festmachen wie *Prader / Reinhardt* (Eherecht, 56) dies tun, denn auch nach 1968 hat die Rota nicht alle Ehen die unter dem Mangel des *ritus sacer* litten, aus diesem Grund für nichtig erklärt, wie das oben erwähnte Urteil *coram Pinna* zeigt.

[57] Vgl. *Aymans / Mörsdorf*, Lehrbuch II, 19.

[58] Z.B. *Aymans / Mörsdorf*, Lehrbuch I, 431.

[59] Z.B. *Fahrnberger*, Delegation, 183; *Krämer*, Vollmacht, 155; *Pree*, Leitungsvollmacht, 164; *Socha*, c. 137 MKCIC, Rn. 11. Nach *Amann* (Laien, 157) wollte der Gesetzgeber die Frage, ob Laien Träger von Leitungsgewalt sein können, in c. 129 CIC offen lassen, hat sie aber indirekt dennoch beantwortet, indem er in c. 1421 § 2 CIC Laien als Richter zuließ. Sehr weit geht *Platen*, nach dessen Meinung stellvertretende und delegierte Gewalt nur Mitwir-

§ 2 CIC, c. 228 CIC und c. 1421 § CIC bzw. Art. 43 § 2 DignCon. Wenn nun selbst in der katholischen Kirche einfache Getaufte von der Jurisdiktion nicht völlig ausgeschlossen sind, kann dann den Getauften in den kirchlichen Gemeinschaften die Fähigkeit abgesprochen werden, rechtsverbindliche Akte für sie zu erlassen? SOBAŃSKI verlangt hier keine Apostolische Sukzession und kein Weihesakrament, sondern lässt bereits die Ausübung eines Amtes, das im Dienst der Verkündigung steht, genügen, um die Verwirklichung der gesetzgeberischen Gewalt zu legitimieren.[60] Gemäß der *nota explicativa praevia* (Nr. 2.2) zu *Lumen Gentium* muss bezüglich des Amtes zwischen dem sakramental-ontologischen Aspekt, der ohne hierarchische *communio* nicht ausgeübt werden kann, und dem kanonisch-juridischen Aspekt unterschieden werden.[61] Die Römische Rota zog diese Aussage als Argument dafür heran, dass die getrennten orientalischen Kirchen eine eigene Jurisdiktion besitzen.[62] Aber auch bei den kirchlichen Gemeinschaften müsste diese Unterscheidung es ermöglichen, die Fähigkeit zu einer eigenen Rechtsordnung unabhängig von der Ämterfrage anzuerkennen.[63]

Wie in Abschnitt 4.2 dargelegt, werden sogar die Rechtsordnungen der nichtchristlichen Religionsgemeinschaften anerkannt, obwohl sie gewiss kein Amt im katholischen Sinn besitzen. Es wäre absurd, an die kirchlichen Gemeinschaften, weil sie der katholischen Kirche näher stehen, ein strengeres Kriterium anzulegen, nämlich ein Amt im katholischen Sinn zu verlangen, und ihnen in der Folge, weil ein solches fehlt, die Fähigkeit zu einer eigenen Rechtsordnung abzusprechen.[64] Vielmehr müsste die größere Nähe zur katholischen Kirche die Anerkennung ihrer Rechtsordnungen erleichtern. Wie lässt sich nun die entsprechende Fähigkeit der kirchlichen Gemeinschaften positiv begründen? Da es sich auch bei ihnen um Religionsgemeinschaften handelt, gelten für sie dieselben Begründungen, die in Abschnitt 4.2 dargelegt wurden. Da sie anderseits in einer gewissen Gemeinschaft mit der katholischen Kirche stehen und Heilsbedeutung besitzen (Art. 3 UR), sind auch die theologischen Begründungen relevant.

Als natürliche Begründung, wie sie für die Rechtsordnungen aller Religionsgemeinschaften gilt, ist in erster Linie an das Prinzip „*ubi societas, ibi ius*" zu erinnern. In Art. 3 UR werden die getrennten Schwestern und Brüder entgegen der früheren Praxis nicht mehr nur als Einzelne gesehen, sondern in ihren Ge-

---

kung (im Sinne von c. 129 § 2 CIC) an einer *potestas ordinaria propria* darstellen und daher grundsätzlich auch von Laien ausgeübt werden können (*Platen*, Leitungsgewalt, 387).

[60] Vgl. *Sobański*, Ökumenismus, 716.

[61] Vgl. *Navarrete*, Giurisdizione, 109.

[62] *Coram Agustoni* vom 20.10.1971, Nr. 9.

[63] Dass die kirchlichen Gemeinschaften auch ohne Sukzession und Weihesakrament ein eigenes Eherecht besitzen können, zeigt sich für *Prader / Reinhardt* (Eherecht, 64) in den Ländern mit Personalstatut im Vorderen Orient.

[64] Ihnen mangels Weihegewalt die Leitungsgewalt abzusprechen, hieße für *Prader / Reinhardt* (Eherecht, 57), ihnen ein Grundrecht zu verweigern.

meinschaften.[65] Da hier bewusst der institutionelle Aspekt der kirchlichen Gemeinschaften in den Blick genommen wird, kann ihnen eine rechtliche Struktur nicht abgesprochen werden.[66] Schon die Römische Rota schloss unter Berufung auf Art. 3 UR von der Qualität dieser Gemeinschaften als *societates* auf ihre *potestas*, Gesetze zu erlassen.[67] Als Grundlage in den Konzilsdokumenten kann, wie für alle Religionsgemeinschaften, Art. 4 Abs. 2 DH herangezogen werden. In der Lehre herrscht weitgehend Einigkeit darüber, dass diese Bestimmung zumindest indirekt auch die Anerkennung der Rechtsordnungen von kirchlichen Gemeinschaften begründet.[68] Bestätigt wurde dies in dem relativ jungen Rota-Urteil *coram Stankiewicz* vom 27.3.1998 (Nr. 6).[69] Die vom PCI mit Quellenangaben versehene Ausgabe des CCEO führt bei c. 780, der bei der Ehe das Eigenrecht der Kirchen und kirchlichen Gemeinschaften für maßgeblich erklärt, als Quellen nicht nur Art. 16 UR, sondern auch Art. 4 DH an.[70]

BREITBACH hingegen wendet sich gegen das Argument, dass mit dem sozialen Leben der kirchlichen Gemeinschaften unmittelbar verbindliche Rechtsstrukturen verknüpft seien.[71] Es ist jedoch nicht einzusehen, warum die natürliche Begründung von Rechtsordnungen nach dem Prinzip „*ubi societas, ibi ius*" nicht auch für kirchliche Gemeinschaften gelten soll. Sie sind zwar nicht nur, aber auch natürliche Gemeinschaften und gemäß dem Grundsatz, dass die Gnade auf die Natur aufbaut, ohne sie zu zerstören, bleibt neben der theologischen die natürliche Begründung weiterhin bedeutsam.[72]

---

[65] *Spinelli* (Diritto pubblico ecclesiastico, 196) erblickt darin eine implizite Anerkennung der Rechtsordnungen dieser Gemeinschaften.

[66] Die Anerkennung der Eigenart und Eigenprägung der betreffenden kirchlichen Gemeinschaften schließt nach *Schmitz* die Anerkennung der Rechtsordnung mit ein (*Schmitz*, Anerkennung, 202).

[67] *Coram Agustoni* vom 20.10.1971, Nr. 11. In diesem Urteil ging es zwar um eine orthodoxe Kirche, doch an der hier interessierenden Stelle beziehen sich die Richter auf alle von Art. 3 UR erfassten Gemeinschaften in gleicher Weise.

[68] Z.B. *Abbass*, Comparison, 104; *Abate*, Matrimonio, 26; *Fürst*, Taufe, 574; *Ortiz*, Note, 376; *Pavan*, Erklärung, 722; *Prader*, Differenze, 491; *ders.*, Matrimonio in Oriente e in Occidente, 42; *Prader / Reinhardt*, Eherecht, 58; *Pree*, Ökumene, 531; *Salachas*, Sacramento, 60; *Sobański*, Ökumenismus, 718.

[69] Die Richter sprechen hier auf der Grundlage von Art. 4 DH den Kirchen und kirchlichen Gemeinschaften des Westens die *facultas* zu, sich nach dem eigenen Recht zu leiten, und folgen damit ausdrücklich der kanonistischen Lehre, namentlich *Abate*.

[70] Nach dem oben Gesagten ist dies keineswegs „eigenartig", wie *Breitbach* (Vollmacht, 109) meint. Das Prinzip Nr. 3 zur Reform des orientalischen Kirchenrechts hingegen verlangt nur die Berücksichtigung von Art. 16 UR und erwähnt Art. 4 DH nicht [Nuntia 3 (1976) 5]. Nach *Ritter* (Konfessionsverschiedene Ehe, 285) hingegen impliziert dieses Prinzip auch die Einbeziehung von Art. 4 DH.

[71] Vgl. *Breitbach*, Vollmacht, 109.

[72] Für *Pavan (*Erklärung, *722)* bleibt die Begründung des Rechts von Religionsgemeinschaften mit der sozialen Dimension von Religion selbst für die katholische Kirche gültig, auch wenn diese für sich eine göttliche Stiftung in Anspruch nimmt und ihre Rechtsordnung hauptsächlich darauf stützt.

Bei den kirchlichen Gemeinschaften ist aber auch eine theologische Rechtsbegründung möglich und durchaus angezeigt.[73] Das Zweite Vatikanische Konzil erkennt in Art. 15 LG sowie in Art. 3 und 19 UR kirchenbildende Elemente auch in den kirchlichen Gemeinschaften an.[74] Unter diesen Elementen wird zwar das Recht nicht eigens genannt, doch ist die Aufzählung ohnehin nur demonstrativ gemeint.[75] Kommt den kirchlichen Gemeinschaften also aufgrund ihres ekklesialen Charakters als eines der kirchenbildenden Elemente auch die Fähigkeit zu einer eigenen Rechtsordnung zu? Nach einer Ansicht wollte das Konzil in Art. 3 UR gerade keine juristischen Bezüge herstellen.[76] Nach SOBAŃSKI hingegen ist die Ekklesialität auch bei den kirchlichen Gemeinschaften die Quelle des Rechts und bilden Elemente wie der christliche Lebenswandel und das Gerechtigkeitsgefühl, die *Unitatis Redintegratio* ihnen ausdrücklich bescheinigt, den Inhalt des Rechtslebens.[77] In ähnlicher Weise schließt SOCHA von der ekklesialen Würde, der Heiligen Schrift und dem Gottesdienst als anerkannten Elementen der kirchlichen Gemeinschaften auf „eine mit entsprechender Rechtsetzungsbefugnis ausgestattete Leitung"[78]. Wenn ihnen beispielsweise mit dem Wort Gottes (Art. 3 Abs. 2 UR) und der Liturgie (Art. 3 Abs. 3 UR) zwei Elemente zugesprochen werden, mit denen gewöhnlich das Recht in der katholischen Kirche begründet wird, dann kann diesen Elementen auch bei ihnen die rechtsbegründende Funktion nicht abgesprochen werden. In Art. 19 UR waren Ausführungen über die getrennten Gemeinschaften des Abendlandes geplant – ähnlich wie sie Art. 16 UR für die orientalischen Kirchen anstellt –, doch zeigte sich, dass dies nicht möglich ist, weil die Verschiedenartigkeit unter ihnen zu groß ist.[79] Wenn daher Art. 19 anders als Art. 16 UR nichts über die Fähigkeit zu einer eigenen Rechtsordnung sagt, dann nicht deswegen, weil es eine solche nicht gäbe, sondern weil die Rechtsstrukturen in den kirchlichen Gemeinschaften sehr verschiedenartig sind und sie dem Recht im Allgemeinen eine geringere Bedeutung beimessen.[80]

---

[73] Vgl. *Prader / Reinhardt*, Eherecht, 58; *Sobański*, Ökumenismus, 718. Bei der Reform des kodikarischen Eherechts warf der Relator die Frage auf, ob es nicht konsequent wäre, die äußere Struktur und Disziplin der nichtkatholischen christlichen Gemeinschaften anzuerkennen, nachdem das Zweite Vatikanische Konzil sie als Gemeinschaften, in denen die Erlösung Christi wirksam ist, anerkannt hat [Comm 32 (2000) 266].

[74] Vgl. *Prader*, Probleme, 449; *Rees*, Communicatio in sacris, 75; *ders*, Kirchenbegriff, 692. Je mehr kirchenbildende Elemente in einer solchen Gemeinschaft vorhanden sind, desto enger ist die *communio* mit der katholischen Kirche (*Güthoff*, Gliedschaftslehre, 152).

[75] Den Konzilsvätern, die mehr Elemente benennen wollten, wurde entgegengehalten, dass keine vollständige Aufzählung angestrebt sei und dass in Kapitel III des Ökumenismusdekrets weitere Elemente dargelegt würden (AS III/VII 32f.). Zu Kapitel III gehört aber auch Art. 16 mit dem Bezug auf die rechtlichen Strukturen.

[76] Vgl. *Hilberath*, Dekret, 124f., der darin *Thils* folgt.

[77] Vgl. *Sobański*, Ökumenismus, 715 und 720.

[78] *Socha*, c. 11 MKCIC, Rn. 13.

[79] Vgl. *Feiner*, Dekret, 110.

[80] Vgl. *Sobański*, Ökumenismus, 720. Im Rota-Urteil *coram Stankiewicz* vom 27.3.1998 wird das Fehlen einer ausdrücklichen Konzislaussage zu den kirchlichen Gemeinschaften damit

Eine direkte Anwendung von Art. 16 UR auch auf die kirchlichen Gemeinschaften würde hingegen einer Grundlage im Ökumenismusdekret entbehren.[81] Für ZOTZ folgt die Anerkennung der Fähigkeit der Kirchen und kirchlichen Gemeinschaften, ihre Angelegenheiten unabhängig vom Recht der katholischen Kirche nach ihren eigenen Ordnungen zu regeln, aus der Subsistenzlehre des Konzils (Art. 8 Abs. 2 LG).[82]

Wer entgegen den soeben gemachten Ausführungen meint, eine den kirchlichen Gemeinschaften zustehende Fähigkeit zu einer eigenen Rechtsordnung lasse sich weder aus ihrem Gesellschaftscharakter noch aus ihrer Ekklesialität begründen, und ihrem Recht, nach dem sie sich offenbar *de facto* leiten, dennoch Beachtung schenken möchte, muss dafür eine andere Erklärung suchen. NAVARRETE[83] beharrt darauf, dass die kirchlichen Gemeinschaften mangels apostolischer Sukzession keine eigene Gewalt besäßen, Recht zu erlassen. Daher habe die katholische Kirche sie bisher den katholischen Gesetzen unterstellen wollen. Wenn sie davon nun Abstand nehme, müsse sie, um eine Gesetzeslücke zu vermeiden, die Rechtsvorschriften kanonisieren, an die sie sich *de facto* halten. Da diese Vorschriften mangels Kompetenz ihrer Urheber keine formelle Rechtskraft und Wirksamkeit besäßen, könnten sie diese nur von der katholischen Kirche durch Kanonisation erhalten, soweit sie nicht dem göttlichen Recht widersprechen. Diese Kanonisationsthese wurde jedoch von BREITBACH[84] ausführlich widerlegt. Überzeugend ist vor allem sein Argument, dass die Kanonisation in einer Inkorporation fremden Rechts in das katholische besteht. Wenn nun aber die katholische Kirche beispielsweise im Hinblick auf eine Ehe zwischen Anglikanern deren Eherecht beachtet, so macht sie es damit nicht zu katholischem Recht, sondern belässt es in seinem Bereich und wendet es dort auf die nichtkatholischen Christen an. Nach einem weiteren Argument, das PRIMETSHOFER[85] anführt, bedeutet Kanonisation, dass für die Adressaten des kanonischen Rechts, also für die Katholiken, in bestimmten Bereichen eine fremde

---

begründet, dass sie das juridische Moment oft nicht wahrhaben oder die Regelung der Ehen der weltlichen Gesetzgebung überlassen (Nr. 6). Auch das kirchliche Gesetzbuch von 1983 hat es vermieden, die Gesetzgebungskompetenz der reformatorischen kirchlichen Gemeinschaften explizit anzuerkennen. Sie ist ihm daher nur indirekt zu entnehmen (*Riedel-Spangenberger*, Rechts- und Handlungsfähigkeit, 198).

[81] *Feiner* (Dekret, 104) und *Hilberath* (Dekret, 172) nehmen eine Bedeutung von Art. 16 UR auch für die kirchlichen Gemeinschaften an, insofern diese Bestimmung zeigt, dass die ökumenische Einigung nur als Einigung von verschiedenen Kirchentypen gedacht werden kann, die innerhalb der von Christus gewollten Einheit ihre Autonomie bewahren. Die hier beschriebene Ausstrahlungswirkung von Art. 16 UR auf die kirchlichen Gemeinschaften ist aber offensichtlich nur kirchenpolitischer, nicht kirchenrechtlicher Art.

[82] Vgl. *Zotz*, Katholisch, 136.

[83] Vgl. *Navarrete*, Competentia, 105-106. Ähnlich *Gefaell*, Basi ecclesiologiche, 128; *Kaniamparambil*, Competence, 61; *Kowal*, L'istruzione, 505-507;

[84] Vgl. *Breitbach*, Vollmacht, 172-177.

[85] Vgl. *Primetshofer*, Jurisdiktion, 37. Er führt dieses Argument zwar in Bezug auf die orientalischen Kirchen an, doch gilt es ebenso für die kirchlichen Gemeinschaften.

Rechtsordnung gilt. Das ist in der hier interessierenden Konstellation aber gerade nicht der Fall. Dass es sich nicht um eine Kanonisation handelt, wird durch die Kommission zur Revision des orientalischen Kirchenrechts bestätigt. Der CCEO enthält nämlich mit c. 780 § 2 eine Norm, die das Eherecht der kirchlichen Gemeinschaften anerkennt. Bei den Beratungen der Revisionskommission wurde klargestellt, dass es sich dabei nicht um eine Kanonisation der Gesetze der Nichtkatholiken handelt, sondern nur um eine formale Verweisung auf ihre Disziplin.[86] Im Anschluss an diese Feststellung wird zwischen den Kirchen und den kirchliche Gemeinschaften unterschieden. Für erstere wird Art. 16 UR angeführt; bezüglich der letzteren wird gesagt, dass sie aus der Natur der Sache von der eigenen Disziplin geleitet werden sollen, die zu beachten ist.[87] Das aber legt eine eigenberechtigte Rechtsetzungsbefugnis nahe, wie sie im vorliegenden Abschnitt oben bereits vertreten und begründet wurde.

Wenn die kirchlichen Gemeinschaften auch die Fähigkeit besitzen, sich nach eigenem Recht zu leiten, so ist damit noch nicht die Frage geklärt, in welchem Umfang sie davon tatsächlich Gebrauch machen. Während die reformierten kirchlichen Gemeinschaften ihr Rechtsleben unabhängig vom Staat und oft gegen ihn zu entwickeln hatten, hielten die evangelischen sich bei der Ausbildung eines eigenen Kirchenrechtssystems eher zurück, doch kann es auch nach evangelischem Kirchenverständnis keine rechtsfreie Kirche geben.[88] Was speziell das Eherecht betrifft, so hält die anglikanische Kirche an den alten Eherechtscanones fest und entwickelt sie weiter, obwohl die Ehegerichtsbarkeit an den Staat übergegangen ist,[89] während die anderen kirchlichen Gemeinschaften der Reformation nur ein Trauungsrecht besitzen und darüber hinaus das staatliche Eherecht anerkennen.[90] In diesen Fällen muss die katholische Kirche selbstverständlich auch das staatliche Recht anerkennen, weil die kirchlichen Gemeinschaften kein eigenes haben und selbst das staatliche annehmen.

4.4. Allgemeine Anmerkungen zur Anerkennung fremden Rechts

Als Ergebnis lässt sich festhalten, dass es heute grundsätzlich keinen Typ von Rechtsordnungen gibt, den die Kirche nicht grundsätzlich anerkennen würde. Die Anerkennung des weltlichen Rechts stand ohnehin immer außer Zweifel. Umstritten ist hier nur die genaue Grenzziehung zwischen dem Bereich des weltlichen und dem des kirchlichen Rechts. Die Anerkennung religiösen Rechts hingegen wurde erst durch das Zweite Vatikanische Konzil eingeführt. In drei Konzilsdokumenten wird drei verschiedenen Kreisen von Religionsgemein-

---

[86] Nuntia 8 (1979) 6. Unter Berufung auf diese Aussage lehnen auch *Rambacher* (Formerfordernisse, 18) und *Salachas* (Sacramento, 58) die Kanonisationsthese ab

[87] Nuntia 8 (1979) 7.

[88] Vgl. *Rees*, Kirchenbegriff, 690f.

[89] Vgl. *McClean*, Marriage, 189; *Reinhardt*, Verwaltungskanonistik, 210f.

[90] Vgl. *Pirson*, Eherecht, 526 und 528; *Reinhardt*, Verwaltungskanonistik, 210f.

schaften die Möglichkeit zuerkannt, sich nach den eigenen Rechtsvorschriften zu leiten: In Art. 5 OE in Bezug auf die katholischen Ostkirchen, die selbst Teil der katholischen Kirche sind; in Art. 16 UR in Bezug auf die getrennten Ostkirchen, die der katholischen Kirche besonders nahe stehen und in Art. 2 Abs. 4 DH schließlich in Bezug auf alle Religionsgemeinschaften. Die dabei gewählten Formulierungen – *se(se) regere secundum proprias disciplinas / normas* – sind nahezu identisch, was darauf hindeutet, dass in der Sache jedes Mal dasselbe gemeint ist. Unterschiede bestehen nur darin, ob es sich dabei um eine Pflicht („*officium*"), eine Fähigkeit („*facultas*") oder eine Freiheit („*immunitas*") handelt. Je ferner die betreffende Religionsgemeinschaft der katholischen Kirche steht, desto stärker nimmt der Verpflichtungsgrad ab und die Selbstbestimmung zu. Als Ergebnis ist aber auch festzuhalten, dass diese Konzilsaussagen im Recht der lateinischen Kirche kaum rezipiert wurden. Die LEF/1971 hätte in c. 88 § 2 eine Zusammenfassung der genannten Konzilsbestimmungen vorgesehen, die das Recht der Kirchen und kirchlichen Gemeinschaften und der übrigen Religionsgemeinschaften anerkannt hätte, sich frei und ohne jeden Zwang nach den eigenen Normen zu leiten. Damit wäre jeder Zweifel ausgeräumt worden, dass dieses Recht allen Religionsgemeinschaften, auch den kirchlichen Gemeinschaften, zusteht und dass es sich dabei um eine rechtsverbindliche Verfügung handelt. Das Projekt der LEF wurde aber bekanntlich aufgegeben und die erwähnte Bestimmung fand nicht Eingang in den CIC. So bleiben als Grundlage für die Anerkennung religiöser Rechtsordnungen nur die entsprechenden Konzilsaussagen, deren Rechtscharakter jedoch umstritten ist.

Am Ende dieses Kapitels über die Anerkennung fremden Rechts sind noch einige Punkte zur Klarstellung festzuhalten:

4.4.1. Freistellung vom eigenen und Anerkennung des fremden Rechts

Auf die Freistellung vom kirchlichen Recht muss die Anerkennung fremden Rechts folgen. Im Unterschied zu c. 12 CIC/1917 schränkt c. 11 CIC/1983 den Geltungsbereich rein kirchlicher Gesetze auf Katholiken ein (oben Abschnitt 2.1).[91] Diese oft gelobte Änderung[92] hat zunächst die negative Konsequenz, dass die anderen Christen aus dem Geltungsbereich des rein kirchlichen Rechts prinzipiell hinausfallen und damit die Verbindung aufgegeben wird, die über die gemeinsame Rechtsordnung mit ihnen noch bestand. In Wirklichkeit implizierte diese Verbindung aber vor allem, dass die anderen Christen als Häretiker oder Schismatiker galten,[93] und wurde von ihnen verständlicherweise nicht

---

[91] Vgl. *Aymans / Mörsdorf*, Lehrbuch I, 482.

[92] Vgl. *Socha*, c. 11 MKCIC, Rn. 2. *Carreras* (Giurisdizione, 211) stellt eine Gefahr des „*pangiurisdizionalismo*" fest, also einer Versuchung der Kirche, die Jurisdiktion über den Bereich ihrer Mitglieder hinaus auszudehnen. Er begrüßt dann aber die Entwicklung, dass die Kirche ihre Jurisdiktion immer weiter eingeschränkt hat.

[93] Vgl. *Heinemann*, Implikationen, 7; *Rees*. Communicatio in sacris, 76.

akzeptiert. Die Entlassung nichtkatholischer Christen aus der kanonischen Rechtsordnung kann daher als erster Schritt hin zum Aufbau einer neuen Verbindung gesehen werden, die sie als eigene Gemeinschaften wahrnimmt. Dieser erste Schritt der Freigabe führt für sich allein aber nur zu einem verbindungslosen Nebeneinander. Die nichtkatholischen Christen werden zwar vom kirchlichen Recht entbunden, aber damit zunächst in einen rechtlosen Zustand entlassen, der ihrer Würde als Menschen und Christen nicht gerecht wird, da er sie als Rechtssubjekte nicht ernst nimmt. Es ist daher ein zweiter Schritt notwendig, der positiv festlegt, an welches Recht sie tatsächlich gebunden sind. Diesen Schritt vollzieht das Zweite Vatikanische Konzil, indem es die Rechtsordnungen der anderen christlichen Konfessionen anerkennt und damit erkennen lässt, dass ihre Mitglieder an diese Rechtsordnungen gebunden sind. Der CIC/1983 hingegen vollzieht diesen Schritt nicht mit. Ebenso wenig wie c. 11 im Allgemeinen anführt, welchem Recht die nichtkatholischen Christen unterstehen, gibt c. 1059 speziell für das Eherecht an, ob die Ehen mit Nichtkatholiken auch von deren Recht geregelt werden. In der Reformkommission wurde sehr wohl erkannt, dass durch die bloße Freistellung vom rein kirchlichen Recht eine Lücke entsteht, und es wurde vorgeschlagen, diese in Bezug auf das Eherecht durch die Anerkennung des Rechts der nichtkatholischen Kirchen und kirchlichen Gemeinschaften zu füllen.[94] Dieser Vorschlag konnte sich jedoch nicht durchsetzen, weil ihm entgegengehalten wurde, dass es gerade aus ökumenischer Rücksicht nicht angebracht sei, dass die katholische Kirche festlegt, welchem Recht Nichtkatholiken unterstehen. Diesem Einwand liegt jedoch ein Missverständnis zugrunde. Denn die katholische Kirche würde mit einer derartigen Aussage die anderen Konfessionen bezüglich ihrer Rechtsordnung keineswegs vereinnahmen oder ihnen vorschreiben, an welches Recht sie sich zu halten haben.[95] Vielmehr würde sie das anerkennen, woran sie nach ihrer eigenen Auffassung ohnehin gebunden sind, nämlich ihre jeweilige Rechtsordnung. Die Rechtsordnungen der anderen Konfessionen anzuerkennen, widerspricht daher keineswegs dem ökumenischen Geist, sondern drückt sogar eine hohe Achtung ihnen gegenüber aus und ist die Voraussetzung dafür, dass überhaupt ökumenische Beziehungen auf rechtlicher Ebene geknüpft werden können.[96] Es verwundert sehr, dass sich die Anerkennung fremden Rechts bei der CIC-Reform nicht durchsetzen konnte, wo

---

[94] Comm 9 (1977) 126f. und Comm 15 (1983) 223.

[95] *Socha* macht deutlich, dass der CIC, indem er auf die ostkirchlichen Rechtsordnungen Bezug nimmt, deren ursprünglichen Verbindlichkeitsbereich oder -grad nicht verändert (*Socha*, c. 1 MKCIC, Rn. 6). Dasselbe würde für Bezüge auf nichtkatholische Rechtsordnungen gelten: Sie blieben von jeglichem Einfluss durch das katholische Recht völlig unberührt.

[96] Wenn hier von der rechtlichen Grundlage der ökumenischen Beziehungen die Rede ist, so ist dies nicht in der Weise zu verstehen, wie ein Konzilsvater auf das nötige juristische Fundament der Ökumene aufmerksam gemacht und damit den Jurisdiktionsprimat des Papstes gemeint hat (AS II/5 109). Die katholische Kirche hat die Anerkennung der anderen Kirchen und kirchlichen Gemeinschaften nicht davon abhängig gemacht, dass diese im Gegenzug den päpstlichen Jurisdiktionsprimat anerkennen (vgl. *Reinhardt*, Selbstbeschränkung, 262).

sich doch das Konzil bereits dazu bekannt hat.[97] Es ist vor allem dem Engagement PRADERS[98] zu verdanken, dass im CCEO auch der zweite Schritt gesetzt wurde, denn hier sind Nichtkatholiken nicht nur vom katholischen Recht freigestellt (c. 1490), sondern es wird auch positiv angegeben, dass ihre Ehen von ihrem eigenen Recht geregelt werden (cc. 780f.).

Die Freistellung vom katholischen und die Anerkennung des jeweils eigenen Rechts bedeutet indessen nicht, dass Nichtkatholiken unter keinen Umständen mit dem katholischen Kirchenrecht in Berührung kommen könnten.[99] Dies ist beispielsweise der Fall, wenn sie mit einem Katholiken eine Ehe schließen. Es bedeutet außerdem nicht, dass die katholische Kirche ihre Kompetenz für alle Getauften vollends aufgegeben hätte.[100] Vielmehr verzichtet sie nur auf die Ausübung dieser Kompetenz zugunsten der eigenen Jurisdiktion der anderen Kirchen und kirchlichen Gemeinschaften. Das soll im folgenden Abschnitt näher beleuchtet werden.

4.4.2. Verzicht auf Kompetenzausübung heißt nicht Verzicht auf die Kompetenz selbst

Mit c. 1960 CIC/1917 beanspruchte die Kirche für ihre Gerichte die eigene und ausschließliche Kompetenz („*iure proprio et exclusivo*") über die Ehefälle zwischen den Getauften. Die Ehen der Getauften wurden nach c. 1016 CIC/1917 vom göttlichen und vom kirchlichen Recht geregelt. Art. 1 § 1 ProvMat übernimmt die Aussage von c. 1960 und fügt hinzu, dass die kirchliche Kompetenz auch dann gegeben ist, wenn nur ein Ehepartner getauft ist. In diesem Sinne beharrt noch 1968 ein Rota-Urteil auf der alleinigen Zuständigkeit der Kirche für die Ehen nichtkatholischer Christen unter Ausschluss jeder anderen weltlichen oder religiösen Gewalt.[101] Angestoßen durch das Zweite Vatikanische Konzil, beginnt mit *Causas Matrimoniales* 1971 die Abkehr von der Ausschließlichkeit des Kompetenzanspruchs über alle Getauften, denn Art. I gibt c. 1960 CIC/1917 nun ohne das Adjektiv „*exclusivo*" wieder. Ebenso wenig scheint dieses in den Schemata zum CIC und schließlich in c. 1671 der endgültigen Fassung des CIC/1983 auf.[102] Art. 3 § 1 DignCon stimmt damit wörtlich

---

[97] *Güthoff* bedauert, dass der CIC in ökumenischer Hinsicht an manchen Stellen hinter dem Konzil zurückbleibt (Gliedschaftslehre, 154). Hier liegt gewiss eine solche Stelle vor.

[98] Nuntia 5 (1977) 53.

[99] Vgl. *Kaniamparambil*, Competence, 20; *Llobell*, Giurisdizione, 116; *Socha*, c. 11 MKCIC, Rn. 14.

[100] Comm 9 (1977) 127; vgl. *Breitbach*, Vollmacht, 228; *Carreras*, Giurisdizione, 218; *Llobell*, Giurisdizione, 112f; *Otaduy*, c. 11 ComEx, 324; *Socha*, c. 11 MKCIC, Rn. 13.

[101] *Coram Anné* vom 29.10.1968, Nr. 3.

[102] In gleicher Weise verlief die Entwicklung im ostkatholischen Recht: C. 468 SollNostr sprach noch mit demselben Wortlaut wie c. 1960 CIC/1017 von einem exklusiven Recht der Kirche. In Art. I CumMatr und c. 1357 CCEO ist dies entfallen.

überein. Die Vorschrift des c. 1016 CIC/1917 wurde bei der Kodexreform auf die Ehen von Katholiken eingeschränkt. Wie sind diese Änderungen zu deuten? Die Streichung von „*exclusivo*" wurde damit begründet, dass dieser Ausdruck nach Streit und Zwietracht klänge und dem Ökumenismus zu wenig gerecht würde.[103] Das bedeutet nicht nur verbale Kosmetik, sondern auch insofern einen Wandel in der Sache selbst, als für die Ehen nichtkatholischer Christen neben die Zuständigkeit der katholischen Kirche noch weitere treten.[104] Die Einschränkung von c. 1059 CIC auf Katholiken geschah in Übereinstimmung mit c. 11 CIC aus dem Grund, dass nichtkatholische Christen nicht mehr auf rein kirchliches Recht verpflichtet werden sollen, wenngleich betont wurde, dass dies nicht bedeute, die Kirche leugne ihre Kompetenz über die Ehen nichtkatholischer Christen bedeutet.[105] Es kann also festgestellt werden, dass die Kirche an ihrer grundsätzlichen Kompetenz für die Ehen aller Getauften festhält, sie aber nicht mehr als ausschließlich betrachtet und zugunsten der Kompetenz anderer Kirchen und kirchlicher Gemeinschaften auf ihre Ausübung sogar verzichtet. Wenn sie also deren Eherecht anerkennt, dann nicht deswegen, weil sie selbst keines erlassen könnte, sondern weil sie deren gleichermaßen vorhandener Rechtsetzungsfähigkeit prinzipiell den Vorrang gewährt.

4.4.3. Inkompetenz zur Rechtsetzung heißt nicht Inkompetenz zur Rechtsprechung

Neben der soeben besprochenen Rechtsetzungsfähigkeit der Kirchen und kirchlichen Gemeinschaften hält die Kirche dennoch an ihrer eigenen Zuständigkeit fest und macht davon bisweilen auch tatsächlich Gebrauch. Von der Römischen Rota wurden schon zahlreiche Ehen von Orthodoxen und Protestanten behandelt. Die Kompetenz der katholischen Kirche für die Ehen von Katholiken steht außer Zweifel. Wie begründet sie aber ihre Zuständigkeit für Ehen von Nichtkatholiken? In der Lehre werden mehrere Begründungsvorschläge gemacht: Ist nur ein Partner katholisch, so strahlt ihre Zuständigkeit, die sie über den katholischen Partner zweifellos besitzt wegen der Einheit der Ehe auch auf den nichtkatholischen aus.[106] Wenn beide Partner nicht katholisch, aber getauft sind, so handelt es sich nach c. 1055 § 2 CIC bzw. c. 776 § 2 CCEO um eine sakramentale Ehe und die katholische Kirche besitzt, so wird argumentiert, eben eine Zuständigkeit für Sakramente. Was aber gilt für Ehen zwischen einem getauften und einem ungetauften Partner oder zwischen zwei Ungetauften, die nicht sakramental sind, über die aber von der Kirche doch Jurisdiktionsgewalt

[103] Comm 11 (1979) 256; vgl. *Ortiz*, Note, 370.
[104] Vgl. *Llobell*, Giurisdizione, 84; *Prader*, Probleme, 459. Die Aufgabe des Ausschließlichkeitsanspruches wurde in der Lehre jedoch nicht allgemein rezipiert: *Kowal*, L'istruzione, 478; *Navarrete*, Giurisdizione, 121
[105] Comm 15 (1983) 223.
[106] Vgl. *Schwendenwein*, Kirchenrecht, 359.

ausgeübt wird? Die Zuständigkeit über die nichtsakramentale Ehe, an der kein Katholik beteiligt ist, wird mitunter auf die kirchliche Kompetenz zur Interpretation naturgegebener Grundsätze und der moralischen Ordnung nach c. 747 § 2 CIC bzw. 595 § 2 CCEO gestützt.[107] Hierbei handelt es sich jedoch nur um eine lehramtliche, nicht um eine jurisdiktionelle Kompetenz.[108] Ferner beruft man sich auf die Enzyklika *Arcanum divinae sapientiae* von Papst LEO XIII., wonach auch die nichtsakramentale Ehe, weil in Gottes Schöpfung grundgelegt, eine *res sacra* sei und die Kirche eben für alle geistlichen Dinge zuständig sei.[109] Der Hauptzweck dieser Enzyklika bestand jedoch darin, die Kompetenz der Kirche über die Ehe von *Getauften* gegenüber der staatlichen Zuständigkeit abzugrenzen, nicht jedoch eine unumschränkte kirchliche Kompetenz über die Ehen aller Menschen zu begründen. Wenn alles, was von Gott erschaffen ist, in die Zuständigkeit der Kirche fiele, dann gäbe es nichts mehr, was davon ausgenommen wäre. Bisweilen wird die *res-sacra*-Argumentation auch auf c. 1401 ° 1 CIC gestützt, wonach die Kirche die ausschließliche Kompetenz über alle geistlichen Angelegenheiten beansprucht, wozu auch die Ehen von Ungetauften gezählt werden.[110] Dagegen sind dieselben Einwände vorzubringen, die bereits erwähnt wurden: C. 1401 ° 1 CIC will die Kompetenz der Kirche *abgrenzen*[111] und gerade nicht eine allumfassende Kompetenz begründen. Wenn alles, was in der Schöpfungsordnung Gottes angelegt ist, deswegen schon eine *res spiritualis* wäre, so gäbe es nichts, was nicht in die Kompetenz der Kirche fiele. Außerdem ist zu beachten, dass c. 1401 ° 1 CIC für Ehesachen ohnehin nicht einschlägig ist, weil hier c. 1671 CIC als *lex specialis* den Vorrang genießt.[112] In dieser Bestimmung wurde, wie bereits in Abschnitt 4.4.2 aufgezeigt, bewusst auf die exklusive Kompetenz der Kirche über die Ehen von nichtkatholischen Christen verzichtet. *A fortiori* muss dies dann für die Ehen von Nichtgetauften gelten.

Es ist festzuhalten, dass die Kirche tatsächlich eine Kompetenz über die Ehen von Nichtkatholiken besitzt. Diese ist jedoch nicht ausschließlich und sie besteht nicht generell, sondern nur, wenn ein gewisser Bezug zur katholischen Kirche gegeben ist. Dies ist etwa dann der Fall, wenn einer der Gatten in eine Beziehung zu ihr tritt, sei es dass er sich taufen lassen möchte oder dass er eine neue

---

[107] Ebd; ähnlich *Pinheiro*, Marriage law, 27.

[108] Wenn die Kirche in ethischer Hinsicht Wahrheiten über die Ehen aller Menschen verkünden kann, so heißt das nicht, dass sie auch alle Ehen rechtlich regeln könnte. Dieser Differenzierung kommt bei *Carreras* die Unterscheidung zwischen der „*potestas*" und der „*auctoritas*" der Kirche nahe. Die erstere bezieht sich nur auf die Katholiken, die zweitere ist universal (*Carreras*, Giurisprudenza, 34 und 45).

[109] Vgl. *Ortiz*, Note, 370-372; vgl. auch das Rota-Urteil *coram Stankiewicz* vom 27.3.1998, Nr. 4.

[110] Vgl. *Garcia Failde*, Tratado, 49.

[111] Vgl. *Lüdicke*, c. 1401 MKCIC, Rnn. 2f.

[112] Vgl. *May*, Gerichtsbarkeit, 1155.

Ehe mit einem katholischen Partner eingehen möchte.[113] Dementsprechend legt nun Art. 3 § 2 DignCon fest, dass der kirchliche Richter Ehesachen von Nichtkatholiken nur dann behandelt, wenn es notwendig ist, den Ledigenstand eines Partners vor der katholischen Kirche nachzuweisen.[114] GARCÍA FAÍLDE vertritt zunächst die These der umfassenden kirchlichen Kompetenz, die er auf c. 1401 CIC stützt, muss dies dann aber wegen Art. 3 § 2 DignCon einschränken, ohne jedoch das Verhältnis zwischen diesen beiden Bestimmungen genau zu klären oder zu einem Ausgleich zu bringen.[115]

Bisweilen wird auch gesagt, dass die kirchliche Zuständigkeit schon allein durch die Tatsache begründet wird, dass ein Nichtkatholik sich mit einer Eheklage an ein kirchliches Gericht wendet, weil er sich damit ihrer Jurisdiktion unterwirft.[116] Dagegen ist jedoch einzuwenden, dass eine Klage allein keine Zuständigkeit begründen kann, sondern das Gericht nach deren Einbringen seine Zuständigkeit erst überprüfen muss. Außerdem berücksichtigt die These von der freiwilligen Unterwerfung nicht, dass der andere Gatte sich möglicherweise nicht freiwillig unterwirft.

Die Diskussion um die Grundlage der kirchlichen Kompetenz für die Ehen von Nichtkatholiken gestaltet sich unter anderem deswegen schwierig, weil meist die nötige Differenzierung zwischen zwei Arten rechtlicher Kompetenz unterlassen wird: Der Kompetenz zum Erlass von eherechtlichen Regelungen und der Kompetenz, über Ehen gerichtlich oder im Verwaltungsweg zu entscheiden.[117] Die Recht*sprechungs*kompetenz der Kirche reicht weiter als ihre

---

[113] Vgl. Apostolische Signatur, Responsio vom 1.2.1990 und Dekret vom 28.5.1993; vgl. *Llobell*, Giurisdizione, 113f; *Prader / Reinhardt*, Eherecht, 69.

[114] Die Beschränkung, wonach ein Eheverfahren nur geführt wird, wenn einer der beiden Akatholiken eine Zweitehe mit einem Katholiken schließen will, stellt nach *Primetshofer* jedoch keine *conditio sine qua non* für die Zuständigkeit des kirchlichen Gerichts dar. Vielmehr geht es dabei lediglich um eine Selbstbeschränkung aus ökumenischer Opportunität (*Primetshofer*, Jurisdiktion, 50f.).

[115] Vgl. *García Faílde*, Tratado, 49 gegenüber 50.

[116] Vgl. *García Faílde*, Tratado, 49. Nach *Llobell* (Giurisdizione, 115) kann die Kirche über die Ehe von Nichtgetauften einfach deswegen entscheiden, weil eine solche Person einen Antrag gestellt hat.

[117] Dieser Vermischung leistet die in der Kanonistik gebräuchliche Redeweise von der „Jurisdiktionsgewalt“ Vorschub, denn im weiteren Sinn ist damit die gesamte hoheitliche Hirtengewalt, also Rechtsetzung, Verwaltung und Rechtsprechung gemeint, im engeren Sinn jedoch nur die Rechtsprechung (vgl. *Arroba Conde*, Diritto Processuale, 90; *Haering*, Jurisdiktion, 442. *Wernz* wollte schon bei der Redaktion des CIC/1917 zwischen der eherechtlichen Kompetenz der Kirche zur Gesetzgebung und zur Rechtsprechung unterscheiden, doch wurde seinem Vorschlag nicht entsprochen (*Turchi*, Disposizioni, 254). Eine klare Unterscheidung im Hinblick auf das heutige Recht nimmt *Bañares* (c. 1059 ComEx, 1077) vor. Sie zeigt sich im CIC/1983 vor allem darin, dass die katholische Kirche eine eherechtliche Gesetzgebungskompetenz nur noch für Katholiken beansprucht (c. 1059), eine Rechtsprechungskompetenz aber grundsätzlich für alle Menschen (c. 1674 i.V.m. c. 1476). Bei der Reform des Ostkirchenrechts trat der Relator *Prader* deutlich der Meinung entgegen, wonach aus der Rechtsprechungskompetenz der Kirche auch ihre Rechtsetzungskomptenz folge. Das würde zu Konflik-

Recht*setzungs*kompetenz. Ihre Gerichtsorganisation steht prinzipiell allen Menschen zur Verfügung, womit sie das Grundrecht jedes Menschen auf Rechtsschutz erfüllt (oben Abschnitt 3.3). Es wird lediglich ein berechtigtes Interesse an einer kirchlichen Entscheidung verlangt, das dann gegeben ist, wenn der Ledigenstand vor der katholischen Kirche geklärt werden muss. Anders verhält es sich bei der Recht*setzungs*kompetenz. Diese kommt der Kirche bei der Ehe von Nichtchristen schlechterdings nicht zu und bei der Ehe von nichtkatholischen Christen hat sie auf die Ausübung ihrer Kompetenz verzichtet. Die grundsätzliche Kompetenz zur Rechtsprechung und die grundsätzliche Inkompetenz zur Rechtsetzung wirken so zusammen, dass die Kirche über Ehen von Nichtkatholiken auf dem Gerichts- oder Verwaltungsweg zwar entscheiden kann, dabei aber ein materielles Recht anwenden muss, das sie nicht selbst erlassen hat. Diese Konsequenz, die nach dem Konzil nicht gleich klar zutage trat, zieht nun mit aller Deutlichkeit die Instruktion *Dignitas Connubii*, wenn ihr zufolge kirchliche Gerichte für die Ehen von Nichtkatholiken durchaus zuständig sind (Art. 92 ° 1 und Art. 3 § 2), dabei aber das Recht anzuwenden haben, dem die Ehepartner jeweils unterstehen (Art. 4). Dabei wird noch einmal augenfällig, was unter der Anerkennung fremder Rechtsordnungen zu verstehen ist: Die Kirche erkennt an, dass Nichtkatholiken eigenem Eherecht unterstehen, und wendet dieses in ihren Verfahren auf sie an.

4.4.4. Unterschiedliche Begründung versus faktische Geltung fremden Rechts

Mag die Geltung fremden Rechts auch unterschiedlich begründet werden, was zählt, ist seine faktische Existenz. Es gehört zur Eigenart religiösen Rechts, dass es von der Gemeinschaft, die daran gebunden ist, religiös begründet wird.[118] Meist wird ein göttlicher Ursprung angeführt, doch kommen durchaus Unterschiede in den religiösen Begründungen vor. Nun lässt eine Religionsgemeinschaft die religiöse Begründung aber in der Regel nur für die eigene Rechtsordnung und eventuell jene von verwandten Gemeinschaften gelten. In Bezug auf die katholische Kirche zeigt sich dies darin, dass die Geltung des Rechts der orientalischen Schwesterkirchen theologisch und ekklesiologisch begründet wird, während die Rechtsordnungen der Religionsgemeinschaften insgesamt in Art. 4 Abs. 2 DH nur auf ihre Sozialnatur gestützt werden.[119] Das heißt, dass eine wechselseitige Anerkennung der Rechtsordnungen unter den Religionsgemeinschaften nur zustande kommen kann, wenn man von der Begründungswei-

---

ten führen, weil die Gültigkeit ein und derselben Ehe je nach angewandtem Recht unterschiedlich zu bewerten wäre [Nuntia 5 (1977) 57 und 59].

[118] Vgl. *Ferrari*, Spirito, 263; *Pozzo*, Diritto comparato, 161; *Puza*, Comparare, 146; *ders.*, Religionen, 279; *ders.*, Eheverständnis, 65.

[119] Die Begründung mit der Sozialnatur des Menschen bleibt bei der katholischen Kirche ebenfalls gültig und kann darum bei der Begegnung mit Nichtkatholiken von Bedeutung sein. (*Pavan*, Erklärung, 722).

se, die jeder eigen ist, absieht und sich darauf beschränkt, dass nach dem Grundsatz „*ubi societas, ibi ius*" eben auch jede Religionsgemeinschaft rechtliche Strukturen besitzt. Ein Konsens ist also dann zu erzielen, wenn nur das Ergebnis und nicht seine Begründung in den Blick genommen wird.[120] Auch wer die spezifische Rechtsbegründung einer bestimmten Religionsgemeinschaft nicht teilt, muss anerkennen, dass sie *de facto* an Rechtsvorschriften gebunden ist, die im Allgemeinen tatsächlich befolgt werden. Mag in der Kodexreformkommission auch umstritten gewesen sein, ob und wie sich das Recht der kirchlichen Gemeinschaften begründen lässt, so zeigten die Konsultoren doch genug Realitätssinn, um davon Abstand zu nehmen, Gesetze für die getrennten Schwestern und Brüder zu erlassen, die sie niemals einhalten würden, weil sie gar keine Kenntnis davon erlangen.[121] Treffend ermahnte ein Konsultor die Kirche, realistisch zu sein, und zog einen Vergleich zu den Staaten, indem er darauf hinwies, dass Westdeutschland auch keine Gesetze für jene erlässt, die in Ostdeutschland wohnen.[122] In der Tat wurde die Trennung Deutschlands vom Westen nie akzeptiert und doch musste eingeräumt werden, dass der Osten eine eigene Rechtsordnung entwickelt hat. Für die kirchlichen Spaltungen müsste ein ähnliches Prinzip wie der völkerrechtliche Effektivitätsgrundsatz gelten.

Die Anerkennung von Rechtsordnungen lässt keine Abstufungen zu. Eine Norm wird entweder anerkannt oder nicht – sie kann nicht halb anerkannt werden. Entscheidet man sich dafür, die Rechtsordnungen aller Religionsgemeinschaften anzuerkennen, wie es Art. 4 Abs. 2 DH tut, dann ist es nicht möglich, jene von christlichen Gemeinschaften „mehr" anzuerkennen als jene der nichtchristlichen.[123] Nur auf der Ebene der Begründungen ist eine Abstufung möglich, je nach dem, ob eine theologische Begründung zugestanden wird oder nicht.

---

[120] Dies entspricht der von *Taylor* vertretenen These des *overlapping consensus*, die er zwar nicht auf religiöse Rechtsordnungen, aber auf Menschenrechte und fundamentale Prinzipien in den Religionen anwendet (*Taylor*, Modes of Secularism, 38). Nach dieser These finden sich in allen Religionen gemeinsame Prinzipien, auch wenn sie unterschiedlich begründet werden. Ein Konsens lässt sich somit erzielen, wenn nur auf das Ergebnis und nicht auf die Begründung geschaut wird.

[121] Comm 33 (2001) 33.

[122] Comm 19 (1985) 32.

[123] Es kommt also zur gleichen Anwendung des Rechts von Katholiken, anderen Christen und Nichtchristen. Nach der Meinung *Praders* (Probleme, 413) kann diesen Rechtsordnungen hingegen keine volle Gleichwertigkeit zukommen. Auch *Rambacher* (Formerfordernisse, 22f.) hegt Bedenken im Anschluss an einen Einwand, der bei der Reform des orientalischen Kirchenrechts vorgebracht wurde. Ob die gleiche Anwendung zu bedauern ist, mag dahingestellt bleiben. Es wird den christlichen Gemeinschaften nichts genommen, wenn auch das Recht der nichtchristlichen anerkannt wird, denn bei dieser Anerkennung handelt es sich weder um Privilegien noch um besondere Auszeichnungen.

4.4.5. Anerkennung religiösen Rechts heißt nicht Anerkennung religiöser Lehren

Die Anerkennung religiösen Rechts bedeutet nicht die Anerkennung einer religiösen Lehre. Ein Grund, warum die Kirche mit der Anerkennung fremden religiösen Rechts lange gezögert hat, mag in dem Missverständnis liegen, dass damit auch die Lehre der betreffenden Religionsgemeinschaft anerkannt würde.[124] Indessen liegen Recht und Dogma auf zwei völlig verschiedenen Ebenen. Die Wahrheit ist das maßgebliche Kriterium auf der Ebene der Lehre. Die Kirche hat die Aufgabe, die Wahrheit ihrer Glaubenslehre zu schützen und kann widersprechende Lehren in anderen Religionsgemeinschaften nicht ebenfalls als wahr anerkennen. Das Recht hingegen kann nicht wahr oder falsch sein. Das entsprechende Kriterium auf dieser Ebene ist vielmehr das der Geltung. Wenn die Kirche eine fremde Rechtsordnung anerkennt, sagt sie damit nichts anderes, als dass es sie gibt, d.h. dass sie in Geltung steht. Eine Religionsgemeinschaft kann aus kirchlicher Sicht die größten Irrtümer verkünden und dennoch eine geltende Rechtsordnung besitzen.[125] Außerdem darf Anerkennung nicht im Sinne von Wertschätzung oder Gutheißung missverstanden werden. Wenn die Kirche eine fremde Rechtsordnung anerkennt, so heißt das nicht, dass diese Rechtsordnung besonders gerecht, klug oder zweckmäßig wäre, sondern nur dass sie eben in Geltung steht.

Der Vorteil einer rechtlichen Beziehung zwischen Religionsgemeinschaften liegt gerade darin, dass es sich um eine formale Verbindung handelt, die keine Übereinstimmung in Glaubensinhalten impliziert.[126] Um das Verhältnis zwischen verschiedenen Religionen und Konfessionen rechtlich festzulegen, muss nicht erst eine Übereinstimmung in Glaubensfragen erzielt werden. Gewiss kann das Kirchenrecht nicht einfach über dogmatische Uneinigkeiten hinwegsehen,[127] doch ermöglicht es in Wirklichkeit schon jetzt Beziehungen in dogmatisch noch ungeklärten Streitfragen.[128] So können ein Katholik und eine evangelische Frau unter den Voraussetzungen des c. 1127 § 2 CIC nach den evangelischen Vor-

---

[124] So wandte ein Konsultationsorgan bei der Revision des orientalischen Kirchenrechts ein, mit der Beachtung fremden Eherechts entstünde der Eindruck, dass auch Häretiker und fremde Religionen wahre Gesetze erlassen könnten [Nuntia 15 (1982) 58]. Dieser Einwand blieb zu Recht unberücksichtigt.

[125] So betont *Spinelli*, dass die formal-juridische Gleichstellung der Kirchen und kirchlichen Gemeinschaften keine Gleichstellung von Wahrheit und Irrtum bedeutet. Vielmehr müsse man die juridische und die theologische Ebene klar auseinander halten, um gefährliche Zweideutigkeiten zu vermeiden. (*Spinelli*, Diritto pubblico ecclesiastico, 204).

[126] Vgl. *Pree*, Ökumene, 531 und 533.

[127] Nach verbreiteter Ansicht vermag das Kirchenrecht nicht mehr, als die Dogmatik vorgibt, z.B. *Fortino*, Droit canonique, 17; *Riedel-Spangenberger*, Implikationen, 231f.

[128] So zeigt sich auch hier die Fähigkeit des Rechts, über die Grenzen einzelner Gruppen hinauszugehen und Subjekte miteinander in Beziehung zu bringen, die sonst – in diesem Fall wegen theologischer Divergenzen – nicht in Beziehung zu bringen wären (*Spinelli*, Diritto pubblico ecclesiasitico, 205).

schriften eine aus katholischer Sicht voll gültige und sakramentale Ehe schließen, obwohl das katholische und das evangelische Eheverständnis keineswegs übereinstimmen. Ein evangelischer Christ kann unter den Voraussetzungen des c. 844 § 4 CIC von einem katholischen Spender die Sakramente der Buße, Eucharistie und Krankensalbung empfangen, obwohl das katholische und das evangelische Sakramentenverständnis wie auch das Amtsverständnis deutlich voneinander abweichen. In den früheren Schemata zum Ökumenismusdekret war ein eigener Absatz über die kanonischen und disziplinären Mittel zur Ökumene vorgesehen,[129] der aber leider nicht in die endgültige Fassung aufgenommen wurde. Er hätte das Recht als vorzügliches Instrument für ökumenische Beziehungen mit allen Kirchen und kirchlichen Gemeinschaften hervorgehoben und diese damit auch als rechtliche Größen wahrgenommen.

[129] Schema *de Ecclesiae unitate „ut omnes unum sint"* (AS I/3 Nr. 27).

5. Schließung konfessions-/religionsverschiedener Ehen

Dignitas Connubii behandelt nicht die Eheschließung sondern die gerichtliche Prüfung von Ehen auf ihre Gültigkeit hin. Bevor jedoch im nächsten Kapitel das gerichtliche Nichtigkeitsverfahren für Ehen von bzw. mit Nichtkatholiken behandelt wird, scheint es angebracht, zunächst das Zustandekommen derartiger Ehen zu betrachten. Schon hier treffen verschiedene Rechtsordnungen aufeinander, so dass Kollisionsnormen notwendig werden. Es ist nicht ausgeschlossen, dass die Bestimmungen von *Dignitas Connubii* Rückwirkungen auf das Eheschließungsrecht haben. Denn indem sie das Sachrecht festlegen, nach dem der Richter die Gültigkeit einer Ehe zu prüfen hat, geben sie indirekt auch an, welches Recht bei der Eheschließung maßgeblich ist.

5.1. Bedingungen für die Ehe mit einem Nichtkatholiken

Kapitel 3 hat gezeigt, dass das Grundrecht jedes Menschen auf Ehe die Möglichkeit einschließt, auch einen Angehörigen einer anderen Konfession oder Religion zu heiraten, dass dem jedoch andere Grundrechte und Grundwerte entgegenstehen, insbesondere der Schutz des Glaubens des katholischen Partners und die religiöse Kindererziehung. Die katholische Kirche bringt diese sich widerstreitenden Prinzipien zu einem Ausgleich, indem sie derartige Ehen zunächst ausschließt, aber unter bestimmten Bedingungen doch ermöglicht. Dabei ist zu unterscheiden, ob der nichtkatholische Partner Christ ist oder nicht.[1] Im zweiten Fall ist die Gefahr für Glaube und Erziehung größer. Daher sind derartige Ehen ungültig (c. 1068 § 1 CIC); es steht ihnen das Ehehindernis der Religionsverschiedenheit entgegen, von dem der Ortsordinarius dispensieren kann. Im ersten Fall hingegen ist die Ehe lediglich verboten (c. 1124 CIC). Eine Erlaubnis (*licentia*) kann vom Ortsordinarius erteilt werden (c. 1125 CIC). In Deutschland und Österreich wurde die Vollmacht zur Erteilung der Dispens bzw. Lizenz allen Klerikern, die allgemeine Trauungsvollmacht besitzen, generell delegiert.[2] Vor Inkrafttreten des CIC/1983 stand konfessionsverschiedenen Ehen ein verbietendes Ehehindernis entgegen, von dem Dispens beantragt werden musste (Nrr. 1 und 3 MatrMixt). In der Lehre wurde heftig darüber diskutiert, ob die

---

[1] Die unterschiedliche Bewertung dieser beiden Konstellationen war für Papst *Paul VI.* ein großes Anliegen, da die Ehe im ersten Fall sakramental ist, im zweiten jedoch nicht (vgl. *Navarrete*, Disparitas cultus, 515). Wer sich zu keiner Religion bekennt, wird den Angehörigen einer nichtchristlichen Religion gleichgehalten (vgl. *Reinhardt*, Trauung, Rn. 185).

[2] Vgl. *Prader / Reinhardt*, Eherecht, 174. In der Schweiz hingegen nur den Pfarrern, Pfarradministratoren und Pfarrrektoren. Allein der Apostolische Stuhl ist hingegen zuständig, wenn zusätzlich ein Hindernis vorliegt, von dem nur er dispensieren kann (c. 1078 § 2 CIC).

Herabstufung dieses Hindernisses zu einem bloßen Eheverbot nur verbale Kosmetik gewesen sei oder auch in der Sache eine Erleichterung gebracht habe.[3] Fest steht jedenfalls, dass Ehen mit einem nichtkatholischen Christen weniger streng sanktioniert sind als Ehen mit einem Nichtchristen.[4] Auch die Ehe mit einem vom Glauben offenkundig abgefallenen oder von der Kirche ausgetretenen Katholiken ist einer Beschränkung, nämlich einem Trauverbot, unterworfen.[5] Die Erlaubnis ist vom Ortsordinarius einzuholen (c. 1071 § 1 ° 4 CIC).[6]

Sind die Rechtsfolgen – Unerlaubtheit bzw. Ungültigkeit – bei der konfessions- und bei der religionsverschiedenen Ehe auch unterschiedlich, die Bedingungen, unter denen sie gültig und erlaubt geschlossen werden können, sind dieselben, da c. 1086 § 2 diesbezüglich auf die cc. 1125 und 1126 CIC verweist.[7] Zunächst muss ein gerechter und vernünftiger Grund (*iusta et rationabilis causa*) für die Eheschließung vorliegen (c. 1125 CIC). Ein solcher wird vielfach beim ernstlichen Wunsch zur Eheschließung immer angenommen.[8] Sodann müssen drei Bedingungen erfüllt sein, die den Schutz des katholischen Glaubens, die religiöse Kindererziehung und das katholische Eheverständnis betreffen. Hier kehren also jene Grundrechte und Grundprinzipien wieder, die prinzipiell gegen konfessions- und religionsverschiedene Ehen sprechen (Abschnitt 3.2). Vor der Eheschließung muss feststehen, dass ihnen so weit Genüge getan wird, dass sich bei der Güterabwägung das Grundrecht auf Eheschließung durchsetzen kann. Die drei Bedingungen, die dafür gegeben sein müssen, führt c. 1125 CIC im Einzelnen an:[9] ° 1 Der katholische Partner hat sich bereit zu erklären, Gefahren des Glaubensabfalls zu beseitigen, und er hat das aufrichtige Versprechen abzugeben, nach Kräften alles zu tun, dass alle seine Kinder in der

---

[3] Eine Änderung in der Sache stellt *Zapp* (Eherecht, 198) fest. *Stein* erblickt darin einen Versuch ökumenischen Entgegenkommens (*Stein*, Dispens, 327). Nach *Selge* würde erst die Umformung zu einem Trauverbot eine substantielle Änderung bringen (*Selge*, Ehehindernis, 238). Jedenfalls lehnte es die Kodexreformkommission ab, auch das Hindernis der Religionsverschiedenheit zu einem bloßen Verbot herabzustufen, damit der Unterschied nicht eingeebnet wird [Comm 32 (2000) 266].

[4] Wird bei einer religionsverschiedenen Ehe keine Dispens vom Hindernis der Religionsverschiedenheit, sondern versehentlich eine Erlaubnis zum Eingehen einer Mischehe gemäß c. 1124 CIC erteilt, so ist die Ehe ungültig; vgl. Erzbischöfliches Gericht von Toledo, *coram Cófreces Merino* (15.2.1995), 866.

[5] Vgl. *Reinhardt*, Trauung, Rn.76.

[6] In der frühen Kirche wurde nicht so sehr zwischen konfessions- und religionsverschiedenen Ehen unterschieden. Sie waren lange Zeit nur verboten, aber nicht ungültig (*Erdö*, Gesetzgebung).

[7] Auch für die Ehe mit einem abgefallenen Katholiken gelten dieselben Voraussetzungen. Dazu verweist c. 1071 § 2 auf c. 1125 CIC.

[8] Vgl. *Heimerl / Pree*, Kirchenrecht, 252. Nach *Prader* hingegen genügt der bloße Wille zu heiraten ebenso wenig wie die einfache Berufung auf das Grundrecht, sehr wohl aber das geistliche Wohl des Partners (*Prader*, Islamische Eherecht, 98).

[9] Zur Entwicklung dieser Bedingungen in der Zeit vor dem CIC vgl. *Errazuriz*, Matrimoni misti, 234f; *Navarrete*, Disparitas Cultus, 525.

katholischen Kirche getauft und erzogen werden. ° 2 Von diesen Versprechen ist der andere Partner rechtzeitig zu unterrichten, so dass feststeht, dass er wirklich um das Versprechen und die Verpflichtung des katholischen Partners weiß. ° 3 Beiden Partnern sind die Zwecke und die Wesenseigenschaften der Ehe darzulegen, die von keinem der beiden Eheschließenden ausgeschlossen werden dürfen. Es ist Aufgabe der Bischofskonferenzen, festzulegen, wie diese Versprechungen und Erklärungen abgegeben werden müssen und wie sie im äußeren Bereich feststellbar sind (c. 1126 CIC).[10] In islamischen Ländern, in denen auf die christliche Frau Druck ausgeübt wird, den Islam anzunehmen, erteilen die Bischöfe keine Dispens.[11]

5.2. Zuständigkeit

Dadurch dass an einer konfessions- oder religionsverschiedenen Ehe zwei Menschen beteiligt sind, die verschiedenen Religionsgemeinschaften angehören, sind zugleich auch zwei verschiedene Rechtsordnungen beteiligt, deren Verhältnis zueinander geklärt werden muss. Im Folgenden wird dargestellt, wie dies im geltenden Kirchenrecht geschieht, um abschließend aufzuzeigen, welche Änderungen sich durch *Dignitas Connubii* ergeben könnten. In diesem Abschnitt werden die entsprechenden Fragen im Hinblick auf die Zuständigkeit untersucht, in den folgenden Abschnitten im Hinblick auf Form, Ehehindernisse und Konsenserfordernisse.

Fragen der Zuständigkeit und der Form hängen eng zusammen. Der Religionsdiener, der für die Trauung zuständig ist, wird die Zeremonie in der Regel nach seiner eigenen Form vornehmen. Außerdem müssen Fragen der Zuständigkeit und der Form eindeutig für eine der beiden Alternativen entschieden werden, da es nicht möglich ist, zwei Trauungszeremonien zugleich vorzunehmen.[12]

Das Kirchenrecht geht davon aus, dass auch für Ehen, an denen nur ein Katholik beteiligt ist, grundsätzlich der katholische Kleriker zuständig und die kanonische Form anzuwenden ist (c. 1117 CIC). Die Zuständigkeit für die Trauungsassistenz richtet sich nach der Kirchenzugehörigkeit und nach dem Territorium.[13] Zuständig sind näherhin der Ortsordinarius und der Ortspfarrer (c. 1108 § 1 CIC). Sie assistieren innerhalb ihres Amtsbezirkes jeder Eheschließung gültig, sofern wenigstens einer der Nupturienten lateinischer Katholik ist (c. 1109 CIC).[14] Ein Priester, der nicht in der vollen Einheit mit dem Bischof steht, kann

---

[10] Die Beiträge der deutschen Verwaltungskanonisten zu den entsprechenden Dokumenten der DBK auf dem Gebiet der Mischehen hat *Laukemper-Isermann* (Konfessionsverschiedene Ehe) zusammengestellt.
[11] Vgl. *Prader / Reinhardt*, Eherecht, 233.
[12] Vgl. *Prader,* Legislazione, 27.
[13] Ebd. 28.
[14] Vgl. *Lüdicke*, c. 1109 MKCIC, Rn. 1.

einer Trauung nicht gültig assistieren.[15] Die örtliche Zuständigkeit richtet sich nach dem Wohnsitz oder Quasiwohnsitz der Partner (c. 1115 CIC). Bei einer konfessions- oder religionsverschiedenen Ehe begründet allein der katholische Partner die Zuständigkeit.[16] Bezüglich der Form sind die Bestimmungen der cc. 1108-1116 CIC einzuhalten.[17] Es ist also möglich, dass der zuständige Pfarrer oder Ortsordinarius die Trauungsvollmacht an Priester oder Diakone delegiert (c. 1111 § 1 CIC). Auch die Delegation von Laien ist unter den Voraussetzungen des c. 1112 CIC vorstellbar. Nähere Anordnungen zur Trauungsfeier enthält der *Ordo Celebrandi Matrimonium* vom 19.3.1990.[18] Die konfessionsverschiedene Ehe kann danach mit oder ohne Eucharistiefeier vorgenommen werden (Nr. 36). Die religionsverschiedene Trauung findet auf jeden Fall ohne derartige Feier statt, wobei die Konsensabgabe dem Wortgottesdienst vorausgeht (ebd.). Trauungsort ist die Pfarrkirche. Da der nichtkatholische Partner keine katholische Pfarrkirche hat, kommt nur die Pfarrkirche des katholischen Teils in Frage. Ist der nichtkatholische Partner Christ und wollen die Nupturienten im Gotteshaus seiner Kirche oder kirchlichen Gemeinschaft heiraten, so ist die Erlaubnis des Ortsordinarius erforderlich, weil das fremde Gotteshaus als „anderer geeigneter Ort" im Sinne des c. 1118 § 2 CIC gilt. Der Pfarrer könnte gemäß c. 1118 § 1 CIC nur die Erlaubnis zur Feier in einer anderen Kirche oder Kapelle erteilen, womit jedoch ausschließlich katholische Gotteshäuser gemeint sind. Ist der nichtkatholische Partner hingegen kein Christ, so kann die Ehe ohne weiteres an einem anderen geeigneten Ort, d.h. auch an einer Kultstätte seiner Religion, geschlossen werden (c. 1118 § 3 CIC). Diese Regelung, die auf den ersten Blick religionsverschiedene Ehen unverständlicherweise großzügiger zu behandeln scheint als konfessionsverschiedene, ist dadurch bedingt, dass religionsverschiedene Ehen nicht sakramental sind und der Ort der Trauung deswegen keine so große Rolle spielt.[19]

Dass für konfessions- und religionsverschiedene Ehen außer dem katholischen Priester auf Seiten der anderen Religionsgemeinschaft noch ein weiterer Amtsträger Zuständigkeit beansprucht, kommt bei den vorliegenden Regelungen

---

[15] In einem derartigen Fall, der sich in den USA ereignete, konnten die so geschlossenen Ehen weder aus dem Titel der Suppletion noch aus dem Titel der Noteheschließung für gültig angesehen werden (*Woestman*, Validity, 45f.).

[16] Vgl. *Reinhardt*, Trauung, Rn. 9.

[17] Vgl. *Montan*, Disciplina canonica particolare, 147; *Prader*, Islamische Eherecht, 100; *Prader / Reinhardt*, Eherecht, 176.

[18] Bei der Abfassung dieses Ordo wurde darauf Wert gelegt, die Sensibilität der anwesenden Nichtkatholiken und besonders des nichtkatholischen Gatten nicht zu verletzen, ohne jedoch die zentrale Bedeutung zu verdunkeln, die Gott selbst bei einer nichtsakramentalen Ehe zukommt (*Giraudo*, Rito, 270).

[19] Vgl. *Lüdicke*, c. 1118 MKCIC, Rn. 3.

des CIC nicht in den Blick.[20] Nicht bei der Zuständigkeit, sondern erst bei der Eheschließungsform, die im folgenden Abschnitt besprochen wird, zieht der CIC die Rechtsordnung des nichtkatholischen Gatten in Betracht (c. 1127 § 2). Hinsichtlich der Zuständigkeit findet eine Berücksichtigung der anderen Seite höchstens in teilkirchlichen Dokumenten statt. So legen die Gemeinsamen Empfehlungen von DBK und EKD aus dem Jahr 1974 in Nr. 2.1 fest, dass der Pfarrer dem konfessionsverschiedenen Paar, das zwecks Eheschließung an ihn herangetreten ist, nahe legen soll, auch den anderen Pfarrer aufzusuchen. Er benachrichtigt den Pfarrer der anderen Konfession selbst, wenn die Brautleute damit einverstanden sind. Ferner kann das Traugespräch von beiden Pfarrern gemeinsam geführt werden. Dies sind jedoch nur Empfehlungen, in denen die Zuständigkeitsfragen rechtlich nicht eindeutig geklärt werden.

5.3. Formvorschriften

Für Ehen mit einem Angehörigen einer getrennten orientalischen Kirche ist die kanonische Form nicht zur Gültigkeit, sondern nur zur Erlaubtheit vorgeschrieben (c. 1127 § 1 CIC). Der Hintergrund dieser Bestimmung liegt in der früher unbefriedigenden Situation von katholischen Orientalen, die mit nichtkatholischen Orientalen die Ehe schließen wollten. Mit c. 90 § 1 ° 2 CrAll wurden sie an die kanonische Form gebunden. Nun wird im Orient die Ehe gewöhnlich im Ritus des Mannes geschlossen. Wenn daher eine katholische Frau einen nichtkatholischen Orientalen heiraten wollte, konnte sie ihre eigene Form meist nicht durchsetzen, so dass sie die Ehe ungültig im Ritus des Mannes schloss oder sogar selbst zu dessen Konfession wechselte. Die Möglichkeit, von der Formpflicht zu dispensieren, wurde als unzureichend empfunden. Um eine weitere Zunahme ungültiger Ehen zu vermeiden, beschloss das Zweite Vatikanische Konzil daher in Art. 18 OE, für Ehen zwischen einem katholischen und einem getrennten Orientalen die Einhaltung der kanonischen Form nur noch zur Erlaubtheit vorzuschreiben.[21] Mit dem Dekret *Crescens Matrimoniorum* vom 22.2.1967 wurde diese Regelung auch auf die lateinischen Katholiken ausgedehnt[22] und schließlich ging sie in c. 1127 § 1 Teilsatz 2 CIC ein.

Bei konfessions- und religionsverschiedenen Ehen besteht die katholische Kirche nicht ausnahmslos auf der Einhaltung der kanonischen Form, sondern lässt stattdessen in Einzelfällen jene Form zu, die von der Rechtsordnung des nichtkatholischen Partners vorgeschrieben wird. Dazu ist eine Dispens des Ortsordinarius erforderlich, in dessen Zuständigkeitsbezirk der katholische Partner

---

[20] Art. 78 Abs. 10 FamCons empfiehlt schon bei der Vorbereitung von Ehe und Trauung ein „herliches Zusammenwirken“ zwischen dem katholischen und dem nichtkatholischen Amtsträger.

[21] Vgl. *Fürst*, Probleme, 36; *Hilberath*, Dekret, 52; *Madey*, Abschluss, 237; *Wojnar*, Decree, 175.

[22] Vgl. *Prader / Reinhardt*, Eherecht, 182.

seinen Wohnsitz oder Quasiwohnsitz hat.[23] Wird die Ehe nicht in dessen Zuständigkeitsbezirk geschlossen, so muss der Ordinarius des Eheschließungsortes vor der Erteilung der Dispens befragt werden (c. 1127 § 2 CIC). Als Dispensgrund ist verlangt, dass der Einhaltung der kanonischen Form erhebliche Schwierigkeiten entgegenstehen. Nr. 154 DirOec nennt beispielsweise die Eintracht in der Familie, das Erreichen des Einverständnisses der Eltern, das besondere religiöse Engagement des Nichtkatholiken oder seine verwandtschaftlichen Beziehungen zu einem Amtsträger der nichtkatholischen Gemeinschaft. Nicht ausreichend ist hingegen, dass die andere Religionsgemeinschaft selbst eine bestimmte Form verpflichtend vorschreibt (Nr. 155 DirOec). Die Ehe muss jedoch auf jeden Fall in einer öffentlichen, d.h. nicht nur in einer beweisbaren, sondern in einer amtlichen Form geschlossen werden.[24] Dabei kann es sich um die staatliche Form handeln oder um jene, die von der Religionsgemeinschaft des nichtkatholischen Partners vorgesehen ist. Insofern haben die Nupturienten gewissermaßen die Freiheit der Formwahl. Damit jedoch die religiöse Dimension der Ehe nicht vernachlässigt wird, legt ihnen die katholische Kirche die religiöse Form nahe. Das gilt selbst dann, wenn es sich um eine islamische Feier[25] handelt, doch muss in diesem Fall darauf geachtet werden, dass die Frau selbst den Konsens abgibt und nicht wie im Islam manchmal üblich durch einen Vertreter (*Wali*).[26] Handelt es sich um die protestantische Form, so tritt das Problem auf, dass diese aus protestantischer Sicht nicht als ehebegründend angesehen wird.[27] Es obliegt dann den Brautleuten, klar zu entscheiden, welche Form für sie konstitutiv sein soll.[28] Gehört der nichtkatholische Partner keiner Religionsgemeinschaft an, so kommt freilich nur die Ziviltrauung in Frage.

Wenn beide Nupturienten nichtkatholische Christen sind, erkennt die Kirche jede vom Recht der jeweiligen Kirche oder kirchlichen Gemeinschaft vorgeschriebene oder anerkannte Form an (Art. 4 § 1 ° 2 DignCon).[29] Ist wenigstens einer von ihnen Gläubiger einer nichtkatholischen orientalischen Kirche, so

---

[23] Die Vereinbarung der DBK und der alt-katholischen Kirche in Deutschland vom 21.12.1999 klärt die Anerkennung von Ehen zwischen einem römisch- und einem altkatholischen Partner, die ohne Formdispens vor dem altkatholischen Priester geschlossen wurden (vgl. *Reinhardt*, Altkatholiken, 14).

[24] Ebd. 187.

[25] Vgl. *Montan*, Disciplina canonica particolare, 150; *Prader*, Islamische Eherecht, 100.

[26] Vgl. *Boni*, Disciplina canonica universale, 109: Die islamische Stellvertreterehe ist etwas völlig anderes als die kanonische gemäß cc. 1104f. CIC.

[27] Vgl. *Prader / Reinhardt*, Eherecht, 187. *Selge* zeigt hingegen auf, dass auch aus evangelischer Sicht die kirchliche Trauung im Sinne der Eheschließung wirksam ist. Wenn sie fehlt, hat dies rechtliche Konsequenzen (*Selge*, Trauung, 427).

[28] Vgl. *Prader / Reinhardt*, Eherecht, 187.

[29] Die Unterscheidung in „vorgeschrieben" und „zugelassen" ist sinnvoll, weil viele kirchliche Gemeinschaften kein eigenes Eherecht besitzen (*Breitbach*, Vollmacht, 288) und weil auch Kirchen, die ein solches haben, nicht alle Formelemente zur Gültigkeit vorschreiben (*Rambacher*, Formerfordernisse, 60).

muss die Ehe im *ritus sacer* geschlossen werden (ebd.).[30] Diese letztgenannte Anordnung zeigt, dass auch bei konfessionsverschiedenen Ehen die Formvorschriften, selbst wenn sie nur von einer der betroffenen Rechtsordnungen erfordert werden, nicht übergangen werden dürfen.[31] Dass *Dignitas Connubii* bei Ehen mit einem Angehörigen einer getrennten orientalischen Kirche einen *ritus sacer* verlangt, ist als Rücksichtnahme auf diese Kirchen zwar gut gemeint, aber in Wirklichkeit dennoch problematisch. Diese Bestimmung verlangt den *ritus sacer* nämlich unbedingt ohne Rücksicht darauf, ob die betreffende orientalische Kirche diesen Ritus selbst in jedem Fall fordert oder auch Ausnahmen zulässt. PRIMETSHOFER, der dieses Problem ausführlich erläutert, plädiert daher für eine einschränkende Auslegung.[32] Das kirchliche Recht sollte also nicht direkt festlegen, wie die Form ausgestaltet sein muss, in der eine Ehe von Nichtkatholiken zu schließen ist. Damit greift es nämlich deren eigener Rechtsetzung vor, auch wenn es eigentlich nur deren Form anerkennen will. Dieses Ziel wird besser erreicht, wenn das kirchliche Recht einfach nur auf die fremde Form verweist, und die Feststellung, worin diese besteht, nicht selbst vornimmt, sondern der fremden Rechtsordnung überlässt. Immerhin verlangt Art. 4 § 1 DignCon im Unterschied zu c. 781 ° 2 CCEO und Art. 3 § 3 ° 2 des ersten Schemas von DignCon keine öffentliche Eheschließungsform mehr.[33] Auch dies hätte nämlich eine Einmischung in die nichtkatholische Rechtsetzung bedeutet. Nun aber erkennt die Kirche an, dass manche fremden Rechtsordnungen keine bestimmte Form zur Gültigkeit vorschreiben, wie sie es auch selbst vor dem Konzil von Trient nicht allgemein getan hat.[34]

---

[30] Dieser Grundsatz ist in der höchstrichterlichen Rechtsprechung der Kirche seit längerem fest verankert, z.B: Apostolische Signatur, Sententia vom 28.11.1970; Decisio vom 7.7.1971; Decisio vom 18.4.1972; Sententia vom 23.11.1974; Normae vom 10.5.1976; Römische Rota *coram Palazzini* (24.10.1967).

[31] *Dignitas Connubii* enthält diesbezüglich dieselbe Regelung wie c. 781 CCEO. Wendet man die Interpretation *Rambachers* zu c. 781 CCEO auf Art. 4 § 1 DignCon an, so umfasst das Recht, von dem ° 1 spricht, nur das materielle Recht, da die Form in ° 2 eigens geregelt ist (*Rambacher*, Formerfordernisse, 52). Das heißt aber entgegen *Rambacher* nicht, dass nicht auch fremde Formvorschriften anzuwenden wären. Im Gegenteil, denn sowohl c. 781 CCEO als auch Art. 4 § 1 DignCon haben allein die Ehen zweier nichtkatholischer Christen im Blick und hier sind immer fremde Formvorschriften maßgeblich.

[32] Vgl. *Primetshofer*, Jurisdiktion, 42 und 45; *ders.*, Verkehrsrecht, 363f. Er behandelt diese Frage anhand von c. 781 CCEO, der mit Art. 4 § 1 DignCon insofern übereinstimmt.

[33] *Kowal* (L'istruzione, 499) scheint dieser Streichung hingegen nur die Bedeutung beizumessen, dass damit der Text entlastet wird.

[34] Zu denken ist vor allem an die formfreie *common-law*-Ehe in einigen US-amerikanischen Bundesstaaten oder das „*Marriage by cohabitation with habit and repute*" in Schottland (*Henrich*, Großbritannien, 5). Damit erübrigt sich nun die Frage, was die Kirche mit der öffentlichen Form konkret meint, wenn sie bei nichtkatholischen Ehen ihre Einhaltung verlangt (vgl. dazu *Rambacher*, Formerfordernissen, 60f.).

5.4. Ehehindernisse

Bei den Ehehindernissen stellt sich das Problem der Einheitlichkeit einerseits und der Berücksichtigung zweier Rechtsordnungen anderseits eigentlich nicht in derselben Schärfe wie bei den Formvorschriften. Während die Trauungsfeier nämlich eine Einheit darstellt, beziehen sich die Ehehindernisse auf die Gatten, so dass ihr Vorliegen für jeden einzelnen Gatten separat nach seiner eigenen Rechtsordnung geprüft werden könnte.[35]

Das bisher geltende Recht, die kirchliche Judikatur und der Großteil der Kanonistik berücksichtigen diese Überlegung hingegen kaum. C. 1059 CIC legt fest, dass sich die Ehe von Katholiken, auch wenn nur ein Partner katholisch ist, nicht allein nach dem göttlichen, sondern auch nach dem kirchlichen Recht richtet. Die meisten Kanonisten verstehen dies so, dass auch eine derartige Ehe *nur* vom göttlichen und vom rein kirchlichen Recht geregelt wird.[36] Der Wortlaut enthält zwar nicht den Ausdruck „nur", aber ebenso wenig den Ausdruck „auch". Die Formulierung lässt es vielmehr offen, ob derartige Ehen nur oder auch vom göttlichen und kanonischen Recht geregelt werden. Fest steht, dass göttliches Recht und kanonisches Recht anzuwenden sind, doch wird nichts darüber gesagt, ob diese Rechte ausschließlich oder neben anderen zum Zug kommen. Die Vertreter der Ausschließlichkeitsthese beriefen sich häufig auf die *etsi*-Klausel[37], doch in Wirklichkeit präzisiert diese Klausel nur den Adressatenkreis der Norm, sagt aber nichts darüber aus, ob neben dem ausdrücklich genannten Recht noch anderes Recht zur Anwendung kommen kann. Die Ausschließlichkeitsthese kann jedoch auf die Beratungen bei der Kodexreform gestützt werden, denn die Konsultoren wollten in der Tat, dass kein weiteres Recht angewandt wird.

Gegen diese Auffassung wandte sich PRIMETSHOFER.[38] Er weist darauf hin, dass der CIC als Normadressaten des rein kirchlichen Rechts gemäß c. 11 nur den Katholiken kennt, weshalb auch das rein kirchliche Eherecht sich nur auf Katholiken bezieht. Für den nichtkatholischen Ehepartner gelte vielmehr sein eigenes Recht. Für orientalische Christen gehe dies aus Art. 16 UR hervor, der ihre Rechtsordnungen anerkennt und eine unmittelbar anwendbare Norm darstellt.[39] Für die anderen Christen könnte Art. 16 UR analog angewandt werden.

Auch PRADER[40] wendet sich gegen die Ausschließlichkeitsthese, jedoch mit einer anderen Argumentation. Er geht von c. 780 CCEO aus, der in § 1 mit

---

[35] Vgl. *Prader*, Legislazione, 27.

[36] Vgl. *Zapp*, Eherecht, 50; *Reinhardt*, Verwaltungskanonistik, 216, der den Meinungsstand wiedergibt.

[37] Z.B. *Navarrete*, Giurisdizione, 116; *Reinhardt*, Verwaltungskanonistik, 116.

[38] Vgl. *Primetshofer*, CCEO, 173-175.

[39] Eine ähnliche Auffassung scheint *Pospishill* (Eastern catholic marriage law, 224) zu vertreten.

[40] Vgl. *Prader*, Anerkennung, 296; *ders.*, Ehehindernisse, 61; *ders.*, Legislazione, 41-48; *Prader / Reinhardt*, Eherecht, 68.

c. 1059 CIC übereinstimmt, in § 2 aber die Ergänzung bezüglich des Eigenrechts des nichtkatholischen Ehepartners vornimmt, die sich jetzt auch in Art. 2 § 2 DignCon findet. PRADER hält nun eine analoge Anwendung von c. 780 § 2 CCEO im lateinischen Recht für möglich. Nach c. 19 CIC können Gesetzeslücken nämlich geschlossen werden, indem Gesetze Berücksichtigung finden, die für ähnlich gelagerte Fälle erlassen wurden.[41] Dafür kommen auch Gesetze des orientalischen Kirchenrechts in Frage. Eine Lücke ist PRADER zufolge deswegen gegeben, weil gemäß c. 11 CIC Nichtkatholiken nicht an das rein kirchliche Recht und damit auch nicht an das rein kirchliche Eherecht gebunden sind. Da der CIC nicht sagt, woran sie stattdessen gebunden sind, ist c. 780 § 2 CCEO im Wege der Gesetzesanalogie anwendbar. Nach PRADER ist der erkennende Richter zu dieser Schlussfolgerung jedoch nicht verpflichtet, da bei der praktischen Anwendung fremder Normen Probleme entstehen können.[42] Diese letzte Aussage mutet aber sonderbar an, da es nicht im Belieben des Richters stehen kann, welches Recht er anwendet.

Eine Lückenschließung im Wege der Analogie ist nur dann möglich, wenn es sich um eine echte Gesetzeslücke handelt, d.h. wenn der Gesetzgeber die Sache nicht absichtlich ungeregelt lassen wollte. Im Falle des c. 1059 CIC geht aus den Beratungen bei der Kodexreform jedoch klar hervor, dass das Problem sehr wohl vor Augen stand, aber trotzdem keine Regelung vorgenommen wurde.[43] Wenn dieses Unterlassen so zu verstehen ist, dass man eben kein fremdes Recht angewandt wissen wollte, so ist es nicht möglich, die Lücke zu schließen. Nur wenn sich das Unterlassen damit begründen ließe, dass man sich nicht zu einer Entscheidung aufzuraffen vermochte, wäre an eine Lückenschließung zu denken.[44] Die meisten Kanonisten[45] bedauern zwar, dass der Gesetzgeber die Beachtung fremden Rechts nicht angeordnet hat, und kritisieren, dass dies den Konzilsdokumenten, insbesondere Art. 16 UR, nicht gerecht wird, lehnen aber anderseits eine Lösung des Problems durch Analogieschluss ab und erwarten stattdessen eine Neuregelung per Gesetz.

---

[41] Zur Interpretation bei Gesetzeslücken äußerte sich Papst *Johannes Paul II.* in seiner Rota-Ansprache vom 29.1.1993.

[42] Vgl. *Prader*, Anerkennung, 296; *Prader / Reinhardt*, Eherecht, 69.

[43] Mehrmals wiesen Konsultoren darauf hin, dass diesbezüglich eine Regelung notwendig wäre. Dies wurde aber mit dem Hinweis abgetan, dass es aus ökumenischer Rücksicht unangebracht wäre, wenn die Kirche festlegen wollte, welchem Recht Nichtkatholiken unterstehen, und dass eine generelle Kanonisation ziviler und nichtkatholischer Gesetze überhaupt gefährlich wäre [Comm 15 (1983) 223]. Außerdem würden sich die anderen Christen ohnehin nicht für das katholische Gesetzbuch interessieren und ein Verweis auf deren Recht könnte als Anerkennung ihrer Kompetenz missverstanden werden [Comm 9 (1977) 127].

[44] Vgl. *May / Egler*, Methode, 231.

[45] Z.B. *Breitbach*, Vollmacht, 148 und 234; *Gefaell*, Basi ecclesiologiche, 133; *Kaniamparambil*, Competence, 28f; *Navarrete*, Ius matrimoniale, 617f; *Rambacher*, Formerfordernisse, 57; *Zapp*, Interrituelle Aspekte, 812; unklar *Abbass*, Comparison, 106.

Die Rota-Rechtsprechung zu den Ehen eines Katholiken mit einem nichtkatholischen Christen geht – so weit ersichtlich – auf das Auslegungsproblem des c. 1059 CIC nicht ein, stellt die Frage nach dem eventuell maßgeblichen fremden Sachrecht nicht und wendet einfach göttliches und kanonisches Recht an – auch auf den nichtkatholischen Partner.[46] Nach einer Entscheidung der Apostolischen Signatur vom 1.2.1990 ergibt sich aus c. 1059 CIC, dass der akatholische Teil zumindest indirekt dem kanonischen Recht untersteht.

Auch bei der Vorbereitung einer konfessions- oder religionsverschiedenen Ehe werden die Hindernisse, die den nichtkatholischen Partner nach seinem Recht binden, meist außer Acht gelassen. Nach dem neuen Ehevorbereitungsprotokoll der DBK ist zwar unter Punkt A.3.a die Konfession bzw. Religion der Partner festzustellen, doch hat dies keine Auswirkungen darauf, nach welchen Hindernissen dann unter Punkt B.I.11 gefragt wird. Ohne zu differenzieren, sind nach Anmerkung 10 einfach die Ehehindernisse des CIC zu prüfen. Dieses Protokoll trat zwar erst am 1.11.2005, also nach dem Erlass von *Dignitas Connubii*, in Kraft, doch war der Text bereits am 24.9.2002 abgeschlossen und wurde am 22.12.2004 von der Bischofskongregation rekogonsziert. Nach dem Erlass von *Dignitas Connubii* müsste man sich allerdings fragen, ob dessen Art. 2 § 2, der bei Nichtigkeitsverfahren auch („*etiam*") die Prüfung nach dem Recht des andersgläubigen Partners verlangt, nicht ebenso auf die Eheschließung zurückwirkt, so dass bereits hier dessen Recht zu beachten wäre. Eine genauere Untersuchung von *Dignitas Connubii* in dieser Hinsicht wird in Abschnitt 6.3.3 vorgenommen. Einzelne Stimmen in der Lehre mahnten jedoch schon früher, bei der Ehevorbereitung die Hindernisse des anderen Partners nach dessen Recht zu prüfen. Hier ist wieder vor allem PRADER[47] zu nennen, doch auch REINHARDT[48] betrachtet es als ökumenische Pflicht, ebenso das Eherecht der anderen Konfession zu berücksichtigen und danach zu fragen, ob die Ehe auch nach deren Recht gültig wäre, oder ob eventuell Dispens eingeholt werden muss. Wird eine katholisch-orthodoxe Trauung in einer orthodoxen Kirche gefeiert, so verlangt diese dafür eine Bestätigung der katholischen Kirche, dass auf Seiten des katholischen Partners keine Hindernisse vorliegen.[49]

Hinsichtlich der Dispens wurden in der Lehre verschiedene Meinungen zu der Frage präsentiert, ob die katholische Kirche von Hindernissen dispensieren könne, die im Recht des andersgläubigen Partners liegen. Dies wurde zwar vor allem in Hinblick auf c. 780 § 2 CCEO diskutiert, doch stellt sich dasselbe Problem im lateinischen Recht, zumal hier nun mit Art. 2 § 2 DignCon eine Parallel-

---

[46] Z.B: *coram Burke* vom 2.5.1991, *coram López-Illana* vom 24.3.1999 und *coram Serrano Ruiz* vom 22.10.1999.

[47] Vgl. *Prader*, Legislazione, 55. Nach *Prader / Reinhardt* (Eherecht, 232) muss der Seelsorger z.B. prüfen, ob einer katholisch-islamischen Ehe weder ein Hindernis des kanonischen noch des islamischen Rechts entgegensteht.

[48] Vgl. *Reinhardt*, Verwaltungskanonistik, 219f.

[49] Vgl. *Prader*, Legislazione, 55.

norm besteht. Will man der Beachtlichkeit des fremden Rechts wirklich gerecht werden, so muss man grundsätzlich davon ausgehen, dass der nichtkatholische Partner die Befreiung von einem Ehehindernis bei seiner eigenen Religionsgemeinschaft beantragen muss.[50] Lediglich wenn deren zuständige Autorität – etwa aufgrund der räumlichen Entfernung oder der politischen Umstände – nicht angegangen werden kann, vermag die katholische Kirche die Dispens zu erteilen.[51] Dabei muss sie jedoch nach dem fremden Recht vorgehen. Sie kann daher keine Dispens von einem Hindernis erteilen, wenn die andere Religionsgemeinschaft davon nicht zu dispensieren pflegt.[52] Handelt es sich jedoch um ein Hindernis, das den Grundwerten des kirchlichen Rechts zuwiderläuft – wie etwa jenes der Rassenverschiedenheit – so stellt sich die Frage nicht, ob die Kirche davon dispensieren kann. Hier wird die Vorschrift des fremden Rechts nämlich ohnehin nicht angewandt, weil sie vor dem Grundrecht auf Eheschließung nicht zu rechtfertigen ist.

5.5. Konsensmängel

Ähnliche Fragen wie bei den Ehehindernissen stellen sich auch bei den Konsensmängeln. Da sich c. 1059 CIC auf das Eherecht im Allgemeinen bezieht, sind die verschiedenen Auslegungsmöglichkeiten nicht nur für die Ehehindernisse, sondern auch für die Konsensmängel relevant, so dass das eben Gesagte hier nicht wiederholt werden muss. Auch hinsichtlich der Konsensmängel wurde auf konfessions- und religionsverschiedene Ehen bisher nahezu ausschließlich kirchliches Recht angewandt, ohne die Rechtsordnung des nichtkatholischen Partners zu berücksichtigen. Die dritte Bedingung des c. 1125 CIC, die erfüllt sein muss, um eine konfessions- bzw. religionsverschiedene Ehe zu feiern, besteht darin, dass beiden Partnern die Zwecke und die Wesenseigenschaften der Ehe dargelegt werden, die keiner der beiden ausschließen darf.[53] Würden sie nämlich ausgeschlossen, so läge ein Konsensmangel vor, der die Ehe ungültig macht. Die genannte Bestimmung scheint also vorauszusetzen, dass das kanonische Konsensrecht für den nichtkatholischen Partner in gleicher Weise gilt. Allerdings handelt es sich beim Ausschluss von Zwecken oder Wesenseigenschaften der Ehe um Konsensmängel, die dem göttlichen Recht zugezählt werden, das

---

[50] Vgl. *Primetshofer*, Jurisdiktion, 47. Nach *Reinhardt* (Verwaltungskanonistik, 219) muss z.B. der orthodoxe Partner dazu angehalten werden, die Befreiung vom Hindernis der Konfessionsverschiedenheit und von eventuellen weiteren Hindernissen bei seiner zuständigen orthodoxen Autorität zu beantragen. In einem Responsum vom 12.4.1945 behauptete die Orientalenkongregation hingegen noch, dass das Heilige Offizium dafür zuständig sei, bei einer orthodox-methodistischen Mischehe die Dispens vom Hindernis der Religionsverschiedenheit zu erteilen.

[51] Vgl. ebd.

[52] Diese Frage wirft *Prader* (Ehehindernisse, 62) auf.

[53] Vgl. *Ritter*, Konfessionsverschiedene Ehe, 296.

ohnehin für alle Menschen gilt.[54] Zu den Konsensmängeln rein kirchlichen Rechts findet sich keine dem c. 1125 ° 3 CIC entsprechende Bestimmung im kirchlichen Gesetzbuch. Nach PRADER ist bei Konsensmängeln über Ehegüter und -zwecke katholisches Recht anzuwenden, während der nichtkatholische Partner darüber hinaus an sein eigenes Konsensrecht gebunden ist.[55] HIEROLD[56] beschäftigt sich mit dem Problem, dass Ungetaufte, die in einem atheistischen Milieu aufgewachsen sind, mit dem kirchlichen Eheverständnis oft nicht vertraut sind. Gehen sie mit einem Katholiken eine Ehe ein, so ist bei ihnen die Gefahr besonders groß, dass sie einen mängelbehafteten Konsens abgeben. Er untersucht die cc. 1095 ° 2, 1096 und 1099 im Hinblick auf Ungetaufte und setzt damit voraus – ohne dies jedoch eigens zu thematisieren –, dass auch sie dem Konsensrecht des CIC unterstehen. Auch manche getaufte Christen legen ihren Glauben ab, was sich auf ihren Ehekonsens auswirken kann.[57] Ehen mit einem evangelischen Christen werden häufig wegen eines Ausschlusses der Unauflöslichkeit oder, sofern er um die Sakramentalität wusste, auch wegen eines Ausschlusses der Sakramentalität auf seiner Seite angefochten. Deutsche Kirchengerichte neigen in diesen Fällen dazu, wegen des in protestantischen Kreisen verbreiteten Eheverständnisses leichter auf Nichtigkeit zu erkennen.[58] SELGE hat hingegen aufgezeigt, dass allein aus der Kirchenzugehörigkeit keine Rückschlüsse auf einen Irrtum über die Unauflöslichkeit gezogen werden dürfen, weil auch nach evangelischer Lehre die Ehe grundsätzlich unauflöslich ist.[59] Probleme können sich schließlich bei katholisch-islamischen Ehen ergeben, weil das

---

[54] Zu denken ist vor allem an die Bedingungen. Bei *metus* und *dolus* ist nicht abschließend geklärt, ob es sich um *ius divinum* handelt (vgl. *Reinhardt*, Verwaltungskanonistik, 208). Jedenfalls ist nicht das gesamte Konsensrecht naturrechtlich begründet, so dass kein Unterschied gemacht werden müsste, wie *Pospsihill* (Eastern Catholic Marriage Law, 224) meint.

[55] Vgl. *Prader*, Legislazione, 87.

[56] Vgl. *Hierold*, Eheschließungen, 40-43.

[57] Zwar kann jemand, der keinen Glauben hat, sehr wohl eine gültige, sakramentale Ehe schließen, solange er zumindest implizit das will, was die Kirche tut, doch kann sich aus dem völligen Fehlen des Glaubens der Ausschluss der Sakramentalität entweder als Irrtum (c. 1099 CIC) oder als Simulation (c. 1101 § 1 CIC) ergeben (so *Sabbarese*, Fede, 302 und 304). Es bedarf jedoch eines positiven Willensaktes, nicht nur irgendeines Wunsches oder einer Neigung [vgl. Römische Rota, *coram Stankiewicz* (19.5.1988) Nr. 10]. Wer aus der katholischen Kirche ausgetreten ist und nicht darüber informiert wurde, dass er dennoch eine sakramentale Ehe schließt, kann überhaupt keinen positiven Willensakt gegen die Sakramentalität setzen. Anders liegt jedoch der Fall, wenn er gerade deswegen austritt, um einer mit religiösen Inhalten gefüllten Ehe zu entgehen [Münster, *coram Laukemper-Isermann* (9.3.1999), Nr. 1.6]. Ein Irrtum in der Person kann sich auch auf die Gläubigkeit oder Ungläubigkeit des Partners beziehen [Bautzen, *coram Hanke* (15.11.1984), in: LSS 1987/36].

[58] Z.B: Limburg, *coram Meurer* (24.11.1986); Limburg, *coram Meurer* (31.7.1987); Münster, *coram Kahler* (6.7.1990); Münster, *coram Reinhardt* (17.10.1990); Fulda, *coram Krimmel* (22.3.1991).

[59] Vgl. *Selge*, Lebensbund, 382.

islamische Ehebild in einigen Punkten recht stark vom katholischen abweicht.[60] Bisweilen zeigt sich, dass der muslimische Partner sich nicht an die geleisteten Kautelen hält.[61] Dennoch kann ein Muslim das katholische Eheverständnis durchaus akzeptieren und einen ausreichenden Konsens abgeben.[62] Die Zwecke und Wesenseigenschaften berühren nämlich nicht den Glauben, sondern gehören einfach zur Natur der Ehe.[63] Wie sich *Dignitas Connubii* auf die Beurteilung von Konsensmängeln beim nichtkatholischen Partner auswirkt, wird in Abschnitt 6.3.3 näher untersucht.

5.6. Die kirchliche Eheschließung zweier Nichtkatholiken

Bei der Eheschließung kommt die Kirche mit fremden Rechtsordnungen fast nur dadurch in Berührung, dass ein Katholik einen Nichtkatholiken heiraten möchte. Die Schließung einer Ehe zwischen zwei Nichtkatholiken berührt sie hingegen in der Regel nicht. Mit derartigen Ehen hat sie sich meist erst dann zu beschäftigen, wenn sie aufzulösen sind oder wenn ihre Nichtigkeit festzustellen ist, weil einer der beiden Partner eine neue Ehe mit einem Katholiken eingehen möchte. Damit wird sich Kapitel 6 beschäftigen. Dennoch ist es nicht völlig ausgeschlossen, dass auch zwei Nichtkatholiken vor der katholischen Kirche die Ehe schließen.

LABELLE[64] berichtet, dass sich Ungetaufte in Japan gerne in der katholischen Kirche trauen lassen. Diese Praxis hat sich bereits seit 1963 immer weiter ausgebreitet. 1972 hat eine Kommission der Bischofskonferenz die Bedingungen dafür näher präzisiert: Die Brautleute müssen zivil ledig und von jedem Hindernis frei sein. Außerdem muss sichergestellt sein, dass ihre Verbindung zivil registriert wird, da in Japan nur die Zivilehe staatlich anerkannt ist. Diese Be-

---

[60] So können hier bestimmte Konsensmängel vermehrt auftreten: Zum einen wird die religiöse Erziehung der Kinder zu einem Gegenstand des Konsenses, über den *dolus* möglich ist. Zum anderen kann die Erziehung auch das *bonum prolis* berühren, weil es das *bonum prolis spirituale* und dieses wiederum die religiöse Entwicklung einschließt. Wenn der muslimische Partner keine Kinder zeugen will, außer sie werden muslimisch erzogen, so berührt dies den Ehekonsens [vgl. Berufungsgericht Campano, *coram Silvestri* (1.3.1999), Nrr. 17, 43 und 46]. Obwohl die Kautelen eigentlich nur Erlaubtheitsbedingungen sind (Responsum des Heiligen Offiziums vom 22.12.1949, Nr.2) können diesbezügliche Mängel in bestimmten Konstellationen also doch zur Nichtigkeit der Ehe führen.

[61] Vgl. *Kandler-Mayr*, Fragen, 69f: Ein gläubiger Muslim kann die von der katholischen Kirche geforderten Kautelen wegen der Widersprüche zu seiner eigenen Religion nicht leisten. Als häufige Nichtigkeitsgründe nennt *Kandler-Mayr* den Ausschluss der Einehe und den Ausschluss der Nachkommenschaft bzw. dessen katholischer Erziehung.

[62] Vgl. *Boni*, Disciplina canonica universale, 102. Die Zugehörigkeit zum Islam allein ist kein Beweis für einen Irrtum über die Unauflöslichkeit der Ehe (so das Urteil des Diözesangerichts Münster, *coram Kahler* (12.10.2000).

[63] Ebd.

[64] Vgl. *Labelle*, Notes, 242.

stimmungen wurden vom Heiligen Offizium mit Autorisierung durch Papst PAUL VI. approbiert. Eine Bewertung dieses ungewöhnlichen Phänomens scheint schwierig, weil die Kirche in Japan sich in einer besonderen Situation befindet. Jedenfalls zeigt sich darin, dass die Kirche ihre Fähigkeit für Trauungsfeiern grundsätzlich auch auf rein nichtchristliche Ehen erstrecken kann.

Ein zweiter, weniger spektakulärer Fall findet sich im Recht der katholischen Ostkirchen. Gemäß c. 833 § 1 CCEO kann der Ortshierarch jedem katholischen Priester die Befugnis erteilen, die Eheschließung von Christgläubigen einer orientalischen nichtkatholischen Kirche zu segnen, die einen Priester ihrer eigenen Kirche nicht ohne schweren Nachteil angehen können. Eine ähnliche Regelung findet sich bezüglich der Sakramente von Buße, Eucharistie und Krankensalbung sowohl im lateinischen (c. 844 § 3 CIC) als auch im orientalischen Kirchenrecht (c. 671 CCEO). Es verwundert, dass die Regelung hinsichtlich der Ehe nur im CCEO enthalten ist. ABBAS meint, dies liege an der besonderen pastoralen Situation der katholischen Ostkirchen, die in nächster Nachbarschaft zu den Orthodoxen leben.[65] C. 833 CCEO hat aber gerade nicht diesen Normalfall im Blick, sondern eine orthodoxe Diasporasituation, in der die getrennten orientalischen Christen nicht leicht einen eigenen Priester finden können. Im lateinischen Kirchenrecht könnte man eine ähnliche Möglichkeit höchstens aus der Noteheschließung nach c. 1116 CIC ableiten. Nach PRADER kann der katholische Priester die Ehe *a fortiori* segnen, wenn Todesgefahr besteht oder es innerhalb eines Monats unmöglich ist, einen eigenen Priester zu finden.[66] Dies sind genau die Voraussetzungen des c. 1116 § 1 CIC. Bei der Noteheschließung ist es auf jeden Fall besser, dass ein unzuständiger Priester beigezogen wird, als dass überhaupt keiner anwesend ist (c. 1116 § 2 CIC). Unzuständig ist auch ein katholischer Priester in Bezug auf eine Ehe zwischen nichtkatholischen Christen. Unter diesen Voraussetzungen kann also ein katholischer Priester tatsächlich gültig einer Eheschließung zweier Nichtkatholiken assistieren. Eine andere Frage ist allerdings, ob diese Trauung von der betreffenden nichtkatholischen Gemeinschaft anerkannt wird.[67]

Bei der CIC-Reform wurde das Problem zweier Nupturienten aufgeworfen, die den Glauben abgelegt haben, aber aus nichtreligiösen Gründen eine kirchliche Trauung wünschen. Einerseits müsste ihnen diese verweigert werden, weil sie ihren Sinn und Wert nicht kennen; anderseits würde man ihnen damit das Recht auf eine gültige Ehe absprechen, da sie an die kanonische Form gebunden sind.[68] Da sie weiterhin als Katholiken gelten, handelt es sich dabei jedenfalls nicht um eine Ehe zweier Nichtkatholiken, die vor einem katholischen Amtsträger geschlossen wird. Wenn sie durch einen Formalakt im Sinne des c. 1117

---

[65] Vgl. *Abbass*, Comparison, 116.
[66] Vgl. *Prader*, Matrimonio in Oriente e in Occidente, 217.
[67] Unter den getrennten orientalischen Kirchen wird sie nach *Prader* (ebd. 218) nur von der chaldäischen anerkannt.
[68] Comm 5 (1973) 71.

CIC abgefallen sind, müssen sie die kanonische Form ohnehin nicht einhalten und benötigen daher keinen katholischen Trauungsassistenten.

6. Nichtigerklärung der Ehen von / mit Nichtkatholiken

Die Nichtigerklärung von Ehen, an denen zumindest ein nichtkatholischer Partner beteiligt ist, wird in den Art. 2-4 DignCon behandelt. Art. 2 behandelt das Recht, das auf die Ehen eines Katholiken mit einem nichtkatholischen Christen anzuwenden ist. In Art. 3 folgen Regelungen der Zuständigkeit. Art. 4 § 1 behandelt das Recht, nach dem sich die Ehen zwischen nichtkatholischen Christen richten, und Art. 4 § 2 jenes, dem die Ehen von Nichtchristen unterstehen. Die Systematik dieses kollisionsrechtlichen Abschnitts von *Dignitas Connubii* lässt jedoch zu wünschen übrig. Da Art. 2 und 4 jeweils Fragen des Sachrechts behandeln, ist nicht einzusehen, dass sie von Art. 3, der Zuständigkeitsfragen regelt, unterbrochen werden.[1] Die prozessrechtliche Vorschrift in Art. 4 § 2 ° 1 hätte besser zu Art. 3 gepasst. Außerdem fehlt eine entsprechende Vorschrift hinsichtlich der anderen in den Art. 2-4 behandelten Ehekonstellationen. Es zeigen sich noch weitere Lücken: Mischehen werden nur so weit angesprochen, als es sich um die Ehen zwischen einem Katholiken und einem nichtkatholischen Christen handelt. Es fehlen Bestimmungen zur Ehe eines Katholiken mit einem Nichtchristen, zur Ehe zwischen nichtkatholischen Christen verschiedenen Bekenntnisses, zur Ehe von Nichtchristen verschiedener Religionszugehörigkeit und zur Ehe eines nichtkatholischen Christen mit einem Nichtchristen.[2] In Art. 4 § 1 wird das göttliche Recht nicht erwähnt. Diese Lücken sind, wie in diesem Kapitel gezeigt wird, hauptsächlich im Wege der Analogie zu schließen. Neben den Lücken gibt es auch unnötige Doppelungen. Da ohnehin in allen drei erwähnten Ehekonstellationen das jeweilige Eigenrecht anzuwenden ist, an das die Partner gebunden sind, hätte dies nicht dreimal gesagt werden müssen. Damit hätte man sich auch den Verweis von Art. 4 § 2 ° 1 auf Art. 2 § 2 erspart. Die getrennte Behandlung verdankt sich wohl dem Anliegen, Katholiken, andere Christen und Nichtchristen aus Rücksichtnahme auf Emotionen und ökumenische Klugheit nicht in denselben Topf werfen zu wollen.[3] Die Stellung der Art. 2-4 DignCon als eigene Normengruppe am Anfang der Instruktion unter den einleitenden Artikeln erscheint sinnvoll. Man hätte auch Art. 16 zu dieser Nor-

---

[1] Im ersten Schema ging der prozessrechtliche Artikel als Art. 2 den beiden anderen voraus. Möglicherweise wurde die Umstellung vorgenommen, um die Ehen, an denen wenigstens ein Katholik beteiligt ist, vor den nichtkatholischen Ehen zu behandeln.

[2] Ähnliche Lücken gibt es schon in c. 781 CCEO. Obwohl bereits *Rambacher* (Formerfordernisse, 55) darauf aufmerksam gemacht hat, dass dort beispielsweise die halbchristliche Ehe getaufter Nichtkatholiken nicht geregelt wird, wurde diese Lücke in *Dignitas Connubii* nicht behoben.

[3] Schon bei der Reform des orientalischen Kirchenrechts wurde auf einige Rügen hin eine Differenzierung zwischen getauften und nichtgetauften Nichtkatholiken eingeführt [Nuntia 28 (1989) 104]; vgl. *Gallagher*, Marriage, 75.

mengruppe hinzunehmen können. Von Vorteil ist, dass sich *Dignitas Connubii* relativ genau an die Parallelnormen der cc. 780f. CCEO anlehnt, weil damit Divergenzen vermieden werden, die sich aus abweichenden Regelungen ergeben könnten.[4]

6.1. Die Zuständigkeit lateinischer Kirchengerichte

6.1.1. Typen von Zuständigkeit

Es sind mehrere Typen von Zuständigkeit zu unterscheiden. Der CIC regelt im Grunde nur die örtliche Zuständigkeit. Dabei wird aufgrund räumlicher Kriterien die Frage geklärt, in welchen Gerichtssprengel eine bestimmte Rechtssache fällt und welches Gericht folglich darüber zu entscheiden hat (cc. 1404-1416 und 1673 CIC bzw. Art. 10 DignCon). In manchen Fällen kennt das Kirchenrecht auch eine Zuständigkeit aufgrund personaler Kriterien (vgl. c. 1405 § 1 CIC bzw. Art. 8 DignCon).[5] Von der örtlichen Zuständigkeit wäre die sachliche zu unterscheiden. Dabei wird aufgrund des Inhalts der Streitsache entschieden, ob z.B. ein Ehegericht, ein Verwaltungsgericht oder ein Arbeitsgericht zuständig ist.[6] Da jedoch der Plan, eine kirchliche Verwaltungsgerichtsbarkeit unterhalb der Apostolischen Signatur einzuführen, aufgegeben wurde und kirchliche Arbeitsgerichte nur vereinzelt eingerichtet werden, weist die kirchliche Gerichtsorganisation keine ausgefeilte Differenzierung nach sachlichen Gesichtspunkten auf, so dass sich die Frage nach der sachlichen Zuständigkeit meist nicht stellt. Als weiteren Typ kennt das weltliche Recht die internationale Zuständigkeit. Unter diesem Begriff wird geprüft, ob für eine Rechtssache mit Auslandsbezug überhaupt ein Gericht des eigenen Staates oder nicht vielmehr ein ausländisches Gericht zuständig ist. Etwas Vergleichbares gibt es ebenso in der kirchlichen Gerichtsbarkeit. Denn auch hier ist zu prüfen, ob z.B. für eine Ehe von Nichtkatholiken wirklich ein Gericht der katholischen Kirche zuständig ist, oder stattdessen ein anderes religiöses oder ein staatliches Gericht. In der Praxis werden diese Fragen bedauerlicherweise meist übergangen, doch könnte die Instruktion *Dignitas Connubii*, die für interreligiöse und interkonfessionelle Belange generell eine größere Aufgeschlossenheit zeigt, einen Anstoß dazu liefern. Es wurde bereits in Abschnitt 4.4.3 dargelegt, dass kirchliche Gerichte eine Kompetenz für die Ehesachen Getaufter wie Ungetaufter besitzen. *Dignitas Connubii* äußert sich zur Frage der Abgrenzung der kirchlichen Zuständigkeit von den Zustän-

---

[4] Vgl. *Kowal*, L'istruzione, 499.

[5] Vgl. *Arroba Conde*, Diritto Processuale, 163.

[6] Eine Missachtung der sachlichen Zuständigkeit führt nach Art. 9 § 2 DignCon zur absoluten Unzuständigkeit. Zu denken wäre etwa an den Fall, dass ein Interdiözesangericht für Ehesachen errichtet wurde, während alle anderen Angelegenheiten bei den Diözesangerichten verbleiben.

digkeiten anderer religiöser bzw. staatlicher Gerichte ausführlicher als bisherige kirchliche Regelungen. Im Folgenden sollen die maßgeblichen Kompetenzabgrenzungen näher beleuchtet werden.

6.1.2. Abgrenzung der Zuständigkeit lateinischer Gerichte

Abgrenzung zur weltlichen Zuständigkeit: In die Zuständigkeit der zivilen Behörden fallen die Rechtssachen hinsichtlich der rein bürgerlichen Wirkungen der Ehe, wenn nicht partikulares Recht anordnet, dass diese Sachen, wenn sie einschlussweise und anhangsweise behandelt werden, vom kirchlichen Richter untersucht und entschieden werden können. Art. 3 § 3 DignCon stimmt hierin wörtlich mit c. 1672 CIC überein. Unter den rein bürgerlichen Wirkungen ist an dieser Stelle dasselbe zu verstehen wie in c. 1059 CIC.[7] Dies wurde bereits in Abschnitt 4.1 genauer entfaltet. Die Parallelnorm des c. 1358 CCEO enthält eine Vorbehaltsklausel bezüglich der Personalstatuten. In jenen Staaten nämlich, die selbst kein Personenstandsrecht erlassen, sondern diesbezüglich auf das jeweilige religiöse verweisen, muss die Kirche auch die rein bürgerlichen Wirkungen der Ehe regeln und darüber judizieren. Da dies vor allem in Staaten des vorderen Orients der Fall ist, sind hauptsächlich orientalische Katholiken davon betroffen, weshalb im CCEO eine derartige Regelung notwendig ist. Weil in jenen Ländern aber auch lateinische Katholiken leben, wäre eine entsprechende Verfügung ebenso im lateinischen Recht angebracht.

Wenn ein lateinisches Gericht befugt ist, auch über die bürgerlichen Wirkungen zu entscheiden, weil die Voraussetzungen dafür gegeben sind, dann gilt diese Befugnis als Annexzuständigkeit auch für Ehen von Nichtkatholiken. Dies ergibt sich aus der systematischen Stellung des Art. 3 § 3 DignCon unmittelbar im Anschluss an Art. 3 § 2 DignCon. Außerdem lassen weder c. 1672 CIC noch Art. 3 § 3 DignCon eine Einschränkung auf die Ehen von Katholiken erkennen, was auch nicht geboten ist.

Für Trennungsverfahren gibt c. 1692 § 2 CIC dem Diözesanbischof die Möglichkeit, den Gatten zu erlauben, eine staatliche Behörde aufzusuchen, wenn die kirchliche Entscheidung im betreffenden Staat keine zivilrechtlichen Wirkungen hätte oder ein weltliches Urteil voraussichtlich nicht im Gegensatz zum göttlichen Recht steht. Geht es beim Trennungsverfahren auch um die rein bürgerlichen Wirkungen einer Ehe, so soll sich der kirchliche Richter sogar darum bemühen, dass die Sache von vornherein an die staatliche Behörde gebracht wird (c. 1692 § 3 CIC). Hier zeigt sich also eine konkurrierende Zuständigkeit zwischen kirchlichen und staatlichen Gerichten, die in gewissen Fällen sogar zu einem Vorrang der staatlichen Gerichtsbarkeit ausschlägt.[8] Da *Dignitas Connu-*

---

[7] Hinsichtlich des Verhältnisses von kirchlichem und weltlichem Recht führt c. 1672 CIC die Linie von c. 1059 CIC fort (*Haering*, Rezeption, 258).
[8] Vgl. *Stamm*, Territorialprinzip.

bii die Trennungsverfahren nicht behandelt, enthält es keine diesbezüglichen Normen.

Abgrenzung zur Zuständigkeit anderer religiöser Gerichte: Gemäß c. 1671 CIC stehen Ehesachen der Getauften dem kirchlichen Richter zu. Diese Bestimmung übernimmt *Dignitas Connubii* in Art. 3 § 1, fügt jedoch in § 2 hinzu, dass der kirchliche Richter nur dann über Ehenichtigkeitssachen von Nichtkatholiken entscheidet, wenn der Ledigenstand zumindest eines Partners vor der katholischen Kirche nachgewiesen werden soll.[9] Diese Bestimmung ist zwar gegenüber dem CIC neu, entspricht aber der gefestigten Rechtsprechung der Apostolischen Signatur[10] und stellt daher keine Rechtsänderung dar.[11] Der Ledigenstand ist vor allem dann nachzuweisen, wenn der betreffende Partner eine neue Ehe mit einem Katholiken eingehen möchte.[12]

Dass der kirchliche Richter nur in bestimmten Fällen Ehenichtigkeitssachen von Nichtkatholiken annehmen darf, heißt umgekehrt, dass diese Sachen grundsätzlich in die Zuständigkeit nichtkatholischer Gerichte fallen. Der Anspruch auf die ausschließliche Zuständigkeit katholischer Gerichte für die Ehesachen aller Getauften wurde, wie bereits in Abschnitt 4.4.2 behandelt, aufgegeben und wird auch in Art. 3 § 1 DignCon nicht erhoben. Würde die Kirche weiterhin auf der Ausschließlichkeit ihrer Jurisdiktion beharren und gleichzeitig die Annahme von Ehesachen nichtkatholischer Christen verweigern, die keine neue Ehe mit einem Katholiken eingehen wollen, so gäbe es für derartige Ehesachen überhaupt kein zuständiges Gericht. Die heutige Rechtslage jedoch, die sich aus der Zusammenschau von Art. 3 § 1 und § 2 DignCon ergibt, setzt indirekt die Zuständigkeit nichtkatholischer Gerichte für derartige Ehesachen voraus.

Je nach dem, ob es sich um die Ehen getaufter oder ungetaufter Nichtkatholiken handelt, ist in erster Linie an die Gerichte der Kirche, der kirchlichen Gemeinschaft oder der sonstigen Religionsgemeinschaft, der sie angehören, zu denken. Besitzt ihre Gemeinschaft keine eigene Ehegerichtsbarkeit, so ist auf die jeweilige staatliche zurückzugreifen.[13] Insofern kann sich eine staatliche Zustän-

---

[9] Das erste Schema von *Dignitas Connubii* enthielt noch keine dem jetzigen Art. 3 § 2 entsprechende Bestimmung. Die Entscheidung, eine solche aufzunehmen, ist auf jeden Fall zu begrüßen.

[10] Dekret vom 28.5.1993.

[11] Vgl. *Walser*, Erklärung, 312.

[12] *Herranz* hat bei der Pressekonferenz zur Präsentation von *Dignitas Connubii* gesagt, dass die Kirche die Kompetenz bekräftigt, über Ehesachen zu entscheiden, wenn die Existenz einer Ehe in Frage steht, an der zumindest einer ihrer Gläubigen beteiligt ist. Unerwähnt blieb dabei, dass die Kirche gerade auch in *Dignitas Connubii* die Kompetenz beansprucht, über Ehen zu entscheiden, an denen kein ihr zugehöriger Gläubiger beteiligt ist.

[13] Das wird in Art. 3 § 2 DignCon zwar nicht ausdrücklich gesagt, folgt jedoch der Logik des Art. 2 § 2 ° 1 und ° 2 DignCon, wonach erst dann auf das weltliche Recht zurückzugreifen ist, wenn die jeweilige Gemeinschaft kein eigenes besitzt. Dieses Grundprinzip, das hier für das materielle Recht aufgestellt wird, kann analog auch auf die Zuständigkeitsfrage angewandt werden.

digkeit ergeben, die über die rein bürgerlichen Wirkungen der Ehe und damit über Art. 3 § 3 DignCon hinausgeht. Die Kirche kann freilich nur die eigene Unzuständigkeit feststellen und den Kläger auf die religiösen oder staatlichen Gerichte verweisen, die nach ihrer Auffassung zuständig wären. Ob diese ihre Zuständigkeit annehmen oder den Kläger wieder weiter verweisen, bestimmt deren eigenes Recht einschließlich des IPR, worauf die Kirche keinen Einfluss nehmen kann.

„Notkompetenz": Falls sich jedoch herausstellt, dass der Kläger auf diese Weise kein zuständiges Gericht findet, sollte die Ehesache trotz allem von der Kirche angenommen werden. Das von der Kirche anerkannte Grundrecht jedes Menschen auf Rechtsschutz (Abschnitt 3.3) genießt in diesem Fall Vorrang. Ein Eingriff in die Kompetenz der Gerichte anderer Religionen und Konfessionen besteht hier nicht, weil diese sich eben selbst für unzuständig erklärt haben. Auch das Argument, dass der Kläger vor katholischen Gerichten kein Rechtsschutzinteresse geltend machen könne,[14] greift hier nicht, denn wenn sich alle anderen Gerichte für unzuständig erklären, hat er sehr wohl ein Rechtsschutzinteresse, auch wenn nicht sein Ledigenstand vor der katholischen Kirche nachzuweisen ist. Es ist daher eine Ausnahme von Art. 3 § 2 DignCon zu machen. Im Übrigen verweist diese Bestimmung selbst auf Art. 114 DignCon. Danach kann der Richter nur tätig werden, wenn eine Klage von einer Person eingebracht wurde, die die Voraussetzungen der Art. 92f. DignCon erfüllt. Nach Art. 92 ° 1 DignCon wiederum kann jeder Gatte, ob Katholik oder nicht, seine Ehe anfechten.[15] Aus dieser Verweisung und Weiterverweisung erhellt also, dass die Bestimmung des Art. 3 § 2 DignCon das Recht von Nichtkatholiken auf einen Eheprozess letztlich nicht vereiteln will.

Abgrenzung der Zuständigkeit zwischen lateinischen und ostkatholischen Gerichten: Dieses Abgrenzungsproblem unterscheidet sich von den vorigen dadurch, dass es sich nicht mehr um eine Abgrenzung kirchlicher Zuständigkeit nach außen, sondern nach innen handelt. Dennoch geht es um die Abgrenzung weitgehend getrennter Gerichtsorganisationen verschiedener eigenberechtigter Kirchen. Der CIC/1983 enthält zu dieser Frage keine Norm. Im CCEO findet sich nur die allgemeine Bestimmung des c. 916 § 5, wonach Ostkatholiken an Orten, wo keine orientalische Hierarchie vorhanden ist, der lateinischen unterstehen. Sind mehrere eigenberechtigte Kirchen vorhanden, denen die betroffene Person nicht angehört, so entscheidet der Apostolische Stuhl gegebenenfalls zusammen mit dem jeweiligen Patriarchen. Art. 16 § 1 DignCon wendet diese Bestimmung nun auf das lateinische Eheprozessrecht an. Danach ist das lateinische Gericht für Ehesachen orientalischer Katholiken nur dann zuständig, wenn es im betreffenden Territorium keine orientalische Hierarchie gibt oder wenn der Apostolische Stuhl die Verantwortung für die Ostkatholiken dem lateinischen

---

[14] Vgl. Rota-Urteil *coram Stankiewicz* vom 27.3.1998, Nr. 4.

[15] Das entspricht c. 1476 CIC. Vgl. dazu das Rota-Urteil *coram Stankiewicz* vom 27.3.1998, Nr. 4; Apostolische Signatur, Responsio vom 1.2.1990; *Schwendenwein*, Fragen, 295.

Ordinarius anvertraut hat; ferner dann, wenn die Apostolische Signatur die Zuständigkeit dauerhaft oder für den Einzelfall ausgedehnt hat. Art. 16 § 1 DignCon ist zwar neu, bringt aber keine Rechtsänderung, da er nur c. 916 § 5 CCEO konkretisiert, der ohnehin zu jenen Bestimmungen des CCEO gehört, die auch die lateinische Kirche betreffen.

Allerdings klärt er die Zuständigkeit nur in Bezug auf Ehen zwischen lateinischen bzw. orientalischen Katholiken, nicht jedoch für die hier interessierende Frage von Ehen zwischen Nichtkatholiken. Ist für die Prüfung einer Ehe von Nichtkatholiken – seien sie getauft oder nicht – das lateinische oder das ostkirchliche Gericht zuständig? Ist wenigstens einer der Ehepartner katholisch, so wird das Gericht jener Kirche *sui iuris* entscheiden, der er angehört.[16] Was aber gilt, wenn kein Partner katholisch ist? Nach einer Lehrmeinung sind die getrennten Christen des Ostens der Jurisdiktion der katholischen Ostkirchen und jene des Westens der Jurisdiktion der lateinischen Kirche zuzusprechen.[17] Dieser Vorschlag kann sich jedoch auf keinen Anhaltspunkt in einer Rechtsvorschrift stützen und löst nicht alle möglichen Fälle. Er gibt nämlich keine Antwort auf die Frage der Zuständigkeit für die Ehen zwischen einem getrennten Ost- und einem getrennten Westchristen – hier bestehen Bezüge sowohl zur lateinischen als auch zu einer orientalischen Kirche –, sowie zwischen Angehörigen nichtchristlicher Religionen oder Religionslosen – hier bestehen weder zur einen noch zur anderen Kirche Bezüge.

Es scheint daher sinnvoller, das entscheidende Kriterium aus der *ratio* von Art. 3 § 2 DignCon zu entwickeln. Wenn nämlich diese Bestimmung die Zuständigkeit des kirchlichen Richters für Ehen von Nichtkatholiken davon abhängig macht, dass der Ledigenstand vor der Kirche nachgewiesen werden muss, dann liegt es nahe, dass auch die Frage, welche Kirche *sui iuris* dafür zuständig ist, davon abhängt, vor welcher Kirche *sui iuris* der Ledigenstand nachzuweisen ist. Will also ein Partner der nichtkatholischen Ehe eine neue Ehe mit einem lateinischen Katholiken schließen, so ist der Eheprozess von einem lateinischen Gericht durchzuführen. Will der eine Partner einen lateinischen, der andere hingegen einen orientalischen Katholiken heiraten, so besteht eine konkurrierende Zuständigkeit zwischen dem lateinischen und dem ostkatholischen Gericht. Der Prozess ist dann von jenem Gericht durchzuführen, das den Antragsgegner zuerst geladen hat (c. 1415 CIC und Art. 18 DignCon bzw. c. 1082 CCEO analog). Wenn der Ledigenstand vor der Kirche nicht nachgewiesen werden muss, sondern es sich um die oben besprochene Notzuständigkeit handelt, so ist einfach

[16] Vgl. *Lüdicke*, Dignitas Connubii, 33.

[17] *Schöch* zufolge ist für die Ehe orthodoxer Christen der ostkatholische Hierarch desselben Ritus exklusiv zuständig (*Schöch*, Zivilehe, 906). Nach *Prader* sind für Ehesachen orthodoxer Christen die lateinischen Gerichte zuständig, um die Erfüllung der Bedingungen zu prüfen, welche für die außerordentliche Form der Eheschließung erforderlich sind, während es Aufgabe der ostkatholischen Gerichte ist, die Ehesachen nach den Normen der orthodoxen Kirchen zu untersuchen (*Prader*, Differenze, 907).

das Gericht jener Kirche *sui iuris* zuständig, das der Kläger angerufen hat. Alles bisher Gesagte gilt freilich nur in Gebieten, in denen es sowohl eine lateinische als auch eine ostkatholische Hierarchie gibt. Ist hingegen nur eine lateinische vorhanden, so fällt die Entscheidung über Ehen von Nichtkatholiken gemäß Art. 16 § 1 DignCon auf jeden Fall in die Zuständigkeit der lateinischen Gerichte.

6.1.3. Die Zuständigkeit der Römischen Kurie

Nr. 109 REU hat im Anschluss an das Ökumenismusdekret des Zweiten Vatikanischen Konzils die Zuständigkeit der Römischen Rota auf Ehen zwischen einem Katholiken und einem Nichtkatholiken sowie auf Ehen unter Nichtkatholiken ausgedehnt.[18] In den Art. 126-130 PastBon findet sich keine entsprechende Aussage mehr. Die Zuständigkeit der Rota ergibt sich einfach daraus, dass sie in zweiter, dritter und höherer Instanz über Rechtssachen urteilt, die in der unteren Instanz bereits von den ordentlichen Gerichten entschieden wurden (Art. 128 PastBon), und dazu gehören auch Ehesachen von Nichtkatholiken. Nach Art. 52 der Rota-Normen vom 18.4.1994 kann sie die erste Instanz an sich ziehen, wenn besondere örtliche oder persönliche Umstände im Interesse des Heils der Seelen dazu drängen. Die Unbestimmtheit dieser Norm kann zu unerhörten Eingriffen in die Kompetenzordnung der Kirche führen, wie HAERING[19] zu Recht gerügt hat. Gerade Ehesachen von Nichtkatholiken könnten zu jenen Materien gehören, mit denen sich ordentliche Gerichte schwer tun, und die daher von der Rota an sich gerissen werden.

Auch die Apostolische Signatur kommt als zuständiges Gericht in Frage. Es ist ein Ehefall einer methodistischen Frau und eines armenischen Mannes bekannt, der vor den Offizial von Cleveland getragen wurde, der aber einen Mangel an Jurisdiktion anführte. Der Apostolische Stuhl verlieh der Apostolischen Signatur dann die *facultas*, in erster und einziger Instanz darüber zu entscheiden.[20] Außerdem kann die Apostolische Signatur im Rahmen ihrer Kompetenz zur Überwachung der geordneten Amtsführung im Gerichtsbereich (Art. 124 ° 1 PastBon, zuvor c. 1445 § 3 ° 1 CIC) Rechtsnormen im Hinblick auf Einzelfälle interpretieren, die von den ordentlichen Gerichten an sie herangetragen werden.[21] Gerade in Bezug auf Ehen mit Nichtkatholiken machten Gerichte immer wieder von dieser Möglichkeit Gebrauch.[22]

---

[18] Darauf berufen sich die Urteile *coram Palazzini* vom 24.10.1967 (Nr. 8) und *coram Ferraro* vom 28.10.1971 (Nr. 12). Ansonsten legt sich die Rota in ihren Urteilen über Ehen von Nichtkatholiken meist keine Rechenschaft über die eigene Zuständigkeit ab.

[19] Vgl. *Haering*, Ordnung, 98f.

[20] Sententia vom 23.11.1974, Nr. 2.

[21] *Grocholewski* (Das höchste Gericht, 189) unterscheidet drei Arten, wie die Signatur auf derartige Fragen antwortet: Wird ein Rechtszweifel vorgelegt, so ist die Anfrage an das PCLT weiterzuleiten. Handelt es sich nicht um einen Rechtszweifel, aber sehr wohl um eine Frage

Davon zu unterscheiden ist die Kompetenz des PCLT zur authentischen Interpretation von Gesetzestexten (Art. 155 PastBon). Die Auslegung der Apostolischen Signatur betrifft an sich klare Rechtsnormen, bindet lediglich im Einzelfall und ist darüber hinaus nur als Praxis der Römischen Kurie nach c. 19 CIC zu berücksichtigen; dagegen betrifft die authentische Interpretation des PCLT objektive Rechtszweifel und besitzt Gesetzeskraft.[23] Auch das PCLT bzw. seine Vorgängereinrichtungen wurde wiederholt mit Rechtsfragen zu Ehen von Nichtkatholiken befasst.[24] Außerdem kann schließlich die Kongregation für die katholischen Ostkirchen Auslegungsfragen beantworten, soweit das Ostkirchenrecht betroffen ist.[25]

6.1.4. Weitere Fragen zur Zuständigkeit

Konkurrierende Zuständigkeiten: Die Zuständigkeit des lateinischen Richters nach Art. 3 § 2 DignCon wird in der Regel mit jenem Gericht konkurrieren, das nach den Vorschriften der Religionsgemeinschaft zuständig ist, der die Ehegatten angehören. Ficht z.B. eine orthodoxe Frau die Ehe, die sie mit einem Mann desselben Glaubens geschlossen hat, vor einem lateinischen Gericht an, weil sie jetzt einen lateinischen Katholiken heiraten möchte, so bleibt weiterhin auch der orthodoxe Richter zur Beurteilung ihrer Ehe zuständig. Es muss jedoch vermieden werden, dass ein und dieselbe Rechtssache von mehreren Gerichten behandelt und entschieden wird. Dazu dienen im lateinischen Kirchenrecht c. 1415 CIC bzw. Art. 18 DignCon, wonach jenes Gericht die Sache zu entscheiden hat, das den Antragsgegner zuerst geladen hat. Sollte diese Regel nicht ausreichen, so hat in Zuständigkeitskonflikten zwischen mehreren Gerichten deren gemeinsames Berufungsgericht oder in Ermangelung eines solchen die Apostolische Signatur zu entscheiden (c. 1416 CIC bzw. Art. 20 DignCon). Diese Regeln sind jedoch nur bei Konflikten zwischen lateinischen Gerichten anwendbar.[26] Bei Konflikten mit einem fremden religiösen oder staatlichen Gericht fehlt nämlich eine gemeinsame übergeordnete Instanz. Auch die Regel der früheren Ladung ist nicht (analog) anwendbar, weil sie nur eine Regel des kanonischen Rechts ist und sich nicht notwendig auch in der fremden Rechtsordnung findet. Solange

---

von größerer Bedeutung, so verfasst die Signatur eine Erklärung oder Antwort. Ist die Frage jedoch nur von geringer Bedeutung, so erstellt ein Mitarbeiter der Signatur ein rein privates Votum. Keinesfalls jedoch löst die Signatur den konkreten Streitfall.

[22] Z.B: *Apostolische Signatur*, Responsio vom 1.2.1990; Dekret vom 28.5.1993.

[23] Vgl. *Walser*, Erklärung, 311f.

[24] Z.B: Responsum vom 11.2.1972; Responsum vom 8.1.1973; Responsum vom 11.7.1984; Responsio vom 23.4.1987.

[25] Z.B. Responsum vom 1.12.1959.

[26] Im Recht der katholischen Ostkirchen werden Zuständigkeitskonflikte etwas anders gelöst: Gemäß c. 1083 § 1 CCEO entscheidet das Berufungsgericht desjenigen Richters über die Zuständigkeit, vor dem das Verfahren zuerst durch die einleitende Klageschrift in Gang gekommen ist.

diesbezüglich Vereinbarungen fehlen, könnte man höchstens auf den allgemeinen Rechtsgrundsatz „*prior tempore potior iure*"[27] zurückgreifen, sofern dieser allen betroffenen Rechtsordnungen gemeinsam ist. Es ist jedoch zu beachten, dass ein echter Konflikt nur dann entsteht, wenn vor beiden Gerichten wirklich dieselbe Sache zur Entscheidung ansteht. Meistens wird aber vor dem lateinischen Gericht ein Nichtigkeitsverfahren und vor dem fremden Gericht ein Verfahren zur Auflösung des Ehebandes anhängig sein, so dass ohnehin kein echter Zuständigkeitskonflikt entsteht. Doch selbst wenn es sich bei beiden Gerichten um ein Nichtigkeitsverfahren aus demselben Nichtigkeitsgrund handelt, wird das lateinische Gericht seine Zuständigkeit nur dann verneinen, wenn Aussicht darauf besteht, dass das Urteil des fremden Gerichts von der Kirche anerkannt wird (unten Abschnitt 6.4). Andernfalls muss die Kirche ohnehin selbst ein Urteil fällen, weil sonst der Ledigenstand nicht festgestellt werden könnte.

Die örtliche Zuständigkeit: Ist einmal festgestellt, dass die lateinische Kirche Zuständigkeit für eine bestimmte Ehesache von Nichtkatholiken besitzt, so ist weiter zu klären, welches ihrer Gerichte dafür konkret zuständig ist. Es handelt sich dabei um die Frage der örtlichen Zuständigkeit, die bei Nichtkatholiken in derselben Weise zu bestimmen ist wie bei Katholiken.[28] Die Zuständigkeitsregeln des c. 1673 CIC bzw. des Art. 10 DignCon sowie die Regeln zur Bestimmung von Wohnsitz und Quasiwohnsitz (oben Abschnitt 2.3) richten sich nämlich nicht nach der Religionszugehörigkeit der Ehegatten.[29] Als Eheschließungsort gilt bei Nichtkatholiken der Ort der nichtkatholisch-religiös oder standesamtlich geschlossenen Ehe.

Forum non conveniens: Es kann vorkommen, dass ein Gericht sich zwar eines Kompetenztitels für einen bestimmten Fall erfreut, aber zu seiner Behandlung nicht als geeignet erscheint, während ein anderes, eigentlich nicht zuständiges Gericht wegen größerer Sachnähe dafür eher in Frage käme. Bei Ehesachen von bzw. mit Nichtkatholiken kann dies einfach deshalb gegeben sein, weil dieses Gericht große Erfahrung mit der Anwendung fremden Rechts hat, während die grundsätzlich zuständigen Gerichte sich im Umgang damit schwer tun.

[27] *Regula iuris* Nr. 54 in VI°.

[28] So ist auch bei einer Ehe von orthodoxen Christen das Gericht des Wohnsitzes der nichtklagenden Partei zuständig (vgl. *Schöch*, Zivilehe, 906). Sogar der Klägergerichtsstand ist möglich. So begehrte eine methodistische Frau, die mit einem Armenier verheiratet war, die Annullation dieser Ehe beim Kirchengericht von Cleveland, in dessen Sprengel sie ihren Wohnsitz hatte (Apostolische Signatur, Sententia vom 23.11.1974, Nr. 1). Im CIC/1917 waren katholische und nichtkatholische Gatten im Hinblick auf die Begründung der örtlichen Zuständigkeit eines Gerichts noch nicht gleichgestellt. Gemäß c. 1964 war für eine Ehe, an der ein nichtkatholischer Partner beteiligt war, das Gericht des (Quasi-)Wohnsitzes des katholischen Partners zuständig, gleichgültig ob er Kläger war oder nicht. Der nichtkatholische Partner konnte die Ehe nach der damaligen Rechtslage nicht selbst, sondern nur durch den Kirchenanwalt anfechten (vgl. *Pulte*, Provida Mater, Rnn.4 und 12).

[29] PCLT, Adnotatio vom 13.5.2003: Auch bei der Ehe von Nichtkatholiken sind die Zuständigkeitsregeln des c. 1673 CIC anzuwenden (Nr. 8).

Das kanonische Recht gewährt die Möglichkeit, vor der Einleitung des Verfahrens aus ernsten Gründen zu beantragen, dass die Kompetenz auf ein Gericht erstreckt wird, das nach dem Gesetz eigentlich nicht zuständig wäre. Darüber entscheidet die Apostolische Signatur (c. 1445 § 3 ° 2 CIC, Art. 124 ° 3 PastBon und Art. 9 § 3 DignCon). In der Regel gibt sie dem Antrag nur statt, wenn der Gerichtsvikar der nichtklagenden Partei zustimmt und die nichtklagende Partei sich nicht widersetzt.[30] Auch SCHÖCH erwähnt die Kompetenzerweiterung als mögliche Lösung, wenn ein örtliches Gericht sich zur Prozessführung aus irgendeinem Grund außer Stande sieht.[31] Derartige Ausnahmen dürfen die reguläre Kompetenzordnung aber ebenso wenig untergraben, wie das An-Sich-Ziehen der Zuständigkeit durch die Römische Rota (Abschnitt 6.1.3).

Perpetuatio fori: Wenn die Ladung rechtmäßig bekannt gegeben worden ist oder die Parteien sich vor dem Richter zur Behandlung ihrer Streitsache eingefunden haben, wird die Kompetenz des angegangenen Richters ausschließlich und alle übrigen Gerichte werden unzuständig (c. 1512 ° 2 CIC). Art. 12 DignCon präzisiert, dass die Veränderung des Wohnsitzes oder Quasiwohnsitzes der Parteien die Zuständigkeit des Gerichts nicht aufhebt oder unterbricht, wenn die Sache bereits rechtshängig war. Dasselbe hat für die anderen zuständigkeitsrelevanten Merkmale zu gelten. Bei Ehesachen, an denen nichtkatholische Gatten beteiligt sind, ist dabei auch an einen Religionswechsel zu denken. Findet dieser nach Eintritt der Rechtshängigkeit statt, so verliert das ursrpünglich angegangene Gericht seine Zuständigkeit nicht.

6.2. Das anzuwendende Prozessrecht

Welches Prozessrecht hat ein lateinisches Gericht nun anzuwenden, wenn es über die Ehe von Nichtkatholiken entscheidet – das Recht der lateinischen Kirche oder das der Gemeinschaft, der die Nichtkatholiken angehören, oder vielleicht sogar das staatliche? Nach Art. 4 § 2 ° 1 DignCon ist die Nichtigkeit einer Ehe von zwei Nichtgetauften nach dem kanonischen Prozessrecht zu untersuchen.[32] Welches Prozessrecht zur Beurteilung einer Ehe von zwei nichtkatholi-

[30] Vgl. *Gullo / Gullo*, Prassi Processuale, 79.

[31] Vgl. *Schöch*, Zivilehe, 903. Er stützt sich dabei auf eine nicht veröffentlichte Entscheidung der Apostolischen Signatur.

[32] Das erste Schema zu *Dignitas Connubii* sprach an dieser Stelle nicht vom *ius processuale canonico*, sondern vom *ius processuale Ecclesiae*. Inhaltlich bedeuten beide Formulierungen dasselbe. Eine Beschränkung auf *rein* kirchliches Recht kann nicht intendiert gewesen sein, da das Prozessrecht wenn dann nur als Ganzes angewandt werden kann. *Lüdicke* betont, dass es sich hier nicht um eine Durchbrechung von c. 11 CIC handelt, weil das Verfahrensrecht in erster Linie die Amtsträger an den kirchlichen Gerichten verpflichtet, und nur sekundär subjektive Rechte innerhalb des Prozesses schafft, die aber vom religiösen Status der Parteien unabhängig sind (*Lüdicke*, Dignitas Connubii, 14). Die ursprüngliche Formulierung „*iure processuali Ecclesiae*“ hätte möglicherweise missverstanden werden können, weil in diesem

schen Christen oder eines Katholiken und eines Nichtkatholiken anzuwenden ist, sagt *Dignitas Connubii* hingegen nicht. Bei der mangelnden Systematik der einleitenden Artikel wurde dafür anscheinend keine Stelle vorgesehen. Die Lücke scheint jedenfalls nicht beabsichtigt worden zu sein. Nur für die Fälle, in denen ein lateinisches Gericht über die Ehe von Ostkatholiken entscheidet, wird in Art. 16 § 2 wieder gesagt, dass nach lateinischem Prozessrecht vorzugehen ist. Aus Art. 4 § 2 ° 1 und Art. 16 § 2 DignCon lässt sich der Grundsatz ableiten, dass lateinische Gerichte unabhängig von der Zugehörigkeit der Ehegatten immer ihr eigenes Prozessrecht anwenden. Daraus kann im Wege der Analogie geschlossen werden, dass dies auch für jene oben genannten Fälle gilt, in denen *Dignitas Connubii* keine ausdrückliche Anordnung trifft. Die erwähnten Regelungen von *Dignitas Connubii* finden sich zwar erstmals in einem Rechtstext der katholischen Kirche, bedeuten aber keine Rechtsänderung, da sie mit der durchgängigen Entscheidungspraxis der Apostolischen Signatur übereinstimmen.[33] Ein Rota-Urteil, das zwar keine Ehesache betraf, sich aber mit Verweisungen des kirchlichen Rechts auf fremde Rechtsordnungen befasste, stellte fest, dass derartige Verweisungen immer nur das substantielle Recht erfassen, während die Kirche auf die eigenen Prozessnormen und die allgemeinen Prinzipien des kanonischen Prozesses nicht verzichten kann, wenn es sich wirklich um ein kirchliches Urteil handeln soll.[34] Auch die kanonistische Lehre folgt in diesem Punkt der höchstrichterlichen Judikatur.[35] Das Prinzip, wonach das Verfahrensrecht auch in Prozessen mit Auslandsbezug immer die *lex fori* ist, findet sich zudem im weltlichen IPR.

Als anzuwendendes kanonisches Verfahren kommt in erster Linie der ordentliche Ehenichtigkeitsprozess in Betracht. Die Apostolische Signatur hat darauf hingewiesen, dass auch das Dokumentenverfahren möglich ist, sofern die übrigen Voraussetzungen dafür gegeben sind.[36] Davon Verteter der Lehre jedoch ab, da sich die Beweiserhebung bei Ehen von Nichtkatholiken oft als schwierig erweist[37] bzw. negative Tatsachen wie das Fehlen einer kirchlichen Trauung zu

---

interekklesialen Kontext nicht ganz klar gewesen wäre, ob das Recht der lateinischen oder das einer getrennten Kirche gemeint ist.

33 Vgl. Decisio vom 28.11.1970; Sententia vom 20.1.1971; Decisio vom 7.7.1971; Responsio vom 1.2.1990; Dekret vom 28.5.1993.

34 *Coram Palestro* vom 23.10.1991, Nr. 5.

35 Z.B: *Prader / Reinhardt*, Eherecht, 43 und 47; *Schöch*, Zivilehe, 906; *Schwendenwein*, Fragen, 295; *Walser*, Erklärung, 312.

36 Apostolische Signatur, Normae vom 10.5.1976, Nr. 4; Responsio vom 1.2.1990. In ihrem Dekret vom 28.5.1993 weist die Apostolische Signatur auf die Prozessregelungen der cc. 1671-1691 CIC hin, worin auch das Dokumentenverfahren enthalten ist. Ein Beispiel für einen Dokumentenprozess, der auf eine Ehe zweier orthodoxer Christen angewandt wurde, liefert das Rota-Urteil *coram Jarawan* vom 10.2.1989 (Nr. 8). Die Nichtigkeit aufgrund eines bestehenden Ehebandes wurde hier durch ein Trauungsdokument der betreffenden orthodoxen Kirche nachgewiesen.

37 Vgl. *Weitzel*, Zivilehen, 489f.

beweisen sind.[38] Keinesfalls kommt eine Erklärung des Ledigenstandes auf dem Verwaltungsweg gemäß cc. 1066f. CIC in Betracht.[39]

Dass als Verfahrensrecht immer die *lex fori* anzuwenden ist, hat praktische Gründe. Die kirchliche Gerichtsorganisation ist auf das kanonische Verfahren hin angelegt und verfügt nicht über die zur Anwendung eines fremden Prozessrechts nötigen Einrichtungen. Es muss daher in Kauf genommen werden, dass Ansprüche aus fremdem Sachrecht mit Mitteln des kanonischen Verfahrensrechts geltend zu machen sind. Dabei kann es durchaus zu Reibungen kommen. Da das kanonische Prozessrecht aber ohnehin flexibel ist und einen „juridischen Formalismus" vermeidet,[40] kann und soll es im Rahmen der Möglichkeiten, die es bietet, angepasst werden, damit die Gültigkeit auch von Ehen geprüft werden kann, die durch fremdes Sachrecht geregelt werden. Die Flexibilität kennt freilich Grenzen. Ein Abweichen vom kanonischen Prozessrecht ist nur auf der Grundlage einer Dispens durch den Apostolischen Stuhl möglich (c. 87 § 1 CIC; Art. 124 ° 2 PastBon; Art. 1 § 3 DignCon). Eine solche hat er bei Gerichtsverfahren zur Feststellung der Nichtigkeit rein standesamtlicher Ehen von Orthodoxen nie gewährt, weil in einer so bedeutsamen Sache wie der Gültigkeit eines Sakraments nur aus sehr schwerwiegenden Gründen Dispens erteilt wird.[41] Prozessvorschriften sind deswegen besonders geschützt, weil sie dem Rechtsschutz und der Rechtssicherheit dienen.[42] Keinesfalls realisierbar ist die Durchführung eines Scheidungsverfahrens oder eines Verfahrens zur Aufhebung der Ehe *ex nunc*, auch wenn die den Gatten eigene Rechtsordnung derartige Verfahren kennt und entsprechende materiellrechtliche Ansprüche verbürgt. Der Grund für die Unmöglichkeit derartiger Verfahren liegt nicht nur darin, dass sie dem kirchlichen Prozessrecht völlig fremd sind, sondern vor allem darin, dass sie dem kirchlichen Eheverständnis widersprechen.

6.3. Das anzuwendende materielle Recht

Hat das lateinische Gericht in einer Ehesache von Nichtkatholiken seine Zuständigkeit bejaht (Abschnitt 6.1), so muss es im nächsten Schritt prüfen, welches Eherecht zur Anwendung kommt. Während das Prozessrecht immer die *lex fori* ist (Abschnitt 6.2), wäre dies beim materiellen Recht nicht wünschenswert, weil ein und dieselbe Ehe von den verschiedenen Gerichten dann unterschied-

---

[38] Vgl. *Schöch*, Zivilehe, 908.

[39] Dies wurde von der Apostolischen Signatur in den Normae vom 10.5.1976 ausgeschlossen. Nach dem PCI ist eine Untersuchung gemäß cc. 1066ff. nur bei Personen anzustellen, die der kanonischen Form unterliegen (Responsum vom 11.7.1984). Vgl. *Schöch*, Zivilehe, 904; *Weitzel*, Zivilehen, 489.

[40] Vgl. *Lüdicke*, Dignitas Connubii, 9.

[41] Vgl. *Schöch*, Zivilehe, 903. Er führt als Beleg eine unveröffentlichte Entscheidung der Apostolischen Signatur an.

[42] Vgl. *Socha*, c. 87 MKCIC, Rn. 7.

lich beurteilt würde.[43] Außerdem wäre es nicht zweckmäßig, eine Ehe die nach den Vorschriften einer anderen Religionsgemeinschaft oder eines Staates geschlossen wurde, nachträglich nach den Bestimmungen des Kirchenrechts zu beurteilen.[44] *Dignitas Connubii* geht daher mit guten Gründen von dem Prinzip aus, dass auf jede Ehe dasjenige Recht anzuwenden ist, gemäß dem sie von den Gatten geschlossen wurde. Was dies konkret bedeutet, wird in den folgenden Abschnitten untersucht.

6.3.1. Das Eherecht der nichtkatholischen Gatten

Beschreibung des fremden Sachrechts in Dignitas Connubii: An drei Stellen umschreibt *Dignitas Connubii* das Eherecht der nichtkatholischen Gatten. Art. 2 § 2 behandelt den Fall eines nichtkatholischen Christen, der einen Katholiken geheiratet hat. Sein Eherecht ist das Eigenrecht der Kirche oder kirchlichen Gemeinschaft, zu der er gehört.[45] Falls diese kein solches hat, ist einfach das Recht maßgeblich, das sie selbst anwendet.[46] An der zweiten Stelle, nämlich in Art. 4 § 1 ° 1 DignCon, wird die Ehe behandelt, die von zwei nichtkatholischen Christen geschlossen wurde.[47] Das maßgebliche Eherecht ist, wie durch den Verweis auf Art. 2 § 2 angezeigt wird, dasselbe wie im ersten Fall. An der dritten Stelle, nämlich in Art. 4 § 2 ° 2 DignCon wird das Recht angegeben, nach dem die Ehen zu beurteilen sind, die von zwei Nichtchristen geschlossen wurden. Dabei handelt es sich schlicht um das Recht, an das die Parteien zur Zeit der Eheschließung gebunden waren.[48] Das erste Schema zu *Dignitas Connubii* sprach an dieser Stelle nicht einfach von *ius*, sondern von *ius substantivum* und verwandte damit einen in der kirchlichen Rechtssprache bisher unbekannten Begriff.[49] Was war damit gemeint? Das weltliche IPR kennt den Begriff des

---

[43] Würde das fremde Recht nicht beachtet, so entfielen z.B. Ehehindernisse, die von der jeweiligen Religionsgemeinschaft aufgestellt werden, so dass hinkende Ehen entstünden (*Prader / Reinhardt*, Eherecht, 55). Man darf freilich nicht erwarten, die Anwendung fremden Rechts brächte mehr Urteile *pro nullitate*. Gerade die staatlichen Rechtsordnungen kennen nämlich oft nur sehr wenige Nichtigkeitsgründe. Das Ziel kann aber nicht darin bestehen, möglichst viele Ehen für nichtig erklären zu können, sondern ein sachgerechtes Urteil zu fällen. Dies ist auf jeden Fall dann besser gewährleistet, wenn das Recht angewandt wird, gemäß dem die Ehe geschlossen wurde.

[44] Die Entscheidung würde dann nach einem Recht getroffen, dem die Gatten nicht unterstehen. Der ausschließliche Geltungsanspruch des kanonischen Rechts ist aber nach dem Zweiten Vatikanischen Konzil nicht mehr vertretbar (*Prader*, Anwendung, 347f.). Die Anerkennung fremden Rechts durch das Konzil, die bereits in Kapitel 4 behandelt wurde, hat vielmehr den Weg dafür bereitet, dass auf Ehen von Nichtkatholiken deren Eherecht angewandt wird.

[45] *„Ius proprium Ecclesiae vel Communitatis ecclesialis, ad quam pars acatholica pertinet"*.

[46] *„Ius, quo utitur Communitas ecclesialis ad quam pars acatholica pertinet"*.

[47] Im ersten Schema von *Dignitas Connubii* fehlte eine diesbezügliche Regelung, was freilich eine nicht zu rechtfertigende Lücke bedeutet hätte.

[48] *„Ius quo partes tempore celebrationis matrimonii tenebantur"*.

[49] Vgl. *Haering*, Eheprozessordnung, 166.

Sachrechts. Er ist nicht gleichbedeutend mit dem des materiellen Rechts. Während „materielles Recht" den Gegenbegriff zum Verfahrensrecht darstellt, umfasst „Sachrecht" beides und ist der Gegenbegriff zu „Kollisionsrecht".[50] Es wäre durchaus angemessen, wenn auch die kirchliche Rechtssprache hierfür eine eigene Bezeichnung zur Verfügung stellen würde. Die Bezeichnung „*ius substantivum*" an der hier interessierenden Stelle kann jedoch nur das materielle Recht im herkömmlichen Sinn gemeint haben, zumal sie die ° 2 deutlicher von der ° 1 abhebt, in der das anzuwendende Prozessrecht angegeben wird.

Recht, nicht Gesetz: Jedenfalls stand der Begriff „*ius*" von Anfang an fest. Er findet sich an den entsprechenden Stellen bereits im ersten Schema ebenso wie in der endgültigen Fassung von *Dignitas Connubii.* Indessen enthielten die Canones des CCEO, die auf fremdes Eherecht verweisen, in der ersten Fassung noch den Ausdruck „*lex*".[51] Dieser wurde von der Reformkommission dann bewusst durch „*ius*" ersetzt, um auch das Gewohnheitsrecht zu erfassen.[52] In der Tat darf es keinen Unterschied bedeuten, ob das fremde Eherecht in der Form eines Gesetzes erlassen wurde. Manche Rechtsordnungen – darunter viele religiöse – kennen Gesetze im Sinne des kontinentaleuropäischen Rechtsdenkens ohnehin nicht, und selbst dort, wo es sie gibt, muss nicht das gesamte Eherecht in Gesetzen geregelt sein. Der Begriff „*ius*" ist offen für alle rechtlichen Regelungen, ob geschrieben oder nicht, sogar für angestammte Ehetraditionen, wie sie etwa in Afrika geübt werden.[53]

Religiöses oder weltliches Eherecht? Nach Art. 2 § 2 ist grundsätzlich das Eigenrecht der Kirche oder kirchlichen Gemeinschaft anzuwenden, deren Glied der nichtkatholische Partner ist. Nur für den Fall, dass die betreffende kirchliche Gemeinschaft kein eigenes Eherecht besitzt, ist das Recht maßgeblich, das sie selbst anwendet, was in der Regel das staatliche sein wird. Mit dieser Regelung räumt die Kirche dem fremden religiösen Recht also einen Vorrang vor dem weltlichen ein. Dasselbe gilt für die Ehen zwischen zwei nichtkatholischen Christen, da Art. 4 § 1 ° 1 diesbezüglich auf Art. 2 § 2 DignCon verweist. Hinsichtlich der Ehen zwischen Nichtchristen fällt die Regelung hingegen nicht so klar aus. Art. 4 § 2 ° 2 DignCon begnügt sich mit der Aussage, dass diese Ehen nach dem Recht zu beurteilen sind, an das die Partner zur Zeit der Eheschließung gebunden waren. Weil hier eine ausdrückliche Regelung fehlt, es sich aber um eine Situation handelt, die mit einer nichtkatholischen christlichen Ehe ver-

---

[50] Vgl. *Kropholler*, Internationales Privatrecht, 102.

[51] C. 118 Schema CultDiv 1980.

[52] Nuntia 15 (1982) 59.

[53] Diese sind jedoch nur dann maßgeblich, wenn nicht das Recht einer Religionsgemeinschaft oder eines Staates zur Anwendung kommt. Die Römische Rota betrachtete die Einhaltung des traditionellen Ritus in einem afrikanischen Land nicht als notwendig für die Gültigkeit einer Ehe zwischen zwei getauften Nichtkatholiken [Urteil *coram Anné* (29.10.1968) Nr. 15]. Auch nach *Dignitas Connubii* wäre in diesem Fall nicht der traditionelle Ritus, sondern das Recht ihrer Kirche oder kirchlichen Gemeinschaft maßgeblich.

gleichbar ist, bleibt nur die Möglichkeit, den Grundsatz des Art. 2 § 2 DignCon analog anzuwenden. Auch eine nichtchristliche Ehe ist demnach in erster Linie nach dem religiösen Recht der Gatten zu beurteilen. Nur wenn ihre Religionsgemeinschaft kein eigenes Eherecht kennt oder wenn die Gatten keiner Religionsgemeinschaft angehören, ist auf das weltliche Recht zurückzugreifen. Damit schafft *Dignitas Connubii* eine Neuerung. Zwar war diese Frage im bisherigen Recht nicht ausdrücklich geregelt – auch die cc. 780f. CCEO lassen die Ehe von Nichtchristen außer Acht –, doch ging die herrschende Lehre[54] einfach davon aus, dass die nichtchristliche Ehe dem weltlichen Recht untersteht und nur wenige[55] fragten, ob sie nicht vielleicht nach dem jüdischen, islamischen usw. Recht zu beurteilen wäre. Begründet wurde dies damit, dass der Staat die einzige in der natürlichen Ordnung von Gott eingesetzte Autorität sei, die für Ungetaufte Rechtsnormen erlassen könne.[56] Diese Argumentation ist jedoch seit dem Zweiten Vatikanischen Konzil, das die Rechtsordnungen aller Religionsgemeinschaften anerkannt hat (Abschnitt 4.2), nicht mehr haltbar. Man müsste Art. 4 § 2 ° 2 DignCon daher gegen die einschlägigen Konzilsaussagen interpretieren, wenn man nicht einräumen wollte, dass darin zunächst das religiöse Recht gemeint ist. Wenn *Dignitas Connubii* die frühere Lehre bestätigen hätte wollen, wäre es ausreichend gewesen, in Art. 4 § 2 ° 2 auf das weltliche Recht zu verweisen, anstatt die nun vorliegende umständliche Formulierung zu wählen. Gerade diese Formulierung ist aber, je nach Situation der Ehepartner, sowohl für das religiöse als auch für das weltliche Recht offen. Die neue Rechtslage hat nun zur Folge, dass beispielsweise in Bezug auf Muslime in der Türkei nicht die vor dem staatlichen Beamten nach türkischem Recht, sondern die vor dem Imam nach islamischem Recht geschlossene Ehe maßgeblich ist.[57] Es ist konsequent, wenn die Kirche, die ihre eigene Eherechtskompetenz gegenüber staatlichen Ansprüchen verteidigt, auch anderen Religionsgemeinschaften eine eherechtliche Zuständigkeit zuerkennt, die der staatlichen vorausgeht.

---

[54] Vgl. *Abbass*, Comparison, 105; *Ortiz*, Note, 376; *Pospishill*, Eastern catholic marriage law, 206; *Rambacher*, Formerfordernisse, 55; *Schwendenwein*, Fragen, 296 und vor allem *Prader*, Anerkennung, 291; *ders.*, Differenze, 487; *ders.*, Matrimonio in Oriente e Occidente, 45. Auch nach dem Rota-Urteil *coram Felice* (16.11.1985) ist für Nichtchristen das weltliche Recht maßgeblich. So wurde hier die Zivilehe zwischen einem Juden und einer Jüdin für gültig angesehen (Nr. 8), obwohl das jüdische Recht die religiöse Trauung verlangt.

[55] Z.B. *Bañares*, c. 1059 ComEx, 1077; *Callagher*, Marriage, 75. Übrigens schlugen bereits bei der CIC-Reform einige Konsultoren vor, die Ehen von Nichtkatholiken nach dem Recht des Staates oder dem ihrer Religionsgemeinschaft zu beurteilen [Comm 33 (2001) 35 und 53].

[56] Vgl. *Schwendenwein*, Fragen, 296.

[57] Nach der früheren kirchlichen Sichtweise war die Imam-Ehe in der Türkei hingegen ungültig (*Prader / Reinhardt*, Eherecht, 69). Die Türkei hat 1926 die Zwangszivilehe eingeführt und vorausgehende religiöse Trauungen verboten. Dass ein Großteil der Muslime sich dieser Regelung auch heute noch verweigert, schildert ausführlich *Özdemir* (Matrimonio religioso, passim).

Zeitpunkt der Eheschließung: Nach Art. 4 § 1 ° 1 und § 2 ° 2 DignCon ist auf die Ehe von Nichtkatholiken das Recht anzuwenden, an das sie zur Zeit der Eheschließung gebunden waren. Der Hinweis auf den Trauungszeitpunkt fehlt hingegen in Art. 2 § 2 DignCon bezüglich der Ehe eines Katholiken mit einem Nichtkatholiken, doch kann hier nichts anderes gemeint sein. Auch auf rein katholische Ehen wenden kirchliche Gerichte das Recht so an, wie es bei der Eheschließung gegolten hat. Die Nupturienten müssen die Gewissheit haben, dass ihr Eheband, wenn sie es nach der aktuellen Rechtslage gültig knüpfen, später nicht aufgrund einer gewandelten Rechtslage anders bewertet wird. Die Ehe ist folglich nicht nach der Rechtsordnung jener Gemeinschaft zu prüfen, der die Gatten zur Zeit der Klageerhebung angehören oder in der sie ursprünglich getauft worden waren.[58] Wurde sowohl religiös als auch zivil geheiratet, so ist wegen des Vorrangs des religiösen Rechts grundsätzlich der Zeitpunkt der religiösen Trauung maßgeblich. Nur wenn die jeweilige Gemeinschaft kein eigenes Eherecht besitzt und die Ziviltrauung als konstitutiv, die religiöse Zeremonie hingegen als bloße Segnung betrachtet, kommt es auf das Datum der Ziviltrauung an. Logischerweise kommt es also bei jenen Ehesachen, auf die religiöses Recht anzuwenden ist, auf den Zeitpunkt der religiösen Trauung an, bei denen hingegen, die sich nach weltlichem Recht richten, auf den der zivilen.

Vergleich mit dem ostkatholischen Recht: Das ostkatholische Kirchenrecht kennt bereits seit Inkrafttreten des CCEO Kollisionsnormen hinsichtlich der Ehen nichtkatholischer Christen.[59] C. 780 § 2 CCEO entspricht inhaltlich Art. 2 § 2 DignCon und c. 781 CCEO entspricht Art. 4 § 1 DignCon.[60] Dies bedeutet, dass das lateinische und das orientalische Kirchenrecht bei der Ehe eines Katholiken mit einem nichtkatholischen Christen bzw. bei der Ehe zwischen zwei nichtkatholischen Christen dasselbe Sachrecht berufen. Ob also ein lateinisches oder ein orientalisches Gericht für eine bestimmte Ehesache zuständig ist (Abschnitt 6.1.2), hat keine Auswirkungen darauf, welches Eherecht angewandt wird und wie in der Folge die Nichtigkeit beurteilt wird. Die Gefahr, dass die beiden Gerichte in derselben Sache zu verschiedenen Urteilen kommen könnten, was vom PCLT noch im Jahr 2003 hingenommen wurde,[61] ist damit nun erfreulicherweise ausgeschlossen. Der CCEO trifft jedoch im Unterschied zu *Dignitas Connubii* keine Anordnung hinsichtlich der Ehen mit Nichtchristen.[62] Wenn die ostkatholischen Gerichte diese Lücke dadurch schließen, dass

---

[58] Vgl. *Breitbach*, Vollmacht, 225.

[59] Vgl. *Fürst*, Ökumenismus, 419.

[60] Anders als im MP *Crebrae Allatae* und vielen anderen Rechtsvorschriften diente hier also nicht das lateinische Recht als Vorbild für das orientalische, sondern gerade umgekehrt.

[61] PCLT, Adnotatio vom 13.5.2003, Nr. 7c. Auf das Problem als solches macht *Breitbach* (Vollmacht, 231) aufmerksam.

[62] In den cc. 775f. des Schemas CICO 1986 wurden die ungetauften einfach mit den getauften Nichtkatholiken mitgenannt. Ihre Erwähnung wurde dann aber bedauerlicherweise mit der Begründung gestrichen, dass sie nicht gleich wie die Getauften behandelt werden sollten und

sie durchweg staatliches Recht anwenden, kann es hier also nach wie vor zu unterschiedlichen Judikaten kommen.

6.3.2. Wenn die Gatten verschiedenen Rechtsordnungen zugehören

Im vorigen Abschnitt wurde vorausgesetzt, dass die Gatten an ein und dieselbe Rechtsordnung gebunden sind. Ihre Ehe wird dann von eben dieser Rechtsordnung geregelt. Was gilt aber, wenn die Gatten verschiedenen Konfessionen und Religionen angehören oder wenn einer von ihnen religionslos ist, so dass unterschiedliche Rechtsordnungen für sie maßgeblich sind? Nach welchem Recht ist ihre Ehe dann zu beurteilen? Art. 2 DignCon besagt, dass die Ehe zwischen einem Katholiken und einem anderen Christen sich sowohl nach dem kanonischen Recht (§ 1) als auch nach dem Recht des nichtkatholischen Partners (§ 2) richtet. Diese Aussage ist jedoch sehr auslegungsbedürftig und hinsichtlich der Mischehen, an denen kein Katholik beteiligt ist, schweigt *Dignitas Connubii* völlig. Schon vor dem Erlass dieser Instruktion gab es in der kanonistischen Literatur verschiedenste Auffassungen sowohl zur Rechtslage in der lateinischen Kirche als auch zu c. 780 § 2 CCEO, der dem Art. 2 DignCon entspricht. Ausgehend von diesem Meinungsstand soll im Folgenden eine Lösung versucht werden.

Ausschließlich kanonisches Recht: Nach der in der lateinischen Kanonistik wohl am weitesten verbreiteten Meinung[63] ist auf eine Ehe ausschließlich kirchliches Recht anzuwenden, sobald auch nur ein Partner katholisch ist. C. 1059 CIC wird hier in dem Sinn verstanden, dass er das anzuwendende Recht – göttliches und kanonisches – für beide Gatten, also auch den nichtkatholischen, erschöpfend anführt und darüber hinaus keine weitere Rechtsordnung maßgeblich ist. Zwar seien Nichtkatholiken nach c. 11 CIC an rein kirchliches Recht grundsätzlich nicht gebunden, doch werde dieser Bestimmung von c. 1059 CIC als *lex specialis* derogiert. In diesem Sinne stellten Rota-Urteile die Frage nach dem maßgeblichen Recht oft gar nicht, sondern wandten ohne weiteres das kirchliche Recht auch auf den nichtkatholischen Gatten an.[64] Bei der Reform des ostkatholischen Kirchenrechts wurden die Argumente, die für diese Sichtweise sprechen, vom Relator PRADER zur Kenntnis genommen, aber gleichzeitig jenen Argumenten gegenübergestellt, die eine Anwendung auch der fremden Ordnung rechtfertigen.[65] Im CCEO setzte sich schließlich das Anliegen PRADERS durch. C. 780 § 1 CCEO stimmt zwar mit c. 1059 CIC überein, doch wurde ein § 2 hinzugefügt, demzufolge bei einer Ehe zwischen einem Katholiken und einem nichtkatholischen Christen auch dessen Recht anzuwenden ist. C. 780 § 1 CCEO

---

dass in ihrem Fall eine Regelung ohnehin nicht nötig sei, weil niemand in Zweifel ziehe, dass ihre Ehen vom staatlichen Recht geregelt werden [Nuntia 28 (1989) 104].

[63] Vgl. *Breitbach*, Vollmacht, 145.

[64] Ein recht junges Beispiel hierfür ist das Urteil *coram Serrano Ruiz* vom 22.10.1999, Nr. 15.

[65] Nuntia 5 (1977) 57-61.

kann daher nicht wie c. 1059 CIC im Sinne einer Ausschließlichkeit des katholischen Rechts gelesen werden. *Dignitas Connubii* übernimmt in Art. 2 die Regelungstechnik des CCEO nun auch in den lateinischen Rechtsbereich.

Vorrang des dem katholischen nächstverwandten Rechts: Die soeben dargestellte Lehrmeinung bietet nur für jene Ehefälle eine Lösung, in denen ein Partner katholisch ist. Welches Recht aber ist anzuwenden, wenn die Gatten verschiedenen Religionen oder Konfessionen angehören, von denen keine die katholische ist? Wenn man die genannte Lehrmeinung konsequent weiterdenkt, könnte man zu dem Schluss gelangen, dass in derartigen Fällen jenes Recht maßgeblich sei, das die größte Nähe zum katholischen aufweist. REINHARDT erwägt die Möglichkeit, auf diese Weise eine Hierarchie der Eherechte aufzustellen, um entscheiden zu können, welche der beiden Rechtsordnungen, die in einer Mischehe aufeinander treffen, den Vorrang genießt.[66] Er verwirft diese Überlegung aber sogleich, weil sie das Anliegen des c. 11 CIC, nämlich die Freistellung vom katholischen Eherecht nicht erfüllt. Manche Rota-Urteile zu Ehen zwischen einem orthodoxen und einem protestantischen Christen erwecken sehr wohl den Eindruck nach diesem Prinzip vorzugehen, da sie allein das orthodoxe Eherecht berücksichtigen.[67] Das mag aber einfach daran liegen, dass in diesen Fällen die Ungültigkeit der Ehe wegen der orthodoxen Formvorschriften leicht nachzuweisen war und daher nicht nach weiteren Nichtigkeitsgründen gesucht werden musste, die in der anderen Rechtsordnung eventuell bestanden hätten. In der Rota-Rechtsprechung wird jedenfalls, so weit ersichtlich, kein derartiges Vorrangsprinzip erwähnt.

Vorrang des weitergehenden Rechts: Das lateinische Recht lässt die Eheschließung unter einer Gegenwarts- oder Vergangenheitsbedingung zu (c. 1102 § 2 CIC), das ostkatholische hingegen nicht (c. 826 CCEO). Wie ist nun eine Ehe zwischen einem lateinischen und einem orientalischen Katholiken zu bewerten, wenn der Erstere eine derartige Bedingung gesetzt hat? Nach GERINGER ist bei solchen Normkonflikten das weitergehende, d.h. in diesem Fall das orientalische Recht anzuwenden.[68] GEFAELL hält dem entgegen, dass auf den lateinischen Katholiken nicht die Norm des CCEO angewandt werden soll, die ohnehin nicht die weitere sondern die engere ist.[69] Nun hat GERINGER mit dem „weitergehenden Recht" wahrscheinlich nicht das weitere, sondern das strengere gemeint, doch ist es tatsächlich nicht immer leicht, festzustellen, welche Norm die strengere ist. Er selbst wendet dieses Prinzip nur auf den Konsensmangel der

---

[66] Vgl. *Reinhardt*, Verwaltungskanonistik, 214.

[67] Z.B: *Coram De Jorio* vom 17.10.1968; *coram Abbo* vom 4.6.1969; *coram Bejan* vom 17.12.1969; *coram Abbo* vom 5.2.1970; *coram Lefebvre* vom 25.4.1970; *coram Canals* vom 30.4.1971; *coram Canals* vom 3.5.1971; *coram Ferraro* vom 28.10.1971; *coram Canals* vom 5.6.1974.

[68] Vgl. *Geringer*, Bedingte Eheschließung, 83; ihm folgend *Rambacher*, Formerfordernisse, 63.

[69] Vgl. *Gefaell*, Matrimonio condizionato, 622.

Bedingung im Falle einer Eheschließung zwischen Ost- und Westkatholiken an und lehnt es hinsichtlich der Ehehindernisse ausdrücklich ab, die Vorschriften, die den einen Partner binden, auch auf den anderen auszudehnen.[70] Von einer Ausdehnung dieses Prinzips auch auf Fälle von Nichtkatholiken und über die bedingte Eheschließung hinaus ist wohl eher Abstand zu nehmen.

Vorrang des günstigeren Rechts: Dem Prinzip des strengeren Rechts gleichsam entgegengesetzt ist das Prinzip des günstigeren Rechts. REINHARDT erwägt als eine weitere Möglichkeit zur Lösung von Normkollisionen, eine Ehe dann als gültig anzusehen, wenn sie zumindest nach einer der beiden Rechtsordnungen gültig ist. Als Begründung führt er den *favor matrimonii* (c. 1060 CIC) an, wonach in Zweifelsfällen an der Gültigkeit der Ehe festzuhalten ist.[71] Er verwirft aber auch diese Möglichkeit als rein theoretische Überlegung. Nach BREITBACH hingegen soll sich die günstigere Regelung dort durchsetzen, wo es sich um eine Kollision nicht eheverungültigender Normen handelt.[72] Das Prinzip des günstigeren Rechts schützt im Unterschied zu dem des strengeren Rechts stärker die Eheschließungsfreiheit der Nupturienten, impliziert aber, dass eine der beiden Rechtsordnungen missachtet wird. Das erste Prinzip führt zu einer größeren Anzahl an gültigen Ehen, das zweite erleichtert die Nichtigerklärung.

Alle bisher besprochenen Lösungsmöglichkeiten für Normkollisionen setzen voraus, dass sich jede Ehe nur nach einer einzigen Rechtsordnung richten kann, und sie geben jeweils ein Kriterium an, um zu entscheiden, welche dies ist. Art. 2 DignCon geht hingegen wie schon c. 780 CCEO davon aus, dass eine Ehe zwischen einem Katholiken und einem nichtkatholischen Christen sich sowohl nach dem katholischen als auch nach dem fremden Recht richtet. Dies wird durch das Wort „*etiam*“[73] in § 2 klar zum Ausdruck gebracht. Nach Inkrafttreten von *Dignitas Connubii* können die genannten Möglichkeiten daher nicht weiter vertreten werden.[74] Vielmehr ist jetzt nach einer Lösung zu suchen, die beide

---

[70] Vgl. *Geringer*, Bedingte Eheschließung, 83.

[71] Vgl. *Reinhardt*, Verwaltungskanonistik, 214. *Gefaell* scheint mit dieser Lösung zu sympathisieren, wenn er sagt, dass man sich wegen des *favor iuris* für die weitere Regelung entscheiden müsste (Matrimonio condizionato, 622).

[72] Vgl. *Breitbach*, Vollmacht, 224. Dazu stützt er sich auf die *Regulae iuris* 15 und 56 in VI°.

[73] Schon das erste Schema von *Dignitas Connubii* enthielt in Art. 3 § 2 den Ausdruck „*etiam*“. Da dort aber noch die Klausel „*salvo iure divino*“ vorausging, hätte „*etiam*“ in dem Sinn missverstanden werden können, dass das fremde Recht nicht neben dem kirchlichen, sondern nur neben dem göttlichen Recht anzuwenden ist. Nach der Streichung der ohnehin unnötigen weil bereits im vorangehenden Paragraphen enthaltenen *ius-divinum*-Klausel kann nun kein Zweifel mehr bestehen, dass das fremde Recht neben dem kirchlichen anzuwenden ist. *García Faílde* interpretiert „etiam“ im Sinne von „außerdem“ (Instrucción, 33).

[74] Die Anwendung des strengeren Rechts kommt im Ergebnis der Anordnung, beide Rechte anzuwenden, allerdings sehr nahe. Sind nämlich beide Rechte auf eine Ehe anzuwenden, so heißt dies, dass die Ehe sowohl dem strengeren als auch dem weniger strengen entsprechen muss. Die Vorschriften des weniger strengen sind aber bereits automatisch miterfüllt, wenn die Vorschriften der strengeren erfüllt werden. Wenn beispielsweise die eine Rechtsordnung etwas erlaubt, was die andere gebietet, so wird man, wenn man das Gebot der zweiten einhält,

Rechtsordnungen berücksichtigt. *Dignitas Connubii* lässt allerdings die Frage offen, wie die beiden Rechtsordnungen miteinander in Verbindung gebracht werden sollen. Es sind grundsätzlich zwei Möglichkeiten denkbar: (1) Entweder wird jede der beiden Rechtsordnungen nur auf den Ehepartner angewandt, der ihr unmittelbar untersteht, (2) oder jeder Gatte hat sich nach beiden Rechtsordnungen zugleich zu richten.

Die erste Möglichkeit wird dem in c. 11 CIC durchscheinenden Grundsatz am besten gerecht, wonach jeder Mensch nur an seine eigene Rechtsordnung gebunden sein soll. Sie muss sich aber den Einwand gefallen lassen, dass der Ehevertrag eine Einheit bilde, die nicht einmal im Hinblick auf die Konfessions- bzw. Religionsverschiedenheit der Ehepartner in zwei Teile aufgespaltet werden könne. In dieser Hinsicht wäre die zweite Möglichkeit vorzuziehen. Für beide Varianten sprechen also wichtige Argumente. Es ist nicht notwendig, die eine gegen die andere auszuspielen. Das Eherecht kennt nämlich mehrere Teilbereiche: Das Hindernis-, das Konsens- und das Formrecht. Je nach Bereich erweist sich die eine oder die andere Variante als angemessener, wie im folgenden Abschnitt gezeigt wird.[75]

6.3.3. Ehehindernisse, Formvorschriften und Konsensmängel

Ehehindernisse: Das trennende Ehehindernis macht eine Person gemäß c. 1073 CIC unfähig, eine Ehe einzugehen. Es handelt sich um eine Eigenschaft, die der einzelnen Person anhaftet. Noch deutlicher brachte c. 1036 § 3 CIC/1917

---

auch gleichzeitig den Vorschriften der ersten gerecht. Der Lösungsweg, dass beide Rechtsordnungen gleichermaßen beachtet werden müssen, hat aber den Vorteil, dass nicht entschieden werden muss, welche Rechtsordnung die strengere ist, was subjektiv durchaus unterschiedlich bewertet werden kann. Außerdem kann in einem Punkt die erste strenger sein, in einem anderen die zweite. Hinsichtlich der Formvorschriften verlangt beispielsweise das islamische Recht lediglich die Anwesenheit zweier Zeugen, jedoch nicht unbedingt die Eheschließung vor einer Amtsperson. Das heutige deutsche Zivilrecht hingegen verzichtet auf die Zeugen, verlangt aber die Eheschließung vor der zuständigen Behörde. Es lässt sich nicht eindeutig angeben, welche der beiden Formvorschriften die strengere ist. Der sicherere Weg besteht auf jeden Fall darin, die Einhaltung beider Rechtsordnungen zu verlangen. Nach dem deutschen IPR ist bezüglich Ehehindernisse und Konsens das Recht beider Partner zu beachten (*Andrae*, Familienrecht, Rnn. 33f.), was ungefähr der nunmehrigen kirchenrechtlichen Regelung in *Dignitas Connubii* entspricht. Der Grundsatz des strengeren Rechts kommt hier nur dann zum Tragen, wenn Rechtsvorschriften beider Rechtsordnungen verletzt wurden, diese Verletzungen aber verschieden starke Rechtswirkungen hervorrufen. Wenn die Verletzung der einen Rechtsordnung beispielsweise nur zur Nichtigkeit der Ehe führt, die Verletzung der anderen aber zu einem Nichtakt, dann ist ein Nichtakt festzustellen (*Andrae*, Familienrecht, Rn. 99).

[75] Schon bei der CIC-Reform wurde deutlich, dass die Frage, inwiefern Nichtkatholiken an das kirchliche Eherecht gebunden sind, unterschiedlich zu beantworten ist, je nach dem, ob es um die Form oder um Ehehindernisse geht, weil letztere direkt die Vertragsfähigkeit betreffen [Comm 33 (2001) 34].

und bringt c. 790 § 2 CCEO zum Ausdruck, dass ein Hindernis, auch wenn es nur einen der beiden Partner trifft, die Ehe dennoch ungültig macht. Obwohl sich diese Aussage im CIC/1983 nicht findet, gilt sie doch auch im lateinischen Recht. Die Freiheit von Hindernissen kann und muss daher für jeden Gatten separat geprüft werden.[76] Dabei ist sein eigenes Recht maßgeblich. Der Ausdruck „*etiam*" in Art. 2 § 2 DignCon ist bezüglich der Ehehindernisse demnach so zu verstehen, dass jede der beiden Rechtsordnungen angewandt wird, aber jeweils nur auf den Partner, der ihr unmittelbar untersteht.[77] Wie NAVARRETE verdeutlicht, kann die Vertragsfähigkeit von jeder Autorität für ihre Untergebenen unabhängig bestimmt werden. Diese Fähigkeit betrifft außerdem nicht den Ehevertrag als solchen, sondern die beiden Partner als Einzelne und besteht schon, bevor sie miteinander kontrahieren wollen.[78] Hingegen ist es nicht nötig, wie NAVARRETE meint, zwischen absoluten und relativen Hindernissen zu unterscheiden. Bei einem relativen Hindernis, wie dem der Verwandtschaft, das nur in Bezug auf einen bestimmten Partner besteht, wäre ihm zufolge dasjenige Recht anzuwenden, in dem das Hindernis sich auf mehr Grade erstreckt.[79] In Wirklichkeit muss man hier nicht den Grundsatz des strengeren Rechts anwenden, um zu diesem Ergebnis zu gelangen. Vielmehr genügt es auch hier, die Freiheit von Hindernissen für jeden Partner gesondert zu prüfen.[80] Abzulehnen

---

[76] *Breitbach* (Vollmacht, 212) und *Kaniamparambil* (Competence, 57) verstehen c. 790 § 2 CCEO in der eben beschriebenen Weise. *Primetshofer* (Verkehrsrecht, 356) hingegen legt diese Bestimmung gerade umgekehrt aus. Ihm zufolge bedeutet sie, dass eine Ehe auch dann ungültig ist, wenn das Hindernis bei dem Partner vorliegt, dessen Rechtsordnung es nicht aufgestellt hat. Nun ist es nicht das unmittelbare Ziel des c. 790 § 2 CCEO, eine Aussage über das anzuwendende Recht bei Mischehen zu treffen, sondern zu betonen, dass Ehehindernisse den einzelnen Partner und nicht unbedingt beide zugleich betreffen. Aber gerade diese individuelle Personbezogenheit der Hindernisse lässt darauf schließen, dass ihr Vorliegen für jede Person einzeln nach dem für sie jeweils geltenden Recht zu prüfen ist.

[77] Derselbe Ausdruck „*etiam*" findet sich auch in der Parallelnorm des c. 780 § 2 CCEO. Die Entwürfe zu dieser Norm hingegen verwendeten bezüglich der Ehehindernisse („*impedimenta*") die Formulierung „*lex propria / ius proprium utriusque partis*" (c. 118 Schema CultDiv 1980 bzw. c. 775 Schema CICO 1986). Dabei bringt der lateinische Begriff „*uterque*" noch deutlicher zum Ausdruck, was hier gemeint ist, denn er bedeutet „jeder von beiden", „jeder für sich", wobei jeder einzeln gedacht wird (vgl. *Georges*, Lateinisch-deutsches Handwörterbuch, Stichwort „uterque"). Das bestätigt, dass die Hindernisse für jeden einzeln nach seinem eigenen Recht zu prüfen sind. Bevor diese Norm in die endgültige Fassung des CCEO einging, wurde ihr Anwendungsbereich vom bloßen Hindernisrecht auf das gesamte Eherecht ausgedehnt und die Formulierung mit „*utriusque*" durch jene mit „*etiam*" ersetzt. Ob beabsichtigt oder nicht, so ist doch sinnvoll, dass beide Änderungen miteinander verbunden wurden. „*Etiam*" ist nämlich offen für beide der oben genannten Varianten. Damit wird es möglich, bezüglich der Ehehindernisse bei der ersten dieser Auslegungsmöglichkeiten zu bleiben und für die anderen Teile des Eherechts hingegen die zweite zu wählen (siehe unten).

[78] Vgl. *Navarrete*, Competentia, 107f.

[79] Vgl. *Navarrete*, Giurisdizione, 124.

[80] Wenn beispielsweise zwei Nupturienten im 4. Grad der Seitenlinie miteinander verwandt sind und die Rechtsordnung des einen das Ehehindernis der Verwandtschaft nur bis zum 2.

ist jedenfalls die früher bisweilen anzutreffende Meinung, wonach sich die Hindernisfreiheit vom katholischen Partner auf den nichtkatholischen überträgt, auch wenn dieser nach seiner eigenen Rechtsordnung zur Eheschließung unfähig wäre.[81] Dass das Vorliegen von Ehehindernissen für jeden Partner getrennt nach seiner eigenen Rechtsordnung zu prüfen ist, entspricht der heute allseits geteilten kirchenrechtlichen Lehre.[82]

Eheschließungsform: Anders verhält es sich bei der Form der Eheschließung. Sie bezieht sich direkt auf den Eheschließungsakt, der eine Einheit bildet und nicht in zwei Teile aufgespaltet werden kann, von denen jeder nur einen Partner beträfe.[83] Nun bringt Art. 2 § 2 DignCon aber insofern eine Neuerung ins Recht der lateinischen Kirche, als festgelegt wird, dass auf die konfessionsverschiedenen Ehen nicht nur das kanonische Recht angewandt wird, sondern auch („*etiam*“) das Recht der Gemeinschaft des nichtkatholischen Partners. Dabei ist davon auszugehen, dass der Begriff „Recht“ das gesamte Eherecht, also auch die Formvorschriften, erfasst. Die schon ältere Parallelnorm des c. 780 § 2 CCEO wird bereits jetzt in der Weise ausgelegt, dass auch die Formvorschriften mitgemeint sind und dass grundsätzlich beide Rechtsordnungen nebeneinander zu beachten sind.[84] Die entsprechenden cc. 118 Schema *de cultu Divino* (1980) und 775 Schema CICO (1986) sprachen nur von Hindernissen („*impedimenta*“), während im endgültigen Text vom Recht („*ius*“) im Allgemeinen die Rede ist. Diese Veränderung bedeutet, dass eben nicht nur das fremde Hindernisrecht, sondern das gesamte fremde Eherecht anzuwenden ist.[85] Die Kanonistik ist nun gerufen, Möglichkeiten aufzuzeigen, wie bei ein und demselben Rechtsakt die Formvorschriften zweier verschiedener Rechtsordnungen erfüllt werden können.

Es ist jedenfalls ausgeschlossen, zwei Ehefeiern zu halten, von denen jede der Rechtsordnung eines der beiden Partner entspricht. C. 1127 § 3 CIC verbietet es, vor oder nach der kanonischen Eheschließung eine andere religiöse Trauungsfeier zur Abgabe oder Erneuerung des Ehekonsenses vorzunehmen. Eine derartige „Lösung“ des Problems zweier aufeinander treffender Rechtsordnun-

---

Grad erstreckt, die des anderen jedoch bis zum 4., so kann die Ehe einfach deswegen nicht gültig zustande kommen, weil der zweite aufgrund seiner eigenen Rechtsordnung zu dieser Ehe nicht fähig ist, für eine gültige Ehe aber beide Partner ehefähig sein müssten.

[81] Zu Recht wurde diese Ansicht von *Prader* in seiner *relatio* zur Reform des Ostkirchenrechts verworfen [Nuntia 5 (1977) 52]. Sie geht nämlich von der Überlegenheit des katholischen Rechts aus, denn sie lässt nicht zu, dass umgekehrt der hindernisfreie nichtkatholische Partner den katholischen hindernisfrei macht.

[82] Z.B: *Abate*, Matrimonio, 28; *Breitbach*, Vollmacht, 215; *Geringer*, Bedingte Eheschließung, 83; *Kaniamparambil*, Competence, 57; *Navarrete*, Ius matrimoniale, 617; Prader, Differenze, 493; *Primetshofer*, Geltung, 201; *Schwendenwein*, Fragen, 299. *Rambacher* (Formerfordernisse, 54) zeigt dies für die Ehe ritusverschiedener Katholiken. Zum vorkonziliaren Recht bereits *Gasparri*, Tractatus I, Rn. 256.

[83] Vgl. *Gefaell*, Matrimonio condizionato, 622f; *Prader*, Condizione, 281.

[84] Vgl. *Demel*, Eheschließungsform, 427; *Eicholt*, Formvorschriften, 190.

[85] Vgl. *Prader*, Anerkennung, 219; Rambacher, Formerfordernisse, 51.

gen nähme in Wirklichkeit die Zeremonie der anderen Gemeinschaft überhaupt nicht ernst.[86] Außerdem wäre nicht klar, welche der beiden Feiern nun tatsächlich ehebegründend ist.[87] Wenn die Ehe wegen erheblicher Schwierigkeiten nicht in der kanonischen Form geschlossen werden kann, so zieht es die Kirche vor, dass sie mit Dispens allein in der fremden Form zustande kommt, anstatt zwei Trauungen vorzunehmen (vgl. Nr. 156 gegenüber Nr. 155 DirOec).[88]

Es gibt jedoch andere Möglichkeiten, das genannte Problem zu lösen. *Dignitas Connubii* widerspricht c. 1127 § 3 CIC im Grunde nicht. Denn es verlangt nicht zwei verschiedene Trauungsfeiern, sondern nur die Beachtung zweier verschiedener Rechtsordnungen. Es ist durchaus vorstellbar, dass mit ein und derselben Zeremonie die Formvorschriften zweier Rechtsordnungen zugleich erfüllt werden.[89] Das islamische Eherecht stellt beispielsweise nur geringe Anforderungen an die Form. Streng genommen genügt hier für die gültige Eheschließung die Anwesenheit zweier männlicher bzw. eines männlichen und zweier weiblicher Zeugen, wobei mindestens ein Zeuge Muslim sein muss.[90] Wird eine katholisch-muslimische Ehe in der ordentlichen kanonischen Form gemäß c. 1108 § 1 CIC geschlossen, so sind damit bei entsprechender Auswahl der Zeugen die muslimischen Formgebote automatisch miterfüllt. Das Mitwirken einer Amtsperson ist nach muslimischer Auffassung nicht zur Gültigkeit, sondern nur aus Publizitätsgründen und zur Sicherung des Klagerechts erforderlich.[91] Doch selbst wenn man zusätzlich diese Vorschriften beachtet, muss die Amtsperson keine religiöse Autorität der islamischen Glaubensgemeinschaft sein.

Auch bei katholisch-orthodoxen Ehen ist es möglich, dass mit der katholischen Trauung gleichzeitig die fremden Formvorschriften miterfüllt werden. Zu

[86] Vgl. *Prader / Reinhardt*, Eherecht, 188.

[87] Die Römische Rota hatte über eine Ehe zwischen einem griechisch-orthodoxen Mann und einer presbyterianischen Frau zu urteilen, die zuerst vor einem methodistischen und im folgenden Jahr vor einem presbyterianischen Amtsträger geheiratet haben (*coram Lefebvre* vom 13.1.1968, Nr. 1). Der orthodoxe Ritus, der eigentlich zu erwarten gewesen wäre, wurde hingegen nicht vollzogen. Das Urteil setzt sich mit der Frage der religiösen Doppeltrauung jedoch nicht auseinander, sondern stellt die Nichtigkeit wegen eines Ehehindernisses der orthodoxen Kirche fest.

[88] Möglicherweise gibt es Religionsgemeinschaften, welche die Doppeltrauung nicht verbieten. Wenn die Nupturienten zwei derartigen Religionsgemeinschaften angehören und sich für die Abhaltung zweier Trauungsfeiern entschließen, so muss der kirchliche Richter, der über ihre Ehe zu befinden hat, feststellen, welche der beiden Feiern für die Ehe konstitutiv war. Ist das Eheband bereits bei der ersten zustande gekommen, so kann die zweite keine konstitutive Wirkung mehr haben. Wenn die beiden Religionsgemeinschaften aber davon ausgehen, dass die Abhaltung von zwei Feiern notwendig ist, dann kommt die Ehe erst bei der zweiten endgültig zustande.

[89] Der Ehevertrag kann als ganzer den beiden betroffenen Rechtsordnungen zugleich unterworfen werden (vgl. *Breitbach*, Vollmacht, 222f; *Primetshofer*, Verkehrsrecht, 361f.).

[90] Vgl. *Prader / Reinhardt*, Eherecht, 222.

[91] Ebd.

diesem Zweck legt c. 1127 § 1 Teilsatz 3 CIC sogar ausdrücklich fest, dass für Ehen mit einem Angehörigen einer nichtkatholischen orientalischen Kirche die Mitwirkung eines geistlichen Amtsträgers zur Gültigkeit erforderlich ist. Diese Kirchen verlangen nämlich die Segnung der Brautleute durch einen Priester. Nicht anerkannt wird die Trauung vor einem Diakon oder einem Laien.[92] Das Ziel der genannten Bestimmung besteht also in der Rücksichtnahme auf die orientalischen Formvorschriften.[93] Auch wenn die konfessionsverschiedene Ehe in der katholischen Form geschlossen wird, ist die Trauung so vorzunehmen, dass darin gleichzeitig die Vorschriften der anderen Konfession erfüllt werden. Zu unterlassen ist eine Form,[94] die zwar nach katholischer Auffassung, nicht aber nach der Auffassung der anderen Konfession gültig ist.[95] Hier zeigt sich, dass es ohnehin nicht unbedingt notwendig ist, zwei Trauungen abzuhalten, um beiden beteiligten Rechtsordnungen gerecht zu werden, sondern dass bereits die Trauungszeremonie der einen Religionsgemeinschaft so gestaltet werden kann, dass gleichzeitig die Formvorschriften der anderen erfüllt sind.[96]

Eine weitere Möglichkeit, in ein und derselben Feier beide Religionsgemeinschaften einzubeziehen, stellt die gemeinsame Feier der Trauung dar. C. 1127 § 3 CIC verbietet nur, dass der katholische und der andere Amtsträger innerhalb derselben Feier den Konsens der Partner erfragen. Nicht ausgeschlossen ist hingegen, dass der eine den Konsens entgegennimmt und der andere auf sonstige Weise an der Feier mitwirkt. So wurde in Deutschland bereits 1971 und dann erneut 1995 eine Ordnung für die „Gemeinsame Feier der Trauung" bei katho-

---

[92] Vgl. *Prader*, Probleme, 424; Früher hielt *Prader* die Delegation eines Diakons, nicht aber die eines Laien noch für möglich (*Prader*, Forma, 298). *Pospishill* (Eastern catholic marriage law, 372) und *Primetshofer* (Verkehrsrecht, 357-359) halten die Delegation aufgrund des Prinzips *locus regit actum* dann für möglich, wenn die Ehe in der Form des lateinischen Kirchenrechts geschlossen wird. Dem tritt *Reinhardt* (Anfragen, 387) entgegen und merkt dabei an, dass *Primetshofer* seine Meinung inzwischen geändert habe. *Vasil* (Ritus sacer, 63) plädiert insgesamt für eine stärkere Rücksichtnahme auf das orientalische Recht.

[93] Nach *Prader / Reinhardt* (Eherecht, 184) ist c. 1127 § 1 Teilsatz 3 CIC teleologisch auszulegen, womit jene restriktiven am Wortlaut orientierten Interpretationen ausscheiden, die sich mit der reinen Anwesenheit eines beliebigen Amtsträgers begnügen. Außerdem machen *Prader / Reinhardt* (ebd. 185) darauf aufmerksam, dass die Klausel „*servatis aliis de iure servandis*" nicht grundlos aufgenommen wurde, sondern neben dem *minister sacer* auf zusätzliche Formbestimmungen Bezug nimmt.

[94] Z.B. die Trauungsassistenz durch einen Diakon oder Laien. Auch wenn ein Priester der Feier vorsteht, ist darauf zu achten, dass er dem Brautpaar tatsächlich den Segen spendet (ebd. 186).

[95] Anders liegt der Fall hingegen, wenn die Voraussetzungen für eine Noteheschließung gemäß c. 1116 CIC gegeben sind. Hier setzt sich das Grundrecht auf Eheschließung gegen die Formvorschriften durch [vgl. das Urteil des Diözesangerichts Paderborn *coram Köster* (30.8.1979)], auch wenn dies von Seiten der getrennten orientalischen Kirchen nicht anerkannt wird.

[96] Dieses Ziel wird allerdings nicht vollständig erreicht, da die meisten der getrennten orientalischen Kirchen die katholische Priesterweihe nicht anerkennen.

lisch-protestantischen Ehen erlassen.[97] Dies ist nur ohne Eucharistiefeier möglich. Wenn die Nupturienten wollen, dass der protestantische Amtsträger den Konsens erfragt, so muss der katholische Partner um Dispens von der Formpflicht ansuchen.[98] Nimmt hingegen der katholische Amtsträger den Konsens in der protestantischen Kirche entgegen, so bedarf er der Delegation durch den katholischen Pfarrer, in dessen Sprengel sie liegt.[99]

Bei religionsverschiedenen Ehen gibt es zwar keine derartigen „gemeinsamen Trauungen“, doch ist es auch hier möglich, Elemente der fremden Trauungszeremonie in die katholische einzubauen. So soll die Feier einer jüdisch-katholischen Ehe – sofern diese Ehe von jüdischer Seite überhaupt zugelassen wird – in einer Weise gestaltet sein, dass auch die jüdischen Teilnehmer mitfeiern können.[100] Ebenso können in die Feier der islamisch-katholischen Ehe traditionelle islamische Elemente aufgenommen werden, doch darf die *„fatiha“* nur gesprochen werden, wenn die islamische Seite unbedingt darauf besteht und ihr keine antichristliche Bedeutung beilegt.[101]

Eine weitere Möglichkeit, den Konflikt zwischen den beiden involvierten Rechten hinsichtlich der Eheschließungsform zu lösen, bietet das Kollisionsrecht. Möglichweise besitzen die betroffenen Rechtsordnungen ein Ehe-Kollisionsrecht, mit dem sie bereits selbst entscheiden, welche Formvorschriften anzuwenden sind. Aber selbst wenn beide Religionsgemeinschaften zunächst prinzipiell auf der Einhaltung der eigenen Form bestehen, kennen sie vielleicht die Möglichkeit, unter bestimmten Umständen eine Dispens davon zu gewähren. Das kanonische Recht sieht diese Möglichkeit in c. 1127 § 2 CIC vor (Abschnitt 5.3). Im Ergebnis wird dann nur die eine Form verwirklicht, während die andere zurücktritt. Dennoch wird damit der Formulierung *„etiam“* in Art. 2 § 2 DignCon entsprochen, weil auch die zurücktretende Rechtsordnung insofern Beachtung findet, als sie diese Selbstzurücknahme in ihren eigenen Bestimmungen vorsieht.

Trotz all der soeben aufgezeigten Möglichkeiten kann schließlich der Fall eintreten, dass die Formgebote der betreffenden Rechtsordnungen nicht zugleich erfüllbar sind und dass die beiden Rechtsordnungen keine Dispens vorsehen. Dann könnte im Grunde genommen keine gültige Ehe zustande kommen. Hat der lateinische Richter über eine derartige Mischehe von Nichtkatholiken zu urteilen, so ist allerdings zu prüfen, ob die Ehe nicht doch als gültig anzusehen ist, weil das Grundrecht auf Eheschließung nicht schon deswegen verweigert werden darf, weil die Formgebote zweier Rechtsordnungen miteinander unvereinbar sind (Abschnitt 3.1).

---

[97] Vgl. *Alfs*, Gemeinsame Trauung, 202.

[98] Vgl. *Prader / Reinhardt*, Eherecht, 188; vgl. Diözesangericht Münster, *coram Reinhardt* (29.6.1990) und *coram Psiuk* (26.9.2000), Nr. 6.

[99] Vgl. *Zapp*, Eherecht, 206.

[100] Vgl. *Puza*, Eheverständnis, 75.

[101] Vgl. *Montan*, Disciplina canonica particolare, 147.

Der Ehekonsens: Beim Ehekonsens ist die Frage schwieriger zu beurteilen, ob nach der ersten oder nach der zweiten der oben genannten Varianten zu verfahren ist. Legt man das Hauptaugenmerk auf die von jedem Partner zu leistende Willenserklärung, so ist eine für jeden Partner separate Beurteilung nach seinem eigenen Recht möglich. Betont man hingegen die Willensübereinstimmung, so steht die Einheitlichkeit des Aktes im Vordergrund, der beiden betroffenen Rechtsordnungen zugleich gerecht werden muss. Der herausragendste Verfechter der ersten Variante ist PRADER.[102] Sie gewinnt inzwischen jedoch immer mehr Anhänger.[103] Außerdem hat bereits vor ihm niemand geringerer als GASPARRI – und das sogar auf der Grundlage des vorkonziliaren Rechts – die Meinung verfochten, dass ein Konsensmangel, der rein kirchlichen Rechts ist, die Ehe nur dann ungültig macht, wenn er auf der Seite des katholischen Partners vorliegt. Läge er hingegen auf der Seite des anderen Partners vor, so wäre die Ehe gültig, sofern dessen Rechtsordnung diesen Konsensmangel nicht kennt.[104] Die These PRADERS geht mit einer Infragestellung der Lehre von der Unteilbarkeit des Ehevertrages einher, was, wie GÜTHOFF[105] feststellt, einen Ansatzpunkt für weitergehende Diskussionen bietet. In der Tat wird auch die gegenteilige Position vertreten. PRIMETSHOFER folgt der zweiten der oben genannten Varianten. Bezüglich des Konsensmangels der Bedingung ist er der Auffassung, dass die Ehe ungültig ist, sofern die Rechtsordnung auch nur eines Partners die Bedingung untersagt, selbst wenn sie vom anderen Partner gestellt wurde.[106] Dieser Meinung schließt sich BREITBACH[107] an und GERINGER[108] kommt – obschon mit einer anderen Argumentation – zum gleichen Ergebnis. REINHARDT scheint bei Normkollisionen generell die Lösung zu bevorzugen, dass die Ehe nur dann gültig ist, wenn sie es nach beiden Rechtsordnungen ist,[109] und bejaht speziell bei ritus- und konfessionsverschiedenen Ehen die gleichzeitige Anwendung beider Eherechte.[110] Inzwischen scheint er sich jedoch der The-

---

[102] Vgl. *Prader*, Anerkennung, 291; *ders*., Condizione, 281.

[103] Z.B. *Gefaell*, Matrimonio condizionato, 623; *Salachas*, Implicanze, 85.

[104] Vgl. *Gasparri*, Tractatus II, Rn. 842. *Gasparri* demonstriert dies am Beispiel des *metus*, der ihm zufolge keinen naturrechtlichen Konsensmangel darstellt.

[105] Vgl. *Güthoff*, Rezension Prader, 651.

[106] Vgl. *Primetshofer*, Verkehrsrecht, 361. *Primetshofer* wendet dazu c. 790 § 2 CCEO, der eigentlich Ehehindernisse betrifft, analog auf die Konsensbedingungen an. Dabei verleiht er diesem Canon einen Sinn, der, wie oben bereits besprochen, nicht unumstritten ist. Andere Autoren messen dieser Bestimmung gerade die umgekehrte Bedeutung bei. *Prader / Reinhardt* (Eherecht, 49) lehnen die analoge Anwendung auf den Ehekonsens ab.

[107] Vgl. *Breitbach*, Vollmacht, 222.

[108] Vgl. *Geringer*, Bedingte Eheschließung, 83. Er argumentiert, wie bereits in Abschnitt 6.3.2 dargelegt, mit dem weitergehenden Recht.

[109] Vgl. *Reinhardt*, Verwaltungskanonistik, 214f.

[110] Vgl. *Reinhardt*, Anfragen, 388.

se PRADERS zugewandt zu haben, die nun von beiden Autoren in ihrem gemeinsamen Eherechtslehrbuch vertreten wird.[111]

Die zweite Variante berücksichtigt das Eherecht jeder einzelnen Religionsgemeinschaft stärker als die erste. Dem Eherecht einer betroffenen Gemeinschaft wird Wirksamkeit sogar für den Partner zugesprochen, der ihr nicht angehört. Diese Variante ist die vorsichtigere und gegenüber den anderen Religionsgemeinschaften freundlichere, weil sie es vorzieht, eine Ehe für ungültig anzusehen, anstatt gegen die Rechtsauffassung einer anderen Konfession an der Gültigkeit festzuhalten. Wenn jeder Gatte die Konsensvorschriften beider Rechtsordnungen einhalten muss, wird das Zustandekommen einer gültigen Ehe erschwert. Da konfessions- und religionsverschiedene Ehen nicht wenige Schwierigkeiten im praktischen Leben mit sich bringen, mag es durchaus erwünscht sein, ihr Zustandekommen an höhere Voraussetzungen zu knüpfen. Auch mag es durchaus angebracht sein, die gegenüber den anderen Religionsgemeinschaften vorsichtigere Variante zu wählen, solange das interkonfessionelle und interreligiöse Kollisionsrecht sich erst im Aufbaustadium befindet und das gegenseitige Vertrauen auch in rechtlichen Fragen erst wachsen muss. Dennoch ist es nur schwer verständlich zu machen, warum der Konsens, den ein Nupturient leistet, für die Eheschließung nicht genügen soll, weil er nach einer Rechtsordnung ungültig ist, der er gar nicht untersteht. Der *favor matrimonii* und das Grundrecht auf eine gültige Ehe – auch wenn der Partner einer anderen Konfession oder Religion angehört – sprechen gegen eine Ausdehnung des Adressatenkreises verungültigender Rechtsvorschriften.[112] Daher wäre, je weiter das Kollisionsrecht ausgebaut wird und gegenseitiges Vertrauen wächst, eine klare Verankerung der ersten Variante anzustreben bzw. der offene Wortlaut von *Dignitas Connubii* in diesem Sinne zu interpretieren.

6.3.4. Wie weit reicht die Offenheit für fremdes Recht?

Sachverweisung oder Gesamtnormenverweisung? Im weltlichen IPR wird zwischen der Sachnormen- und der Gesamtnormenverweisung unterschieden. Erstere schließt nur die Sachnormen des verwiesenen Staates ein, letztere auch dessen Kollisionsnormen, so dass es zu einer Weiterverweisung kommen kann. Welcher Art sind nun die Verweisungen auf fremdes Eherecht in *Dignitas Connubii*? Dass Art. 2 § 2 DignCon grundsätzlich auf religiöses Recht verweist, aber wenn dieses selbst auf weltliches Recht verweist, dieser Verweisung folgt, deutet zunächst auf eine Gesamtnormenverweisung hin. In Wirklichkeit handelt es sich aber um eine reine Sachnormenverweisung, weil das kirchliche Recht das

[111] Vgl. *Prader / Reinhardt*, Eherecht, 49.

[112] Irritierende und inhabilitierende Gesetze verpflichten bei einem Rechtszweifel nicht (c. 14 CIC). Da die hier untersuchte Frage rechtlich nicht eindeutig geregelt ist und keine einheitliche Lehrmeinung dazu vorliegt, kann tatsächlich von einem Rechtszweifel gesprochen werden. Außerdem sind Grundrechtsbeschränkungen nach c. 18 CIC eng zu interpretieren.

Ausweichen auf weltliches Recht bereits selbst anordnet und nicht dem fremden Recht überlässt. Da in religiösen Rechtsordnungen Kollisionsnormen weitgehend fehlen, wäre eine Gesamtnormenverweisung meistens wirkungslos. Wenn das kirchliche Recht hingegen staatliches Recht beruft, wäre sie sehr wohl zweckmäßig. Mit der Sachnormenverweisung bestimmt die Kirche selbst unmittelbar das anzuwendende Recht, ohne diese Befugnis teilweise dem fremden Kollisionsrecht zu überlassen. Die Sachnormenverweisung garantiert jedoch nicht in jedem Fall eine einheitliche Rechtsprechung, nämlich dann nicht, wenn die von der Kirche berufene Rechtsordnung selbst auf ein anderes Recht verweist. Sie wird der fremden Rechtsordnung außerdem nicht voll gerecht, weil sie deren Sachrecht auch dann beruft, wenn die fremde Rechtsordnung es selbst gar nicht anwenden würde, sondern ihrerseits ein drittes Recht beruft. Würde das kirchliche Recht auf das fremde Recht als Ganzes verweisen und damit auch dessen Kollisionsnormen miterfassen, so könnten sich manche Probleme schon von selbst lösen. Wie im vorigen Abschnitt gesagt wurde, sind bei Mischehen zwischen Nichtkatholiken vom Standpunkt des katholischen Rechts aus gesehen die Formvorschriften beider betroffener Rechtsordnungen einzuhalten, was zu unlösbaren Konflikten führen kann. Würde man aber gleichzeitig das Kollisionsrecht dieser Rechtsordnungen mitberücksichtigen, so ließe sich möglicherweise bereits darin eine Lösung für den Konflikt finden – und es wäre nicht nur irgendeine Lösung, sondern genau jene, die von den betroffenen Gemeinschaften selbst angewandt wird, so dass auch der Entscheidungsgleichklang gewährt ist.

Determinierende Verweisungen auf fremdes Sachrecht: Damit hängt eine weitere Frage zusammen: Determiniert die Kirche das anzuwendende Sachrecht bereits ein Stück weit, wenn sie darauf verweist, oder ist die Verweisung so offen gestaltet, dass es ganz der verwiesenen Rechtsordnung überlassen bleibt, es festzulegen? Diese Problematik lässt sich am Beispiel des *ritus sacer* veranschaulichen, der bereits im vorigen Abschnitt angesprochen wurde. Das Zweite Vatikanische Konzil bemühte sich hier um größtmögliche Offenheit, erreichte sie aber nicht, weil gesetzestechnisch ein ungeeigneter Weg eingeschlagen wurde. Nach Art. 18 OE muss bei Ehen zwischen katholischen und getrennten Orientalen ein *minister sacer* anwesend sein. Damit wollte man – was zu begrüßen ist – die orthodoxe Eheschließungsform anerkennen und ihre Einhaltung anordnen. Das ist mit der gewählten Formulierung jedoch nicht gelungen, denn die orthodoxen Formvorschriften verlangen nicht einfach einen *minister sacer*, sondern einen nach orthodoxem Verständnis gültig geweihten Priester, und dieser muss nicht nur anwesend sein, sondern auch das Brautpaar segnen.[113] In c. 1127 § 1 CIC wurde die Anwesenheit immerhin durch eine Mitwirkung („*interventus*") ersetzt. Jedoch erst c. 834 § 2 CCEO verlangt ausdrücklich die priesterliche Segnung. Noch besser ist aber die Formulierung von c. 781 ° 2 CCEO, der einfach vom *ritus sacer* spricht. Diese letztgenannte Formulierung wurde in

[113] Vgl. *Fürst*, Interdependenz, 551.

Art. 4 § 1 ° 2 DignCon übernommen. Sie ist weit genug, um alle orientalischen Formvorschriften zu erfassen, wie auch immer sie ausgestaltet sein mögen. Sie greift den anderen Kirchen nicht in der Frage vor, ob der Ritus, den sie verlangen, in einer priesterlichen Segnung besteht und wie diese konkret ablaufen muss.[114] Die Formulierung wird aber immer noch denjenigen Fällen nicht gerecht, in denen eine orientalische Kirche ausnahmsweise von einem bestimmten Ritus absieht, weil sie dann trotzdem auf dem *ritus sacer* beharrt, ohne die orientalische Ausnahmeregelung zu berücksichtigen.[115] Am besten wäre es daher, schlicht auf die Trauungszeremonie zu verweisen, wie sie in der jeweiligen Kirche vorgeschrieben ist. Diese offene und dynamische Verweisung greift der fremden Rechtsordnung nicht vor, vollzieht Anpassungen, die der fremde Gesetzgeber eventuell vornimmt, automatisch mit und führt auch dann zu keiner Diskrepanz, wenn die fremde Rechtsordnung in gewissen Fällen keinen bestimmten Ritus vorsieht.

Interpretation des Sachrechts nach eigenen oder fremden Maßstäben? Die Entscheidungen der Römischen Kurie schwanken recht stark in der Frage, ob nach katholischem oder nach dem jeweiligen orientalischen Recht beurteilt werden muss, ob ein *ritus sacer* vorliegt. Bei der Erwägung, ob auch der baptistische Trauungsritus als *ritus sacer* zu gelten habe, verweist das Rota-Urteil *coram Ferraro* vom 28.10.1971 auf ein früheres Urteil, das die Frage bejaht, und eines, das sie verneint hat (Nr. 21). Die Richter entscheiden sich dann für eine strenge Interpretation, da es sich um ein Wesenselement handelt, von dem in den orthodoxen Kirchen die Gültigkeit des Ehesakraments abhängt, und verneinen das Vorliegen eines *ritus sacer*, weil der baptistische Amtsträger kein wahrer Priester ist (Nr. 24). Ob ein anglikanischer Priester als *minister sacer* gelten kann, wird in der Entscheidung der Apostolischen Signatur vom 18.4.1972 hingegen nach katholischen nicht nach orthodoxen Kriterien beurteilt.[116] Dass orientalische Kirchen nicht einmal katholische Priester für trauungsfähig halten, wird im Rota-Urteil *coram Abbo* vom 5.2.1970 einfach als unvernünftige und daher unwirksame Gewohnheit abgetan (Nr. 8). Diese Beispiele zeigen, dass die Verweise auf den *minister sacer* bzw. den *ritus sacer* nicht immer als volle Anerkennung des orientalischen Verständnisses interpretiert, sondern auch zum Anlass genommen wurden, katholische Sichtweisen in das orientalische Recht hineinzutragen. Dem hält BREITBACH entgegen, dass die Formgültigkeit nach

[114] Es ist daher gut, dass sich bei der Reform des orientalischen Kirchenrechts jene Stimmen nicht durchsetzen konnten, die den *ritus sacer* wegen fehlender Klarheit weiter präzisieren wollten [Nuntia 15 (1982) 59 und 28 (1989) 106].

[115] Vgl. *Primetshofer*, Jurisdiktion, 45: In einigen orientalischen Rechtsordnungen wird das Erfordernis des *ritus sacer* nicht streng gehandhabt, so dass die Ehe gültig ist, auch wenn nicht der gesamte Ritus vollzogen wurde. C. 781 ° 2 CCEO verlangt aber den gesamten Ritus und ist daher strenger.

[116] Zur Kritik daran: *Rambacher*, Formerfordernisse, 38.

den jeweiligen Rechtsordnungen zu beurteilen ist.[117] Will man die Anerkennung des fremden Rechts, die das Zweite Vatikanische Konzil gebracht hat, wirklich ernst nehmen, so muss man es auch nach dessen Regeln interpretieren. Wenn kirchliches Recht auf weltliche Gesetze verweist, so sind diese gemäß c. 22 CIC in der Kirche mit denselben Wirkungen („*iisdem cum effectibus*") einzuhalten, wie im weltlichen Bereich. Das impliziert, dass sie auch in derselben Weise zu interpretieren sind. Für die Verweisungen auf fremdes religiöses Recht müsste dasselbe gelten.

6.4. Die Anerkennung fremder Urteile und anderer Dokumente

Es wurde nun ausführlich dargelegt, unter welchen Voraussetzungen ein kirchliches Gericht über die Ehe von Nichtkatholiken urteilen kann und welches Sachrecht es dabei anzuwenden hat. Ist es aber wirklich notwendig, dass ein kirchliches Gericht in einer derartigen Sache ein Urteil fällt? Wäre es nicht sinnvoller, dasjenige Gericht entscheiden zu lassen, das nach der Rechtsordnung der Eheleute zuständig ist, und dessen Entscheidung dann einfach für den kirchlichen Bereich anzuerkennen?

Zuständigkeit fremder Gerichte: Es geht hier nicht um die Ehen von Katholiken. Für diese nimmt die Kirche selbstverständlich die alleinige Rechtsprechungskompetenz in Anspruch. Bezüglich der Ehen von Nichtkatholiken geht sie, wie aus Art. 3 § 2 DignCon indirekt hervorgeht und in Abschnitt 6.1.2 bereits aufgezeigt wurde, grundsätzlich von der Kompetenz jener Gerichte aus, die nach der jeweiligen Rechtsordnung der Gatten zuständig sind. Wenn sie aber deren Zuständigkeit anerkennt, müsste sie auch deren Urteile anerkennen.[118] Die Kirche erkennt für die Ehen von Nichtkatholiken ohnehin das fremde Eherecht an und lässt es von ihren eigenen Gerichten anwenden. Dann müsste sie erst recht ein Urteil anerkennen, das auf der Grundlage eben dieses Eherechts ergangen ist und von einem Gericht gefällt wurde, das dieses Recht sogar als das eigene anwendet.[119] Für LLOBELL verlangt die Kohärenz der juristischen Argumentation, dass eine Entscheidung anderer kirchlicher Gerichte rezipiert wird.[120] Außerdem betrachtet er dies als ein Gebot der Gerechtigkeit, um das Grundrecht

---

[117] Vgl. *Breitbach*, Vollmacht, 227.

[118] Nachdem die exklusive Zuständigkeit der Kirche für Ehesachen nichtkatholischer Christen aufgegeben wurde, kann die Kirche *Prader* zufolge beispielsweise die Zuständigkeit eines staatlichen Ehegerichts und dessen Nichtigkeitsurteile anerkennen (*Prader*, Probleme, 459).

[119] Wo die Ehe Ungetaufter vom staatlichen Recht geregelt wird, kann, wie *Ortiz* festhält, die weltliche Autorität die Nichtigkeit erklären (*Ortiz*, Note, 376).

[120] Die Anerkennung, dass die anderen Rechtsordnungen die Form und die Voraussetzungen für eine gültige Ehe festlegen können, bringt nämlich auch die Anerkennung des Rechts mit sich, darüber zu urteilen, ob diese Voraussetzungen erfüllt werden und die Ehe damit gültig ist oder nicht (*Llobell*, Giurisdizione, 86).

auf Eheschließung den Personen zu gewähren, die wieder heiraten wollen, nachdem die erste Ehe für ungültig erklärt worden ist.[121]

Ne bis in idem: Die Anerkennung fremder Urteile lässt sich ferner mit dem *ne-bis-in-idem*-Prinzip rechtfertigen, wonach ein Fall, über den bereits rechtskräftig entschieden wurde, nicht erneut behandelt werden darf. Dieses Prinzip zeigt sich an mehreren Stellen des kanonischen Prozessrechts (vgl. cc. 1629 § 3; 1641; 1642 § 2 CIC), wird von der Römischen Rota[122] bestätigt und in der Literatur[123] entfaltet. Aus ihm ergibt sich, dass ein kirchliches Gericht, keine Klage annehmen darf, über die an anderes Gericht, auch wenn es kein katholisches ist, bereits entschieden hat. Zwar können Personenstandssachen, zu denen auch die Ehesachen gehören, nach c. 1643 CIC nicht in Rechtskraft erwachsen und damit nicht zu einer *res iudicata* werden,[124] doch kommt auch das kanonische Prozessrecht nicht umhin, ihnen wenigstens eine relative oder eingeschränkte Rechtskraft zuzuerkennen. Diese zeigt sich darin, dass Urteile in Personenstandsachen vollstreckbar sind (c. 1644 § 2 CIC) und dass nach einem positiven Ehenichtigkeitsurteil die Wiederheirat möglich ist (c. 1684 § 1 CIC). Die Apostolische Signatur sagt in ihrer *Responsio* vom 1.2.1990 sogar ausdrücklich, dass c. 1684 CIC auch für Urteile in Ehesachen von Nichtkatholiken gilt. C. 1643 CIC wird in Art. 289 § 1 DignCon zwar aufgegriffen, aber zugleich in Art. 289 § 2 wieder entkräftet, indem hinzugefügt wird, dass eine Ehesache, die von einem Gericht bereits entschieden wurde, niemals erneut vom gleichen oder einem anderen Gericht derselben Instanz entschieden werden kann (vgl. auch Art. 259 DignCon).[125] Damit wird klar zum Ausdruck gebracht, dass auch in kirchlichen Ehesachen der Grundsatz *ne bis in idem* gilt. Was die hier interessierende Frage bezüglich Urteile nichtkatholischer Gerichte betrifft, ist jedoch darauf zu achten, dass dieser Grundsatz nur dann durchgreifen kann, wenn es sich tatsächlich um ein und dieselbe Ehesache handelt. Dazu ist es notwendig, dass es sich um dieselbe Ehe und denselben Nichtigkeitsgrund handelt, wie Art. 289 § 3 DignCon nun ausdrücklich hervorhebt. Bei Urteilen anderer religiöser oder staatlicher Gerichte wird es sich aber nicht immer um denselben Nichtigkeitsgrund handeln.

---

[121] Ebd. 86 und 87.

[122] Vgl. das Urteil *coram Palestro* vom 31.1.1990, Nr. 5.

[123] Z.B: *Gullo / Gullo*, Prassi Processuale, 319.

[124] Vgl. *Wrenn*, New Procedural Law, 195. Als Begründung wird angeführt, dass jedes Ehenichtigkeitsurteil unter dem Vorbehalt besserer Erkenntnis der Wahrheit steht, die auch prozessual geltend gemacht werden können muss (*Wernecke*, Urteilsvollstreckung, 204). Das vermag jedoch nicht restlos zu überzeugen, denn eine bessere Erkenntnis der Wahrheit ist in jeder Materie möglich, nicht nur in Personenstandsangelegenheiten. Treten wirklich erhebliche neue Erkenntnisse zu Tage, so gibt es auch gegen rechtskräftige Urteile ein prozessuales Mittel, nämlich die Wiedereinsetzung in den vorigen Stand (c. 1645 CIC).

[125] Ein relativ junges Rota-Urteil spricht im Hinblick auf eine Ehesache von einer *res iudicata*, die, um die dauernde Rechtssicherheit in der Kirche nicht zu gefährden, nur wegen neuer und schwerer Beweise wieder aufgenommen werden kann: *coram Sciacca* (13.6.2001) Nr. 2.

Offizielle kirchliche Stellungnahmen: Wie sehen nun die offiziellen kirchlichen Aussagen die Anerkennung fremder Eheurteile? Schon Papst PIUS XII. hielt in seiner Rota-Ansprache vom 6.10.1946 fest, dass zivilgerichtliche Nichtigkeitserklärungen über Ehen von Ungetauften von der Kirche anerkannt werden können (Nr. II).[126] Die *Adnotatio* des PCLT vom 13.5.2003 bestätigt diese Aussage (Nr. 4a) und erklärt darüber hinaus auch orthodoxe Nichtigkeitsurteile unter bestimmten Umständen für anerkennungsfähig (Nr. 8). Diese doppelte Ausweitung sowohl auf Ehesachen Getaufter als auch auf Urteile religiöser Instanzen trägt den Wirkungen des Zweiten Vatikanischen Konzils Rechnung, wonach die katholische Kirche keine exklusive Rechtsprechungskompetenz über die Ehen Getaufter beansprucht und als fremdes Recht nicht mehr nur das weltliche, sondern auch das religiöse anerkennt. Die Apostolische Signatur hat in ihrer Entscheidung vom 7.1.1991 das Urteil einer anderen Konfession nicht anerkannt, weil es sich im Grunde um eine Ehescheidung gehandelt hat. Daraus folgert LLOBELL im Umkehrschluss, dass eine Anerkennung sehr wohl möglich ist, wenn es sich um ein Nichtigkeitsurteil handelt.[127]

Schranken der Anerkennung: Damit sind bereits die Grenzen der Anerkennungsfähigkeit angesprochen. Da die Kirche an der Unauflösbarkeit jeder Ehe – auch der nichtkatholischen und der nichtsakramentalen – festhält, kann sie keine Urteile anerkennen, die die Auflösung des Ehebandes aussprechen, also keine Scheidungsurteile.[128] Damit fällt bereits der Großteil der Urteile in Ehesachen, seien es religiöse oder zivile, hinweg.[129] Neben diesem sehr häufigen Grund für die Nichtanerkennung, verhindern auch alle anderen Verstöße gegen göttliches Recht eine Rezeption der fremden gerichtlichen Entscheidungen in den kirchlichen Bereich.[130] Die Gründe, die gegen eine Anerkennung sprechen, werden in Abschnitt 6.5.2 noch ausführlicher behandelt. Ebenso zu beachten sind eventuelle Verletzungen der prozessualen Grundrechte der Parteien. Wenn zum Beispiel in einem Eheverfahren einer bestimmten Religionsgemeinschaft das Prinzip „*audiatur et altera pars*" gegenüber der Frau nicht eingehalten wurde, kann die Entscheidung kirchlich keinesfalls anerkannt werden. Wegen des *ne-bis-in-idem*-Grundsatzes kann die Kirche fremde Urteile auch dann nicht anerkennen,

---

[126] Darauf beruft sich *Pospishill*, Eastern catholic marriage law, 206.

[127] Vgl. *Llobell*, Giurisdizione, 88. Die hier von *Llobell* genannte Entscheidung blieb, so weit ersichtlich, unveröffentlicht.

[128] Vgl. Rota-Ansprache *Pius' XII.* vom 6.10.1946, Nr. II. *Abate*, Matrimonio, 27; *Prader / Reinhardt*, Eherecht, 43; *Schwendenwein*, Fragen, 296. Manche Rechtsordnungen kennen die Aufhebung einer Ehe *ex nunc* aus denselben Gründen, die woanders eine Scheidung rechtfertigen. Auch ein derartiges Aufhebungsurteil kann nach *Prader* (Matrimonio in Oriente e Occidente, 46) nicht anerkannt werden. Vgl. dazu auch *Kandler-Mayr* (Urteile, 32). In manchen orthodoxen Kirchen ratifiziert der Bischof praktisch nur das zivile Scheidungsurteil (*Schöch*, Zivilehe, 901).

[129] Die Angst vor Verwechslungen mit der Scheidung darf jedoch nicht dazu führen, auch keine Nichtigkeitsurteile anzuerkennen (vgl. *Llobell*, Giurisdizione, 87).

[130] Vgl. *Prader*, Matrimonio in Oriente e Occidente, 45.

wenn sie selbst bereits in derselben Sache entschieden hat. Es würde aber wohl zu weit führen, fremde religiöse Urteile nur dann anzuerkennen, wenn mit der betreffenden Konfession alle theologischen und rechtlichen Fragen über die Gültigkeit der Ehe geklärt sind.[131] Wenn wirklich eine volle Übereinstimmung notwendig wäre, hätte das Zweite Vatikanische Konzil die fremden Rechtsordnungen nicht anerkennen dürfen. In einem gewissen Rahmen sind Unterschiede jedoch Ausdruck einer legitimen Vielfalt (Art. 16 UR). Selbst innerhalb der einen katholischen Kirche gibt es Abweichungen in Eherecht und Ehetheologie.[132] Käme es auf eine theologische Übereinstimmung an, so könnten staatliche Urteile niemals anerkannt werden, was von Papst PIUS XII. aber bereits 1946 für möglich erklärt wurde. Der Grundsatz kann daher nicht heißen, dass fremde Urteile nur bei voller Übereinstimmung mit den katholischen Vorstellungen anzuerkennen sind, sondern er muss vielmehr lauten, dass Urteile immer anzuerkennen sind, außer wenn sie wirklich den tragenden Prinzipien der katholischen Ehelehre widersprechen. Wie FERRARI feststellt, werden im Islam und im Judentum Urteile anderer Religionsgemeinschaften bzw. des Staates in Ehesachen, die nicht ihre eigenen Mitglieder betreffen, ohne weiteres anerkannt.[133]

Anerkennungsverfahren: Die Kirche kann fremde Eheurteile nicht automatisch anerkennen, da sie zuerst prüfen muss, ob die soeben besprochenen Grenzen, die der Anerkennungsfähigkeit gesetzt sind, überschritten wurden. Um dies zu prüfen, ist ein Verfahren notwendig. Außerdem ist zu prüfen, ob das fremde Gericht vom kirchlichen Standpunkt aus gesehen überhaupt zuständig war und ob bereits eine kirchliche Entscheidung in derselben Sache vorliegt. Obwohl PIUS XII. bereits 1946 die Anerkennbarkeit fremder Urteile bejaht hatte, hat sich bis heute kein eigenes Anerkennungsverfahren ausgebildet, was aber von der Lehre[134] immer wieder eingemahnt wird. Recht eingehend hat sich SCHÖCH mit dieser Frage auseinandergesetzt. Er hält eine Anerkennung auf der Grundlage von c. 781 CCEO bzw. Art. 4 § 1 DignCon für möglich und schlägt ein Verfahren analog zu jenem vor, das bei Berufungsgerichten für die Bestätigung eines Urteils durch Dekret oder für seine Zulassung zur ordentlichen Prüfung ange-

---

[131] Diese Tendenz scheint jedoch die Adnotatio des PCLT vom 13.5.2003 hinsichtlich orthodoxer Nichtigkeitsurteile zu verfolgen (Nr. 8). Ebenso *Prader*, Probleme, 442 und *Schöch*, Zivilehe, 902.

[132] Die lateinische und die ostkatholischen Kirchen unterscheiden sich beispielsweise in der Bedeutung, die dem Konsens bzw. der priesterlichen Segnung bei der Eheschließung zugemessen wird. Jede einzelne orientalische Kirche *sui iuris* kann in ihrem Partikularrecht eigene trennende Ehehindernisse aufstellen (c. 792 CCEO).

[133] Vgl. *Ferrari*, Matrimonio e alterità, 208-211.

[134] Z.B. *Breitbach*, Vollmacht, 235; *Llobell*, Giurisidzione, 87. *Llobell* denkt an ein System der Homologisierung ähnlich der Delibation in Italien oder dem „*exequatur*" in Spanien, mit dem diese Staaten kirchliche Nichtigkeitsurteile anerkennen. Damit wäre auch dem Gegenseitigkeitsprinzip zwischen diesen Staaten und der Kirche Genüge getan.

wandt wird (c. 1683 CIC bzw. c. 1368 CCEO), wobei das katholische Gericht aber in erster Instanz handeln müsste.[135]

Ein Verfahren, wie SCHÖCH es vorschlägt, müsste jedoch zuerst von der kirchlichen Autorität eingerichtet werden. Solange dies nicht der Fall ist, könnte auf das Verwaltungsverfahren zurückgegriffen werden. Ebenso werden im staatlichen Bereich ausländische Entscheidungen im Verwaltungsweg anerkannt.[136] Das kirchliche Verwaltungsverfahren ist unbestimmt genug, um auch solchen Angelegenheiten Platz zu geben. Es wäre denkbar, dass der Ortsordinarius auf Antrag einer der Parteien des fremden Eheprozesses dem daraus hervorgegangenen Urteil per Dekret die Wirksamkeit im kirchlichen Bereich zuerkennt.

Fremde Urteile als Beweisurkunden: Aber selbst wenn das fremde Urteil – aus welchem Grund auch immer – nicht anerkannt werden sollte, so ist es für die Kirche doch nicht ganz bedeutungslos, da ihm die Qualität einer Urkunde zukommt, die im kirchlichen Nichtigkeitsverfahren – das ja notwendig ist, weil das fremde Urteil nicht anerkannt wurde – als Beweismittel verwendet werden kann.[137] Zivilgerichtliche Urteile stellen gemäß c. 1540 § 2 CIC bzw. Art. 184 § 2 DignCon öffentliche staatliche Urkunden dar. Kirchliche Urteile, die nicht von der katholischen Kirche selbst stammen, gelten gleichwohl als öffentliche kirchliche Urkunden im Sinne von c. 1540 § 1 CIC bzw. Art. 184 § 1 DignCon.[138] Beide Arten öffentlicher Urkunden schaffen für alles Glauben, was in ihnen direkt und hauptsächlich bestätigt wird (c. 1541 CIC bzw. Art. 185 § 1 DignCon).[139] Welcher Kategorie sind aber die Urteile nichtchristlicher Religionsgemeinschaften zuzuordnen? Da sie weder kirchlich noch staatlich sind, wären sie als private Urkunden gemäß c. 1541 § 3 CIC bzw. 185 § 3 DignCon anzusehen, denen jedoch nur eine reduzierte Beweiskraft zukommt (c. 1542 CIC bzw. Art. 187 DignCon).[140] Man wird allerdings einem Urteil, das von einem öffentlichen Amtsträger einer Religionsgemeinschaft im Rahmen seiner Amtstätigkeit unter Beachtung seines religiösen Rechts ausgefertigt wurde, in Analogie zu c. 1541 §§ 1-2 CIC bzw. Art. 185 §§ 1-2 DignCon den Öffentlichkeitscharakter nicht absprechen können. Der kirchliche Gesetzgeber dürfte diese Art von Urteilen einfach übersehen, aber nicht bewusst ausgeschlossen haben. Urteile eines nichtkatholischen Gerichts können, wie KANDLER-MAYR[141] erklärt, durch-

---

[135] Vgl. *Schöch*, Zivilehe, 903.

[136] In Deutschland durch die Landesjustizverwaltung, vgl. *Andrae*, Familienrecht, Rn. 400.

[137] Vgl. *Kandler-Mayr*, Urteile, 35; *Schöch*, Zivilehe, 902.

[138] So hat die Römische Rota im Urteil *coram Jarawan* vom 10.3.1989 sowohl das Eheschließungs- als auch das Eheauflösungsdokument der orthodoxen Kirche als öffentliches kirchliches Dokument nach c. 1540 § 1 CIC eingestuft (Nr. 8).

[139] *Kandler-Mayr* entkräftet den Einwand, dass zivile Scheidungsurteile aus verdächtiger Zeit stammen und deshalb nur geringeren Beweiswert haben (*Kandler-Mayr*, Urteile, 36).

[140] *Arroba Conde* (Diritto Processuale, 445) scheint c. 1541 §§ 1-2 CIC streng auszulegen, behandelt den Fall von Urkunden anderer Religionsgemeinschaften jedoch nicht eigens.

[141] Vgl. *Kandler-Mayr*, Urteile, 36. Sie räumt aber auch ein, dass zivile Scheidungsurteile mangels echtem Inhalt oft uninteressant sind (ebd. 37).

aus wesentliche Bedeutung für ein kirchliches Verfahren erhalten, besonders wenn inhaltliche Parallelen – z.B. ein ähnlicher Klagegrund – bestehen. So können sie den kirchlichen Eheprozess, wenn sie ihn auch nicht überflüssig machen, weil sie nicht anerkannt werden, doch erheblich verkürzen.

Totenschein und Todeserklärung: Eine neue Ehe kann nicht nur dann eingegangen werden, wenn die frühere für nichtig erklärt, sondern auch wenn sie durch den Tod eines Gatten aufgelöst worden ist (c. 1141 CIC). Der Tod ist durch eine authentische kirchliche oder weltliche Urkunde (c. 1707 § 1 CIC) nachzuweisen. In dieser Angelegenheit ordnet das kirchliche Gesetzbuch also bereits selbst die Anerkennung eines weltlichen Dokuments an, das die Voraussetzung für eine Wiederheirat ist. Außer Acht bleiben hingegen eventuelle Totenscheine anderer Religionsgemeinschaften. Ist der Tod eines Gatten nur zu vermuten, ohne dass er nachgewiesen werden kann, so bedarf es einer Todeserklärung durch den Diözesanbischof, der dazu selbst geeignete Nachforschungen anstellen muss (c. 1707 § 2 CIC). Er entscheidet, ob im Verwaltungs- oder im Gerichtsweg vorzugehen ist.[142] Staatliche Todeserklärungen – und wohl auch Todeserklärungen anderer Religionsgemeinschaften – werden von der Kirche nicht anerkannt.[143] Erweist sich die kirchliche Todeserklärung als falsch, war der Totgeglaubte zur Zeit der erneuten Eheschließung also noch am Leben, so ist die Zweitehe nichtig.[144]

6.5. Die Bedeutung des göttlichen Rechts

Das *ius divinum* ist der Gegenbegriff zum *ius humanum*, dem menschlichen bzw. rein kirchlichen Recht. Ersteres wird direkt auf den göttlichen Willen zurückgeführt, während Letzteres jenes Recht umfasst, das aus dem Willen des kirchlichen Gesetzgebers oder aus rechtsbegründender Gewohnheit hervorgeht.[145] Es gliedert sich in das durch die Schöpfungsordnung gegebene und mit der bloßen Vernunft erkennbare Naturrecht und das durch den Glauben aus der Offenbarung zu erkennende positive göttliche Recht. Nach der traditionellen Lehre gilt es universal. Das rein kirchliche Recht und anderes *ius humanum* ist unwirksam, wenn es dazu in Widerspruch steht. Die Universalität und der Vorrang vor dem rein menschlichen Recht machen das Naturrecht besonders interessant für interkonfessionelle und interreligiöse Zusammenhänge. Liegt darin vielleicht der Schlüssel zur Lösung aller damit verbundener Probleme, weil das Naturrecht das gemeinsame Element aller Rechtsordnungen darstellt und ihnen

---

[142] Vgl. *Assenmacher*, Eheverfahren, 1208.
[143] *Reinhardt* (Trauung, Rn. 98) erklärt dies damit, dass staatliche Todeserklärungen meist aus der Zeit knapp nach dem Zweiten Weltkrieg stammen, dass der Informationsstand sich inzwischen aber gebessert hat und deswegen heute gründlichere Nachforschungen angestellt werden können.
[144] Vgl. *Zapp*, Eherecht, 82.
[145] Vgl. *Aymans*, Ius divinum, 436.

allen übergeordnet ist? Nicht ohne Grund wird es in den Kollisionsnormen von *Dignitas Connubii* mehrmals genannt. Nach Art. 2 § 1 DignCon werden die Ehen von Katholiken, auch wenn nur ein Partner katholisch ist, unter anderem vom göttlichen Recht geregelt. Was die Ehen zwischen nichtkatholischen Christen betrifft, verweist Art. 4 § 1 ° 1 zwar nur auf Art. 2 § 2 DignCon und nicht auf § 1, doch ergibt sich aus dem logischen Aufbau des Art. 2, dass auch hier das *ius divinum* mitgemeint ist. Hinsichtlich der Ehen von Nichtchristen ist deren Eigenrecht unbeschadet des göttlichen Rechts anzuwenden (Art. 4 § 2 ° 2 DignCon). Indessen löst das *ius divinum* keineswegs alle Probleme des interkonfessionellen und interreligiösen Kollisionsrechts, sondern ist selbst ein höchst problematisches Konzept, wie im Folgenden aufgezeigt wird.

6.5.1. Ius divinum als anzuwendendes Sachrecht

Ehen zwischen einem Katholiken und einem Nichtkatholiken (c. 1059 CIC bzw. Art. 2 § 1 DignCon) sowie Ehen zwischen nichtkatholischen Christen (Art. 4 § 1, der auf Art. 2 DignCon verweist) werden neben dem jeweiligen Eigenrecht auch vom *ius divinum* geregelt. Das göttliche Recht erscheint hier also in der Funktion von Sachrecht, das auf die betreffenden Ehen anzuwenden ist. Die Formulierung bezüglich der Ehen von Nichtchristen ist hingegen zurückhaltender. Nach Art. 4 § 2 ° 2 DignCon richten diese sich nämlich nicht direkt nach dem *ius divinum*, sondern nach ihrem jeweiligen Eigenrecht, während das göttliche Recht nur in der salvatorischen Klausel vorkommt.

Vor dem Erlass von *Dignitas Connubii*, das auch die Beachtung des jeweiligen Eigenrechts festschreibt, war das Naturrecht in der Praxis abgesehen von Formvorschriften weitgehend das einzige Recht, nach dem die lateinischen Gerichte die Ehen von Nichtkatholiken beurteilt haben.[146] Da es als universal gilt, kann es unabhängig von der Religionszugehörigkeit der Gatten ohne weiteres

---

[146] Das Rota-Urteil *coram Stankiewicz* vom 27.3.1998 beginnt zunächst viel versprechend mit der Aussage, dass die Ehe von Nichtkatholiken vorbehaltlich des göttlichen Rechts vom eigenen nichtkatholischen Recht geregelt wird (Nr. 5). Diese Gewichtung wird dann aber bereits umgekehrt, wenn es weiter heißt, dass die Nichtigkeitsgründe vor allem aus dem natürlichen und positiven göttlichen Recht und weniger aus dem bloß menschlichen Recht entspringen (Nr. 6). Schließlich wird nur der göttlich-rechtliche Nichtigkeitsgrund der Eheführungsunfähigkeit gemäß der lateinisch-rechtlichen Bestimmung in c. 1095 ° 3 CIC geprüft (Nr.7f.). Wenn man das fremde Recht nicht beachtet, sondern nur das Naturrecht anwendet, entfallen Hindernisse, die von der betreffenden Religionsgemeinschaft aufgestellt sind, so dass hinkende Ehen erzeugt werden (*Prader / Reinhardt*, Eherecht, 55). Wenn man nicht nur auf die nichtkatholisch-christliche, sondern sogar auf die halbchristliche und die nichtchristliche Ehe fast ausschließlich kanonisches Recht anwendet, so werden die Entscheidungen, wie *Prader* (Anwendung, 348) kritisiert, nach einem Recht getroffen, dem die Gatten weder subjektiv noch objektiv unterstehen.

auf jegliche Ehe angewandt werden.[147] Da es außerdem in zahlreichen Bestimmungen des CIC konkretisiert ist, muss der lateinische Richter das maßgebliche Recht nicht erst ermitteln, sondern kann in gewohnter Weise die bekannten Vorschriften seines eigenen Gesetzbuches heranziehen.[148] In der Theorie ist das göttliche Recht tatsächlich universal, *de facto* aber wird es in fremden Rechtsordnungen kaum anerkannt. Schon zwischen den christlichen Konfessionen herrscht keine Einigkeit über seinen Stellenwert und seinen Inhalt.[149] Andere Religionen wie der Islam und das Judentum führen zwar ihren gesamten Rechtsbestand auf einen göttlichen Ursprung zurück,[150] doch deckt sich dies keineswegs mit dem *ius divinum* nach katholischem Verständnis. Den säkularen staatlichen Rechtsordnungen ist die Vorstellung eines göttlichen Rechts ohnehin völlig fremd.

Weil das Naturrecht in der Praxis weitgehend das einzige Recht war, das man auf Nichtkatholiken angewandt hat, machte sich ein gewisses Bestreben bemerkbar, möglichst vielen Gültigkeitsvoraussetzungen naturrechtlichen Charakter zuzusprechen, um die Auswahl an Nichtigkeitsgründen zu vermehren, womit man sich aber wieder Probleme mit der behaupteten Unwandelbarkeit[151] des Naturrechts einhandelte. Dies lässt sich am Beispiel des *metus* verdeutlichen. Nach einem Rota-Urteil von 1963 ist die Furcht auf Seiten eines ungetauften Gatten nicht beachtlich, weil sie nach der staatlichen Rechtsordnung, der er untersteht, nur innerhalb der ersten drei Ehejahre geltend gemacht werden kann.[152] Da die Furchteinflößung hier also zu den Konsensmängeln des rein menschlichen Rechts gezählt wurde, konnte die Ehe nicht für ungültig erklärt werden. Am 23.4.1987 konstatierte das PCI hingegen in einer authentischen Interpretation, dass der Konsensmangel Furcht und Zwang auch auf die Ehen von Nichtkatholiken anwendbar sei. Die Bedeutung dieser Entscheidung wurde in der Lehre kontrovers diskutiert. Nach der einen Auffassung impliziert sie, dass der Nichtigkeitsgrund „Furcht und Zwang“ zum Naturrecht gehört, denn wenn er rein kirchlichen Rechts wäre, könnte er gemäß c. 11 CIC Nichtkatholi-

---

[147] Vgl. PCLT, Adnotatio vom 13.5.2003, Nr. 3c: Alle Ehen werden jederzeit vom göttlichen Recht – natürlich oder positiv – geregelt. Vgl. auch *Ortiz*, Note, 376.

[148] Auf eine ähnliches Problem macht *Khoury* aufmerksam: Vor dem Erlass von CrAll wandte die Römische Rota auf orientalische Ehesachen einfach das lateinische Recht nach dem CIC/1917 an, teils auch bloß allgemeine Rechtsgrundsätze oder die allgemeine Lehre (*Khoury*, Jurisprudence, 194).

[149] So sind sich die katholische und die orthodoxen Kirchen zwar im Befund, aber nicht im juridischen Stellenwert des göttlichen Rechts einig (*Primetshofer*, Geltung, 197).

[150] Vgl. *Ferrari*, Spirito, 265; *Puza*, Comparare, 147; *ders.*, Religionen, 280.

[151] Die zeitgenössischen Kanonisten gingen jedoch längst von einem absoluten Verständnis der Unveränderlichkeit des göttlichen Rechts ab; vgl. *Pototschnig*, Wandelbarkeit, 392.

[152] *Coram Anné* (30.5.1063), Nrr. 3 und 8; dazu *Prader*, Probleme, 460.

ken überhaupt nicht verpflichten.[153] Nach der anderen Auffassung[154] hingegen kann aus der PCI-Entscheidung nichts über den naturrechlichen Charakter dieses Nichtigkeitsgrundes abgeleitet werden, da sie sich dazu bewusst nicht äußert,[155] sondern eben nur sagt, dass er auch auf die Ehen von Nichtkatholiken anwendbar ist.

Dieses Beispiel zeigt, dass selbst innerhalb der katholischen Kirche nicht eindeutig klar ist, welche Gültigkeitsvoraussetzungen zum Naturrecht gehören und welche nicht.[156] PRADER machte bereits in seiner *relatio* zur Reform des orientalischen Eherechts auf die Probleme aufmerksam, die entstehen, wenn man die nichtkatholischen Orientalen allein dem Naturrecht unterstellt. Zum einen kann man aus dem Naturrecht – mit wenigen Ausnahmen – nicht wissen, was zur Gültigkeit einer Ehe notwendig ist, zum anderen käme es zu Konflikten zwischen der katholischen und der nichtkatholischen Gesetzgebung, da dieselben Ehen die aufgrund des Eigenrechts für ungültig gehalten werden, aus katholischer Sicht gültig wären, weil sie naturrechtskonform sind.[157] Das göttliche Recht ist kein sauber abgrenzbarer Komplex von Rechtsnormen.[158] Es besteht überhaupt nicht aus Rechtsnormen, sondern aus allgemeinen Prinzipien, Werten und Gütern, die erst der Konkretisierung in positiven Rechtssätzen bedürfen.[159] Die geschriebenen Rechtsnormen des CIC sind also nicht selbst das göttliche Recht, sondern nur menschliche Formulierungen, die in größerer oder geringerer Nähe zum zugrunde liegenden Wert, Gut oder Prinzip stehen.[160] Wenn nun gemäß *Dignitas Connubii* neben dem jeweiligen Eigenrecht auch das göttliche Recht auf die Ehen von Nichtkatholiken anzuwenden ist, so ist damit nicht von vornherein festgelegt, dass es das göttliche Recht sein muss, wie es im CIC ausformuliert ist.[161] Wenn das Naturrecht eine zwar für alle Menschen gültige, aber erst noch konkretisierungsbedürftige wertgeladene Materie darstellt, dann muss damit gerechnet werden, dass auch andere Rechtsordnungen es bewusst oder

---

[153] Vgl. *Lüdicke*, c. 1103 MKCIC, Rnn. 36f; *Punzi Niccolò*, Volontà, 508 und 515. Zum analogen Problem bezüglich c. 1098 CIC vgl. das Urteil des Kirchengerichts Bamberg, *coram Kittel* (11.1.1991).

[154] Vgl. *Heinemann*, Vis ac metus, 20.

[155] *Navarrete* (Responsa, 508) kritisiert, dass das PCI keine Unterscheidungen zwischen Elementen des göttlichen und des positiv-menschlichen Rechts macht.

[156] Vgl. *Haering*, Eheprozessordnung, 166. *Reinhardt* führt als Beispiele, die nicht eindeutig geklärt sind, *metus gravis* und *dolus* an (*Reinhardt*, Verwaltungskanonistik, 208). Eine Aufzählung dessen, was auf jeden Fall göttlichen Rechts ist, bringt *Prader*, Differenze, 487.

[157] Nuntia 5 (1977) 53.

[158] Vgl. *Heimerl / Pree*, Kirchenrecht, 16.

[159] Vgl. *Pree*, Rechtscharakter, 63. Aus dem Überpositiven allein können mangels Tatbestandsqualität keine Rechtsfälle gelöst werden (ebd. 60).

[160] Ebd. 63. Dass beim *ius divinum* der menschliche Faktor nicht auszuschalten ist, bemerkte bereits *Rahner* (Ius divinum, 624). Ihm folgend *Siebenrock*, Bund, 78.

[161] Nach der Adnotatio des PCLT vom 13.5.2003 muss der kirchliche Richter hingegen das kanonische Recht anwenden, wenn es sich um Ehehindernisse oder Konsensmängel des göttlichen Rechts handelt (Nr. 8).

unbewusst in ihren Rechtssätzen konkretisieren. Im Sinne einer möglichst weitgehenden Beachtung des jeder Person eigenen Rechts, wie sie vom Zweiten Vatikanischen Konzil und von *Dignitas Connubii* angezielt wird, wäre danach zu trachten, dass der kirchliche Richter das Naturrecht auf die Ehesachen von Nichtkatholiken in der Form anwendet, wie es in ihren eigenen Rechtsordnungen ausformuliert ist.[162] Sonst besteht die Gefahr, dass schließlich im Grunde wieder fast nur kodikarisches Recht angewandt wird und die Öffnung für die anderen religiösen und weltlichen Rechtsordnungen, die *Dignitas Connubii* erreichen wollte, nicht zum Durchbruch kommt.

6.5.2. Göttliches Recht als Schranke

Wenn die Kirche in *Dignitas Connubii* auf die Rechtsordnungen anderer Religionsgemeinschaften und der Staaten verweist, kann sie deren Rechtsvorschriften nicht allesamt kennen und vor allem kann sie nicht wissen, wie sie sich in Zukunft weiterentwickeln werden. Es ist daher nicht auszuschließen, dass sich darunter Vorschriften befinden, die den unverzichtbaren Grundwertungen der kirchlichen Rechtsordnung widersprechen und die daher von kirchlichen Gerichten keinesfalls angewandt werden dürfen. Der Anwendung fremden Rechts müssen also Schranken gesetzt werden. Diese Schranken werden vom Naturrecht gezogen, da dieses Vorrang vor jedem menschlichen Recht beansprucht und entgegenstehendes Recht unwirksam macht.[163] Hier wird also das Naturrecht nicht als Sachrecht angewandt, sondern es bewirkt, dass bestimmte fremde Rechtsvorschriften nicht zur Anwendung kommen. Die salvatorische Klausel in Art. 4 § 2 ° 2 DignCon deutet auf diese Funktion des göttlichen Rechts hin, indem sie festlegt, dass das jeweilige Eigenrecht nur „*salvo iure divino*" anzuwenden ist. Abgesehen von dieser Stelle enthalten die Kollisionsnormen von *Dignitas Connubii* zwar keine Schrankenregelungen, doch ist klar, dass das Naturrecht wegen seiner Vorrangstellung immer als Schranke wirkt. Man könnte höchstens auf c. 22 CIC zurückgreifen, der die Beachtung weltlichen Rechts nur so weit zulässt, als dieses dem göttlichen Recht nicht zuwiderläuft. C. 22 CIC kann hier aber nur analog angewandt werden. Denn er betrifft eigentlich nur Verweisungen auf weltliches Recht und sein Hauptanwendungsfeld beschränkt sich auf die Kanonisation.[164] Die Kollisionsnormen von *Dignitas Connubii* enthalten jedoch keine kanonisierenden, sondern bloß formale Verweisungen. Deswegen ist die zweite Schranke des c. 22 CIC, nämlich anders lautende Bestimmungen im kanonischen Recht, darauf keinesfalls übertragbar. Denn der

---

[162] Das tut der Rolle der Kirche als ausschließlicher Interpretin des göttlichen Rechts keinen Abbruch, denn auch wenn sie die Elemente des *ius divinum* in den fremden Rechtsordnungen ermittelt, wird sie genau in dieser Funktion tätig.

[163] Vgl. *Schwendenwein*, Fragen, 294 und 296.

[164] Anstelle des doppeldeutigen Begriffs „Kanonisation" schlägt *Haering* den Begriff „Rezeption" vor (*Haering*, Rezeption, 288).

Sinn der Kollisionsnormen besteht gerade darin, dass das fremde Recht auch dann angewandt wird, wenn es mit dem kanonischen Recht nicht übereinstimmt. Die Geltung des kanonischen Rechts im innerkirchlichen Bereich bleibt davon unberührt. Hingegen kann fremdes Recht nicht kanonisiert werden, auch wenn es nur dem rein kirchlichen Recht entgegensteht, da es diesem sonst derogieren würde.[165]

Wenn das göttliche Recht als Schranke dienen soll, stellt sich das gleiche Problem, wie dann, wenn es als Sachrecht herangezogen wird: Es besteht nicht aus Rechtssätzen, sondern liefert nur den Grundstoff, um Rechtssätze auszuformulieren. Das *ius divinum* als solches ist in Wirklichkeit zu wenig konkret, um eine präzise Schranke bilden zu können. Diese wird vielmehr von den positivierten Grundrechten und Grundprinzipien des Eherechts gezogen, in denen sich das Naturrecht manifestiert. Die Menschenrechte, die einen zentralen Begriff des modernen Rechtsdenkens darstellen, sind ja geradezu die Weiterentwicklung des klassischen Naturrechts.[166] Auch das staatliche IPR setzt der Anwendung ausländischen Rechts Schranken und zwar unter dem Begriff des *ordre public*, der die unverzichtbaren Grundwertungen der eigenen Rechtsordnung umfasst, wie sie sich in den Verfassungsprinzipien und den Grundrechten zeigen. Einen eben solchen *ordre public* entdeckt PRIMETSHOFER auch in der kirchlichen Rechtsordnung.[167] Wo die *ordre-public*-Schranken greifen, beurteilt die Kirche eine Ehe anders als die ursprünglich betroffene Rechtsordnung, womit das Prinzip des Entscheidungsgleichklangs ein Stück weit zurückgedrängt wird. Dieser Preis muss zum Schutz der eigenen Rechtsordnung und der Grundrechte des Menschen bezahlt werden.

Der kirchliche *ordre public* kann sich auf zweierlei Weise auswirken. Er kann erstens bewirken, dass eine Ehe, die nach der fremden Rechtsordnung gültig ist, von der Kirche als ungültig angesehen wird. Wenn beispielsweise in manchen Religionen wie dem Islam die Polygamie möglich ist, so kann die Kirche dies nicht anerkennen, weil in ihrer eigenen Rechtsordnung das Grundprinzip der Einehe herrscht (c. 1056 CIC).[168] Eine Verbindung zwischen zwei Menschen desselben Geschlechts, wie sie neuerdings von einzelnen Staaten als Ehe betrachtet wird, ist aus kirchlicher Sicht wegen des Grundprinzips von c. 1055 § 1 CIC nicht nur keine gültige, sondern überhaupt keine Ehe.[169]

---

[165] Auf den entscheidenden Unterschied zwischen den beiden Schranken des c. 22 CIC macht das Rota-Urteil *coram Palestro* vom 23.10.1991 aufmerksam: Die Kirche kann kein Recht kanonisieren, das dem göttlichen zuwiderläuft, weil sie nicht einmal selbst derartiges Recht erlassen könnte. Recht, das rein kirchlichem Recht widerspricht, kanonisiert sie hingegen einfach deshalb nicht, weil sie nicht ihrem eigenen Recht derogieren will (Nr. 6).

[166] Vgl. *Pree*, Rechtscharakter, 60.

[167] Vgl. *Primetshofer*, Geltung, 200.

[168] Vgl. drei päpstliche Entscheidungen aus dem 19. Jahrhundert (*Prader / Reinhardt*, Eherecht, 198f.).

[169] Zur Haltung der Kirche gegenüber der Einrichtung gleichgeschlechtlicher Ehen und Partnerschaften vgl. *Coughlan*, Reazione, passim.

Zweitens kann der kirchliche *ordre public* bewirken, dass die Kirche eine Ehe als gültig ansieht, die nach der Rechtsordnung der Gatten ungültig wäre. Ein Beispiel dafür, das die kirchlichen Höchstgerichte[170] wiederholt beschäftigt hat, sind die Ehen orthodoxer Christen, die ohne *ritus sacer* geschlossen wurden, weil – insbesondere unter den kommunistischen Repressionen in Osteuropa – kein Priester erreichbar war. Gemäß der Auffassung der meisten orthodoxen Kirchen sind sie nichtig, weil die priesterliche Segnung unabdingbare Voraussetzung für die Gültigkeit ist. Die katholische Kirche hingegen sieht in derartigen Ausnahmesituationen davon ab, weil sie das Grundrecht auf Eheschließung höher einstuft als gewisse Formvorschriften.[171] Hier verhindert also der Grundrechtsschutz die Anwendung fremden Rechts.[172] Wenn die *ordre-public*-bedingte Nichtanwendung des fremden Rechts zu einer Lücke führt, die nicht mit Mitteln des fremden Rechts geschlossen werden kann, so ist subsidiär lateinisches Recht heranzuziehen. Daher prüfen lateinische Gerichte die Voraussetzungen für eine Noteheschließung nach den Kriterien des c. 1116 CIC, weil das orthodoxe Recht erwartungsgemäß keine entsprechende Regelung enthält.[173] Ein

---

[170] Vgl. Apostolische Signatur: Decisio vom 28.11.1970; Urteil vom 20.1.1971; Decisio vom 7.7.1971; Normae vom 10.5.1976 (Nr. 1); Rota-Urteil *coram Ferraro* vom 28.10.1971, Nr. 25; PCLT, Adnotationes vom 13.5.2003 (Nr. 7a). Während die älteren Entscheidungen eine *impossibilitas* verlangten, um einen Priester zu erreichen, begnügen sich die jüngeren mit einem *grave incommodum*.

[171] Das Naturrecht auf Eheschließung gibt der eherechtlichen Kompetenz der Kirche Schranken vor (*Navarrete*, Competentia, 109; *ders*., Questioni, 509).

[172] C. 781 ° 2 CCEO und Art. 4 § 2 ° 2 DignCon, die bei Ehen mit orthodoxen Christen ausdrücklich den *ritus sacer* einmahnen, sehen keine Ausnahme bei Unerreichbarkeit eines Priesters vor. Eine solche Ausnahme wäre aber ohnehin nicht nötig, weil das Grundrecht immer Vorrang genießt, auch wenn dieser Schrankenvorbehalt nicht explizit gemacht wird (Vgl. *Primetshofer*, Geltung, 204; *ders*., Verkehrsrecht, 363; *ders*., Jurisdiktion, 43. Skeptisch *Vasil*, Ritus sacer, 66. Während *Weitzel* (Zivilehen, 488) die Entscheidung der Apostolischen Signatur vom 28.11.1970 so interpretierte, als ob zu prüfen sei, ob das orthodoxe Recht eine Noteheschließung kennt, hielt ihm *Rambacher* (Formerfordernisse, 33) zurecht entgegen, dass nicht ein ostkirchliches Noteherecht gemeint war, sondern der Vorrang des Rechts auf Eheschließung vor der Anerkennung der ostkirchlichen Disziplin. *Prader* (Wesen und Spender, 178) meint, die Regelung der Noteheschließung nach c. 1116 CIC bzw. c. 832 CCEO sei kein *ius divinum*, weshalb sie nicht gegen orthodoxes Eherecht auf deren Ehen angewandt werden könne. Nun mag es stimmen, dass die konkrete Ausgestaltung der Noteheschließung in den katholischen Gesetzbüchern kein *ius divinum* ist, das Grundrecht auf Eheschließung ist es aber auf jeden Fall. Dieses Grundrecht darf nicht deshalb verweigert werden, weil die betreffende Kirche langfristig selbst nicht fähig ist, die Einhaltung der von ihr vorgeschriebenen Form zu ermöglichen.

[173] Vgl. PCLT, Adnotatio vom 13.5.2003, Nr. 7a. *Prader* (Beurteilung, 100) hält dem entgegen, dass die kanonische Vorschrift über die Noteheschließung rein kirchenrechtlich sei und daher wegen c. 11 CIC nicht auf die orthodoxen Nupturienten angewandt werden könne. Hier geht es jedoch um die Schließung einer Lücke, die anders nicht vorgenommen werden kann. Dass die Brautleute, die vor dem Standesbeamten heiraten, das Bewusstsein haben, damit eine kirchenrechtlich gültige Notehe zu schließen, ist *Mörsdorf* (Noteheschließung, 90f.) zufolge

weiteres Beispiel ist das Mischehenverbot in manchen Religionen. Eine Muslimin kann beispielsweise keinen nichtmuslimischen Mann heiraten, ein Muslime höchstens eine Jüdin oder eine Christin. Ein Jude oder eine Jüdin kann keine Ehe mit einem Angehörigen einer anderen Religion eingehen. Heiraten sie dennoch, so ist die Ehe nach ihrer eigenen Rechtsordnung ungültig, aus katholischer Sicht aber gültig, weil das Grundrecht auf Eheschließung sich gegenüber diesen Eheverboten durchsetzt.[174] Ist der Partner Katholik, so bedarf es zur Gültigkeit freilich einer Dispenserteilung nach c. 1086 § 2 CIC bzw. c. 803 § 3 CCEO. Der häufigste Anwendungsfall des kirchlichen *ordre public* ist aber wohl die Nichtanerkennung von Ehescheidungen wegen des eherechtlichen Grundprinzips der Unauflöslichkeit (c. 1141 CIC).

nicht erforderlich. Es kann also eine Zivilehe orthodoxer Christen, die keinen Priester erreichen konnten, aus katholischer Sicht gültig und sakramental sein (*Schöch*, Zivilehe, 898).

[174] Vgl. *Prader*, Probleme, 458.

7. Die Auflösung der Ehen von / mit Nichtkatholiken

Die Kirche erkennt zwar fremde Ehescheidungen nicht an, sie nimmt bei Ehen von bzw. mit Nichtkatholiken aber selbst Auflösungen dem Bande nach vor.[1] Gemäß dem *Privilegium Paulinum* löst die Kirche eine Ehe zwischen zwei Ungetauften, wenn einer der Partner sich taufen lässt und der andere sich weigert, die Ehe unter Wahrung der natürlichen Sittenordnung und ohne Gefahr für den Glauben des getauften Partners fortzusetzen. Gemäß dem so genannten „*Privilegium Petrinum*" kann jede Ehe, die zwischen zwei Partnern eingegangen wurde, von denen wenigstens einer nicht getauft ist, vom Papst zugunsten des Glaubens gelöst werden. In diesem Fall kann einer der Gatten katholisch sein. Beide Institute werden unter dem Oberbegriff des „*Privilegium fidei*" zusammengefasst.[2] Neben der Nichtigerklärung durch kirchliche Gerichte bzw. der Anerkennung fremder Nichtigkeitsurteile durch die Kirche gibt es also noch eine weitere Möglichkeit, wie Ehen, an denen Nichtkatholiken beteiligt sind, mit Wirksamkeit für den kirchlichen Bereich beendet werden können, wobei es sich aber um keine Nichtigerklärung *ex tunc*, sondern um eine Auflösung dem Bande nach, also gleichsam um eine Scheidung, handelt. Es stellen sich jedoch vor allem zwei Fragen: Warum können bestimmte Ehen doch aufgelöst werden, wenn die Kirche von der Unauflöslichkeit sämtlicher Ehen – auch jener von Nichtkatholiken – ausgeht? Warum kann allein die Kirche diese Ehen auflösen, wo es sich doch um Ehen handelt, an denen keine Katholiken und nicht einmal Christen beteiligt sein müssen, also Personen, über die sie keine Jurisdiktion beansprucht? Im Folgenden sind daher der Begriff der Unauflöslichkeit und die Kompetenz der Kirche näher zu erläutern.

7.1. Verschiedene Grade von Unauflöslichkeit

Ein Sakrament ist die Ehe immer dann und nur dann, wenn sie zwischen zwei Getauften gültig geschlossen wird (c. 1055 § 1f. CIC). Dabei ist es unerheblich, ob die Ehepartner katholisch sind und wie sie selbst die Ehe sehen.[3] Der Gegenbegriff zur sakramentalen Ehe ist die Naturehe, während man den mehrdeutigen Begriff „legitime Ehe" heute kaum noch verwendet.[4] Wie GÜTTLER ausführlich darlegt, ist die Lehre, dass jede gültige Ehe zwischen Getauften zwangsläufig Sakrament ist, eine Gegenreaktion der Kirche auf Säkularisierungstendenzen in

---

[1] Zu muslimischen Vorehen vgl. *Kandler-Mayr*, Fragen, 68.
[2] Vgl. *Weber*, Privilegium, 796.
[3] Vgl. *Güttler*, Die Ehe ist unauflöslich! 18.
[4] Vgl. *Hopfenbeck*, Privilegium Petrinum, 12.

der Neuzeit, durch die sie Gefahr lief, die Ehe an den Staat zu verlieren.[5] Dabei folgte die Kirche der Lehre BELLARMINS, wonach die Sakramentalität nicht von außen zur Naturehe hinzukommt, sondern zwischen dem Element der Gnade und der Natur eine absolute Identität besteht.

Im Zusammenhang mit der Unauflöslichkeit ist des Weiteren der Begriff der vollzogenen Ehe von Bedeutung. Vollzogen (*consummatum*) ist eine Ehe dann, wenn die Partner nach Eheschluss den ehelichen Verkehr vorgenommen haben. Bisher wurde nur undifferenziert von der Unauflöslichkeit gesprochen, doch setzt der CIC/1983 zwei verschiedene Begriffe von Unauflöslichkeit voraus, von denen der schwächere jede Ehe, der stärkere hingegen nur sakramentale Ehen betrifft.

C. 1141 CIC/1983 scheint auf den ersten Blick dafür zu sprechen, dass auch nichtsakramentale Ehen, solange sie gültig und vollzogen sind durch keine menschliche Macht gelöst werden können außer durch den Tod. Es gibt aber zwei Wege, zu begründen, dass diese Bestimmung sich nur auf sakramentale Ehen bezieht. Dazu kann man erstens mit GÜTHOFF c. 1056 CIC heranziehen, der jeder Ehe Unauflöslichkeit zuspricht, aber nur der christlichen Ehe wegen ihrer Sakramentalität noch zusätzlich eine besondere Festigkeit beimisst.[6] Zweitens kann man mit LÜDICKE den Terminus *„ratum“*[7] in c. 1141 CIC unter Berufung auf die Definition von c. 1061 § 1 CIC im Sinne von „gültig geschlossen *und* sakramental“ interpretieren.[8] Hätte hingegen *„ratum“* in c. 1141 CIC nur die Bedeutung von „gültig geschlossen“, so wäre in der Tat die Auflösung von Ehen nach den cc. 1143-1150 CIC nicht verständlich. Wenn nun aber nur der Tod Ehen scheiden kann, die gültig geschlossen, vollzogen und sakramental sind, so bleibt davon unberührt, dass andere Ehen unter Umständen auch aus anderen Gründen und von anderen Gewalten aufgelöst werden können.[9]

Die beiden Arten von Unauflöslichkeit werden von GÜTHOFF „absolut unauflöslich“ bzw. „nicht absolut unauflöslich“ genannt.[10] HOPFENBECK bezeichnet

---

[5] Vgl. *Güttler*, Die Ehe ist unauflöslich! 21f.

[6] Vgl. *Güthoff*, Das Privilegium Petrinum, 245.

[7] Vgl. die verschiedenen Bedeutungen von *„ratum“*, die *Hopfenbeck* unterscheidet: „gültig anerkannt“, „nicht vollzogen“ bzw. „sakramental“ bei: *Hopfenbeck*, Privilegium Petrinum, 11.

[8] Vgl. *Lüdicke*, c. 1141 MKCIC, Rn. 2.

[9] Wie *Bride* zur entsprechenden Vorgängerbestimmung des CIC/1917 zu Recht festhält, besagt die Aussage des kirchlichen Gesetzbuches, dass sakramentale und vollzogene Ehen absolut unauflöslich sind, noch nicht automatisch, dass die anderen Ehen auflösbar sind. Nach verschiedenen Überlegungen kommt aber auch er zu dem Schluss, dass sie unter bestimmten Voraussetzungen aufgelöst werden können: *Bride*, Le pouvoir du Souverain Pontife, 54 und 96.
Die Unauflöslichkeit der sakramentalen Ehe und die mögliche Auflösung nichtsakramentaler Ehen verhalten sich *Naurois* zufolge nicht wie Regel und Ausnahme zueinander, sondern es handelt sich um zwei verschiedene Kategorien von Ehen, die eben auch unterschiedlichen Regel unterliegen: *Naurois*, Extensions 107.

[10] Vgl. *Güthoff*, Das Privilegium Petrinum, 247.

dieselbe Sache mit anderen Begriffen, wenn er die innere Unauflöslichkeit, die für alle Ehen gilt und darin besteht, dass kein Partner einseitig oder im Einvernehmen mit dem anderen die Ehe auflösen kann, von der äußeren Unauflöslichkeit unterschiedet, die sich auf die sakramentale und vollzogene Ehe beschränkt und bewirkt, dass sie nicht einmal durch die kirchliche Verfügungsmacht aufgelöst werden kann.[11]

Wenn man nun die erwähnten Bestimmungen des CIC über die Unauflöslichkeit, die Sakramentalität, den Vollzug und die Gültigkeit der Ehe zusammennimmt, kann man daraus schließen, dass die gültigen und vollzogenen Ehen nicht absolut unauflöslich sind, sofern sie nicht sakramental sind. Das aber ist bereits der Kerngedanke des *Privilegium fidei.*

7.2. Kompetenz zur Auflösung der Ehen von / mit Nichtkatholiken

Bezüglich der Ehen von Katholiken sieht sich die Kirche nur dann zur Auflösung bevollmächtigt, wenn die Ehe nicht vollzogen wurde (c. 1142 CIC). Sobald an der Ehe jedoch ein Ungetaufter beteiligt ist, kann sie auf der Grundlage des Glaubensprivilegs auch die vollzogene Ehe auflösen. Wie lässt sich erklären, dass die Auflösungskompetenz der Kirche bei Ungetauften umfangreicher ist als bei Katholiken?

Zunächst ist in Erinnerung zu rufen, was bereits in Kapitel 4 zur Kompetenz der Kirche gesagt wurde: Für die Ehen von Nichtchristen ist sie von vornherein nicht zuständig[12], bezüglich der Ehen nichtkatholischer Christen, hat sie auf die Ausübung ihrer Kompetenz verzichtet. Von der Rechtsetzungskompetenz ist zwar die Rechtsprechungskompetenz zu unterscheiden, die sich grundsätzlich auf alle Menschen erstreckt, doch handelt es sich bei der Anwendung des Glaubensprivilegs nicht nur um eine Entscheidungsvollmacht. Es ist nämlich nicht so, dass die Kirche hier nur rechtsprechend tätig würde, während sie das fremde Sachrecht – etwa das staatliche Scheidungsrecht – aus der betreffenden Rechtsordnung übernähme. Vielmehr legt sie auch das materielle Recht, das sie dabei anwendet, selbst fest.

Die Kompetenz für das Glaubensprivileg wird in der Literatur mit verschiedenen Argumenten begründet. Erstens sei die Ehe eine *res sacra*, für die allein die Kirche Zuständigkeit besitze.[13] Allerdings muss man sich dann fragen, wie eine solche heilige Sache ohne Beteiligung der Kirche überhaupt zustande kommen kann, wenn doch die Kirche die ausschließliche Zuständigkeit dafür

---

[11] Vgl. *Hopfenbeck*, Privilegium Petrinum, 7; vgl. auch schon die Unterscheidung bei *Bride* in „*intrinsèquement indissoluble*“ und „*extrinsèquement indissoluble*“: *Bride*, Le pouvoir du Souverain Pontife, 96.

[12] *Kuntz* zufolge lehnten verschiedene Theologen die Vollmacht des Papstes, solche Ehen aufzulösen, gerade deshalb ab, weil er ja keine Jurisdiktion über Nichtgetaufte habe. *Kuntz*, The Petrine Privilege, 492.

[13] Vgl. *Bride*, Le Pouvoir du Souverain Pontife, 90; *Chiappetta*, Il matrimonio, 380.

besitzt. Die Schwierigkeiten der Argumentation mit der *res sacra* wurden bereits in Abschnitt 4.4.3 dargelegt. Ferner wird gesagt, der Papst erkläre und interpretiere kraft seines Lehramtes das Naturrecht, das auch für Ungetaufte von Bedeutung ist.[14] Auch die Probleme, die eine naturrechtliche Begründung mit sich bringt, wurden bereits aufgezeigt. Das *Privilegium Paulinum* ließe sich unter Berufung auf 1 Kor 7,12-15 zwar mit dem göttlichen Recht begründen, doch fehlt eine entsprechende Bibelstelle für die andere Form der Auflösung nichtsakramentaler Ehen zugunsten des Glaubens. Dass sich das Lehramt des Papstes auf die gesamte Menschheit beziehen kann, heißt noch nicht, dass dasselbe für seine Jurisdiktionskompetenz gilt. Auch die Überzeugung, dass alle Menschen in die Kirche berufen sind und sie das Heilsinstrument für die ganze Menschheit ist (Art. 1 LG),[15] bringt noch keine rechtliche Kompetenz über alle Menschen mit sich.

Die Begründung muss vielmehr an einer anderen Stelle ansetzen. Beide Arten der Auflösung nichtsakramentaler Ehen sind Rechtsinstitute zugunsten des Glaubens. Die Rechtsgunst des Glaubens hat Vorrang vor der Rechtsgunst der Ehe.[16] Eine Voraussetzung dafür ist, dass die Eheauflösung in irgendeiner Weise für den Glauben eines Partners förderlich ist. Der *favor fidei* ist ein wesentliches Element beider Institute. Dass eine Auflösung nach dem *Privilegium Paulinum* sich zugunsten des Glaubens auswirkt, ist leicht zu verstehen, denn jenes setzt ja voraus, dass ein Partner getauft wird und die Möglichkeit erhält, nun mit einem katholischen Partner eine Ehe nach katholischen Vorstellungen zu führen. Wo aber liegt der *favor fidei* beim so genannten *„Privilegium Petrinum"*, das ja gerade nicht die Taufe oder Konversion eines Partners voraussetzt? In der Lehre wurden verschiedene Antworten auf diese Frage versucht, die alle mehr oder weniger in die gleiche Richtung weisen: Nach CHIAPPETTA ist der *favor fidei* identisch mit der *salus animarum* und diese umfasst auch Ungetaufte, und außerdem kann sich der *favor fidei* auch auf eine dritte Person – gemeint ist der katholische Partner, mit dem die neue Ehe eingegangen werden soll – oder auf die christliche Gemeinschaft selbst beziehen.[17] ABATE weist darauf hin, dass der *favor fidei* und die *salus animarum* durch die Feier oder Gültigmachung der Ehe allen Parteien, den Kindern und der Kirchengemeinschaft zugute kommt und dass das geistliche Gut auch darin bestehen kann, dass die neue Ehe nun sakramental wird oder zumindest doch ein ungeordnetes Konkubinat vermieden werden kann.[18] Ähnlich argumentiert auch STEINDL, dass sich eine derartige Auflösung der Ehe zwar nicht zugunsten des Glaubens eines Konvertiten, aber sehr wohl zugunsten eines Katholiken auswirkt, der nun eine gültige Ehe schließen

---

[14] Ebd.
[15] Ebd.
[16] So *Heimerl / Pree* (Kirchenrecht, 262) in Bezug auf c. 1150 CIC.
[17] Vgl. *Chiappetta*, Il matrimonio, 380.
[18] Vgl. *Abate*, Matrimonio, 298f.

oder eine bisher nur standesamtliche Ehe kirchlich ordnen kann.[19] Für SCHMITZ ist der *favor fidei* immerhin dadurch verwirklicht, dass die Auflösung nur gewährt wird, wenn in der neuen Ehe die Glaubensfreiheit des katholischen Partners und die katholische Taufe und Erziehung der Kinder förmlich gewährleistet werden.[20]

Mit dem Bezug auf den *favor fidei*, lässt sich die Zuständigkeit der Kirche für die Auflösung von Ehen von bzw. mit Nichtkatholiken tatsächlich rechtfertigen. Denn dass die Kirche hinsichtlich des Glaubens eine auch rechtliche Kompetenz besitzt, kann ihr gewiss nicht abgesprochen werden. Daraus erklärt sich ferner, dass die Kirche nicht jede beliebige Ehe, an der wenigstens ein Nichtkatholik beteiligt ist, auflösen kann, sondern nur diejenigen, bei denen der Glaube eines Gatten oder eines Dritten betroffen ist. Die Zuständigkeit der Kirche zur Auflösung einer Ehe dem Bande nach ist also in ähnlicher Weise beschränkt, wie die Zuständigkeit zur Nichtigerklärung gemäß Art. 3 § 2 DignCon: Hier wie dort ist ein gewisser Bezug zur katholischen Kirche erforderlich, um die Zuständigkeit für Nichtkatholiken zu begründen. Dass die Kirche eine Ehe zwischen Katholiken, wo der Bezug zur katholischen Kirche noch viel klarer wäre, hingegen nicht auflösen kann, wenn sie bereits vollzogen wurde, liegt an der Sakramentalität dieser Ehe.[21] Im Folgenden werden die beiden Formen der Auflösung nichtsakramentaler Ehen einzeln dargestellt.

7.3. Das Privilegium Paulinum

Der Name dieses Rechtsinstituts geht auf eine Aussage des Apostels Paulus bezüglich der Ehen mit Ungetauften in der urchristlichen Gemeinde zurück. Danach soll der ungläubige Partner sich trennen, wenn er will, so dass der gläu-

---

[19] Vgl. *Steindl*, Neuregelung der Eheauflösung in favorem fidei, 346. Eher kritisch hat sich hingegen *Gampl* zu einem zu leichtfertigen Umgang mit dem *favor fidei* beim *Privilegium Petrinum* geäußert. Sie befürchtet, der *favor fidei* könnte hier zu einem reinen *favor fidelium* verkommen, und warnt davor, dass daraus nicht gar ein *damnum fidei* entstehen soll: *Gampl*, Privilegium uti aiunt Petrinum, 342.

[20] Vgl. *Schmitz*, Regelungen, 16.

[21] Von manchen Kanonisten wurde die Möglichkeit erwogen, dass der Papst ebenso Ehen auflösen könnte, die sakramental und vollzogen sind. Denn er kann sowohl sakramentale Ehen auflösen, sofern sie nicht vollzogen sind, als auch vollzogene Ehen, sofern sie nicht sakramental sind. Fügt man beide Kompetenzen zusammen, so könne man auf eine Lösegewalt für sakramentale und zugleich vollzogene Ehen schließen. Diesem Ansinnen trat jedoch das PCI (Il potere del Papa e il matrimonio dei battezzati, vom 11.11.1998) entgegen, indem es auf die verschiedenen Grade der Unauflöslichkeit aufmerksam machte. Der höchste Grad, der nicht einmal vom Papst gelöst werden kann, ist jener der vollzogenen und sakramentalen Ehe. *Sorrentino* bekräftigte bei der Pressekonferenz zur Präsentation von *Dignitas Connubii*, dass nicht einmal der Papst die Macht hat, eine gültige sakramentale und vollzogene Ehe aufzulösen. Tatsache ist jedoch, dass es in einem Teil der katholischen Kirche, nämlich in den katholischen Ostkirchen, über Jahrhunderte eine Scheidungspraxis gab, bis sie auf Druck von Papst *Pius* IX. aufgegeben wurde (vgl. *Bressan*, Divorzio, 210 und 218).

big gewordene nicht wie ein Sklave an die Ehe gebunden ist (1 Kor 7,12-15). In der heutigen Form ist das *Privilegium Paulinum* in den cc. 1143-1150 CIC geregelt. Nach c. 1143 CIC müssen drei Voraussetzungen vorliegen: (1) Die zu lösende Ehe wurde zwischen Ungetauften gültig geschlossen. (2) Einer der Gatten empfängt die Taufe. (3) Der andere Partner weigert sich – ohne dass der Getaufte dies verschuldet hätte –, das Eheleben friedlich fortzusetzen. Das kann sich darin äußern, dass er keine Ehe nach den katholischen Sittengeboten führen will oder dass er die Glaubensfreiheit des getauften Partners nicht respektiert.[22] Eine Auflösung ist auch dann möglich, wenn der ungetaufte Gatte sich zunächst zur Fortsetzung der Ehe bereit erklärt hat, sich später aber ohne gerechten Grund nicht daran hält.[23] Die geschützten Rechtsgüter sind der religiöse Friede, die Freiheit des Geistes und letztlich die *salus animarum*.[24]

Zur Prüfung der ersten Voraussetzung sind zwei Elemente erforderlich: Zum einen muss feststehen, dass zum Zeitpunkt der Eheschließung kein Partner getauft war. Hierfür ist an das zu erinnern, was bereits in Abschnitt 2.2 dargelegt wurde. Zum anderen muss die Ehe gültig sein, denn eine Ehe, die nie gültig zustande gekommen ist, kann nicht aufgelöst werden. Die Gültigkeit der Ehe ist nach PRADER / REINHARDT[25] gemäß dem Naturrecht und dem staatlichen Recht zu prüfen. Durch *Dignitas Connubii* kommt auch das fremde religiöse Recht in den Blick und erhält sogar den Vorrang vor dem staatlichen. Obwohl diese Instruktion nur gerichtliche Nichtigkeitsprozesse betrifft, müsste diese Vorgabe analog auch auf das Auflösungsverfahren angewandt werden, da die Kirche ein und dieselbe Ehe nicht unterschiedlich bewerten kann. Stellt sich heraus, dass die Ehe nicht gültig zustande gekommen ist, muss anstelle des Auflösungsverfahrens ohnehin ein Nichtigkeitsprozess durchgeführt werden, der sich auf jeden Fall nach *Dignitas Connubii* zu richten hat.

„Für die Durchführung des Verfahrens zur Anwendung des Paulinischen Privilegs ist der Ortsordinarius des katholischen Ehepartners zuständig."[26] Zunächst muss der ungetaufte Partner befragt werden, ob er auch selbst die Taufe empfangen will und ob er mit dem getauften Partner friedlich zusammenleben will (c. 1144 § 1 CIC). Diese Befragung hat in der Regel nach der Taufe stattzufinden (c. 1144 § 2 CIC). Nur wenn der ungetaufte Gatte beide Fragen verneint bzw. innerhalb angemessener Frist keine Antwort abgibt (c. 1145 CIC), wird dem getauften das Recht zugesprochen, eine neue Ehe einzugehen. Die Auflösung der früheren Ehe geschieht nicht mit der Taufe, sondern von Rechtswegen erst im Moment der neuen Eheschließung. Die Taufe allein genügt also nicht,

---

[22] Die Weigerung des ungetauften Partners muss nicht durch die Taufe verursacht, sondern kann auch in der bereits vor der Taufe erfolgten faktischen Trennung oder Scheidung begründet sein (*Prader / Reinhardt*, Eherecht, 197).
[23] Vgl. *Heimerl / Pree*, Kirchenrecht, 262.
[24] Vgl. *Vela Sanchez*, Privilegio Paolino, 837.
[25] Vgl. *Prader / Reinhardt*, Eherecht, 197.
[26] Ebd. 199.

um die Ehe aufzulösen. Vielmehr muss eine neue Ehe mit einem Katholiken angestrebt sein.[27] Nur aus einem schweren Grund kann der Ortsordinarius auch eine neue Ehe mit einem nichtkatholischen Christen oder einem Nichtchristen erlauben, wobei aber die Vorschriften über die konfessionsverschiedenen Ehen einzuhalten sind (c. 1147 CIC).

Eine interessante Ausweitung erfuhr das *Privilegium Paulinum* durch drei päpstliche Entscheidungen aus dem 16. Jahrhundert. Zwei davon regeln die Frage, welche Frau ein Mann als rechtmäßige heimführen darf, der bisher als Heide polygam gelebt hat und sich nun taufen lassen möchte. Nach der anderen ist es den ungetauften Gatten möglich, die durch Kriegsgefangenschaft oder Verschleppung voneinander getrennt wurden, einen dritten zu heiraten, wenn sie sich taufen lassen. Diese drei Fälle gingen in die cc. 1148f. CIC/1983 ein und werden von vielen Autoren im Zusammenhang mit dem so genannten *„Privilegium Petrinum"* als dessen Vorgängerformen angeführt.[28] Man muss aber klar sehen, dass es sich dabei nur um Ausdehnungen des *Privilegium Paulinum* handelt, auf das sie sich auch selbst berufen.[29] Zwar weiten sie dessen Anwendungsbereich auf neue, vorher unbekannte Fallkonstellationen aus, aber sie bewahren doch die wesentlichen Kennzeichen des *Privilegium Paulinum,* da sie erstens die Taufe bzw. Konversion des antragstellenden Teils voraussetzen, zweitens auf einem Rechtsanspruch gründen und drittens die frühere Ehe erst durch die neue Heirat aufgelöst wird.[30] Bei der anderen Form der Auflösung einer nichtsakramentalen Ehe ist hingegen typischerweise keine Taufe notwendig und es handelt sich nur um einen Gnadenerweis, der aber selbst schon die frühere Ehe auflöst. Es ist also nicht ratsam, die genannten päpstlichen Entscheidungen des 16. Jahrhunderts damit in Verbindung zu bringen. Sonst kommt man wie GRENIER zu dem Schluss, dass der Begriff des *Privilegium Paulinum* beide Formen der Eheauflösung umfasse, so dass sich auch die eigene Bezeichnung *„Privilegium Petrinum"* erübrige.[31]

7.4. Das so genannte „Privilegium Petrinum"

In der Lehre gab es lange Zeit eine heftige Diskussion um die Bezeichnung *„Privilegium Petrinum"*. Sie kommt bisher nicht in offiziellen kirchenamtlichen Dokumenten vor und könnte zu Missverständnissen führen, denn weder ist das *Privilegium Petrinum* ein Privileg im Sinne der cc 76-84 CIC, noch ist es petrinisch, weil es nicht im gleichen Sinne auf den Apostel Petrus zurückgeht wie das *Privilegium Paulinum* auf den Apostel Paulus. Ein Teil der Lehre lehnt den

---

[27] Vgl. *Vela Sanchez*, Privilegio Paolino, 838.

[28] *Funk* zählt sogar sie selbst zum *„Privilegium Petrinum"*, räumt aber ein, dass dieses auch noch andere Fälle umfasst: *Funk,* In favorem fidei, 205.

[29] Vgl. *Silvestrelli*, Scioglimento di matrimonio in favorem fidei, 181.

[30] Vgl. *Mörsdorf,* Lehrbuch II, 281.

[31] Vgl. *Grenier*, Peut-on encore parler du privilège Petrinien? 102.

Begriff daher ab.[32] Im Folgenden wird er vermieden, wenn er sich auch nicht immer ganz ausschließen lässt.[33]

Die Auflösung der nichtsakramentalen Ehe erfolgt durch einen Gnadenerweis, den der Papst kraft der Fülle seiner Vollmacht (*plenitas apostolicae potestatis*) gewährt.[34] Wenn der Papst nun eine Ehe mittels Dispens auflöst, handelt er kraft seiner *potestas divina vicaria*. Hierbei wird „Dispens" jedoch nur in einem weiten Sinne gebraucht, weil es sich ja nicht um die Befreiung von einer Gesetzespflicht, sondern von göttlichem Recht handelt.[35] Allgemein anerkannt ist, dass die päpstliche Lösegewalt ihre Grenze bei den sakramentalen und vollzogenen Ehen findet.[36]

HOPFENBECK betont, dass die geschichtliche Entwicklung einerseits von einem unbeirrten Festhalten an der Unauflöslichkeit der Ehe und anderseits von der Suche nach einer „gerechten Lösung" und einem Mittelweg geprägt war.[37] Im Unterschied zum *Privilegium Paulinum*, das sich auf eine Regelung des Apostels Paulus berufen kann und als Rechtsinstitut bereits seit Beginn des 13. Jahrhunderts im Wesentlichen voll ausgebildet war,[38] entwickelte sich die Auflösung nichtsakramentaler Ehe durch päpstlichen Gnadenakt erst im 20. Jahrhundert[39] und zwar vor allem nach Inkrafttreten des CIC/1917.[40] Die Auflösungspraxis weitete sich den Nachforschungen HOPFENBECKS zufolge in drei Stufen aus:[41]

---

[32] Vgl. *Güthoff*, Das Privilegium Petrinum, 255f; *Hopfenbeck*, Privilegium Petrinum, 173ff; *Navarrete*, De termino, 373.

[33] Es fehlt nämlich ein ebenso kurzer und treffender Begriff; vgl. *Wrenn*, Some notes on the Petrine Privilege, 396.

[34] Ein Gerichtsvikar hat dazu keine Kompetenz; vgl. Apostolische Signatur, Decretum vom 23.1.1996, Nr.4.d und e.

[35] Vgl. *Ihli*, Potestas vicaria, Rn 7.

[36] Vgl. z.B. ebd. Rn. 75; *Chiappetta*, Il matrimonio, 379; *Hopfenbeck*, Privilegium Petrinum, 2.

[37] Ebd, 17.

[38] Vgl. *Güthoff*, Das Privilegium Petrinum, 247.

[39] *Wegan* zufolge gab es bereits im 19. Jahrhundert erste Fälle: *Wegan*, Ehescheidung möglich? 250. *Donnelly* zufolge konnte die Helena-Entscheidung von 1924 nicht besonders überraschend sein, da die Grundlinien des Privilegium Petrinum bereits lange zuvor von der Lehre erarbeitet worden waren: *Donnelly*, The Helena Decision, 448.

[40] Als Gründe dafür werden angegeben: (1) Der CIC/1917 befreite nichtkatholische Christen von der Formpflicht, so dass deren Ehen weitgehend gültig wurden. Die Kehrseite dieses Zugeständnisses war aber, dass nichtkatholische Christen nach dem Scheitern solcher Ehen nicht mehr ohne weiteres Katholiken heiraten konnten. Es bedurfte hier also eines neuen Lösungsweges. (2) Die geschlossenen konfessionellen Milieus lösten sich im 20. Jahrhundert immer weiter auf, so dass gemischt konfessionelle Ehen immer häufiger wurden. (3) Nachdem fast alle staatlichen Rechtsordnungen die Scheidung ermöglicht hatten, sah sich auch die Kirche immer häufiger mit dem Wunsch konfrontiert, sie möge gültig geschlossene Ehen auflösen (vgl. die *praefatio* der Normen von 2001).

[41] (1) Seit 1924: Ehen zwischen einem Ungetauften und einem nichtkatholisch Getauften. (2) Seit 1947: Ehen zwischen einem Ungetauften und einem katholisch Getauften. (3) Seit 1957:

Der CIC von 1917 enthält keine diesbezüglichen Normen. Um ein Ausufern der Auflösungspraxis und ein damit verbundenes Ärgernis zu vermeiden, wurden erst 1934 entsprechende Normen erlassen, die 1939 eine Modifikation erfuhren.[42] Papst PIUS XII erwähnte in seiner Ansprache an die Römische Rota vom 3.10.1941 klar und prägnant die Grundsätze der kirchlichen Eheauflösung bei Ungetauften.[43] Der Terminus „*Privilegium Petrinum*" findet sich in den kirchenamtlichen Aussagen allerdings nicht, sondern wurde erst Mitte der 40er Jahre von der Lehre entwickelt – wahrscheinlich war HUY mit seiner Dissertation aus 1944 der erste, der ihn schriftlich niederlegte.[44] Die Auflösungspraxis ging aber bald über die Rechtsgrundlage von 1934 hinaus.

Aufgrund innerkirchlicher Kritik nach dem Zweiten Vatikanischen Konzil entschied Papst PAUL VI. 1970, die Materie genau zu erforschen.[45] So wurden vorerst keine Dispensen mehr erteilt, bis 1973 eine Neuregelung geschaffen wurde. GALL bedauert, dass in dieser Zwischenzeit Tausende von Paaren enttäuscht und das Vertrauen in die Glaubenskongregation nicht gerade gestärkt worden sei.[46] Aus der schwankenden Entscheidungspraxis jener Zeit schließt er weiter, dass es sich nur um eine rein positiv-rechtliche Satzung handeln könne.[47] CHIAPPETTA begründet die Notwendigkeit der Neuregelung von 1973 damit, dass sie Missbräuchen, die besonders in den USA um sich griffen, ein Ende setzte.[48]

Die Regelung vom 6.12.1973 kannte drei Gültigkeitserfordernisse und acht Erlaubtheitsbedingungen für die Gewährung einer Eheauflösung. Die Gültigkeitsbedingungen *sine quibus non* (Art. I) waren: (1) Einer der Partner war während der Dauer des ehelichen Lebens nicht getauft (lit a). (2) Sollte bei Einreichen des Auflösungsgesuches auch der zweite Gatte die Taufe empfangen haben, so darf die dadurch sakramental gewordene Ehe nicht vollzogen sein (lit b). (3) Wenn der Bittsteller nicht getauft oder nicht katholisch ist, muss er dem katholischen Partner, mit dem er die neue Ehe eingehen will, die Zusicherung geben, ihn nach seinem Glauben leben zu lassen sowie die Nachkommenschaft katholisch taufen zu lassen und zu erziehen (lit c). Die Erlaubtheitsbedingungen lauteten nach Art. II: § 1: Die Ehe ist unheilbar zerrüttet ohne Möglichkeit der Wiederherstellung des ehelichen Lebens. § 2: Mit der Auflösung ist nicht die Gefahr eines öffentlichen Ärgernisses oder großen Aufsehens verbunden. § 3: Weder hat der Bittsteller die Zerrüttung der Ehe verschuldet noch der künftige

---

Ehen zwischen zwei Ungetauften, von denen keiner die Taufe empfangen will (vgl. *Hopfenbeck*, Privilegium Petrinum, 40f.).

[42] Vgl. *Silvestrelli*, Scioglimento del matrimonio in favorem fidei, 183.

[43] Deutsche Übersetzung in: *Mayer*, Neueste Kirchenrechts-Sammlung, Bd. 3, 468.

[44] Vgl. *Hopfenbeck*, Privilegium Petrinum, 53.

[45] Vgl. *Güthoff*, Das Privilegium Petrinum, 251.

[46] Vgl. *Gall*, Eheauflösung zugunsten des Glaubens, 632.

[47] Ebd.

[48] Vgl. *Chiappetta*, Il matrimonio, 376.

katholische Partner die Trennung provoziert. § 4: An den anderen Gatten müssen Interpellationen erfolgt sein. § 5: Der Bittsteller trägt für die religiöse Erziehung der Kinder aus der aufzulösenden Ehe Sorge. § 6: Für den verlassenen Gatten und die Kinder wird nach Recht und Billigkeit gesorgt. § 7: Der katholische Partner, mit dem die erneute Eheschließung beabsichtigt ist, lebt gemäß seinem Taufversprechen und gestaltet das Familienleben in diesem Sinn. § 8: Wenn die neue Ehe mit einem Katechumenen beabsichtigt ist, muss dessen baldige Taufe mit moralischer Sicherheit feststehen. Darüber hinaus gab es noch drei weitere Einschränkungen.[49]

Nach Inkrafttreten des CIC/1983 war es zunächst unklar, ob die Instruktion von 1973 weiter in Geltung steht.[50] Die Glaubenskongregation hielt es schließlich für angebracht, eine Neuregelung zu schaffen, die am 16.2.2001 vom Papst approbiert und am 30.4. desselben Jahres erlassen worden ist.[51] Diese Neuregelung bringt starke Veränderungen. Sie besteht zwar weiterhin aus zwei Teilen, doch ist die Aufteilung in materialrechtliche und Verfahrensnormen nicht mehr so klar.[52] So enthält bereits der erste Teil Vorschriften über Zuständigkeiten (Art. 2f.) sowie über den Inhalt und die Weiterleitung der Bittschrift vom Bischof an den Papst (z.B. Art. 7 und 10). Außerdem ist die Unterscheidung in Gültigkeitsbedingungen und sonstige Erfordernisse weggefallen. Die beiden ersten Bedingungen des alten Art. I gingen in einer etwas einfacheren Formulierung aber ohne Hinweis auf die Gültigkeit in Art. 1 der neuen Regelung ein. Die dritte Gültigkeitsbedingung der früheren Regelung findet sich nun in Art. 5 der neuen Regelung und wurde dabei sogar noch verschärft, weil nun auch der katholische Teil eine Erklärung abgeben muss und ausdrücklich die schriftliche Form verlangt wird. Diese Verschärfung ist umso bemerkenswerter, als sonst bei der konfessionsverschiedenen Ehe die Verpflichtung, die in den Kautelen zu übernehmen ist, seit dem CIC von 1917 abgeschwächt wurde. Der Grund ist wohl darin zu sehen, dass bei einer Eheauflösung zugunsten des Glaubens (*in*

---

[49] (1) Eine Ehe, die zwischen einem Ungetauften und einem Katholiken mit Dispens vom Hindernis der Religionsverschiedenheit geschlossen worden ist, kann nicht aufgelöst werden, außer es handelt sich um eine besondere (Diaspora-) Situation (Art IV). (2) Auch kann eine Ehe, die zwischen einem Ungetauften und einem Katholiken mit Dispens vom Hindernis der Religionsverschiedenheit geschlossen worden ist, nicht aufgelöst werden, wenn wiederum eine religionsverschiedene Ehe beabsichtigt ist (Art V). (3) Eine Ehe wird auch dann nicht aufgelöst, wenn sie selbst bereits durch Auflösung einer früheren Ehe geschlossen worden ist (Art VI).

[50] *Güttler* und *Assenmacher* zählen die Regelung von 1973 zu den Disziplinargesetzen nach c. 6 § 1 ° 4 CIC und kommen zu dem Schluss, dass sie weiterhin in Kraft steht, weil die Materie vom CIC ja nicht umfassend neu geregelt worden ist: *Güttler*, Die Ehe ist unauflöslich! 30; *Assenmacher*, Nichtigerklärung, Auflösung und Trennung der Ehe, 999.

[51] Unverständlicherweise führt die Adnotatio des PCLT vom 13.5.2003 in Nr. 6 immer noch die Instruktion von 1973 anstelle jener von 2001 an.

[52] *Lüdicke* ist daher nur mit Einschränkungen zuzustimmen, dass der erste Teil materiellrechtliche und der zweite Teil Verfahrensvorschriften festlegt: *Lüdicke* vor c. 1141 MKCIC, Rn. 5.

favorem fidei) in besonderer Weise sichergestellt sein muss, dass der Glaube durch die neue Ehe auch wirklich gefördert und nicht etwa gefährdet wird.

Was geschah nun aber mit den weiteren Erfordernissen der Regelung von 1973? Manche finden sich in Teil I der Neuregelung wieder: So sind § 1, § 3 und § 8 von Art. II der alten Regelung in Art. 4 ° 1 und ° 2 bzw. Art. 8 der neuen eingegangen. Aus Art. V wurde Art. 7 § 1 und Art. VI blieb mit einigen Änderungen in der Formulierung Art. 6. Manche der früheren Erlaubtheitsbedingungen (Art. II §§ 2 und 6) wurden in der Neuregelung (Art. 9) auf eine Verpflichtung des Bischofs zurückgestuft, die Kongregation um Rat zu fragen, falls Zweifel an ihrer Erfüllung bestehen. Noch gravierender ist die Zurückstufung des Erfordernisses von Art. II § 5, das seines materialrechtlichen Charakters ganz beraubt und in eine rein verfahrensrechtliche Norm (Art. 20 § 1) verpackt wurde, die nur noch eine Fragepflicht des Untersuchungsrichters enthält. Schließlich finden sich einige Regelungen schlechterdings nicht mehr: Art. II §§ 4 und 7 sowie Art. IV. Dabei erscheint besonders der Verlust der Interpellationsrechte des anderen Gatten nach Art. II § 4 der Regelung von 1973 bedenklich, weil damit dessen Rechtsstellung stark beschnitten wird. Denn nun schreibt Art. 12 § 2 nur noch vor, dass beide Gatten zu hören sind, und Art. 18 § 1 begnügt sich damit, Erkundigungen über den aktuellen Status der Gegenseite einzuholen. Davon aber, dass der andere Gatte Einwände gegen die Auflösung seiner Ehe vorbringen könnte, die zu berücksichtigen wären und mit denen er die Auflösung sogar verhindern könnte, ist nun keine Rede mehr.

Zusammenfassend lässt sich sagen, dass die neue Regelung nicht mehr so klar und eindeutig die Voraussetzungen für die Gewährung der Eheauflösung auflistet. Insgesamt müssen nun weniger Bedingungen erfüllt sein, weil einige davon zu reinen verfahrensrechtlichen Fragepflichten zurückgestuft wurden. Das bedeutet für die Glaubenskongregation einen größeren Spielraum bei der Vorentscheidung, was dazu führen kann, dass Ehen leichter aufgelöst werden, als vorher, was aber auch eine geringere Transparenz der Entscheidungsgründe der Glaubenskongregation mit sich bringen kann. Vermutlich wird die Glaubenskongregation die alten Erfordernisse weiterhin beachten, und die verfahrensrechtlichen Fragepflichten dienen möglicherweise nur dazu, die diözesanen Untersuchungsrichter dazu anzuhalten, auch wirklich das dafür nötige Informationsmaterial zu beschaffen. Überhaupt liegt der Schwerpunkt der Neuregelung weniger darin, Entscheidungsgründe festzulegen, als vielmehr darin, den diözesanen Stellen möglichst genaue Anweisungen zu geben, wie sie die Akten anlegen sollen, die dann der Glaubenskongregation vorgelegt werden.

LÜDICKE weist darauf hin, dass der Fall, dass ein getaufter Nichtkatholik sich an die katholische Kirche wendet, weil er eine katholische Person heiraten will, von der Neuregelung gar nicht ausdrücklich erfasst ist. Unter Verweis auf die

Verpflichtung zu den Kautelen nach Art. 5 kommt er aber zu dem Schluss, dass auch dieser Fall mitgemeint ist und zu behandeln sein wird.[53]

[53] Ebd. Rn. 8.

8. Charakterisierung des kirchlichen Kollisionsrechts

8.1. Funktion und Prinzipien

8.1.1. Aufgaben des kirchlichen Kollisionsrechts

Weltweit steht eine Vielzahl von religiösen und säkularen Rechtsordnungen in Geltung. Da die einzelnen Rechtssubjekte nicht nur mit ihrer eigenen, sondern mit mehreren anderen Rechtsordnungen in Berührung kommen können, lässt es sich nicht vermeiden, dass Rechtsordnungen aufeinander treffen und dabei Normkonflikte entstehen. Das gilt besonders für das Eherecht, wo sich stets zwei Personen begegnen. Diese beiden müssen nicht notwendig derselben Rechtsordnung unterstehen. Das Kollisionsrecht hat die Aufgabe, Lösungen für derartige Normkonflikte vorzusehen. Es gibt im Hinblick auf Sachverhalte, die einen Bezug zu zwei oder mehr Rechtsordnungen aufweisen, an, nach welcher Rechtsordnung sie geregelt werden, welche Gerichte für ihre Entscheidung zuständig sind, welches Prozessrecht sie dabei anwenden und unter welchen Bedingungen fremde Entscheidungen anerkannt werden. Wenn das Recht generell dem Frieden und der Gerechtigkeit dient, so dient religiöses Kollisionsrecht speziell der friedlichen Koexistenz der verschiedenen Religionen und der sachgerechten Behandlung der Rechtsverhältnisse – wie etwa der Ehen – jener Menschen, die ihnen angehören.

Das Kollisionsrecht ist unverzichtbar. Man könnte zwar den Standpunkt vertreten, dass in jedem Fall immer die eigene Rechtsordnung anzuwenden ist, doch selbst diese Anordnung ist bereits eine kollisionsrechtliche und es ist gewiss nicht die der Sache am besten angemessene. KAISER meint, rechtliche Regelungen könnten höchstens die Schwierigkeiten mindern, die auftreten, wenn – wie z.B. bei der konfessionsverschiedenen Ehe – mehrere Rechtsordnungen aufeinander treffen. Die einzig durchgreifende Lösung, die derartige Regelungen unnötig machen würde, besteht ihm zufolge in der Überwindung der Glaubensspaltung.[1] Das wäre aber bestenfalls zwischen den christlichen Konfessionen möglich, gewiss nicht zwischen allen Religionen der Welt. Und selbst wenn, was völlig utopisch ist, einmal eine einzige Weltreligion entstünde, so hieße das nicht, dass sie eine völlig gleichförmige Rechtsordnung besäße oder auch nur besitzen sollte. Eine solche hat heute nicht einmal die katholische Kirche. Die lateinische und die orientalischen Kirchen *sui iuris* verfügen über teilweise unterschiedliche eherechtliche Regelungen und eine getrennte Gerichtsorganisati-

[1] Vgl. *Kaiser*, Ehe, 315.

on. Daher sind selbst innerhalb der katholischen Kirche Kollisionsregeln notwendig, wie sie z.B. Art. 16 DignCon enthält. Das Zweite Vatikanische Konzil erkannte eine legitime Vielfalt auch hinsichtlich der Rechtsordnungen an (Art. 16 UR). Das Kollisionsrecht bleibt daher unverzichtbar. Kein anderes Medium als das Recht ist in der Lage, die Vielfalt zu schützen und gleichzeitig so zu ordnen, dass sie keine feindseligen Konflikte heraufbeschwört. Je nach dem, wie das Kollisionsrecht ausgestaltet ist, kann es seine Aufgabe besser oder schlechter erfüllen. Nachdem das kirchliche Kollisionsrecht in den vorangegangenen Kapiteln entfaltet wurde, sollen nun die tragenden Prinzipien herausgearbeitet werden, die in seinen Vorschriften zum Ausdruck kommen. Damit entsteht gleichzeitig eine Zusammenfassung des bisher Gesagten.

8.1.2. Prinzipien des kirchlichen Kollisionsrechts

(1) *Suum cuique*: Ein erster Grundsatz, der aus den Kollisionsnormen von *Dignitas Connubii* klar hervorgeht, besteht darin, dass die Ehepartner nach ihrem je eigenen Recht beurteilt werden. Es genügt nicht, dass das Kollisionsrecht einfach irgendeine Rechtsordnung beruft, damit wenigstens die Unsicherheit beseitigt ist, welches Recht angewandt werden soll. Es muss vielmehr die richtige Rechtsordnung sein. Nun hat jeder Mensch ein Interesse daran, nach einer Rechtsordnung beurteilt zu werden, der er eng verbunden ist, und das ist in erster Linie das Recht der Religionsgemeinschaft, der er selbst angehört. Genau das verwirklicht *Dignitas Connubii* in den Art. 2 und 4. Hingegen beruft *Dignitas Connubii* unter den verschiedenen Eheregelungen der Welt nicht die inhaltlich beste. Abgesehen davon, dass diese kaum zu ermitteln wäre, würden die Ehepartner dadurch mit einem Recht konfrontiert, das sie nicht kennen und mit dem sie nicht gerechnet haben.

(2) *Entscheidungseinklang*: Jedem Ehepartner sein Recht zu geben bzw. zu lassen, verwirklicht die Gerechtigkeit auf der interpersonalen Ebene. Auf der interordinamentalen Ebene gibt es ein entsprechendes Gerechtigkeitsprinzip: Der Entscheidungseinklang. Unabhängig davon, welches Gericht über eine Ehesache entscheidet, soll überall dasselbe Ergebnis hervorkommen. Der kirchliche Richter soll also zum selben Urteil gelangen, wie der Richter jener Rechtsordnung, der die Gatten angehören. Dies kann am besten dadurch gewährleistet werden, dass jenes Recht angewandt wird, dem die Ehegatten tatsächlich unterstehen (Prinzip 1). Auf diese Weise werden hinkende Ehen vermieden, die nach einer Rechtsordnung gültig und nach einer anderen ungültig sind. Der Entscheidungseinklang ist jedoch nicht sichergestellt, wenn eine Rechtsmaterie in verschiedene Teilbereiche aufgespaltet wird, von denen jeder einer anderen Rechtsordnung unterstellt wird. Die Kirche trennt die rein bürgerlichen Wirkungen von der Ehe ab und spricht sie der weltlichen Autorität zu (cc. 1059 und 1672 CIC; Art. 3 § 3 DignCon). Da dies aber theologisch begründet ist und man einen Weg gefunden hat, damit umzugehen, sind die diesbezüglichen Probleme tragbar.

(3) *Gleichheit von Frau und Mann*: Blickt man wieder auf die interpersonale Ebene, so ist festzustellen, dass das Gerechtigkeitsprinzip (Nr. 1) durch das Gleichheitsprinzip ergänzt wird. Die beiden Partner der Ehe, Frau und Mann, werden rechtlich gleich behandelt. Das kirchliche Kollisionsrecht kennt keine Normen, die etwa der Rechtsordnung des Mannes den Vorrang einräumen. Stattdessen sind die Rechtsordnungen beider Partner in gleicher Weise anzuwenden („*etiam*" in Art. 2 § 2 DignCon). Auch hinsichtlich der Kindererziehung wird weder der Religion des Vaters noch jener der Mutter der Vorzug gegeben.[2] Damit entspricht das kirchliche Kollisionsrecht dem Prinzip des c. 1135 CIC, wonach die Gatten bezüglich des Ehelebens die gleichen Rechte und Pflichten haben.

(4) *Par cum pari agat*: Auch das Gleichheitsprinzip hat eine Entsprechung auf der interordinamentalen Ebene. Art. 9 UR wünscht einen ökumenischen Dialog, bei dem sich die verschiedenen Kirchen und kirchlichen Gemeinschaften auf der Ebene der Gleichheit begegnen („*par cum pari agat*").[3] Dieses Prinzip erfährt in *Dignitas Connubii* eine doppelte Ausweitung. Erstens wird es hier auf den Bereich des Rechts erstreckt und zweitens wird es auf alle Religionsgemeinschaften ausgedehnt. Die Gleichheit der Rechtsordnungen bezieht sich nicht nur auf das Verhältnis der fremden Rechtsordnungen untereinander, sondern auch auf ihr Verhältnis zur katholischen. Bei einer Ehe zwischen einem Katholiken und einem Nichtkatholiken setzt sich nicht mehr allein das kanonische Recht durch (Art. 2 § 2 DignCon), wie die mehrheitliche Interpretation zu c. 1059 CIC behauptet hat. Ebenso wenig kommt bei einer Ehe zwischen einem nichtkatholischen Christen und einem Nichtchristen nur das Recht der christlichen Gemeinschaft zur Anwendung. In diesem Prinzip der Gleichheit unter den Rechtsordnungen liegt der bedeutendste Fortschritt, den das Kollisionsrecht von *Dignitas Connubii* gebracht hat. NEUHAUS hielt es 1966 trotz der Neuorientierung durch das Zweite Vatikanische Konzil nicht für möglich, dass die Kirche jemals das Gleiche tun könnte wie der Staat, wenn er nach seinem IPR ausländische Normen auf dieselbe Stufe stellt wie inländische.[4] Das innerkatholische Verkehrsrecht zwischen den einzelnen katholischen Kirchen *sui iuris* ist hingegen spätestens seit Art. 3 OE vom Prinzip der Gleichberechtigung aller Rituskirchen geprägt.[5] Keine Gleichrangigkeit besteht hingegen zwischen religiösen und weltlichen Rechtsordnungen, weil letztere nur subsidiär zur Anwendung kommen (Abschnitt 6.3.1).

---

[2] Im Islam hingegen folgen die Kinder der Religion des Vaters, im Judentum jener der Mutter (*Prader*, Bedeutung, 10). Eine Ausnahme zum kanonischen Gleichberechtigungsprinzip bilden c. 111 § 1 CIC bzw. c. 29 § 1 CCEO. Aber selbst hier greift die Zuschreibung des Kindes nach der Kirchenzugehörigkeit des Vaters nur subsidiär ein, falls die Eltern keine einvernehmliche Entscheidung getroffen haben.

[3] Vgl. *Pree*, Ökumene, 533.

[4] Vgl. *Neuhaus*, Verhältnis, 122.

[5] Vgl. *Mörsdorf*, Kirchenrecht I, 62; *Aymans / Mörsdorf*, Lehrbuch I, 106.

(5) *Et - et statt aut - aut*: Das Gleichheitsprinzip bringt es mit sich, dass jene kollisionsrechtlichen Lösungen ausgeklammert bleiben, die einer bestimmten Rechtsordnung den Vorrang auf Kosten der anderen einräumen. Bei Mischehen setzt sich weder die Rechtsordnung des Mannes oder der Frau noch die Rechtsordnung jener Gemeinschaft, die der katholischen Kirche näher steht, durch. Vielmehr sind beide beteiligten Rechtsordnungen gleichermaßen anzuwenden. In dem Ausdruck „*etiam*" von Art. 2 § 2 DignCon kehrt das sprichwörtliche katholische „*et - et*" in einem neuen Zusammenhang wieder. Die kumulative Anwendung zweier Rechtsordnungen schützt das „schwächere" Recht. Auch jenes Recht, das sonst verdrängt würde, muss beachtet werden. Es wird keine Ehe als gültig betrachtet, die nur nach einer der beteiligten Rechtsordnungen gültig wäre, nach der anderen aber nichtig. Das führt in der Folge jedoch zu einer Begünstigung der Nichtigkeit einer Ehe, was dem Prinzip des *favor matrimonii* (c. 1060 CIC) entgegensteht (vgl. Abschnitt 6.3.3).

(6) *Rechtssicherheit und Flexibilität*: Das kirchliche Recht lässt keine Rechtswahl zu, sondern legt zwingend fest, nach welcher Ordnung eine bestimmte Ehe geregelt wird. Da die Ehe keine rein private Angelegenheit ist, sondern große Bedeutung für die jeweilige Religionsgemeinschaft und die gesamte Gesellschaft hat, kann es nicht der freien Vereinbarung der Partner überlassen werden, nach welcher Rechtsordnung sie heiraten möchten. Nur hinsichtlich der Eheschließungsform kann im Dispensweg das katholische Recht sozusagen „abgewählt" werden. Insgesamt gesehen weist das Kollisionsrecht von *Dignitas Connubii* keinen sehr hohen Grad an Flexibilität auf. Vielmehr wird genau festgelegt, welches Recht jeweils zur Anwendung kommt. Der einzige Anknüpfungspunkt ist die Religionszugehörigkeit der Ehepartner. Es ist nicht nur keine Rechtswahl, sondern auch keine Ausnahmeregelung für Fälle vorgesehen, in denen die strikte Anwendung der Kollisionsnormen zu einem ungebührlichen Ergebnis führen würde. Das überrascht, weil das Kirchenrecht ansonsten eine große Zahl an Flexibilisierungsinstrumenten kennt.[6] Im Kollisionsrecht ist die Abwägung zwischen Rechtssicherheit und fallgerechten Lösungen besonders heikel. Einerseits müssen sich die betroffenen Personen sowie die gesamte Rechtsgemeinschaft darauf verlassen können, dass eine bestimmte Ehe nach der im Recht eindeutig festgelegten Ordnung beurteilt wird. Anderseits kann gerade die Anwendung fremden Rechts – noch dazu die kumulative Anwendung zweier verschiedener Rechtsordnungen – zu unvertretbaren Ergebnissen führen. Wenngleich die Kollisionsnormen von *Dignitas Connubii* selbst keine eigene Flexibilisierungsklausel enthalten, sind die lateinischen Gerichte auch bei der Behandlung von Ehesachen von und mit Nichtkatholiken an das Gebot des c. 221 § 2 CIC gebunden, ihr Urteil nach Recht und Billigkeit („*cum aequitate*") zu fällen.

---

[6] Vgl. *Pree*, Flessibilizzazione, passim.

(7) *Ordre-public-Prinzip*: Das *ordre-public*-Prinzip wurde bereits in Abschnitt 6.5.2 besprochen. Es wirkt gegenüber den anderen Prinzipien gleichsam als Korrektiv. Wenn wesentliche Grundwertungen der kirchlichen Rechtsordnung berührt sind, setzt sich das kirchliche Recht durch (Prinzip 4) und das jedem Partner eigene Recht wird nicht angewandt (Prinzip 1), so dass es zu keinem Entscheidungseinklang kommt (Prinzip 2) und nicht beiden Rechtsordnungen in gleicher Weise entsprochen wird (Prinzip 5). Da der kirchliche *ordre public* im Unterschied zum staatlichen recht umfangreich ist, verlangt er häufige und starke Eingriffe, so dass die zuvor genannten Prinzipien sehr weit eingeschränkt werden können.

8.2. Vergleich mit dem internationalen Privatrecht

Als internationales Privatrecht (IPR) bezeichnet man die Gesamtheit jener Normen des staatlichen Rechts, die für privatrechtliche Sachverhalte mit Auslandsberührung vorschreiben, welche von mehreren berührten staatlichen Privatrechtsordnungen für die Beurteilung des Falles heranzuziehen sind. Dem IPR ist das internationale Zivilverfahrensrecht vorgeordnet, das die Frage nach der internationalen Entscheidungszuständigkeit und dem anzuwendenden Prozessrecht beantwortet. Der Oberbegriff für diese Rechtsgebiete lautet wegen ihres Zwecks, Kollisionen zwischen den Rechtsordnungen zu beseitigen, „Kollisionsrecht". Es handelt sich dabei also um das staatliche Pendant zum kirchlichen Kollisionsrecht, das in dieser Arbeit vorgestellt wurde. In diesem Abschnitt soll ein Vergleich zwischen beiden versucht werden.[7] In einer Materie wie dem Kollisionsrecht darf der Blick auf das weltliche Recht nie vernachlässigt werden, denn auch dieses gehört ja zu den Rechtsordnungen, die vom kanonischen Recht unter Umständen berufen werden. Außerdem ist das weltliche Kollisionsrecht bereits weiter entwickelt und kann daher als Muster dienen.[8] Es ist wünschenswert, dass die Kollisionsregelungen aller Rechtsordnungen miteinander in Einklang gebracht werden, damit Kollisionsfälle überall nach den gleichen Prinzipien gelöst werden.

Internes Recht: Der Begriff „IPR" ist irreführend, da es sich nicht um internationales, d.h. nicht um Völkerrecht handelt, sondern um innerstaatliches Recht, das lediglich aus der Binnenperspektive einen Bezug zu ausländischen Rechtsordnungen herstellt. Nur teilweise liegen die Quellen des IPR im Völkerrecht, z.B. in internationalen Übereinkommen, oder im supranationalen Recht wie jenem der Europäischen Gemeinschaft.[9] Nach PRIMETSHOFER ist eine Analogie zum IPR nur begrenzt möglich, weil dieses einzelstaatliches Recht sei, während

---

[7] Dabei wird hauptsächlich das deutsche IPR zugrunde gelegt. Dieses ist anderen kontinentaleuropäischen IPR sehr ähnlich.

[8] Auch *Prader* untermauerte seine Ausführungen als Relator bei der Reform des ostkatholischen Kirchenrechts, mit einem Hinweis auf das weltliche IPR [Nuntia 5 (1977) 60].

[9] Vgl. *Kegel / Schurig*, Internationales Privatrecht, 8f.

das kirchliche „IPR“ nur vom gesamtkirchlichen Gesetzgeber erlassen werden könne.[10] Das ist richtig in Bezug auf das interrituelle Verkehrsrecht zwischen den einzelnen katholischen Kirchen *sui iuris*, das vom Papst erlassen wird. Doch auch im weltlichen Bereich gibt es das Phänomen, dass ein über den einzelnen Staaten stehender Rechtsetzer internationales Privat- und Zivilverfahrensrecht erlässt, wie es die Europäische Gemeinschaft gemäß Art. 65 und 67 EGV tut. Geht man über das interrituelle Verkehrsrecht, das nur binnenkatholische Verhältnisse betrifft, hinaus zum interkonfessionellen und interreligiösen Verkehrsrecht, wie es in den Kollisionsnormen von *Dignitas Connubii* enthalten ist, so zeigt sich, dass es sich dabei ebenso um innerkirchliches Recht handelt, wie das IPR großteils innerstaatliches Recht ist.

Struktur und Prinzipien: Vergleicht man das weltliche und das kirchliche Kollisionsrecht im Hinblick auf ihre Struktur, so zeigen sich auffallende Parallelen. Beide gliedern sich in einen Teil, der Zuständigkeitsfragen betrifft, einen Teil, der das anzuwendende Prozessrecht angibt, und schließlich den umfangreichsten Teil, der das anzuwendende Sachrecht behandelt. Jener Teil, der die Anerkennung fremder Entscheidungen betrifft, ist im kirchlichen Bereich hingegen noch etwas unterentwickelt. Zudem finden sich in beiden Kollisionsrechten *ordre-public*-Schranken zum Schutz vor der Übernahme unerwünschten Fremdrechts. Auch hinsichtlich der grundlegenden Prinzipien bestehen zahlreiche Parallelen. Dem kirchenrechtlichen Prinzip des *suum cuique* entspricht im staatlichen IPR der Grundsatz der engsten Verbindung, wonach jene Rechtsordnung berufen wird, die dem Fall – im Ehe- und Familienrecht insbesondere den beteiligten Personen – am nächsten steht.[11] Ebenso finden sich im staatlichen IPR die Prinzipien des Entscheidungseinklangs[12] und der Gleichwertigkeit aller Rechtsordnungen.[13]

Vorrang des staatlichen bzw. des religiösen Rechts: Wie bereits in Abschnitt 6.3.1 aufgezeigt, beruft das Kollisionsrecht von *Dignitas Connubii* in erster Linie das Sachrecht der anderen Kirchen und Religionsgemeinschaften. Nur wenn diese selbst kein Eherecht besitzen, wird auf das staatliche Recht zurückgegriffen. Diesem Vorrang des religiösen Rechts steht im staatlichen IPR spiegelbildlich der Vorrang des staatlichen Rechts gegenüber. Das staatliche IPR beruft nämlich in erster Linie das Sachrecht anderer Staaten und nur, wenn diese kein eigenes Eherecht besitzen, wird auf das religiöse Recht zurückgegriffen. Das ist der Fall in den Ländern des Vorderen Orients, die das gesamte Personenstandsrecht den Religionsgemeinschaften anvertrauen.[14] Das Gegenseitigkeits-

---

[10] Vgl. *Primetshofer*, Verkehrsrecht, 366.

[11] Vgl. *Kropholler*, Internationales Privatrecht, 25.

[12] Vgl. *Kegel / Schurig*, Internationales Privatrecht, 122f.

[13] Vgl. *Kropholler*, Internationales Privatrecht, 14 und 16.

[14] Vgl. *Kegel / Schurig*, Internationales Privatrecht, 19. In derartigen Konstellationen muss selbst ein laizistischer Staat wie Frankreich religiöses Eherecht anwenden (*Cador*, Mariages interreligieux, 44).

prinzip ist hier in negativer Weise verwirklicht: Der Staat beruft religiöses Recht grundsätzlich nicht, umgekehrt beruft die Kirche das staatliche Recht in der Regel nicht. Dieser Zusammenhang dürfte aber wohl kaum bewusst angestrebt worden sein. Vielmehr stehen dem Staat die anderen Staaten und der Kirche die anderen Religionsgemeinschaften einfach näher. Die meisten Staaten der Welt besitzen zwar ein eigenes Eherecht, lassen aber neben der Ziviltrauung auch die religiöse Trauung zu.[15] Eine derartige Eheschließung ist selbstverständlich auch von jenen Staaten anzuerkennen, die eine religiöse Trauung, wenn sie im Inland vorgenommen würde, nicht zur Kenntnis nähmen. Einige Staaten wie Italien, Malta, Litauen, Portugal und Spanien erkennen sogar kirchliche Ehenichtigkeitsurteile an. Erklärt beispielsweise Italien die Wirksamkeit eines derartigen Urteils für den zivilen Bereich, dann muss es auch ein Staat wie Deutschland, der kirchlichen Eheurteilen ansonsten keine Bedeutung beimisst, anerkennen.[16] Auch zum Ausgleich von staatlichem und religiösem Recht bedarf es eines Kollisionsrechts. Diese Funktion erfüllt zum Teil das Staatskirchenrecht.[17] In einer globalisierten Welt tritt die Staatlichkeit des Rechts immer weiter zurück und es entsteht stattdessen ein Netz verschiedenartiger Rechtsordnungen, in dem auch die religiösen an Bedeutung gewinnen.[18]

Anknüpfungsmomente: Stimmen Struktur und Prinzipien des staatlichen und des kirchlichen Kollisionsrechts auch weitgehend miteinander überein, so gilt dies nicht für die Anknüpfungsmomente. Nach staatlichem IPR richtet sich das anzuwendende Recht – sehr vereinfachend gesagt – bei persönlichen Rechtsverhältnissen nach der Staatsbürgerschaft, bei Rechtssachen, die Liegenschaften betreffen, nach der Rechtsordnung des Staates, wo sie sich befinden,[19] und bei Rechtsgeschäften und Delikten nach dem Recht des Staates, wo sie gesetzt wurden. Der Anknüpfungspunkt der Staatsbürgerschaft weicht unter dem Einfluss des angelsächsischen Rechtskreises und wegen der größeren Flexibilität und Sachnähe immer mehr jenem des Wohnsitzes. Das kirchliche Kollisionsrecht hingegen kann auf nichts anderes als auf die Religionszugehörigkeit abstellen, die das Pendant zur Staatsangehörigkeit im staatlichen IPR bildet. Die übrigen Anknüpfungsmomente sind territorialer Natur[20] und kommen bei Religionsgemeinschaften, die sich anders als die Staaten nicht territorial voneinander abgrenzen, sondern großteils überlappen oder wie die katholische Kirche sogar

---

[15] Vgl. *Prader / Reinhardt*, Eherecht, 91: In mehr als zwei Dritteln der Staaten der Welt.
[16] Vgl. *Berkmann*, Ehe, 155f.
[17] Vgl. *Janssen*, Kollisionsrecht, 733.
[18] Vgl. *Bellini*, Diritti secolari, 222; *De Bertolis*, Globalizzazione, 378.
[19] Das Anknüpfungsmoment der *lex rei sitae* wird in jenen Fällen, in denen der Besitz einer Sache nach weltlichem Recht entschieden werden muss, auch vom Kirchenrecht übernommen (c. 1500 CIC), vgl. *Stamm*, Territorialprinzip.
[20] Das Territorialitätsprinzip des Rechts verliert jedoch auch im weltlichen Bereich an Bedeutung (*De Bertolis*, Globalizzazione, 377).

weltweit präsent sind, nicht in Betracht.[21] Erst wenn durch das personale Kriterium der Religionszugehörigkeit die Frage geklärt ist, welches religiöse Recht zur Anwendung kommt, ist innerhalb der berufenen religiösen Rechtsordnung weiter zu fragen, welches Gericht aufgrund der internen territorialen Gliederung dieser Religionsgemeinschaft örtlich zuständig ist. Dies ist aber nicht mehr eine Frage des interreligiösen Kollisionsrechts sondern des internen Prozessrechts der jeweiligen Religionsgemeinschaft. Dass das kirchliche Kollisionsrecht nicht an territoriale Gesichtspunkte anknüpfen kann, hat unangenehme Konsequenzen. Nach dem deutschen IPR richten sich nicht nur die Ehefähigkeit und die Ehehindernisse sondern auch die Erklärung des Ehewillens und die Mängel, die dabei eventuell auftreten, sowie die Zulässigkeit von Bedingungen nach der Rechtsordnung, der die betreffende Person unterstellt ist, d.h. in der Regel nach der Staatsbürgerschaft.[22] Allein die Form wird bei Inlandstrauungen einheitlich vom deutschen Sachrecht geregelt.[23] Es greift der für Rechtsgeschäfte generell geltende Grundsatz „*locus regit actum*" ein. Die Kirche hingegen kann dieses territoriale Prinzip nicht übernehmen.[24] Das ist der Grund für die Schwierigkeiten, des kirchlichen Kollisionsrechts bezüglich der Eheschließungsform, wie sie sich in Abschnitt 6.3.3 gezeigt haben. Die Kirche muss auch hier an das personale Recht der Gatten anknüpfen. Gehören die Gatten verschiedenen Religionsgemeinschaften an, so sind zwei Formvorschriften maßgeblich, die nicht immer miteinander vereinbar sind, weil die Eheschließungsform eine Einheit bildet. Wenn die beiden berufenen Rechtsordnungen nicht selbst Ausnahmeregelungen oder Dispensmöglichkeiten bei Mischehen vorsehen, scheitert das gültige Zustandekommen der Ehe an der Unvereinbarkeit der Formvorschriften. Die Kirche könnte stattdessen ein dem Grundsatz „*locus regit actum*" nachgebildetes Prinzip aufstellen, wonach der konkrete Trauungsort – eine evangelische Kirche, eine Synagoge usw. – oder der assistierende Religionsdiener[25] – ein katholischer Diakon, ein Imam usw. – die Form bestimmen. Das käme jedoch praktisch der Möglichkeit einer Rechtswahl durch die Nupturienten gleich. Denn sie

---

[21] Vgl. *Kropholler*, Internationales Privatrecht, 206. Das religiöse Recht haftet den Gläubigen an, wo immer sie sich aufhalten – „*adhaeret ossibus*" – wie *Otaduy* sagt (c. 1 ComEx, 255).

[22] Vgl. *Andrae*, Familienrecht, Rnn. 33f. Eine Übereinstimmung mit dem kirchlichen Recht besteht also nur bei der Ehefähigkeit bzw. den Ehehindernissen. Bezüglich der Konsensmängel hängt die Übereinstimmung davon ab, wie die kirchlichen Vorschriften interpretiert werden (siehe oben Abschnitt 6.3.3). Das deutsche Recht entspricht jener Auslegungsvariante, nach der die Konsensmängel ebenso wie die Hindernisse für jeden Gatten getrennt nur nach seiner eigenen Rechtsordnung beurteilt werden.

[23] Ebd. Rn. 67.

[24] Diesen Grundsatz gibt es zwar kirchenintern, z.B. in c. 13 § 2 ° 2 CIC, demgemäß sich gerade Formvorschriften sich nach dem Territorium richten (vgl. *Heimerl / Pree*, Kirchenrecht, 42), aber nicht im Verhältnis der Kirche zu anderen Religionsgemeinschaften. *García Failde* spricht in Bezug auf Art. 2 DignCon vom Prinzip „ius regit actum" (Instrucción, 32).

[25] Das PCRCICO-Responsum vom 18.1.1953 legt tatsächlich den Schluss nahe, dass die anzuwendende Rechtsordnung von der Zugehörigkeit des assistierenden Priesters abhängt.

könnten sich relativ leicht den Ort bzw. den Religionsdiener in Blick auf die Formvorschriften aussuchen. Dagegen setzt eine Umgehung der staatlichen Formgebote aufgrund des Prinzips „*locus regit actum*“ immerhin eine Reise ins Ausland voraus.

Insgesamt ist das kirchliche Kollisionsrecht weniger detailliert und ausgebildet als das staatliche. Das muss, wie PRIMETSHOFER festhält, nicht unbedingt ein Nachteil sein, weil so die Entwicklung einer lebendigen Rechtstradition möglich ist.[26]

8.3. Vergleich mit anderen religiösen Rechten

Ebenso wie der Vergleich mit dem weltlichen IPR lohnt sich auch der Vergleich mit anderen religiösen Rechten.[27] Eine derartige Gegenüberstellung lässt das Besondere des katholischen Kollisionsrechts deutlicher hervortreten. Außerdem ist es das fremde religiöse Eherecht, das vom Kollisionsrecht in *Dignitas Connubii* als Sachrecht berufen wird.[28] Wegen der großen Vielfalt können im Folgenden nur wenige Konfessionen und Religionen herausgegriffen werden und muss sich ihre Darstellung auf einige grobe Züge beschränken.

8.3.1. Christliche Konfessionen

Orthodoxie: Die Ehe ist nach orthodoxem Verständnis sakramental. Seit jeher erkennen die orthodoxen Kirchen eine konkurrierende Gesetzgebungsbefugnis des Staates in Bezug auf Ehehindernisse an, die nicht spezifisch kirchlicher Natur sind.[29] Konfessionsverschiedene Ehen können gemäß c. 72 des Trullanischen Konzils nicht gültig geschlossen werden. Diese Bestimmung wird heute jedoch nicht mehr beachtet. Ehen mit einem nichtorthodoxen Christen werden dann zugelassen, wenn dieser dem orthodoxen Eheritus zustimmt und einwilligt, die Kinder im orthodoxen Glauben zu erziehen. Obwohl die orthodoxe Rechtsordnung grundsätzlich keine Gültigkeit für Nichtorthodoxe beansprucht, sind konfessionsverschiedene Ehen dem orthodoxen Eherecht unterworfen und gerade hinsichtlich der Eheschließungsform wird danach entschieden, ob der *ritus sacer* eingehalten wurde.[30]

Die orthodoxen Kirchen gehen grundsätzlich von der Unauflöslichkeit der Ehe aus. Unter Berufung auf die Matthäusklausel (Mt 5,32) wurden jedoch immer mehr Scheidungsgründe zugelassen. Eine eventuelle Zweitehe ist nicht

[26] Vgl. *Primetshofer*, Verkehrsrecht, 365.
[27] Zum interreligiösen Rechtsvergleich im Allgemeinen siehe z.B. *Dieni*, Introduzione; *Jackson*, Diritto comparato; *Neusner / Sonn*, Comparare.
[28] Eine Kenntnis der verschiedenen Systeme ist daher wichtig; vgl. *Prader*, Matrimonio nel mondo, 1.
[29] Vgl. *Prader*, Ehehindernisse, 49.
[30] Vgl. *Wähler*, Kollisionsrecht, 167.

sakramental und wird nur im Wege der *Oikonomia* toleriert.[31] Das Scheidungsverfahren ist unterschiedlich ausgestaltet, je nach dem, ob es im jeweiligen Land eine Zivilscheidung gibt oder nicht.[32] Nach der Einführung der Zivilscheidung in den meisten Ländern der Welt ist die orthodoxe Gerichtsbarkeit nahezu bedeutungslos geworden, weil die meisten orthodoxen Kirchen faktisch die zivilen Scheidungsurteile anerkennen.[33] Ein differenziertes Kollisionsrecht hat sich, so weit ersichtlich, nicht herausgebildet.

Protestantismus: Das evangelische Mischehenrecht erfuhr 1970 eine deutliche Wende. Davor enthielten kirchliche Lebensordnungen ausdrückliche Warnungen vor dem Eingehen einer konfessionsverschiedenen Ehe, obwohl an ihrer Gültigkeit nicht gezweifelt wurde. Gemeindemitglieder, die sich in einer anderen Kirche trauen ließen und dabei Kindererziehung in einem anderen Bekenntnis versprochen hatten, erlitten Einschränkungen in ihren kirchlichen Rechten.[34] WIRTH tadelte daher jene evangelischen Kreise, die zwar die katholischen Mischehenvorschriften beanstanden, aber die Tatsache übergehen, dass sich in ihren eigenen Lebensordnungen ähnliche Bestimmungen finden.[35] Als Reaktion auf die katholische Lockerung des Mischehenverbots durch das MP *Matrimonia mixta* von 1970 verabschiedete die EKD noch im selben Jahr „Erwägungen", denen zufolge dem gemeinsamen Begehren nach einer evangelischen Trauung stattgegeben werden kann, wenn wenigstens einer der beiden evangelisch ist und nicht seelsorgerliche Gründe oder solche der Gemeindeordnung entgegenstehen.[36] Im folgenden Jahr gaben DBK und EKD ein gemeinsames Wort zur Mischehenfrage heraus. Da die EKD jedoch keine Rechtsetzungskompetenz besitzt, musste ihre Empfehlung erst von den einzelnen Landeskirchen umgesetzt werden, was mit unterschiedlicher Intensität geschah.[37] Heute ist die konfessionsverschiedene Ehe nur noch für Pfarrerinnen und Pfarrer untersagt, doch werden auch hier Ausnahmen auf Antrag immer großzügiger gewährt.[38]

Nach protestantischem Verständnis ist die Ehe kein Sakrament, aber dennoch heilsbedeutsam. Die Ehegesetzgebung wurde dem Staat überlassen, wobei aber vorausgesetzt wurde, dass dieser in seinem Recht das christliche Eheverständnis respektiert. Die Eheschließung wurde in nachreformatorischer Zeit vor dem kirchlichen Amtsträger vorgenommen.[39] Es gab in Deutschland sogar evangelische Ehegerichte.[40] Wenn sie über konfessionsverschiedene Ehen zu urteilen

---

[31] Vgl. *Kaptijn*, Matrimonio, 105; *Prader / Reinhardt*, Eherecht, 34.
[32] Vgl. *Kaptijn*, Matrimonio, 110.
[33] Vgl. *Prader / Reinhardt*, Eherecht, 35.
[34] Vgl. *Schuck*, Konfessionsverschiedene Ehe, 609.
[35] Vgl. *Wirth*, Mischehen-Instruktion, 41.
[36] Vgl. *Schuck*, Konfessionsverschiedene Ehe, 609.
[37] Vgl. *Landau*, Mischehen, 136. *Landau* stellt hier die Regelungen jeder Landeskirche im Einzelnen vor.
[38] Vgl. *Schuck*, Konfessionsverschiedene Ehe, 610.
[39] Vgl. *Pirson*, Eherecht, 527.
[40] Vgl. *Pirson*, Ehe, 489.

hatten, wandten sie grundsätzlich nur evangelisches Eherecht an, außer sie wurden vom Staat gezwungen, auch die religiösen Grundsätze des katholischen Teils anzuerkennen.[41] Seit der Einführung der obligatorischen Zivilehe in Deutschland wird dieser die ehebegründende Wirkung beigemessen, während der religiösen Trauung nur noch liturgische Bedeutung zukommt.[42] Auch die Rechtsprechung liegt nun ganz in den Händen der Zivilgerichte. In Ermangelung eines regelrechten protestantischen Eherechts und einer entsprechenden Gerichtsbarkeit erübrigt sich die Frage eines speziellen Ehe-Kollisionsrechts.

8.3.2. Nichtchristliche Religionen

Judentum: Das jüdische Recht ermöglicht keine Mischehen. Sie werden vielmehr als nicht existent betrachtet. Dieses Verbot bestand jedoch nicht von Anfang an, sondern wurde wahrscheinlich nach der babylonischen Gefangenschaft von Esra eingeführt, um eine Assimilation der kleinen Gemeinschaft an die Nachbarvölker zu verhindern.[43] Es besteht keine Einigkeit unter den Rabbinern, ob Mischehen nur mit den in der Bibel verbotenen, nur mit idolatrischen oder mit allen Völkern ausgeschlossen sind.[44] Im 19. Jahrhundert wurde das Mischehenverbot allmählich gelockert, doch kehrte man dann wieder zur traditionellen Auffassung zurück, wonach Ehen mit Nichtjuden von vornherein inexistent sind.[45] Heute werden nur im Reformjudentum Ausnahmen gewährt und nur unter der Bedingung, dass das Paar eine jüdische Familie gründen will.[46] Eine Eheschließung von Nichtjuden gemäß ihrer eigenen religiösen Rechtsordnung wird anerkannt, sofern die noachidischen Vorschriften erfüllt sind.[47] Ist eine Ehe nach jüdischem Recht geschlossen worden, so wird sie als gültig angesehen, auch wenn sie nach der *lex loci celebrationis* oder der *lex domicilii* nicht gültig ist.[48] Wird eine Ehe zwischen Juden hingegen nur zivil geschlossen, so wird sie von den Rabbinergerichten im Staat Israel nur anerkannt, wenn die religiöse

---

[41] Vgl. *Wähler*, Kollisionsrecht, 168.

[42] Vgl. *Pirson*, Eherecht, 527. *Selge* zeigt hingegen auf, dass auch aus evangelischer Sicht die kirchliche Trauung im Sinne der Eheschließung wirksam ist. Wenn sie fehlt, hat dies rechtliche Konsequenzen (*Selge*, Trauung, 427.)

[43] Vgl. *Falk*, Jewish Family Law, Rn. 79.

[44] Vgl. *Testa Bappenheim*, Matrimonio ebraico, 1559. Vgl. zu dieser Frage auch: *Homolka*, Das jüdische Eherecht, 34.

[45] Vgl. *Wähler*, Kollisionsrecht, 20. Staatliche Gerichte in Israel stehen vor dem Problem, nach welchem Recht sie diese Ehen beurteilen sollen. Da in Israel das Personalstatut gilt, müsste die religiösen Rechte der Partner angewandt werden. Es wäre jedoch widersinnig, jüdisches Recht darauf anzuwenden, weil nach diesem Recht die Mischehe ja gar nicht existiert (vgl. Levin, Konflikte, 64).

[46] Vgl. *Puza*, Eheverständnis, 72f.

[47] Vgl. *Ferrari*, Matrimonio e alterità, 204.

[48] Vgl. *Falk*, Jewish Family Law, Rn. 66.

Feier am Ort der Trauung unmöglich oder verboten ist.[49] Das liberale Judentum hingegen betrachtet die Ehe auf jeden Fall als Zivilakt.[50]

Das jüdische Recht kennt die Scheidung als privaten Vorgang, bei dem der Mann der Frau einen Scheidungsbrief ausstellt. Das Gericht hat nur die Aufgabe, diesen Vorgang zu überwachen. Verweigert der Mann die Ausstellung, obwohl die Frau Scheidungsgründe vorzuweisen hat, so kann das Gericht ihn dazu zwingen. Weigert sich umgekehrt die Frau, den Scheidungsbrief anzunehmen, so kann das Gericht dem Mann dennoch eine Wiederheirat erlauben.[51] Einem Juden, der sich religiös scheidet, wird vom Richter jedoch empfohlen, auch eine Zivilscheidung anzustrengen, damit die Ehe ebenso vor dem jeweiligen Staat als aufgelöst gilt.[52] Nur in Israel ist dies nicht notwendig. Sofern es trotz des Verbots Mischehen gibt, wenden Rabbinatsgerichte abgesehen von zwingenden staatlichen Bestimmungen nur jüdisches und kein andersreligiöses Recht an.[53] Das jüdische Recht kennt überhaupt keine Verweisungen auf andersreligiöses, wohl aber auf staatliches Recht.[54] Hat ein Zivilgericht in Israel über Ehen von Nichtjuden zu entscheiden, so muss es deren persönliches Recht anwenden, das staatliches, aber auch religiöses Recht sein kann.[55] In der Regel sind in Israel jedoch nicht die Zivilgerichte, sondern die Gerichte der jeweiligen Religionsgemeinschaft für Ehesachen zuständig, die jedenfalls ihr eigenes Recht anwenden.[56]

Islam: Im Islam sind Mischehen begrenzt zugelassen. Ein muslimischer Mann kann eine Jüdin oder eine Christin heiraten; eine muslimische Frau hingegen nur einen muslimischen Mann.[57] Die einzelnen Rechtsschulen sind sich jedoch nicht einig, ob eine nicht zugelassene Mischehe von vornherein inexistent, ungültig oder nur fehlerhaft und vernichtbar ist.[58] Für Mischehen sind generell die islamischen Gerichte zuständig und es wird ausschließlich islamisches Recht angewandt.[59] Selbst die Frage, ob die Frau Jüdin oder Christin ist, wird nicht nach ihrem eigenen, sondern nach islamischem Recht beurteilt.[60] Die Ehen von Juden und Christen untereinander werden vom Islam ohne weiteres anerkannt, wäh-

---

[49] Vgl. *Homolka*, Das jüdische Eherecht, 44.
[50] Ebd. 42f.
[51] Vgl. *Maoz*, Matrimonio, 231.
[52] Vgl. *Falk*, Jewish Family Law, Rn. 66.
[53] Vgl. *Wähler*, Kollisionsrecht, 274.
[54] Ebd.
[55] Vgl. *Maoz*, Matrimonio, 227.
[56] Ebd. 228.
[57] Begründet wird dies damit, dass die Frau als der schwächere Teil der Ehe eher in Gefahr ist, vom Glauben abzufallen als der Mann. Der Umstand, dass heute immer mehr Musliminnen Nichtmuslime heiraten wollen, könnte jedoch zu einer Neuinterpretation im Islam führen (*Montan*, Disciplina canonica particolare, 153).
[58] Vgl. *Wähler*, Kollisionsrecht, 26.
[59] Ebd. 157.
[60] Ebd. 158.

rend es bei den anderen Religionen darauf ankommt, ob die jeweilige Ehe nach islamischem Recht gültig wäre.[61]

Das islamische Recht kennt die Privatscheidung mittels Verstoßungserklärung durch den Mann, die nicht annahmebedürftig ist. Es besteht in islamischen Ländern jedoch die Tendenz, diesen Vorgang an eine richterliche Mitwirkung zu binden. Will die Frau sich scheiden lassen, so muss sie sich in jedem Fall an ein Gericht wenden. In Staaten mit Zivilscheidung müssen Muslime sich in der Regel zuerst vor dem gemeinschaftsinternen Schiedsrichter nach islamischem Recht scheiden lassen.[62] Ehen unter Nichtmuslimen richten sich nach muslimischer Auffassung nach deren eigenem Recht. In islamischen Ländern haben Juden und Christen das Recht, eigene Gerichte einzurichten, um über die Ehen ihrer Glaubensangehörigen zu urteilen.[63] Verweisungen auf fremdes religiöses Recht sind im Islam nichts Ungewöhnliches, zumal der Islam gegenüber den Buchreligionen Judentum und Christentum ziemlich aufgeschlossen ist, doch Verweisungen auf das Recht von Staaten kommen nur vor, wenn es sich um nichtislamische Staaten handelt, da islamische Staaten ohnehin keine Trennung kennen.[64]

Hinduismus: Im Hinduismus sind nicht nur interreligiöse Ehen ausgeschlossen, sondern bereits Ehen zwischen den verschiedenen Kasten. Das Hindernis der Kastenunterschiede wurde zwar durch ein indisches Staatsgesetz beseitigt, doch kommen kastenübergreifende Ehen selten vor, weil sie nach hinduistischer Meinung Unglück bringen.[65] Höchstens eine Ehe mit einer Frau, die nicht Hindu ist, könnte möglich sein, sofern die hinduistische Trauungszeremonie eingehalten wird.[66] Je nach Kaste ist die Scheidung gerichtlich oder außergerichtlich. In Indien können Hindus eine gerichtliche Scheidung gemäß ihrem Personalrecht erhalten.[67] Da der Hinduismus Mischehen ohnehin verbietet und nie eine Gesamtorganisation mit Gerichtsbarkeit besessen hat, haben sich keine Kollisionsnormen entwickelt.[68] Heute übernimmt das neutrale staatliche Recht Indiens die Kollisionsaufgabe, die besonders heikel ist, weil jede der zahlreichen Religionsgemeinschaften in Indien ihr eigenes Eherecht besitzt.[69]

---

[61] Vgl. *Ferrari*, Matrimonio e alterità, 205.
[62] Ebd. 209.
[63] Vgl. *Wähler*, Kollisionsrecht, 284.
[64] Ebd. 282.
[65] Vgl. *Derret, / Iyer, Hindu* Family Law, Rn. 173.
[66] Vgl. *Wähler*, Kollisionsrecht, 36.
[67] Vgl. *Derret, / Iyer, Hindu* Family Law, Rnn. 173 und 186.
[68] Vgl. *Wähler*, Kollisionsrecht, 155.
[69] Vgl. *Verschraegen*, Divorce, Rn. 123.

8.3.3. Gesamtbetrachtung

Es fällt auf, dass das Kollisionsrecht der katholischen Kirche zwar im Vergleich zum staatlichen eher wenig ausgebildet ist, dass andere Religionsgemeinschaften aber nahezu überhaupt kein Kollisionsrecht besitzen. Hier zeigt sich einmal mehr, dass das kanonische Recht dem säkularen Recht kontinentaleuropäischer Prägung in vielem näher steht, als anderen religiösen Rechten.[70] Was sind die Gründe dafür, dass die Religionsgemeinschaften kaum Kollisionsnormen vorsehen?

Ein erster Grund liegt darin, dass die Rechtsordnungen einiger Religionsgemeinschaften insgesamt nur schwach ausgebildet sind. Manche vertrauen die Gestaltung des Eherechts geradewegs dem Staat an, andere überlassen ihm immerhin die Gerichtsbarkeit. Sie benötigen dann selbstverständlich auch kein Kollisionsrecht. Der Staat besitzt zwar ein Kollisionsrecht, doch lässt dieses religiöse Rechtsordnungen weitgehend außer Acht.

Der zweite Grund liegt darin, dass viele Religionsgemeinschaften Mischehen meist von Anfang an verbieten. Wenn daher die Partner einer jeden Ehe ohnehin derselben Rechtsordnung unterstehen, kann es von vornherein zu keiner Normenkollision kommen. Ferner scheiden jene Fälle aus, in denen ein Angehöriger einer fremden Religion einen Gläubigen der eigenen heiraten möchte, aber durch eine Vorehe gehindert ist, deren Bestand erst gerichtlich geprüft werden muss. So kommen Gerichte einer bestimmten Religionsgemeinschaft meist ohnehin nicht in Berührung mit Ehesachen von Andersgläubigen.[71] Die Frage nach ihrer Zuständigkeit und dem anzuwendenden Sachrecht erübrigt sich daher.

Sofern Religionsgemeinschaften dennoch Mischehen zulassen, beurteilen sie diese meist ausschließlich nach dem eigenen Recht.[72] Sie begnügen sich also mit dem kollisionsrechtlichen Minimalprinzip, wonach in allen Fällen die *lex fori* anzuwenden ist. Doch gerade damit lassen sich Normkollisionen nicht lösen, da auch die andere beteiligte Religionsgemeinschaft ihr eigenes Recht anwenden wird und die Ehe somit keine einheitliche Beurteilung erfährt.

---

[70] Vgl. *Ferrari*, Spirito, 279; *Puza*, Comparare, 142.

[71] Anders liegt der Fall, wenn der Andersgläubige nicht nur einen Angehörigen der eigenen Religionsgemeinschaft heiraten, sondern dabei auch konvertieren will. Dann beanspruchen mehrere Religionsgemeinschaften sehr wohl eine Kompetenz, die frühere Ehe aufzulösen, obwohl sie zwischen Andersgläubigen geschlossen wurde. Nach islamischem Recht löst sich die frühere Ehe durch Konversion eines Partners von selbst auf. Wer zum Judentum konvertiert, muss sich zuvor scheiden lassen. Die katholische Kirche wendet das *Privilegium Paulinum* an. Jedenfalls geht überall der *favor fidei* dem *favor matrimonii* vor (vgl. *Ferrari*, Matrimonio e alterità, 204f.)

[72] Vgl. *Wähler*, Kollisionsrecht, 14 und 153f. Als Grund dafür gibt er an, dass jede Religion an der Wahrheit ihrer eigenen Lehre und damit auch ihres eigenen Rechts unbedingt festhalten muss. Dies gilt jedoch nur dann, wenn man nicht zwischen Lehre und Recht unterscheidet (Abschnitt 4.4.5).

Wenn sich die Kirche in ihrem Kollisionsrecht für fremdes Recht offen zeigt, kann sie nach dem bisher Gesagten nicht erwarten, dass andere Religionsgemeinschaften ihr dieselbe Offenheit entgegenbringen. Das Gegenseitigkeitsprinzip, das sonst das Verhältnis zwischen verschiedenen Rechtsordnungen prägt, wird hier nur in den seltensten Fällen erfüllt werden. Dennoch ist es zu begrüßen, dass die Kirche mit dem Kollisionsrecht von *Dignitas Connubii* eine Vorreiterrolle übernimmt.[73] Die Lockerung des katholischen Mischehenverbots durch das MP *Matrimonia mixta* bewirkte, dass auch die evangelischen Gemeinschaften ihre Verbote zurückgenommen haben (Abschnitt 8.3.1). Möglicherweise gibt die Einführung eines katholischen Kollisionsrechts den Anstoß zu ähnlichen Rechtsentwicklungen in anderen christlichen und nichtchristlichen Religionsgemeinschaften. Religiöses Recht ist zwar oft starr, weil es meist auf einen unveränderlichen, göttlichen Ursprung zurückgeführt wird, doch kann es sich mitunter auch als überraschend flexibel und anpassungsfähig erweisen.[74]

---

[73] Vgl. *Primetshofer*, Bewertung, 427.

[74] Vgl. *Ferrari*, Spirito, 265; *Puza*, Comparare, 147; *ders.*, Religionen, 280.

9. Perspektiven

9.1. Vereinbarungen zum Kollisionsrecht

Das Kollisionsrecht ist nur dann wirklich effektiv, wenn es auch in den anderen Rechtsordnungen eines gibt – und zwar eines, das denselben Prinzipien folgt. Würde das Kollisionsrecht einer anderen Rechtsordnung nicht wie *Dignitas Connubii* an die Religionszugehörigkeit der Ehepartner, sondern an ein anderes Merkmal wie z.B. die Religionszugehörigkeit des der Eheschließung assistierenden Religionsdieners anknüpfen, so beriefe es in einigen Fällen ein anderes Sachrecht, so dass es zu keinem Entscheidungseinklang kommt. Es ist nicht notwendig und auch nicht wünschenswert, dass das Sachrecht der verschiedenen Gemeinschaften vereinheitlicht wird. Hier gilt vielmehr der Grundsatz der legitimen Vielfalt der verschiedenen Rechtsordnungen. Das Kollisionsrecht sollte aber auf jeden Fall vereinheitlicht werden, damit Konflikte ausgeschaltet werden, die entstehen, weil Zuständigkeiten nicht klar sind oder dieselbe Sache unterschiedlich bewertet wird. Eine Übereinstimmung der kollisionsrechtlichen Normen ist am leichtesten und sichersten durch eine Vereinbarung zu erreichen.[1] Eine solche verwirklicht zudem gleichzeitig das Gegenseitigkeitsprinzip, weil sie voraussetzt, dass jede Seite die Rechtsordnung der anderen anerkennt und, falls die gemeinsam festgelegten Bedingungen dafür erfüllt sind, auch anwendet. Vereinbarungen sind außerdem der beste Weg, damit das Konzept des Kollisionsrechts sich auf mehrere Rechtsordnungen ausbreitet.[2] Auf welcher Rechtsgrundlage kann die katholische Kirche derartige Vereinbarungen schließen?

Am einfachsten ist diese Frage zu beantworten, wenn es um eine Abgleichung mit dem weltlichen Recht geht. Hier kann die Vereinbarung die Form eines völkerrechtlichen Vertrags, insbesondere eines Konkordats, annehmen, weil sowohl der Staat als auch der Heilige Stuhl Völkerrechtssubjekte sind. Der CIC bringt dies mit dem Begriff der „*persona moralis*" in c. 113 § 2 zum Ausdruck. Das Völkerrecht bildet gleichermaßen den Rechtsraum, in dem sich beide begegnen können. Es regelt das Zustandekommen, die Auslegung und die Beendigung von internationalen Verträgen. Der CIC erwähnt internationale Verträge an mehreren Stellen. Gemäß c. 3 genießen sie Vorrang vor dem kodikarischen

---

[1] So schlagen mehrere Autoren vor, die Probleme, die das kirchliche Kollisionsrecht offen lässt, durch Vereinbarungen mit den nichtkatholischen Gemeinschaften zu lösen (z.B. *Errazuriz*, Matrimoni misti, 224; *Kaniamparambil*, Competence, 66, *Weitzel*, Zivilehen, 491). Dafür müssen freilich beide Seiten zu Zugeständnissen bereit sein (*Wirth*, Ehen, 29).

[2] Während das Kollisionsrecht selbst zum internen Recht einer Religionsgemeinschaft gehört, sind derartige Vereinbarungen dem interreligiösen Recht zuzuzählen (*Peyrot*, Ordinamenti confessionali, 1043 bzw. 1048)

Recht. Nach c. 365 § 1 ° 2 ist es die Aufgabe der päpstlichen Gesandten, sich mit dem Abschluss und der Durchführung von Konkordaten und anderen Vereinbarungen zu befassen. Sie haben sich gemäß c. 362 an die Normen des Völkerrechts zu halten. Einige Konkordate sichern der Kirche die Anerkennung ihrer Nichtigkeitsurteile zu, die sie über Ehen ihrer Glieder fällt, und legen die Bedingungen dafür fest.[3] Das Umgekehrte, nämlich die Anerkennung staatlicher Nichtigkeitsurteile durch die Kirche in Bezug auf Ehen, an denen keine Katholiken beteiligt sind, ist hingegen kein Gegenstand von Konkordaten. Vielleicht wäre dies zu selbstverständlich, zu heikel oder auch zu wenig relevant. Eine derartige Regelung würde jedoch die Wechselseitigkeit der Rechte und Pflichten, die ein Vertrag impliziert, besser zum Ausdruck bringen, und könnte die Bedingungen der Kirche für eine Anerkennung staatlicher Urteile konkretisieren.

Schwieriger zu beantworten ist die Frage hinsichtlich der Vereinbarungen mit Kirchen und kirchlichen Gemeinschaften. Der CIC enthält dazu keine Rechtsgrundlage. Allein c. 844 § 5 ordnet an, dass der Diözesanbischof bzw. die Bischofskonferenzen, bevor sie allgemeine Bestimmungen über die *communicatio in sacris* erlassen, zumindest die zuständigen lokalen Autoritäten der betreffenden nichtkatholischen Kirche oder Gemeinschaft konsultieren. In einer derartigen Konsultation könnte bereits der Keim für eine Vereinbarung gesehen werden. C. 844 CIC handelt jedoch von anderen Sakramenten als der Ehe. Außerdem stellt sich die Frage, welcher Rechtsordnung, derartige Vereinbarungen angehören, d.h. von welchem Recht sie geregelt werden. Das Völkerrecht kann es nicht sein, da die anderen Kirchen und kirchlichen Gemeinschaften keine Völkerrechtssubjekte sind. Es gibt bislang kein übergreifendes Recht für die Beziehungen zwischen den Kirchen und kirchlichen Gemeinschaften so wie es das Völkerrecht für die Beziehungen zwischen den Staaten ist. SPINELLI stellt fest, dass die Beziehungen zwischen der katholischen Kirche und den anderen Kirchen und kirchlichen Gemeinschaften sich nicht innerhalb der Rechtsordnung der katholischen Kirche abspielen können, weil sie die anderen Kirchen und kirchlichen Gemeinschaften nicht mehr als abtrünnige Teile ihrer selbst betrachtet, sondern als Gemeinschaften, die ihr auf gleicher Ebene gegenüberstehen. Ebenso wenig können sich die wechselseitigen Beziehungen innerhalb der Rechtsordnung einer von diesen abspielen. Es müsste daher eine dritte Rechtsordnung gefunden werden, welche eine gleichgestellte Begegnung und insbesondere den Abschluss von Verträgen ermöglicht.[4] Dieses „interkonfessionelle“, „interekklesiale“ oder „ökumenische Recht“ würde auf der institutionellen Autonomie jeder Kirche oder kirchlichen Gemeinschaft aufbauen und könnte ausgehend vom Prinzip „*pacta sunt servanda*“ Begriff und Kategorien aus dem Völkerrecht übernehmen, ohne mit diesem identisch zu sein.[5] PREE verleiht

---

[3] Vgl. *Berkmann*, Ehe, 148f.

[4] Vgl. *Spinelli*, Diritto pubblico ecclesiastico, 201 und 206.

[5] Ebd. 208 und 210.

diesem interkonfessionellen Recht bereits ein substantielleres Profil. Die gemeinsame Rechtsbasis bildet für ihn in erster Linie die Taufe, ferner die allgemeinen Rechtsgrundsätze wie *„pacta sunt servanda“* oder *„impossibile nulla est obligatio“*, die allen Kirchen und kirchlichen Gemeinschaften gemeinsam sind, und schließlich die speziell ökumenischen Rechtsprinzipien, die unter anderem aus Art. 2-4 UR ableitbar sind.[6] Neben den Verträgen und sonstigen Vereinbarungen nennt er als weitere (Rechts-)Formen des ökumenischen Handelns Dokumente mit Selbstverpflichtungscharakter, gemeinsame Erklärungen, Akte der Anerkennung, die Einrichtung von Dialogkommissionen und die Gründung interkonfessioneller Vereinigungen.[7] Von protestantischer Seite bemühte sich PIRSON bereits 1965, ein rechtstheoretisches Fundament für die Beziehungen zur katholischen Kirche zu legen.[8] Dafür gab es damals jedoch erst wenige Anhaltspunkte, weil die Wirkung und Tragweite der Konzilsdokumente noch nicht ermessen werden konnte. Das interkonfessionelle Recht ist also ein Feld, das in Entwicklung begriffen ist und gerade dadurch wächst, dass Rechtsakte – wie eben Verträge – gesetzt werden, die es voraussetzen.

In der Praxis wurden tatsächlich schon viele interkonfessionelle Vereinbarungen über die Ehe geschlossen, deren Rechtswert allerdings unterschiedlich ist.[9] Deutsche ökumenische Vereinbarungen auf der untersten Ebene beschreibt HALLERMANN.[10] Manche Texte wurden nur von gemischten Theologenkommissionen erarbeitet, ohne die Approbation der jeweiligen kirchlichen Autoritäten erhalten zu haben.[11] Ein recht junges Beispiel für eine Vereinbarung auf höchster nationaler Ebene ist die Vereinbarung der DBK und der alt-katholischen Kirche in Deutschland vom 21.12.1999, die auch eherechtliche Fragen behandelt.[12] Ziel der Dokumente ist es vor allem, die Feier der konfessionsverschiedenen Trauungen so zu regeln, dass die Ehe von beiden beteiligten Seiten als gültig akzeptiert wird. Kollisionsrechtliche Vereinbarungen bezüglich der Ehegerichtsbarkeit können selbstverständlich mit Kirchen und kirchlichen Gemeinschaften nicht geschlossen werden, die selbst keine Eheurteile fällen.

Am schwierigsten stellt sich der Abschluss kollisionsrechtlicher Vereinbarungen mit den nichtchristlichen Religionen dar. Dafür lässt sich im kirchlichen Recht keine solide Grundlage finden. Während ein interkonfessionelles Recht

---

[6] Vgl. *Pree*, Par cum pari, 358-367.
[7] Ebd. 370-376.
[8] Vgl. *Pirson*, Universalität, 325f. Dazu *Engelhardt*, Zwischenkirchliches Recht, 41.
[9] Vgl. *Long* (Matrimoni misti, 313), der mehrere Beispiele anführt; vgl. auch *Errázuriz*, Matrimoni misti, 223. *Rimoldi* beschreibt die Vereinbarung zwischen der Italienischen Bischofskonferenz einerseits und der *Tavola Valdese* bzw. der Methodistengemeinschaft andererseits. Sie besteht aus einem *testo commune*, der allgemeine Leitlinien für die gegenseitige Begegnung vorgibt, und einem *testo applicativo* mit konkret anwendbaren Vorschriften (Matrimoni, 1519f.).
[10] Vgl. *Hallermann*, Vereinbarungen auf unterster Ebene, 217.
[11] Vgl. *Franck*, Contribution, 47.
[12] Vgl. *Reinhardt*, Altkatholiken, 14.

wenigstens in Ansätzen vorhanden ist, stößt die Ausbildung eines interreligiösen Rechts auf noch größere Probleme. Die Taufe scheidet hier als gemeinsame Rechtsbasis ebenso aus wie die Rechtsprinzipien des Ökumenismus. Nur die allgemeinen Rechtsgrundsätze könnten herangezogen werden, sofern sie den beteiligten Religionsgemeinschaften tatsächlich gemeinsam sind. Manchen Religionsgemeinschaften fehlt außerdem die Organisationsstruktur, die nötig wäre, um ein Organ anzugeben, das zum Abschluss von Vereinbarungen im Namen der Gemeinschaft zuständig ist und für die Umsetzung innerhalb der Gemeinschaft sorgt. Zugeständnisse, die Voraussetzung jeder Übereinkunft sind, werden durch unabänderliche Vorschriften in der eigenen Rechtsordnung erschwert. Trotz allem müssten auch interreligiöse Vereinbarungen grundsätzlich möglich sein.

9.2. Praktische Umsetzung – Ermittlung fremden Rechts

So fortschrittlich *Dignitas Connubii* mit seinem Kollisionsrecht auch sein mag, die Arbeit der kirchlichen Gerichte wird dadurch nicht gerade erleichtert, müssen sie von nun an doch vermehrt fremdes Recht anwenden. Die wenigsten Richter werden sich im islamischen oder togolesischen Eherecht so gut auskennen, dass sie es ebenso meisterhaft benützen können wie das kanonische. Nichtsdestotrotz bleibt die Verpflichtung zu seiner Anwendung bestehen.

Der Grundsatz „*iura novit curia*" gilt auch in der Kirche.[13] Er beschränkt sich jedoch auf das dem Gericht eigene Recht. Es wäre unmöglich, alle Rechtsordnungen der Welt zu beherrschen. Das fremde Recht hat der Richter nicht zu kennen, sondern zu ermitteln. Wegen der Offizialmaxime (c. 1452 CIC; Art. 71 DignCon) muss er es von Amts wegen ermitteln und anwenden – nicht nur auf Antrag der Parteien und sogar gegen ihren Willen. Welcher Hilfsmittel kann er sich nun bedienen, um sich über das fremde Recht kundig zu machen?

Zunächst wird er die einschlägige Fachliteratur und die Quellen des fremden Rechts konsultieren. Wegen des Kollisionsrechts von *Dignitas Connubii* werden Bücher über fremdes Eherecht, wie REHAK[14] zutreffend bemerkt, für Kanonisten immer bedeutsamer.[15] Die Apostolische Signatur beruft sich beispielsweise in ihrer Entscheidung vom 23.11.1974 auf eine Reihe armenischer Canones und Gelehrter (Nr. 5). Der Richter kann zu seiner Information auch die Parteien

---

[13] Ausdrücklich erwähnt wird er beispielsweise im Rota-Urteil *coram Palestro* vom 31.1.1990, Nr. 8.

[14] Vgl. *Rehak*, Rezension Jacob / Zemer.

[15] Hinzuweisen ist besonders auf die Enzyklopädien von *Bergmann / Ferid / Henrich* bzw. *Glendon*, die das Recht nahezu aller Staaten der Welt sowie der wichtigsten Religionsgemeinschaften enthalten. Immer noch ein Standardwerk ist das Buch „Il matrimonio nel mondo" von *Prader*. Das neue von *Rees* herausgegebene Sammelwerk „Katholische Kirche im neuen Europa" beschreibt das Eherecht nicht nur der europäischen Staaten, sondern auch zweier afrikanischer Länder.

heranziehen, ohne freilich an ihre Auskunft gebunden zu sein. Bei fremdsprachigen Rechtstexten kann eine Übersetzung notwendig sein.[16]

Wo der Richter durch eigene Nachforschungen nicht zum Ziel gelangt, ist die Möglichkeit eines Fachgutachtens zu erwägen. Der CIC (cc. 1574-1581) und DignCon (Art. 203-213) erwähnen das Sachverständigengutachten lediglich als Beweismittel und sein Gegenstand können nur Fakten, jedoch keine Rechtsfragen sein, die der Richter selbst lösen muss. Hier ist jedoch zu differenzieren zwischen den Normen der eigenen Rechtsordnung, die er tatsächlich selbst kennen muss, und den fremden Rechtsvorschriften, die er ohnehin nicht ausnahmslos kennen kann. Selbst die Römische Rota holte in einer Ehesache[17] Expertengutachten zur Rechtslage ein (Nr. 3), nachdem im selben Fall die Kongregation für die Ostkirchen bereits das Gleiche getan hatte (Nr. 2). Dabei handelte es sich nicht einmal um fremdes Recht, sondern um das Verhältnis zwischen dem Recht der lateinischen und zwei orientalischen katholischen Kirchen.[18] Dann muss es aber *a fortiori* auch möglich sein, Sachverständigengutachten einzuholen, wenn Fragen fremden Rechts zu klären sind. Das Gutachten kann selbstverständlich direkt bei der Kirche, kirchlichen Gemeinschaft oder sonstigen Religionsgemeinschaft eingeholt werden, um deren Rechtsordnung es geht.[19] Ist die Rechtslage innerhalb der betreffenden Rechtsgemeinschaft selbst nicht klar, so kann darauf keine Nichtigerklärung gestützt werden.[20]

Schließlich müsste die Kirche selbst dem Richter Hilfestellungen anbieten. Da sie eine weltweite Religionsgemeinschaft ist, hat sie an den zahllosen Orten ihrer Präsenz Kontakt zu den verschiedensten Rechtssystemen der Welt. So wäre es denkbar, dass sich ein Richter im Wege eines Rechtshilfeansuchens an ein kirchliches Gericht wendet, das sich an einem Ort der Erde befindet, wo es mit jener Rechtsordnung zu tun hat, die im konkreten Fall einschlägig ist. C. 1418 CIC bzw. Art. 29 § 1 DignCon sehen die Rechtshilfe zwar nur für die Beweisaufnahme oder die Zustellung der Akten und nicht für die Ermittlung der

---

[16] Das kirchliche Prozessrecht sieht Übersetzungen bislang nur bei der Vernehmung (c. 1471 CIC bzw. Art. 172 DignCon) und bei der Übermittlung von Gerichtsakten an das Obergericht (1474 § 2 CIC bzw. Art. 90 § 2 DignCon) vor.

[17] *Coram de Jorio* vom 12.11.1980.

[18] *Gullo / Gullo* (Prassi processuale, 200), weisen noch auf weitere Fälle hin, in denen die Apostolische Signatur und die Römische Rota ein juristisches Votum eingeholt haben. Sie schließen daraus, dass in Ausnahmefällen auch Rechtsfragen Gegenstand eines Sachverständigengutachtens sein können.

[19] Eine der wenigen höchstrichterlichen Entscheidungen, aus denen klar hervorgeht, wie das fremde Recht ermittelt wurde, ist jene der Apostolischen Signatur vom 23.11.1974. Sie erkundigte sich bei mehreren orientalischen Kirchenoberhäuptern über das geltende Recht (Nr. 8), und als eine der erhaltenen Informationen mit den anderen nicht übereingestimmt hatte, fragte sie eigens noch einmal nach (Nr. 9), um die Frage mit Gewissheit zu klären. Das Rota-Urteil *coram Abbo* vom 4.6.1969 stützt sich auf die Antwort eines orthodoxen Bischofs bezüglich der maßgeblichen Eheschließungsform (Nr. 21).

[20] Vgl. das Responsum des Heiligen Offiziums vom 12.4.1945.

Rechtslage vor, doch ist davon bezüglich des fremden Rechts ebenso eine Ausnahme zu machen wie bei den Sachverständigengutachten. SCHÖCH zufolge lassen sich mittels Rechthilfeansuchen viele Schwierigkeiten lösen, ohne dass vom geltenden Prozessrecht abgewichen werden muss.[21] Noch hilfreicher wäre es jedoch, wenn der Richter eine zentrale kirchliche Stelle um Rat angehen könnte. Dafür kommt vornehmlich die Apostolische Signatur in Frage, die gemäß Art. 124 ° 1 PastBon die Aufgabe hat, über die geordnete Amtsführung im Gerichtsbereich zu wachen.[22] Sie verfügt über die nötigen Mittel und den nötigen Überblick, um dem Richter das anzuwendende Recht mitzuteilen. Die Anfrage müsste die zu ermittelnde Rechtsnorm bzw. die zu lösende Rechtsfrage jedenfalls genau bezeichnen. Die Apostolische Signatur erteilt nur eine Auskunft, ohne damit selbst das Urteil zu fällen. Nur im äußersten Fall, wenn sich das fremde Recht nicht in angemessener Frist ermitteln lässt, ist es dem Gericht gestattet, subsidiär die *lex fori* anzuwenden.

Missachtet das Gericht die Kollisionsnormen von *Dignitas Connubii*, so stehen den Parteien Rechtsmittel zur Verfügung. Hinsichtlich der Frage, ob überhaupt ein Gericht der lateinischen Kirche für eine Ehesache von Nichtkatholiken zuständig ist, kommen dieselben Rechtsmittel in Betracht, wie bei Zuständigkeitsfragen innerhalb der lateinischen Kirche.[23] Weist das Gericht die Klage in einer Ehesache von Nichtkatholiken mangels Zuständigkeit zurück, obwohl es nach Art. 3 § 2 DignCon zuständig wäre, so kann die Partei, die sich beschwert glaubt, gemäß c. 1460 § 3 CIC bzw. Art. 78 § 3 DignCon das Berufungsgericht anrufen. Nimmt es die Klage hingegen an, obwohl für die betreffende Ehesache kein Gericht der lateinischen Kirche zuständig ist, so kann die Unzuständigkeitseinrede nach c. 1460 § 1 CIC bzw. Art. 78 § 1 DignCon eingelegt werden. Fällt es dennoch ein Urteil, so ist dieses wegen absoluter Unzuständigkeit gemäß c. 1620 ° 1 CIC bzw. Art. 270 ° 1 DignCon unheilbar nichtig und kann mittels Nichtigkeitsbeschwerde bekämpft werden. Wenn die Zuständigkeit hingegen feststeht, aber Mängel hinsichtlich der Anwendung des Sachrechts vorliegen, ist das Urteil mittels Berufung zu bekämpfen, weil es inhaltlich nicht richtig ist. Dabei sind zwei Fälle möglich: Entweder hat der Richter das von Art. 2 oder Art. 4 DignCon berufene Sachrecht überhaupt nicht angewandt hat oder er hat es zwar angewandt, aber falsch.

---

[21] Vgl. *Schöch*, Zivilehe, 904.

[22] Die dritte Sektion der Apostolischen Signatur erfüllt gleichsam die Funktion eines Justizministeriums (*Grocholewski*, Das höchste Gericht, 179). Dieser Vergleich passt auch im hier behandelten Zusammenhang, da es im weltlichen Bereich das Justizministerium ist, das dem Richter bei der Ermittlung des ausländischen Rechts hilft.

[23] So ist nach *Gullo / Gullo* (Prassi Processuale, 270) die Nichtigkeitsbeschwerde auch bei Unzuständigkeit *ratione ritus* möglich. Dasselbe hat für die Unzuständigkeit *ratione confessionis* oder *religionis* zu gelten.

Auf lange Sicht muss die Sensibilisierung für fremdes Recht freilich schon bei der Ausbildung der künftigen Richter ansetzen.[24] Verschiedene Universitäten bieten bereits jetzt Lehrveranstaltungen über fremde Rechtssysteme an.[25] Auch rechtsvergleichende Studientage, auf denen sich Kanonisten weiterbilden können, werden in Zukunft an Bedeutung gewinnen.[26]

[24] Vgl. *Prader*, Legislazione, 100.

[25] Die *Pontificia Università Lateranense* bietet jährlich Vorlesungen zum islamischen und zum jüdischen Recht an. Das Klaus-Mörsdorf-Studium für Kanonistik in München begann im Sommersemester 2006 mit einer Vorlesung über weltliches Recht, in der auch religiöse Rechtsordnungen besprochen wurden.

[26] Vgl. z.B. die I. Römische Konsultation zum Jüdischen und Kanonischen Recht (9.-11.10.2006) an der *Pontificia Università Gregoriana* in Rom.

10. Bewertung des Ehe-Kollisionsrechts

10.1. Das Neue am Kollisionsrecht von Dignitas Connubii

Das erste Kapitel dieser Arbeit endete mit der Frage, ob das Kollisionsrecht von *Dignitas Connubii* Innovationen enthält, die außer- oder sogar gegengesetzlich sind und daher als unwirksam betrachtet werden müssen. Nachdem die betreffenden Kollisionsnormen in den verschiedenen Kapiteln dieser Arbeit eingehend untersucht worden sind, kann diese Frage nun abschließend beantwortet werden.

Zuständigkeit: Hinsichtlich der Zuständigkeit in Ehesachen von und mit Nichtkatholiken bringt *Dignitas Connubii* im Grunde nichts Neues. Art. 3 § 1 DignCon entspricht c. 1671 CIC und Art. 3 § 3 DignCon stimmt mit c. 1672 CIC überein. Art. 3 § 2 DignCon hat zwar keine Entsprechung im CIC, gibt aber die ständige Rechtsprechung der höchsten kirchlichen Gerichte sowie die einhellige Lehre der Kanonistik wieder. Auch die Zuständigkeitsabgrenzung zwischen lateinischen und ostkatholischen Gerichten in Art. 16 § 1 DignCon zieht nur eine Konsequenz aus c. 916 § 5 CCEO.

Prozessrecht: Ebenso wenig stellt der Grundsatz, dass lateinische Gerichte auch in Ehesachen mit Bezug zu anderen Rechtsordnungen, immer das lateinische Prozessrecht anwenden, eine Neuerung dar. Er wird zwar in Art. 4 § 2 ° 1 DignCon erstmals in einem kirchlichen Rechtsdokument niedergelegt, entspricht aber der ständigen höchstrichterlichen Judikatur und der kanonistischen Lehre.

Die Ehe eines Katholiken mit einem Nichtkatholiken (vgl. Abschnitt 6.3.2): C. 1059 CIC legt fest, dass sich die Ehe von Katholiken, auch wenn nur ein Partner katholisch ist, nicht allein nach dem göttlichen, sondern auch nach dem kirchlichen Recht richtet. *Dignitas Connubii* greift dies in Art. 2 § 1 auf, fügt aber in § 2 hinzu, dass sich eine Ehe eines Katholiken mit einem nichtkatholischen Christen auch nach dessen Recht richtet. Stellt diese Ergänzung eine Neuerung dar? Vor der Veröffentlichung von *Dignitas Connubii* wurde c. 1059 CIC von den meisten Kanonisten so verstanden, dass auch eine derartige Ehe *nur* vom göttlichen und vom rein kirchlichen Recht geregelt wird.

Es kann also keine Rede davon sein, dass Art. 2 § 2 DignCon bereits geltendes Gesetzesrecht wiedergibt oder die ständige kirchliche Judikatur festhält oder auch nur die einhellige kanonistische Lehre zusammenfasst. Nach dem Erlass von *Dignitas Connubii* macht sich eine gewisse Neigung bemerkbar, alle darin enthaltenen Vorschriften so zu deuten, als hätten sie schon vorher ohne jeden

Zweifel in Geltung gestanden.[1] In Bezug auf die Ehen zwischen einem Katholiken und einem nichtkatholischen Christen kann jedoch höchstens gesagt werden, dass Art. 2 § 2 DignCon eine zuvor strittige Frage entscheidet – und zwar gegen die herrschende Lehre und ohne tragfähige Untermauerung in der Judikatur.

Die Ehe zwischen nichtkatholischen Christen: Auch Art. 4 § 1 DignCon hat keine Entsprechung im CIC, sondern nur in c. 781 CCEO. Kann diese Bestimmung im Wege einer Gesetzesanalogie zur Schließung der Lücke gemäß c. 19 CIC ins lateinische Recht übertragen werden? RAMBACHER, der eine analoge Anwendung von c. 780 § 2 CCEO ablehnt, bejaht sie bei c. 781 CCEO, da in diesem Fall eine absolute Lücke besteht.[2] Auch das PCLT bejaht in seinem Responsum vom 13.5.2003 bei c. 781 CCEO die Möglichkeit einer Gesetzesanalogie gemäß c. 19 CIC (Nr. 7d). Außerdem lässt sich bei den Ehen zwischen nichtkatholischen Christen tatsächlich auf eine reichhaltige Rota-Judikatur zurückgreifen, die, wenn auch in unterschiedlichem Maß, fremdes Recht berücksichtigt hat. Was Art. 4 § 1 DignCon betrifft, wird man also sagen können, dass sich eine derartige Bestimmung zwar erstmals in einem Rechtsdokument der lateinischen Kirche findet, dass damit aber nur die bestehende Praxis festgehalten wird. Die einzige echte Neuerung besteht darin, dass Art. 4 § 1 ° 2 im Unterschied zu c. 781 ° 2 CCEO keine öffentliche Form verlangt.

Ehen von Nichtchristen: Eine Regelung, die dem Art. 4 § 2 ° 2 DignCon entspricht, findet sich weder im CIC noch im CCEO. Eine analoge Anwendung ist also ausgeschlossen. Lehre und Rechtsprechung haben sich bisher kaum mit dem Sachrecht auseinandergesetzt, nach dem die Ehen von Nichtchristen zu beurteilen sind, so dass nicht auf eine konstante Rechtspraxis zurückgegriffen werden kann. Vielmehr setzte man bisher voraus, dass sich derartige Ehen nach dem weltlichen Recht richten. *Dignitas Connubii* hingegen geht von dem Grundsatz aus, dass das religiöse vor dem weltlichen Recht anzuwenden ist. Damit zieht *Dignitas Connubii* zwar eine Konsequenz aus der Anerkennung des fremden religiösen Rechts durch das Zweite Vatikanische Konzil, bringt aber gegenüber der bisherigen Lehre und Praxis eine wirkliche Neuheit.

Die echten Neuerungen beschränken sich also auf Art. 2 § 2 und Art. 4 § 2 ° 2 DignCon.[3] Da eine Instruktion, wie sie *Dignitas Connubii* darstellt, die Ge-

---

[1] Vgl. *Kowal*, L'istruzione, 494; *Llobell*, Valór jurídico, 243. *Arrieta* (Integrazioni, 124) spricht bei Art. 2 § 2 DignCon nur von einer Klärung („*chiarire*") und bei Art. 4 § 1 DignCon nur von einer Präzisierung der Kriterien („*precisando criteri*").

[2] Vgl. *Rambacher*, Formerfordernisse, 57. Nach *Rachford* (Two lungs, 168f.) lässt sich c. 781 CCEO im Wege der Lückenschließung gemäß c. 19 CIC ohne weiteres ins lateinische Recht übertragen. *Beal* (c. 1059, 1255) scheint eine Anwendung der CCEO-Regelung im lateinischen Bereich zumindest zu wünschen. *Arrieta* gibt die cc. 780f. ganz selbstverständlich als Grundlagen von Art. 2 § 2 und Art. 4 § 1 DignCon an, ohne zu fragen, wie diese ostkatholsichen Vroschriften ins Recht der lateinischen Kirche übertragen werden können (*Arrieta*, Integrazioni, 124).

[3] Dieses Ergebnis wird von mehreren Autoren bestätigt. Auch *Otaduy* (Principo, 75) zählt Art. 2 § 2 DignCon zu jenen Elementen, die sich außerhalb jeder gesetzlichen Grundlage

setzeslage nicht ändern kann,[4] müssen diese beiden Bestimmungen als unwirksam betrachtet werden. Es ist auch nicht zielführend, sie als authentische Interpretation mit Gesetzescharakter umzudeuten, für die das PCLT ja kompetent wäre (Abschnitt 1.3.3). Diese Interpretationskompetenz schließt nämlich die Kompetenz, Gesetzeslücken zu schließen, gerade nicht ein.[5] Ebenso wenig können sie als Gewohnheitsrecht verbindlich werden, da dieses eine entsprechende Übung voraussetzt, die in diesen Fällen aber gerade fehlt. Damit entstehen bedauerliche Leerstellen im lateinischen Ehe-Kollisionsrecht. Formale Fehler sind aber ernst zu nehmen und dürfen nicht deswegen abgetan werden, weil der Inhalt der Regelungen grundsätzlich gut und zu begrüßen wäre. Diese Mängel können jedoch positiv als Anstoß für eine noch bessere und umfassendere Kodifizierung dieses Rechtsgebiets angesehen werden, wie sie im folgenden Abschnitt zu skizzieren versucht wird.

10.2. Ausbau des kirchlichen Kollisionsrechts

Die Kollisionsnormen von *Dignitas Connubii* sind ein Ansatz zu einem noch ausbaufähigen kirchlichen Kollisionsrecht. Es wäre wünschenswert, das gesamte kirchliche Kollisionsrecht in einem eigenen Gesetz einheitlich zusammenzufassen. Damit könnten auch die soeben erwähnten unwirksamen Bestandteile von *Dignitas Connubii* Rechtskraft erlangen. Am Anfang von Kapitel 6 wurde auf Regelungslücken im Kollisionsrecht von *Dignitas Connubii* hingewiesen. Diese könnten durch eine künftige Gesetzgebung geschlossen werden. Ebenso wären explizite Vorschriften einschließlich Verfahrensregeln zur Anerkennung fremder Rechtsakte erforderlich (Abschnitt 6.4). Außerdem sollte angestrebt werden, die Kollisionsnormen des Eheprozessrechts mit jenen des Eheschließungsrechts zusammenzuführen. Die Bestimmungen der Art. 2 und 4 DignCon, die das Recht festlegen, nach denen eine Ehe zu beurteilen ist, gehören eigentlich zum Eheschließungsrecht, weil sie indirekt angeben, welchem Recht die betreffende Ehe zum Zeitpunkt ihres Abschlusses unterstand (Kapitel 5). Die Parallelnormen im CCEO, nämlich die cc. 780f., stehen richtigerweise nicht im Prozessrecht, sondern unter den einleitenden Bestimmungen zum Eherecht.[6]

Übrigens muss sich das Kollisionsrecht nicht auf den Bereich der Ehe beschränken. C. 844 CIC enthält Normen zur *communicatio in sacris* bezüglich

---

befinden. Hinsichtlich Art. 4 § 2 DignCon konstatieren *Montini* (Gerarchia delle fonti, 436) und *Pulte* (Provida mater, Rn. 41), dass es im lateinischen Recht bisher keine entsprechende gesetzliche Regelung gab.

[4] Insofern ist noch einmal an Abs. 14 der Einleitung zu *Dignitas Connubii* zu erinnern, wo ausdrücklich festgehalten wird, dass das kodikarische Prozessrecht voll in Kraft bleibt.

[5] Vgl. *Herranz*, Pontificio Consiglio, 473.

[6] *Haering* (Eheprozessordnung, 166) kritisierte schon am ersten Schema von *Dignitas Connubii*, dass eine Eheprozessordnung nicht der passende Ort sei, um Regelungen über das materielle Eherecht zu erlassen, die das Verfahrensrecht nur am Rande berühren.

Eucharistie, Buße und Krankensalbung, die man im weiteren Sinn ebenfalls als kollisionsrechtlich bezeichnen könnte. Auch sie sollten nach dem Urteil mancher Autoren präzisiert und weiterentwickelt werden.[7] Ein Bereich, in dem die Kirche zwar weniger mit religiösen Rechtsordnungen aber sehr häufig mit weltlichem Recht in Berührung kommt, stellt das Vermögensrecht[8] dar, das zahlreiche Kanonisationsnormen enthält.[9] Auch das in Vermögensangelegenheiten anzuwendende kirchliche Prozessrecht muss Kollisionsnormen gegenüber dem weltlichen enthalten (vgl. c. 1500 CIC). Hier wäre eine klare Systematisierung und Abgrenzung zum weltlichen Recht hilfreich, die mit entsprechenden zuständigkeits- und verfahrensrechtlichen Normen ergänzt werden könnte. Daneben finden sich noch weitere Bereiche, die in kollisionsrechtlicher Hinsicht ausgearbeitet werden sollten. Damit die Kollisionsnormen nicht über die verschiedenen Rechtsmaterien verstreut bleiben, könnten sie in einem eigenen Gesetz zum kirchlichen Kollisionsrecht zusammengefügt werden, wie es auch im staatlichen Bereich üblich ist. Dies wäre tatsächlich ein nicht zu unterschätzender Beitrag für Friede und Gerechtigkeit unter den Religionen in der heutigen globalisierten Welt.

---

[7] Z.B. *Breitsching*, Eucharistiegemeinschaft, 152; *Wijlens*, Verbindlichkeit, 67.

[8] Vgl. *Heimerl / Pree*, Vermögensrecht, Rn. 1/83.

[9] Vgl. *Haering*, Rezeption, 27.

Quellenverzeichnis

Grundlegende Rechtstexte Universalkirche

Benedikt XV., Codex Iuris Canonici (27.5.1917), in: AAS 9 (1917) II 11-456.
Pius XII., MP Crebrae allatae (22.2.1949), in: AAS 41 (1949) 89-117.
Pius XII., MP Sollicitudinem Nostram (4.1.1950), in: AAS 42 (1950) 5-120.
Paul VI., MP Matrimonia mixta (31.3.1970), in: AAS 62 (1970) 257-263; dt: NKD 26 (1970).
Paul VI., MP Cum matrimonialium (8.9.1973), in: AAS 65 (1973) 577-581.
Paul VI., MP Causas matrimoniales (28.3.1971), in: AAS 63 (1971) 441-446.
Paul VI., CA Regimini Ecclesiae Universae (15.8.1967), in: AAS 59 (1967), 885-928.
Johannes Paul II., Codex Iuris Canonici (25.1.1983), in: AAS 75 (1983) II 1-317.
Johannes Paul II., CA Sacrae disciplinae leges (25.1.1983), in: AAS 75 (1983) II VII-XIV.
Johannes Paul II., CA Pastor Bonus (28.6.1988), in: AAS 80 (1988) 841-934 und 87 (1995) 588.
Johannes Paul II., Codex Canonum Ecclesiarum Orientalium (1.10.1990), in: AAS 83 (1990) 1045-1364.

Secretaria Status, Regolamento Generale della Curia Romana (30.4.1999) in: AAS 91 (1999) 630-699.
SC DocFid, Instr. Matrimonii Sacramentum (18.3.1966), in: AAS 58 (1966) 235-239; dt: NKD 28 (1971) 86-97.
SC DocFid, Normae procedurales pro conficiendo processu dissolutionis vinculu matrimonialis in favorem fidei (6. 12. 1973), abgedruckt in: AfkKR 142 (1973) 475-479.
Congr. DocFid, Normae de conficiendo processu pro solutione vinculi matrimonialis in favorem fidei (30.4.2001), in: DirEccl 113 (2002) 1139-1144. Dt. (übers. v. *Norbert Reuhs*) at: http://www.uni-tuebingen.de/kirchenrecht/nomokanon/quellen/024.htm.
SC DiscSacr, Instr. Provida Mater Ecclesia (15.8.1936), in: AAS 28 (1936) 313-372.
Cong. EcclOr, Decretum Crescens matrimoniorum (22.2.1967), in: AAS 59 (1967) 165-166; dt: NKD 28 (1971) 106-111.
Congr. Cult, Ordo celebrandum matrimonium (19.3.1990), in: LE Bd. VIII, Nr. 5383, 11883-11890.
Congr. Cult, Instr. Redemptionis Sacramentum (25.3.2004), in: AAS 96 (2004) 549-601; dt: VApSt 164.
RR, Romanae Rotae Tribunal Normae (18.4.1994), in: AAS 86 (1994) 508-540.
PCI, Codex Canonum Ecclesiarum Orientalium. Auctoritate Ioannis Pauli PP. II promulgatus, Fontium annotatione auctus, Città del Vaticano 1995.
PCLT, Instr. Dignitas Connubii (25.1.2005), Typ.Pol.Vat. 2005.
PontConsMigr, Instr. Erga migrantes (3.5.2004), in: AAS 96 (2004) 762-822; dt: VApSt 165.
PontConsUnit, Directorium oecumenicum (25.3.1993), in: AAS 85 (1993) 1039-1119; dt: VApSt 110.

Congregatio de Doctrina Fidei

SC Off, Responsum Matrimonia in regionibus sinarun regimini communistarum subiectis, valida retineri possunt, etsi contracta absque forma canonica et cum impedimento a quo Ecclesia dispensare solet (27.1.1949), in: LE Bd. II, Nr. 2021, 2563-2564.

SC Off, Responsum De natura decreti S. Officii diei 27 ian. 1949 praecipue circa cautiones praestandas in matrimoniis mixtis ditionis sinensis (22.12.1949), in: LE Bd. II, Nr. 2093, 2659.

SC Off, Declaratur nullum ob defectum formae cononicae matrimonium inter partem acatholice baptizatam et partem in Ecclesia catholica a ministro episcopaliano baptizatam (3.1.1950), in: LE Bd. II, Nr. 2097, 2661.

SC Off, Responsum „Declaratur validum ratione formae canonicae matrimonium initum inter partem baptizatam in Ecclesia Baptistarum et partem baptizatam in Ecclesia separata graeca ante officialem civilem“ (28.3.1962), in: LE Bd. III, Nr. 3052, 4265.

SC Off, Responsum Declaratur nullum matrimonium mixtum VI canonis 72 Concilii Trullani suadenturque Ordinarii ut in applicatione praedicti canonis recurrant in singulis casibus ad Sanctam Sedem (6.2.1964), in: LE Bd. III, Nr. 3164, 4470-4471.

SC Off, Trullo Cases (17.3.1964), in: Jurist 25 (1965) 304-307.

SC Off, Responsum Canon 72 Concilii Trullani, statuens impedimentum dirimens matrimoniale inter partem orthodoxam et partem haereticam, valorem habuit usque ad diem 2 martii 1949 (12.10.1966), in: LE Bd. III, Nr. 3477, 5041-5042.

SC DocFid, Instructio Matrimonii Sacramentum (18.3.1966), in: AAS 58 (1966) 235-239; dt: NKD 28 (1971) 86-97.

SC DocFid, Impedimentum Dirimens mixtae religionis a canone 72 Concilii Trullani sancitum, adhuc vim suam tenet post Motu proprio „Crebrae allatae“ (22.5.1969), in: LE Bd. III, Nr. 3751, 5550.

SC DocFid, Reskript über die Auflösung einer Ehe zugunsten des Glaubens (14.12.1983), in: AfkKR 152 (1983) 534.

SC DocFid, Antworten auf Fragen zu einigen Aspekten bezüglicher der Lehre über die Kirche (29.6.2007), at: http://www.vatican.va/roman_curia/congregations/cfaith/documents/rc_con_cfaith_doc_20070629_responsa-quaestiones_ge.html [11.7.2007].

Congregatio pro Ecclesiis Orientalibus

SC Or, Responsum De forma canonica matrimonii et de impedimento disparitatis cultus inter partem russicam schismatice baptizatam et partem methodistam non baptizatam (12.4.1945), in: LE Bd. II, Nr. 1826, 2277-2278.

SC Or, Responsum De forma canonica matrimonii et de impedimento disparitatis cultus inter partem russicam schismatice baptizatam et partem religionis ignotae (12.4.1945), in: LE Bd. II, Nr. 1827, 2278.

SC Or, Responsum De forma canonica matrimonii et de impedimento disparitatis cultus inter partem schismatice baptizatam in ecclesia serviae et partem baptizatam in secta protestantium (12.4.1945), in: LE Bd. II, Nr. 1828, 2278-2279.

SC Or, Responsum Canon 72 Concilii Trullani statuens impedimentum matrimoniale dirimens mixtae religionis non applicatur catholicis ritus byzantini (1.12.1959), in: LE Bd. III, Nr. 2862, 3997-3998.

Signatura Apostolica

SignAp, Decisio „Acatholici occidentales valide baptizati subiiciuntur legibus Codicis iuris canonici et eorum causae nullitatis matrimonii tractari possunt ut casus excepti ad normam can. 1990-1992 solvendae" (26.5.1969), in: LE Bd. IV, Nr. 3754, 5559.

SignAp, Decisio „Nullitas matrimonii inter Orthodoxos absque ritu sacro initi declaratur, et modus procedendi in iisdem similibusque causis statuitur" (28.11.1970), in: LE Bd. IV, Nr. 3924, 5927.

SignAp, Sententia „Nullitas matrimonii inter Orthodoxos declaratur ex defectu formae seu ritus sacri in eius celebratione" (28.11.1970), in: LE Bd. V, Nr. 4138, 6394-6399.

SignAp, Urteil Prot. Nr. 1252/71 VT über die Ungültigkeit nichtkirchlich geschlossener Ehen von orientalischen Christen (20.1.1971), in: AfkKR 139 (1970) 523-524.

SignAp, Decisio „De nullitate matrimonii inter duos orthodoxos ritus byzantini-romeni initi absque ritu sacro" (7.7.1971), in: LE Bd. IV, Nr. 3990, 6135-6136.

SignAp, Decisio „Matrimonium inter partes graeco-orthodoxam et anglicanam coram ministro anglicano initum declarari potest nullum ob defectum ritus sacri si partes ministrum orthodoxum in loco commode adire poterant" (18.4.1972), in: LE Bd. IV, Nr. 4046, 6257-6258.

SignAp, Decisio „De vi can. 72 § 1 Concilii Trullani quoad declarationem nullitatis matrimonii ex impedimento mixtae religionis" (1.7.1972), in: LE Bd. IV, Nr. 4070, 6295.

SignAp, Sententia „Nullitas matrimonii inter schismaticos ermenos contracti declaratur ob defectum formae seu ritus sacri (23.11.1974), in: LE Bd. V, Nr. 4334, 6891-6895.

SignAp, Novae statuuntur normae servandae pro causis nullitatis matrimonii ob defectum formae seu sacri ritus apud orientales orthodoxos (10.5.1976), in: LE Bd. V, Nr. 4449, 7206.

SignAp, Responsio in casu particulari seu „in re peculiari" ad propositum quaesitum de statu libero nupturientium (1.2.1990), in: AAS 84 (1992) 549-550; dt: ÖAKR 41 (1992) 428.

SignAp, Dekret Nr. 23805/92 V.T. N. Quaesita, vom 28.5.1993, in: IusCan 34 (1994) 651-652.

SignAp, Decretum Congressus (23.1.1996), Applicatio can. 1150 ad causas nulltiatis matromonii non admittitur, in: DirEccl 108 (1997) II 20-22.

Rota Romana

Coram Anné (30.5.1063), in: RR Dec 55 (1963) 409-421.

Coram Palazzini (24.10.1967), in: RR Dec 59 (1967) 687-691.

Coram Lefebvre (13.1.1968), in: RR Dec 60 (1968) 1-5.

Coram De Jorio (17.10.1968), in: RR Dec 60 (1968) 669-688.

Coram Anné (29.10.1968), in: RR Dec 60 (1968) 701-709.

Coram Pinna (23.1.1969), in: RR Dec 61 (1969) 88-94.

Coram Abbo (4.6.1969), in: RR Dec 61 (1969) 599-613.

Coram Bejan (17.12.1969), in: RR Dec 61 (1969) 1158-1171.

Coram Abbo (5.2.1970), in: RR Dec 62 (1970) 133-141.

Coram Lefebvre (25.4.1970), in: RR Dec 62 (1970) 384-391.

Coram Lefebvre (22.3.1971), in: RR Dec 63 (1971) 197-218.

Coram Canals (30.4.1971), in: RR Dec 63 (1971) 366-371.

Coram Canals (3.5.1971), in: RR Dec 63 (1971) 382-386.

Coram Agustoni (20.10.1971), in: RR Dec 63 (1971) 739-749.

Coram Ferraro (28.10.1971), in: RR Dec 63 (1971) 817-824.

Coram Canals (5.6.1974), in: RR Dec 66 (1974) 416-418.

Coram Anné (28.5.1974), in: RR Dec 66 (1974) 373-397.
Coram Huot (20.12.1979), in: RR Dec 71 (1979) 602-611.
Coram de Jorio (12.11.1980), in: DirEccl 92 (1981) II 102-107.
Coram Felice (16.11.1985), in RR Dec 77 (1985) 495-503
Coram Stankiewicz (19.5.1988), in: RR Dec 80 (1988) 323-334
Coram Jarawan (10.3.1989), in: RR Dec 81 (1989) 190-209.
Coram Palestro (31.1.1990), in: RR Dec 82 (1990) 52-64.
Coram Burke (2.5.1991), in: RR Dec 83 (1991) 291-302.
Coram Palestro (23.10.1991), in: RR Dec 83 (1991) 622-669.
Coram Stankiewicz (27.3.1998), in: RR Dec 90 (1998) 282-294.
Coram Sable (29.1.1999), in: RR Dec 91 (1999) 41-47.
Coram López-Illana (24.3.1999), in: RR Dec 91 (1999) 177-212.
Coram Serrano Ruiz (22.10.1999), in: RR Dec 91 (1999) 618-625.
Coram Sciacca (13.6.2001), in: DirEccl 114 (2003) II 13-18.

Pontificium Consilium de Legum Textibus

PCI, Responsum de sectae atheisticae adscriptis (30.7.1934), in: AAS 26 (1934) 494.
PCRCICO, Responsum ad c. 85 MP Crebrae allatae (8.1.1953), in: AAS 45 (1953) 104.
PCRCICO, Interpretationes authenticae ad MP Crebrae allatae (3.5.1953), in: AAS 45 (1953) 312-313.
PCDVI, Responsum de dispensatione a forma canonica celebrationis matrimonii mixti (11.2.1972), in: AAS 64 (1972) 397.
PCDVI, Responsum ad propositum dubium de iure accusandi matrimonium (8.1.1973), in: AAS 65 (1973) 59.
PCI, Responsa ad proposita dubia (11.7.1984), in: AAS 76 (1984) 746-747.
PCI, Responsiones ad proposita dubia (23.4.1987), in: LE Bd. VIII, Nr. 5223, 11001.
PCI, Il potere del Papa e il matrimonio dei battezzati, in: OR (11.11.1998) 1 = Comm 30 (1998) 217-221.
PCLT, Adnotatio circa validitatem matrimoniorum civilium quae in Cazastania sub communistarum regimine celebrata sunt (13.5.2003), in: Comm 35 (2003) 197-210.
PCLT, Schreiben an den Bischof von Rottenburg-Stuttgart zu can. 1117 CIC (3.5.2005), dt. (übers. v. *Andrea Windisch*) in: DPM 12 (2005) 259-260.
PCLT, Rundschreiben an die Vorsitzenden der Bischofskonferenzen bezüglich des actus formalis defectionis ab Ecclesia catholica (13.3.2006), dt. (übers. v. *Stefan Ihli*) at: http://www.nomokanon.de/quellen/030.htm [14.10.2006].

Zweites Vatikanisches Konzil

Lumen Gentium, Dogmatische Konstitution über die Kirche (21.11.1964), in: AAS 57 (1965) 5-71.
Orientalium Ecclesiarum, Dekret über die katholischen Ostkirchen (21.11.1964), in: AAS 57 (1965) 76-89.
Unitatis Redintegratio, Dekret über den Ökumenismus (21.11.1964), in: AAS 57 (1965) 90-112.
Nostra Aetate, Erklärung über das Verhältnis der Kirche zu den nichtchristlichen Religionen (28.10.1965), in: AAS 58 (1966) 740-744.
Gaudium et Spes, Pastorale Konstitution über die Kirche in der Welt von heute (7.12.1965), in: AAS 58 (1966) 1025-1120.

Dignitatis Humanae, Erklärung über die Religionsfreiheit (7.12.1965), in: AAS 58 (1966) 929-946.

Schemata

LEF Schemata in: *Boelens, O.G.M.*, Synopsis „Lex Ecclesiae Fundamentalis“, Leuven 2001: Schema CEF I (1966); Schema LEF II (1967); Schema LEF III (1969); Schema LEF IV (1970), Schema LEF V (1973); Schema LEF VI (1976), Schema LEF VII (1980).

CIC Schema Sacr: Schema documenti pontificii quo disciplina canonica de Sacramentis recognoscitur, Typ.Pol.Vat. 1975.

Schema Proc: Schema canonum de modo procedendi pro tutela iurium seu de processibus, Typ.Pol.Vat. 1976.

Schema CIC 1980: Schema Codicis Iuris Canonici, Libreria Editrice Vaticana 1980.

Schema CIC 1982: Codex Iuris Canonici. Schema novissimum, Civitas Vaticana, 25.3.1982.

CCEO Schema canonum de cultu Divino et praesertim de sacramentis (2.6.1980), in: Nuntia 10 (1980) 3-64.

Schema CICO/1986, in: Nuntia 24-25 (1987) 1-268.

DignCon Primum Schema vom 22.2.1999 [unveröffentlicht].

Schema novissimum vom 12.7.2002 [unveröffentlicht].

Tertium Schema (?) [unveröffentlicht].

Sonstige Dokumente Universalkirche

Leo XIII., Enc. Arcanum divinae sapientiae (10.2.1880), in: Denz. 3142-3146.

Leo XIII., Enc. Diuturnum illud (29.6.1881), in: Denz. 3150-3152.

Leo XIII., Enc. Immortale Dei (1.11.1885), Denz. 3165-3179.

Pius XI., Enc. Casti Connubii (31.12.1930), in: AAS 22 (1930) 539-592.

Pius XII., Ad Praelatos Auditores ceteraeque Officiales et Administros Tribunalis S. Romane Rotae necnon eiusdem Tribunalis Advocatos et Procuratores (6.10.1946), in: AAS 38 (1946) 391-397.

Pius XII., Epistula ad praesidem, moderatores, doctores et alumnus studiorum universitatis, a nostra domina nuncupatae, in statu “Indiana” americae septentrionalis: primo saeculo ab eius ortu exeunte (2.4.1943), in: AAS 35 (1943) 394-397.

Johannes XXIII., Pacem in Terris (11.4.1963), in: AAS 55 (1963) 257-303.

Paul VI. Ad E.mos Patres Cardinales et ad Consultores Pontificii Codici Iuris Canonici recognoscendo (20.11.1965), in: AAS 57 (1965) 985-989.

Johannes Paul II., Adhortatio Apostolica Familiaris Consortio (22.11.1981), in: AAS 74 (1982) 81-191, dt: VApSt 33.

Sedes Apostolica, Charta Familiae iurium (22.10.1983), in: LE Bd. VI, Nr. 5002, 8680-8687, dt: VApSt 52.

Johannes Paul II., Epistula Apostolica Euntes in mundum (25.1.1988), in: AAS 80 (1988) 935-956 = VApSt 83.

Johannes Paul II., Centesimus Annus (1.5.1991), in: AAS 83 (1991) 793-867.

Johannes Paul II., Ad Romanae Rotae auditores coram admissos (29.1.1993), in: AAS 85 (1993) 1256-1260.

Johannes Paul II., Ad Romanae Rotae iudices et administros coram admissos (28.1.1994), in: AAS 86 (1994) 947-952.

Johannes Paul II., Allocutio ad Romanae Rotae iudices habita (22.1.1996), in: AAS 88 (1996) 773-777; dt: DPM 3 (1996) 305-309.
Johannes Paul II., Allocutio ad Romanae Rotae praelatos auditores (17.1.1998), in: AAS 90 (1998) 781-785; dt: DPM 5 (1998) 245-249.
Johannes Paul II., Ad Romanae Rotae praelatos auditores (21.1.1999), in: AAS 91 (1999) 622-627.
Johannes Paul II., Adhortatio Apostolica postsynodalis Ecclesia in Oceania (22.1.2001), in: AAS 94 (2002) 361-428.
Johannes Paul II., Ad Romanae Rotae Tribunal (1.2.2001), in: AAS 93 (2001) 358-365.
Johannes Paul II., Botschaft zum Weltfriedenstag 1.1.2005, at: http://www.vatican.va/holy_father/john_paul_ii/messages/peace/documents/hf_jp-ii_mes_20041216_xxxviii-world-day-for-peace_ge.html [14.10.2006].
Benedikt XVI., Allocutio ad Tribunal Rotae Romanae (28.1.2006), in: AAS 98 (2006) 135-138.
Benedikt XVI., Interview: Gott wieder entdecken – den Gott mit einem menschlichen Antlitz (5.8.2006), in: ORD vom 25.8.2006, 9-11.
Congr. DocFid, Declaratio Dominus Iesus (6.8.2000), in: AAS 92 (2000) 742-765; dt.: VApSt 148.

Generelle Rechtsakte Teilkirchen

DBK, Partikularnormen zur Ehevorberitung, Eheschließung und Registrierung von Eheschließungen, in: ABl. Trier 149 (2005) 242-243.
DBK, Formular des Ehevorbereitungsprotokolls mit Anmerkungstafel, in: ABl. Trier 149 (2005) 244-251.

Urteile Teilkirchen

Bamberg, *coram Kittel* (11.1.1991), in: LSS 1990/30.
Bautzen, *coram Hanke* (15.11.1984), in: LSS 1987/36.
Campano, *coram Silvestri* (1.3.1999), in: DirEccl 110 (1999) II 296-330.
Flaminio, *coram Benetti* (6.2.1988) in: *Gullo, Carlo* (Hg.), La giurisprudenza dei tribunali ecclesiastici italiani (Studi giuridici 20), Città del Vaticano 1989, 25-30.
Fulda, *coram Krimmel* (22.3.1991), in: LSS 1991/10.
Limburg, *coram Meurer* (24.11.1986), in: LSS 1990/21.
Limburg, *coram Meurer* (31.7.1987), in: LSS 1990/37.
Münster, *coram Laws* (20.10.1976), in: LSS 1981/1.
Münster, *coram Reinhardt* (29.6.1990), in: LSS 1990/10.
Münster, *coram Kahler* (6.7.1990), in: LSS 1991/5.
Münster, *coram Reinhardt* (17.10.1990), in: LSS 1991/4.
Münster, *coram Laukemper-Isermann* (9.3.1999), in: LSS 1999/6.
Münster, *coram Psiuk* (26.9.2000), in: LSS 2000/18.
Münster, *coram Kahler* (12.10.2000), in: LSS 2001/4.
Osnabrück, *coram Vollmer* (25.9.1975), in: LSS 1983/27.
Paderborn, *coram Köster* (30.8.1979), in: LSS 1983/28.
Pedemontano, *coram Ricciardi* (27.11.1984), in: *Gullo, Carlo* (Hg.), La giurisprudenza dei tribunali ecclesiastici italiani (Studi giuridici 20), Città del Vaticano 1989, 11-23.
Regensburg, *coram Hopfner* (25.10.1991), in: LSS 1991/17.
Toledo, *coram Cófreces Merino* (15.2.1995), in: REDC 52 (1995) 861-869.

Ökumenische Dokumente

DBK / EKD (Hg.), Gemeinsame kirchliche Empfehlungen für die Ehevorbereitung konfessionsverschiedener Partner (März 1974), in: *Schöpsdau, Walter*, Konfessionsverschiedene Ehe: Ein Handbuch; Kommentar und Dokumente zu Seelsorge, Theologie und Recht, Göttingen ^{3}1995, 126-138.

Literaturverzeichnis

Abate, Antonio, Il matrimonio nella nuova legislazione canonica, Roma 1985.

Abbass, Jobe, Two Codes in Comparison (Kanonika 7), Roma 1997.

Ahlers, Reinhild, Art. Taufe, in: LexKR 936.

Alfs, Rainer, Gemeinsame Trauung? Die Ordnung der kirchlichen Trauung für konfessionsverschiedene Paare in ihren beiden Ausgaben. Vergleich und kritische Würdigung, in: DPM 8/2 (2001) 199-214.

Amann, Thomas, Art. Nichtchrist, in: LexKR 671-672.

Amann, Thomas, Laien als Träger von Leitungsgewalt? Eine Untersuchung aufgrund des Codex Iuris Canonici (MThStKan 50), St. Ottilien 1996.

Andrae, Marianne, Internationales Familienrecht, Baden-Baden 1999.

Arrieta, Juan Igancio, Integrazioni e determinazioni apportate dall'istruzione „Dignitas Conubii" ai canoni del Codice die Diritto Canonico, in: *ders.*, L'istruzione Dignitas Connubii nella dinamica delle cause matrimoniali, Venezia 2006, 123-162.

Arroba Conde, Manuel, Diritto processuale canonico, Roma ⁵2006.

Assenmacher, Günter, Die Eheverfahren, in: HdBkathKR² 1187-1208.

Assenmacher, Günter, Nichtigerklärung, Auflösung und Trennung der Ehe, in: *Listl, Josef / Schmitz, Heribert* (Hg.), Handbuch des katholischen Kirchenrechts, Regensburg, ²1999, 988-1000.

Aymans, Winfried , Das Problem der Defektionsklauseln im kanonischen Eherecht. Plädoyer für die Tilgung des Befreiungstatbestandes eines „actus formalis defectionis ab Ecclesia catholica" in den cc. 1086 § 1, 1117 und 1124 CIC, in: *Isensee, Josef / Rees, Wilhelm / Rüfner, Wolfgang* (Hg.), Dem Staates, was des Staates – der Kirche, was der Kirche ist. Festschrift für Joseph Listl zum 70. Geburtstag (Staatskirchenrechtliche Abhandlungen 33), Berlin 1999, 797-811.

Aymans, Winfried / Mörsdorf, Klaus, Kanonisches Recht. Lehrbuch aufgrund des Codex Iuris Canonici, begründet von Eduard Eichmann, fortgeführt von Klaus Mörsdorf, neu bearbeitet von Winfried Aymans, Bd. I. Einleitende Grundfragen und Allgemeine Normen, Paderborn 1991.

Aymans, Winfried, Art. Ius divinum – Ius humanum, in: LexKR 436-438.

Aymans, Winfried, Die kanonistische Lehre von der Kirchengliedschaft im Lichte des II. Vatikanischen Konzils, in: AfkKR 142 (1973) 397-417.

Aymans, Winfried, Kirchliche Grundrechte und Menschenrechte, in: AfkKR 149 (1980) 389-409.

Aymans, Winfried, Ökumenische Aspekte des neuen Gesetzbuches der lateinischen Kirche Codex Iuris Canonici, in: AfkKR 151 (1982) 477-489.

Bañares, Juan Ignacio, in: ComEx, c. 1058.

Bañares, Juan Ignacio, in: ComEx, c. 1059.

Bañares, Juan Ignacio, El „ius connubii", ¿derecho fundamental del fiel? in: Fidelium Iura 3 (1993) 233-261.

Baura, Eduardo, La funzione di vigilanza sulla retta amministrazione della giustizia, in: IusEccl 6 (1994) 354-365.

Beal, John, c. 1058, in: *ders. / Coriden, James / Green, Thomas* (Hg.), New Commentary on the Code of Canon Law, New York 2000, 1254.

Beal, John, c. 1059, in: *ders. / Coriden, James / Green, Thomas* (Hg.), New Commentary on the Code of Canon Law, New York 2000, 1254-1256.

Bellini, Piero, Diritti secolari e diritti religiosi: questioni di metodo, in: Daimon 3 (2003) 217-241.

Bergmann, Alexander / Ferid, Murad / Henrich, Dieter (Hg.), Internationales Ehe- und Kindschaftsrecht (Loseblattsammlung), Frankfurt am Main [6]1983ff.

Berkmann, Burkhard Josef, Die Ehe zwischen Kirchenrecht und Europarecht, in: DPM 12 (2005) 123-165.

Berlingò, Salvatore, Il diritto al „processo“ (can. 221, § 2, C.I.C.) in alcune procedure particolari, in: Fidelium Iura 3 (1993) 339-358.

Bier, Georg, Was ist ein Kirchenaustritt? Neue Entwicklungen in einer altbekannten Frage, in: HK 60 (2006) 348-351.

Böckenförde, Ernst-Wolfgang, Die Bedeutung der Konzilserklärung über die Religionsfreiheit. Überlegungen 20 Jahre danach, in: StdZ 204 (1986) 303-312.

Böckenförde, Ernst-Wolfgang, Über die Autorität päpstlicher Lehrenzykliken am Beispiel der Aussagen zur Religionsfreiheit, in: ThQ 186 (2006) 22-39.

Boni, Geraldina, Disciplina canonica universale circa il matrimonio tra cattolici e islamici, in: *Associazione Canonistica Italiana* (Hg.), Il Matrimonio tra cattolici ed islamici (Studi giuridici 58), 21-117.

Bonnet, Piero Antonio, I diritti-doveri fondamentali del fedele non formalizzati nella positività canonica umana, in: *Associazione Canonistica Italiana* (Hg.), I diritti fondamentali del fedele. A venti anni dalla promulgazione del Codice (Studi giuridici 64), Città del Vaticano 2004, 115-173.

Breitbach, Udo, Die Vollmacht der Kirche Jesu Christi über die Ehen der Getauften. Zur Gesetzesunterworfenheit der Ehen nichtkatholischer Christen, Roma 1998.

Breitsching, Konrad, Eucharistiegemeinschaft im Rahmen der konfessionsverschiedenen Ehe. Theologische und kirchenrechtliche Erwägungen, in: *Hell, Silvia / Lies, Lothar* (Hg.), Taufe und Eucharistiegemeinschaft. Ökumenische Perspektiven und Probleme, Innsbruck 2002, 109-152.

Breitsching, Konrad, Menschenrechte, Grundrechte und kirchliche Rechtsordnung, in: *Breitsching, Konrad / Rees, Wilhelm* (Hg.), Tradition – Wegweisung in die Zukunft. Festschrift für Johannes Mühlsteiger SJ zum 75. Geburtstag (Kanonistische Studien und Texte 46), Berlin 2001, 191-221.

Bressan, Luigi, Il divorzio nelle Chiese orientali. Ricerca storica sull'atteggiamento cattolico, Bologna 1976.

Bride, A., Le pouvoir du Souverain Pontife sur le mariage des infidèles, in: RDC 10-11 (1960-1961) II 52-101.

Brieskorn, Norbert, Menschenrechte und Kirche, in: StdZ 217 (1999) 3-14.

Busso, Ariel, El derecho a la libertad religiosa y la comunicación de abandono de la Iglesia y sus efectos canónicos, in: Anuario Argentino de Derecho Canónico 10 (2003) 257-264.

Cador, Vincent, Les mariages interreligieux et le droit international privé francais, in: RDC 55 (2005) 37-57.

Calvo Tojo, Manuel, Reforma del proceso matrimonial anunciada por el Papa, Salamanca 1999.

Carreras Joan, La giurisprudenza della Chiesa sulle relazioni familiari, in: *ders.* (Hg.), La giurisdizione della Chiesa sul matrimonio e sulla famiglia, Milano 1998, 1-76.

Carreras, Joan, La giurisdizione della Chiesa sul matrimonio (can. 1059), in: *Bonnet, Piero Antonio / Gullo, Carlo* (Hg.), Diritto Matrimoniale Canonico (Studi giuridici 56), Città del Vaticano 2002, 207-220.

Cenalmor, Daniel, in: ComEx, c. 213.

Cenalmor, Daniel, in: ComEx, c. 219.
Cenalmor, Daniel, in: ComEx, c. 221.
Cenalmor, Daniel, in: ComEx, c. 221.
Chiappetta, Luigi, Il matrimonio nella nuova legislazione canonica e concordataria. Manuale giuridico-pastorale, Roma 1990.
Coughlan, John, La reazione delle Chiese alle proposte legislative di riconoscimento delle unioni omosessuali in alcuni Stati dell'Unione Europea, in: Daimon 2 (2004) 279-291.
Cox, Craig, c. 1674, in: *Beal, John / Coriden, James / Green, Thomas* (Hg.), New Commentary on the Code of Canon Law, New York 2000, 1767-1768.
Daneels, Frans, Una introducción general a la Instrucción Dignitas connubii, in: *Rodríguez-Ocaña, Rafael / Sedano, Joaquín* (Hg.), Procesos de nulidad matrimonial. La Instrucción Dignitas connubii, Pamplona 2006, 21-44. = IusCan 46 (2006) 33-58.
Dausend, Johannes Hugo, Das interrituelle Recht im Codex Iuris Canonici. Die Bedeutung des Gesetzbuches für die orientalische Kirche, Paderborn 1939.
De Bertolis, Ottavio, Globalizzazione, pluralismo e ordinamenti giuridici: verso un nuovo giusnaturalismo? In: Per 96 (2006) 365-389.
De Paolis, Velasio, Considerazioni generali sulle cause matrimoniali oggi. Intervento alla Conferenza stampa di presentazione dell'istruzione "Dignitas Connubii" (8.2.2005), at: http://www.vatican.va/roman_curia/pontifical_councils/intrptxt/documents/rc_pc_intrptxt_doc_20050208_present-dignitatis-connubii_it.html [14.10.2006].
Del Re, Niccolò, La Curia Romana. Lineamenti storico-giuridici, Città del Vaticano [4]1998.
Demel, Sabine, Die kanonische Eheschließungsform im Recht der unierten Ostkirchen, in: AfkKR 160 (1991) 418-440.
Derret, Duncan / Iyer, Krishnamurthy, Hindu Family Law, in: *Glendon, Mary Ann* (Hg.), Persons and Family (Chapter 11), in: *International Association of Legal Science*, International Encyclopedia of Comparative Law (Volume IV), Tübingen 1983, 80-96.
Diego-Lora, Carmelo de, El derecho fundamental de los fieles a una justicia técnica letrada en la Iglesia, in: Fidelium Iura 3 (1993) 267-280.
Dieni, Edoardo, Introduzione al tema, in: Daimon 2 (2002) 3-17.
Donnelly, Francis, The Helena Decision of 1924, in: Jurist 36 (1976) 442-449.
Eicholt, Bernd, Formvorschriften bei einer ritusverschiedenen Eheschließung, in: DPM 7 (2000) 175-196.
Engelhardt, Hanns, Zwischenkirchliches Recht, in: LM 6 (1967) 37-43.
Erdö, Péter, Gesetzgebung und Normfindung im Kanonischen Recht. Vortrag anlässlich der I. Römischen Konsultation zum Jüdischen und Kanonischen Recht, Rom 9.10.2006.
Errazuriz, Carlos, I matrimoni misti: Approccio interordinamentale e dimensioni die giustizia, in: IusEccl 17 (2005) 221-245.
Fahrnberger, Gerhard, Art. Delegation, in: LexKR, 183-184.
Falk, Ze'ev, Jewish Family Law, in: *Glendon, Mary Ann* (Hg.), Persons and Family (Chapter 11), in: *International Association of Legal Science*, International Encyclopedia of Comparative Law (Volume IV), Tübingen 1983, 28-54.
Feiner, Johannes, Dekret über den Ökumenismus (Decretum de Oecumenismo „Unitatis redintegratio"). Kommentar, in: LthK^2-Konzilskommentar, Bd. II, 40-126.
Feliciani, Giorgio, Droit canonique et relations de l'Église catholique avec les États depuis 1917, in: Le Supplément 199 (1996) 87-119.
Ferrari, Silvio, Lo spirito dei diritti religiosi. Ebraismo, cristianesimo e islam a confronto, Bologna 2002.
Ferrari, Silvio, Matrimonio e alterità: La rilevanza interordinamentale del matrimonio nei sistemi giuridici religiosi, in: Daimon 5 (2005) 193-215. = RDC 55 (2005) 7-35.

Fortino, Eleuterio, Droit canonique e Dialogue Oecuménique en Europe, in: Kanon 13 (1996) 1-18.
Franck, Bernard, Contribution théologique et canonique au rapprochement des Églises d'occident et d'orient dans la doctrine. la discipline et la pastorale du mariage, in: RDC 34 (1984) 40-74.
Freitag, Elke, Ehe zwischen Katholiken und Muslimen. Eine religionsrechtliche Vergleichsstudie, Münster 2007.
Funk, Josef, In favorem fidei, in: ÖAKR 13 (1962) 193-213.
Fürst, Carl Gerold, Ökumenismus im Codex Canonum Ecclesiarum Orientalium, in: *Paarhammer, Hans / Rinnerthaler, Alfred* (Hg.), Scientia Canonum, Festgabe für Franz Pototschnig zum 65. Geburtstag, München 1991, 399-414.
Fürst, Carl Gerold, Probleme der Form der Eheschließung von Orientalen oder mit Orientalen, in: DPM 2 (1995) 23-38.
Fürst, Carl Gerold, Taufe, Kirchengliedschaft und „Status" der Gläubigen in kanonistischer Sicht, in: *Puza, Richard / Weiß, Andreas* (Hg.), Iustitia in caritate. Festgabe für Ernst Rößler zum 25jährigen Dienstjubiläum als Offizial der Diözese Rottenburg-Stuttgart (AIC 3), Frankfurt am Main 1997, 571-587.
Fürst, Carl Gerold, Zur Interdependenz von lateinischem und orientalischem Kirchenrecht. Einige Anmerkungen zum Kirchenrecht der katholischen Kirche, in: *Aymans, Winfried / Geringer, Karl-Theodor* (Hg.), Iuri Canonico Promovendo. Festschrift für Heribert Schmitz zum 65. Geburtstag, Regensburg 1994, 531-557.
Gall, Robert, Eheauflösung zugunsten des Glaubens, in: Schweizerische Kirchenzeitung 39 (1974) 631-636.
Gallagher, Clarence, Marriage in the Revised Canon Law for the Eastern Catholic Churches, in: StudCan 24 (1990) 69-90.
Gampl, Inge, Privilegium uti aiunt Petrinum, in: *Plöchl, Willibald / Gampl, Inge* (Hg.), Im Dienste des Rechts in Kirche und Staat, Festschrift für Franz Arnold, Wien 1963, 331-343.
Gänswein, Georg, Kirchengliedschaft – vom Zweiten Vatikanischen Konzil zum Codex Iuris Canonici. Die Rezeption der konziliaren Aussagen über die Kirchenzugehörigkeit in das nachkonziliare Gesetzbuch der lateinischen Kirche (MthStkan 47), St. Ottilien 1995.
García Faílde, Juan José, La instrucción 'Dignitas Connubii' a examen (Testo castellano y comentario de sus artículos), Salamanca 2006.
García Faílde, Juan José, Tratado de Derecho Procesal Canónico, Salamanca 2005.
García Martín, Julio, Atti amministrativi generali, Roma 2004.
García Martín, Julio, Los actos administrativos de los dicasterios de la Curia Romana según el reglamento general (1 julio 1999), in: Apollinaris 73 (2000) 733-759.
Gasparri, Petro, Tractatus canonicus de matrimonio, Roma [4]1932.
Gefaell, Pablo, Basi ecclesiologiche della giurisdizione delle Chiese ortodosse sui matrimoni misti con cattolici, in: *Carreras Joan* (Hg.), La giurisdizione della Chiesa sul matrimonio e sulla famiglia, Milano 1998, 127-148.
Gefaell, Pablo, Il matrimonio condizionato durante la codificazione pio-bendettina. fonte del c.826 CCEO, in: IusEccl 7 (1995) 581-625.
Georges, Karl Ernst, Ausführliches lateinisch-deutsches Handwörterbuch, Hannover [9]1951.
Gerhartz, Johannes Günter, Geschichtlicher Aufriss und Kommentar, in: NKD 28 (1971) 1-66.
Geringer, Karl-Theodor, Der Wohnsitz von Nichtkatholiken und die Zuständigkeit kirchlicher Ehegerichte, in: DPM 1 (1994) 9-11.
Geringer, Karl-Theodor, Die bedingte Eheschließung im Recht der katholischen orientalischen Kirchen, in: AfkKR 160 (1991) 68-83.

Ghirlanda, Gianfranco, Diritti fondamentali e carismi nella Chiesa, in: *Associazione Canonistica Italiana* (Hg.), I diritti fondamentali del fedele. A venti anni dalla promulgazione del Codice (Studi giuridici 64), Città del Vaticano 2004, 115-173.

Giraudo, Alessandro, Rito del matrimonio tra una parte cattolica e una parte catecumena o non cristiana, in: Quaderni di Diritto Ecclesiale 19 (2006) 261-271.

Gismondi, Pietro, Chiese e comunità ecclesiali acattoliche nei recenti decreti conciliari, in: DirEccl 76 (1965) 189-205.

Glendon, Mary Ann (Hg.), Persons and Family (Chapter 3), in: *International Association of Legal Science*, International Encyclopedia of Comparative Law (Volume IV), Tübingen 1997.

González Ayesta, Juan, La instruccíon *dignitas connubii* y las categorías normativas del derecho vigente, in: IusCan 45 (2005) 757-770.

Grenier, Henri, Can we still speak of the Petrine Privilege? in: Jurist 38 (1975) 158-162.

Grenier, Henri, Peut-on encore parler du privilège Petrinien? in: Ephemerides iuris canonici 36 (1980) 97-102.

Grocholewski, Zenon, Das höchste Gericht der Apostolischen Signatur, in: DPM 8/2 (2001) 175-198.

Gullo, Carlo / Gullo, Alessia (Hg.), Prassi processuale nelle cause canoniche di nullità del matrimonio. Seconda ecizione aggiornata con l'Istr. „Dignitas Conubii“ del 25 gennaio 2005 (Studi giuridici 70), Città del Vaticano 2005.

Güthoff, Elmar, Das *Privilegium Petrinum.* Die Auflösung einer nichtsakramentalen Ehe durch päpstlichen Gnadenakt, in: DPM 9 (2002) 245-257.

Güthoff, Elmar, Die Entwicklung der Gliedschaftslehre vom CIC/1917 bis zum CCEO, in: *Geringer, Karl Theodor / Schmitz, Heribert* (Hg.), Communio in Ecclesiae Mysterio. Festschrift für Winfried Aymans zum 65. Geburtstag, St. Ottilien 2001, 147-156.

Güthoff, Elmar, Rezension zu: *Prader, Joseph,* La legislazione matrimoniale latina e orientale. Problemi interecclesiali interconfessionali e interreligiosi. Roma 1993, in: AfkKR 163 (1994) 647-651.

Güttler, Markus, Die Ehe ist unauflöslich! Eine Untersuchung zur Konsistenz der kirchlichen Eherechtsordnung (BzMK 34), Essen 2002.

Haering, Stephan, Art. Jurisdiktion, in: LexKR 442-443.

Haering, Stephan, Die neue Ordnung der Römischen Rota aus dem Jahr 1994. Anmerkungen zu ausgewählten Aspekten, in: DPM 2 (1995) 89-116.

Haering, Stephan, Eine neue Eheprozessordnung? Streiflichter zu einem Gesetzesentwurf, in: *Geringer, Karl-Theodor / Schmitz, Heribert* (Hg.), Communio in Ecclesiae Mysterio. Festschrift für Winfried Aymans zum 65. Geburtstag, St. Ottilien 2001.

Haering, Stephan, Rezeption weltlichen Rechts im kanonischen Recht. Studien zur kanonischen Rezeption, Anerkennung und Berücksichtigung des weltlichen Rechts im kirchlichen Rechtsbereich aufgrund des Codex Iuris Canonici von 1983 (Münchner theologische Studien III/53), St. Ottilien 1998.

Hallermann, Heribert, Die Rechtsstellung nichtkatholischer Christen im Codex 1983, in: *ders.* (Hg.), Ökumene und Kirchenrecht – Bausteine oder Stolpersteine? Mainz 2000, 30-48.

Hallermann, Heribert, Die Vereinbarungen zur gegenseitigen Anerkennung der Taufe, in: *ders.* (Hg.), Ökumene und Kirchenrecht – Bausteine oder Stolpersteine? Mainz 2000, 118-139.

Hallermann, Heribert, Ökumenische Vereinbarungen auf unterster Ebene, in: *ders.* (Hg.), Ökumene und Kirchenrecht – Bausteine oder Stolpersteine? Mainz 2000, 215-220.

Haunschmidt, Alexander, Die Mitgliedschaft in der Kirche nach staatlichem und kirchlichem Recht der Altkatholischen und Römisch-Katholischen Kirche, in: *Rees, Wilhelm / Breit-*

sching, Konrad (Hg.), Recht – Bürge der Freiheit. Festschrift für Johannes Mühlsteiger SJ zum 80. Geburtstag (Kanonistische Studien und Texte 51), Berlin 2006, 959-978.

Heimerl, Hans, Die Bindung der Verwaltung an das Gesetz im CIC 1983, in: *Pototschnig, Franz / Rinnerthaler, Alfred* (Hg.), Im Dienst von Kirche und Staat. In memoriam Carl Holböck (Kirche und Recht 17), Wien 1985, 421-444.

Heimerl, Hans / Pree, Helmuth, Handbuch des Vermögensrechts der katholischen Kirche unter besonderer Berücksichtigung der Rechtsverhältnisse in Bayern und Österreich, Regensburg 1993.

Heimerl, Hans / Pree, Helmuth, Kirchenrecht. Allgemeine Normen und Eherecht, Wien 1983.

Heinemann, Heribert, Die Ansprache Papst Johannes Pauls II. vom 17. Januar 1998 vor der Römischen Rota, in: DPM 6 (1999) 193-195.

Heinemann, Heribert, Die Ansprache Papst Johannes Pauls II. vom 22. Januar 1996 vor der Römischen Rota, in: DPM 3 (1996) 193-195.

Heinemann, Heribert, Kirchen und kirchliche Gemeinschaften – Eine Anfrage an das neue Gesetzbuch der katholischen Kirche, in: ZevKR 32 (1987) 378-386.

Heinemann, Heribert, Die rechtliche Stellung der nichtkatholischen Christen und ihre Wiederversöhnung mit der Kirche (MThStKan 20), München 1964.

Heinemann, Heribert, Vis ac metus (c. 1103 CIC). Überlegungen zu einem problematischen Rechtssatz, in: DPM 1 (1994) 13-23.

Henrich, Dieter, Großbritannien, 151. Lfg. März 2003 (Stand England 26.11.2002, Stand Schottland 31.10.1994), in: *Bergmann, Alexander / Ferid, Murad / Henrich, Dieter* (Hg.), Internationales Ehe- und Kindschaftsrecht (Loseblattsammlung), Frankfurt ^{6}1983ff.

Herranz, Juliàn, Il Pontificio Consiglio della interpretazione dei testi legislativi, in: *Bonnet, Piero Antonio / Gullo, Carlo* (Hg.), La Curia Romana nella Cost. Ap. „Pastor Bonus", 467-483.

Herranz, Julián, Istruzione "Dignitas connubii": la sua natura e finalità. Intervento alla Conferenza stampa di presentazione dell'istruzione "Dignitas Connubii" (8.2.2005), at: http://www.vatican.va/roman_curia/pontifical_councils/intrptxt/documents/rc_pc_intrptxt_doc_20050208_present-dignitatis-connubii_it.html [14.10.2006].

Herranz, Julián, Natura e finalità dell'istruzione „Dignitas Connubii", in: *Arrieta, Juan Igancio*, L'istruzione Dignitas Connubii nella dinamica delle cause matrimoniali, Venezia 2006, 13-18.

Hierold, Alfred, Eheschließungen zwischen Katholiken und Ungetauften als pastorales und kirchenrechtliches Problem, in: DPM 8/2 (2001) 33-46.

Hilberath, Bernd Jochen, Theologischer Kommentar zum Dekret über die katholischen Ostkirchen *Orientalium Ecclesiarum*, in: Herder-Konzilskommentar, Bd. III, 1-68.

Hilpert, Konrad, Die Anerkennung der Religionsfreiheit, in: StdZ 130 (2005) 809-819.

Hollerbach, Alexander, Bemerkungen zum kanonischen Taufrecht, in: ZevKR 29 (1984) 145-169.

Homolka, Walter, Das jüdische Eherecht, in: DPM 13 (2006) 31-49.

Hopfenbeck, Albert, *Privilegium Petrinum*. Eine rechtssprachliche und rechtsbegriffliche Untersuchung (MthSTkan 35), St. Ottilien 1976.

Huels, John, c. 11, in: in: *Beal, John / Coriden, James / Green, Thomas* (Hg.), New Commentary on the Code of Canon Law, New York 2000, 63-65.

Huels, John, A Theory of Judicial Documents based on canons 29-34, in: StudCan 32 (1998) 337-370.

Hünermann, Peter (Hg.), Die Dokumente des Zweiten Vatikanischen Konzils. Konstitutionen, Dekrete, Erklärungen. Lateinisch-deutsche Studienausgabe, Bd. 1, Freiburg 2004.

Huntington, Samuel, Kampf der Kulturen. Die Neugestaltung der Weltpolitik im 21. Jahrhundert, engl: The Clash of Civilizations, übers. v. Fliessbach, Holger, München 1996.

Huxley, Andrew, Si può parlare di sistemi giuridici religiosi? in: Daimon 1 (2001) 185-198.

Ihli, Stefan, Die potestas vicaria des Papstes zur Auflösung kanonischer Ehen. Ursprung, Reichweite und Grenzen: NomoK@non-Webdokument: http://www.nomokanon.de/ aufsaetze/004.htm [Online-Version: 14.10.2006].

Jackson, Bernard, Il diritto comparato delle religioni dall'interno e dall'esterno. La prospettiva del diritto ebraico, in: Daimon 2 (2002) 257-283.

Janssen, Albert, Staatskirchenrecht als Kollisionsrecht. Überlegungen zur Auslegung der Artikel 140 GG/137 Abs 5 WRV, in: *Bohnert, Joachim* u.a. (Hg.), Verfassung – Philosophie – Kirche. Festschrift für Alexander Hollerbach zum 70. Geburtstag, Berlin 2001, 707-736.

Kaiser, Matthäus, Ehe zwischen konfessionsverschiedenen Partnern, in: in: *Gabriels, André / Reinhardt, Heinrich* (Hg.), Ministerium Iustitiae. Festschrift für Heribert Heinemann zur Vollendung des 60. Lebensjahres, Essen 1985, 313-324.

Kandler-Mayr, Elisabeth, Rechtliche Fragen im Zusammenhang der Eheschließung zwischen Muslimen und Katholiken – Aus der Praxis des Kirchengerichtes, in: AfkKR 174 (2005) 50-74.

Kandler-Mayr, Elisabeth, Staatliche Urteile in Ehesachen und ihre Verwendbarkeit im kirchlichen Verfahren, in: DPM 3 (1996) 15-37.

Kaniamparambil, Joseph Thomas, Competence of the Catholic Church in mixed marriages. The new vision of the oriental code, Rom 1997.

Kant, Immanuel, Die Metaphysik der Sitten, in: *Weischedel, Wilhelm* (Hg.), Immanuel Kant. Werke in sechs Bänden, Bd. IV, Schriften zur Ethik und Religionsphilosophie, Darmstadt ^{4}1975.

Kant, Immanuel, Zum ewigen Frieden. Ein philosophischer Entwurf, in: *Weischedel, Wilhelm* (Hg.), Immanuel Kant. Werke in sechs Bänden, Bd. VI, Schriften zur Anthropologie, Geschichtsphilosophie, Politik und Pädagogik, Darmstadt ^{4}1975.

Kaptijn, Astrid, Matrimonio e divorzio nel diritto delle chiese ortodosse, in: Daimon 2 (2002) 101-114.

Kaslyn, Robert, c. 213, in: *Beal, John / Coriden, James / Green, Thomas* (Hg.), New Commentary on the Code of Canon Law, New York 2000, 267-268.

Katzinger, Gerlinde, Kirchenrechtliche Anmerkungen zur Migrantenseelsorge in einer globalisierten Welt, in: *Rees, Wilhelm / Breitsching, Konrad* (Hg.), Recht – Bürge der Freiheit. Festschrift für Johannes Mühlsteiger SJ zum 80. Geburtstag (Kanonistische Studien und Texte 51), Berlin 2006, 787-826.

Kegel, Gerhard / Schurig, Klaus, Internationales Privatrecht. Ein Studienbuch, München ^{8}2000.

Khoury, Joseph, La Jurisprudence de la Sacrée Rote Romaine dans les Causes des Églises Orientales, Vol. I, Roma 1972.

Klein, Joseph, Skandalon um das Wesen des Katholizismus, Tübingen 1958.

Kowal, Janusz, L'istruzione Dignitas connubii e la competenza della Chiesa circa il matrimonio dei battezzati, in: Periodica 94 (2005) 477-507.

Krämer, Peter, Die geistliche Vollmacht, in: HdbKathKR², 149-155.

Krämer, Peter, Die Zugehörigkeit zur Kirche, in: HdbKathKR² 200-209.

Krämer, Peter, Religionsfreiheit in der Kirche. Das Recht auf religiöse Freiheit in der kirchlichen Rechtsordnung (Canonistika 5), Trier 1981.

Kremsmair, Josef, Der Umfang der Ehehindernisse und Konsensmängel im Hinblick auf die Grundrechtskodifikation in c.1058, in: *Puza, Richard / Weiß, Andreas* (Hg.), Iustitia in caritate. Festgabe für Ernst Rößler zum 25jährigen Dienstjubiläum als Offizial der Diözese Rottenburg-Stuttgart (AIC 3), Frankfurt am Main 1997, 231-246.

Kropholler, Jan, Internationales Privatrecht einschließlich der Grundbegriffe des Internationalen Zivilverfahrensrechts, Tübingen ^{5}2004.

Küng, Hans, Un caso di doppia cittadinanza religiosa: cristianesimo e religione cinesi, in: Daimon 1 (2001) 91-100.

Kuntz, J. M., The Petrine Privilege: A study of some recent cases, in: Jurist 28 (1968) 486-496.

Labelle, Jean-Paul, Quelques Notes sur „la validité du mariage de 2 non-baptisés au Japon", et sur „le maraige à l'Église de deux non-baptisés au Japon", in: RDC 44 (1994) 241-244.

Landau, Peter, Die Mischehen im gegenwärtigen evangelischen Kirchenrecht, in: Kanon 6 (1983) 128-143.

Laukemper-Isermann, Beatrix, Die konfessionsverschiedene Ehe – Gedankengänge und Praxisvorschläge der deutschen Verwaltungskanonisten seit 1967, in: *Althaus, Rüdiger / Oehmen-Vieregge, Rosel / Olschewski Jürgen* (Hg.), Aktuelle Beiträge zum Kirchenrecht. Festgabe für Heinrich J. F. Reinhardt zum 60. Geburtstag (AIC 24), Frankfurt 2002, 177-204.

Levin, Daniel, Konflikte zwischen einer weltlichen und einer religiösen Rechtsordnung. Eine kritische Würdigung des israelischen Familienrechts mit besonderer Berücksichtigung des jüdischen Scheidungsrechts aus der Sicht des schweizerischen internationalen Privatrechts, Zürich 1991.

Llobell, Joaquín, El valor jurídico de la Instr. Dignitas connubii, su recepción ecclesial, el objeto y la conformidad de la sentencia, y la certezza moral, in: *Rodríguez-Ocaña, Rafael / Sedano, Joaquín* (Hg.), Procesos de nulidad matrimonial. La Instrucción Dignitas connubii, Pamplona 2006, 235-302.

Llobell, Joaquín, La giurisdizione della Chiesa sul matrimonio degli acattolici, in: *Carreras Joan* (Hg.), La giurisdizione della Chiesa sul matrimonio e sulla famiglia, Milano 1998, 77-126.

Löffler, René, Ungestraft aus der Kirche austreten? Der staatliche Kirchenaustritt in kanonistischer Sicht, Würzburg 2007.

Long, Gianni, I „matrimoni misti" negli accordi tra chiese cristiane, in: Daimon 3 (2003) 313-354.

Lorberbaum, Menachem, Interpretation in Kodices und Responsenliteratur. Vortrag anlässlich der I. Römischen Konsultation zum Jüdischen und Kanonischen Recht, Rom 9.10.2006.

Lüdicke, Klaus, c. 1058, in: MKCIC, Grundbestand.

Lüdicke, Klaus, c. 1103, in: MKCIC, 41. ErgLfg. Juli 2006.

Lüdicke, Klaus, c. 1109, in: MKCIC, Grundbestand.

Lüdicke, Klaus, c. 1118, in: MKCIC, Grundbestand.

Lüdicke, Klaus, vor c. 1141, in: MKCIC 35. ErgLfg. November 2001.

Lüdicke, Klaus, c. 1141, in: MKCIC, 6. ErgLfg. Oktober 1987.

Lüdicke, Klaus, c. 1401, in: MKCIC, 7. ErgLfg. März 1988.

Lüdicke, Klaus, c. 1476, in: MKCIC, 7. ErgLfg. März 1988.

Lüdicke, Klaus, c. 1674, in: MKCIC, 16. ErgLfg. November 1991.

Lüdicke, Klaus, c. 1124, in: MKCIC, 40. ErgLfg. Februar 2006.

Lüdicke, Klaus, „Dignitas Connubii". Die Eheprozessordnung der katholischen Kirche. Text und Kommentar (BzMK 42), Essen 2005.

Lüdicke, Klaus, Die Kirchengliedschaft und die plena communio. Eine Anfrage an die dogmatische Theologie aus der Perspektive des Kirchenrechts, in: *ders. / Paarhammer, Hans / Binder, Dieter (Hg.),* Recht im Dienste des Menschen. Festgabe Hugo Schwendenwein zum 60. Geburtstag, Graz 1986, 377-391.

Lüdicke, Klaus, Zum Entwurf der Codex-Reform-Kommission für die Normen über das kirchliche Verwaltungshandeln, in: AfkKR 147 (1978) 124-83.

Luf, Gerhard, Das Menschenrecht auf Religionsfreiheit als Grundlage des Zusammenlebens, in: Kanon 13 (1996) 44-57.

Madero, Luis, Tiempo y proceso. En torno a los derechos fundamentales dentro del proceso matrimonial, in: *Corecco, Eugenio / Herzog, Niklaus / Scola, Angelo* (Hg.), Les Droits Fondamentaux du Chrétien dans l'Église et dans la Société. Actes du IVe Congrès International de Droit Canonique (6.-11.10.1980), Fribourg 1981, 581-593.

Madey, Johannes, Der Abschluss einer bekenntnisverschiedenen Ehe nach dem Konzilsdekret „Über die katholischen Ostkirchen“, in: TThZ 75 (1966) 237-243.

Maoz, Asher, Matrimonio e divorzio nel diritto israeliano, in: Daimon 2 (2002) 223-233.

Maragnoli, Giovanni, Dignitas Connubii: una nuova "istruzione" della Santa Sede sui processi Canonici di nullità del matrimonio, in: Iustitia 58 (2005) 229-249.

May, Gerog, Grundfragen kirchlicher Gerichtsbarkeit, in: HdbKathKR² 1153-1162.

May, Georg / Egler, Anna, Einführung in die kirchenrechtliche Methode, Regensburg 1986.

Mayer, Suso, Neueste Kirchenrechts-Sammlung, Bd. 3, 1940-1949, Freiburg 1955.

McClean, David, Marriage in England, in: *European Consortium for Church-State Research* (Hg.), Marriage and Religion in Europe. Milano 1993, 187-198, 189.

Mikat, Paul, Art. Kirche, I. Einleitung, in: Staatslexikon, Bd. III, 468-469.

Moneta, Paolo, Il diritto al matrimonio (can. 1058), in: *Bonnet, Piero Antonio / Gullo, Carlo* (Hg.), Diritto Matrimoniale Canonico (Studi giuridici 56), Città del Vaticano 2002, 191-206.

Moneta, Paolo, Il matrimonio tra persone di diversa fede religiosa, in: DirEccl 114 (2003) 1319-1333.

Moneta, Paolo, La procedura consensuale nelle cause di nullità di matrimonio canonico, at: www.olir.it [14.10.2006].

Montan, Agostino, Disciplina canonica particolare circa il matrimonio tra cattolici e islamici, in: *Associazione Canonistica Italiana* (Hg.), Il Matrimonio tra cattolici ed islamici (Studi giuridici 58), 119-157.

Montini, Paolo, L'istruzione *Dignitas connubii* nella gerarchia delle fonti, in: Periodica 94 (2005) 417-476.

Montini, Paolo, L'istruzione *Dignitas connubii* sui processi di nullità matrimoniale. Una introduzione, in: Quaderni di diritto ecclesiale 18 (2005) 342-363.

Mörsdorf, Klaus, Die Noteheschließung, in: AfkKR 32 (1949/50) 78-91.

Mörsdorf, Klaus, Kommentar zum Dekret über die Hirtenaufgabe der Bischöfe in der Kirche, in: $LThK^2$-Konzilskommentar, Bd. II, 128-248.

Mörsdorf, Klaus, Lehrbuch des Kirchenrechts auf Grund des Codex Iuris Canonici, Bd. I, Einleitung, Allgemeiner Teil und Personenrecht, Paderborn ^{11}1964.

Mörsdorf, Klaus, Lehrbuch des Kirchenrechts auf Grund des Codex Iuris Canonici, Bd. II, München ^{12}1967.

Naurois, Louis, Extensions des exceptions au principe d'indissolubilité, in: RDC 28 (1978) 105-133.

Navarrete, Urbano, Acta tribunalium S. Sedis, in: Per 82 (1993) 339-352.

Navarrete, Urbano, Competentia Ecclesiae in matrimonium baptizatorum euiusque limites, in: Per 67 (1978) 95-115.

Navarrete, Urbano, De termino „Privilegium Petrinum“ non adhibendo, in: Per 53 (1964) 323-373.

Navarrete, Urbano, Diritto fondamentale al matrimonio e al sacramento, in: Quaderni die diritto ecclesiale 1 (1988) 72-78.

Navarrete, Urbano, Disparitas Cultus (can. 1086), in: *Bonnet, Piero Antonio / Gullo, Carlo* (Hg.), Diritto Matrimoniale Canonico (Studi giuridici 56), Città del Vaticano 2002, 509-540.

Navarrete, Urbano, Ius matrimoniale latinum et orientale, in: Per 80 (1991) 609-639.

Navarrete, Urbano, La giurisdizione delle Chiese orientali non cattoliche sul matrimonio, in: Il matrimonio nel Codice dei canoni delle Chiese orientali (Studi Giuridici 32), Città del Vaticano 1994, 105-125.
Navarrete, Urbano, Matrimoni misti: conflitto fra diritto naturale e teologia? in: Quaderni die diritto ecclesiale 4 (1992) 265-286.
Navarrete, Urbano, Questioni sulla forma canonica ordinaria nei codici latino e orientale, in: Per 85 (1996) 489-514.
Navarrete, Urbano, Responsa Pontificae Commissio codici iuris canonici authentice interpretando, in: Per 77 (1988) 497-510.
Navarro-Valls, Rafael, in: ComEx, c. 1117.
Nelles, Marcus, Art. Klein, Joseph, in: LexKR 1109.
Neuhaus, Paul Heinrich, Zum Verhältnis von staatlichem und religiösem Eherecht, in: FamRZ 13 (1966) 121-123.
Neusner, Jacob / Sonn, Tamara, Comparare le religioni attraverso il diritto: islam e ebraismo, in: Daimon 1 (2001) 199-214.
Olschewski, Jürgen, Das Recht auf Ehe. Zur Interpretation des c. 1058 CIC im Licht des Fundamentalrechts aller Christgläubigen auf Sakramentenempfang (c. 213 CIC), in: DPM 4 (1997) 137-154.
Olschewski, Jürgen, Das Recht auf Sakramentenempfang. Zur Entwicklung eines Fundamentalsrechtes der Gläubigen vom Konzil von Trient bis zur Gegenwart (AIC 6), Frankfurt 1998.
Ortiz, Miguel Angel, Note circa la giurisdizione della Chiesa sul matrimonio degli acattolici, in: IusEccl 6 (1994) 367-377.
Otaduy, Javier, El principio de jerarquía normativa y la Instrucción Dignitas Connubii, in: *Rodríguez-Ocaña, Rafael / Sedano, Joaquín* (Hg.), Procesos de nulidad matrimonial. La Instrucción Dignitas connubii, Pamplona 2006, 45-80. = IusCan 46 (2006) 59-97.
Otaduy, Javier, in: ComEx, c. 11.
Özdemir, Saibe Oktay, Dal matrimonio religioso al matrimonio statuale in Turchia, in: Daimon 2 (2002) 163-178.
Pavan, Pietro, Erklärung über die Religionsfreiheit (Declaratio de Libertate religiosa „Dignitatis humanae"), in: $LthK^2$-Konzilskommentar, Bd. II, 703-748.
Peyrot, Giorgio, Ordinamenti confessionali e dimensione giuridica ecumenica, in: *Università di Roma* (Hg.), Atti del congresso internazionale di diritto canonico. La Chiesa dopo il Concilio (Roma, 14.-19-1-1970), Bd. II.2, Milano 1972, 1037-1078.
Pinheiro, Antony, Marriage law in the latin code and in the eastern code, Alwaye/Kerala 1995.
Pirson, Dietrich, Art. Ehe, I. Ev. in: LexKStKR, Bd. 1, 487-489.
Pirson, Dietrich, Art. Eherecht, I. Ev. in: LexKStKR, Bd. 1, 526-528.
Pirson, Dietrich, Universalität und Partikularität der Kirche. Die Rechtsproblematik zwischenkirchlicher Beziehungen, München 1965.
Pivonka, Leonard, Ecumenical or mixed marriages in the new code of canon law, in: Jurist 43 (1983) 103-124.
Platen, Peter, Die Ausübung kirchlicher Leitungsgewalt durch Laien. Rechtssystematische Überlegungen aus der Perspektive des „Handelns durch andere" (BzMK 47), Essen 2007.
Pospishill, Victor, Eastern Catholic Marriage Law according to the Code of Canons of the Eastern Churches, Brooklyn 1991.
Pototschnig, Franz, Zur Wandelbarkeit des unwandelbaren göttlichen Rechts, in: *ders. / Rinnerthaler, Alfred* (Hg.), Im Dienst von Kirche und Staat. In memoriam Carl Holböck (Kirche und Recht 17), Wien 1985, 387-402.

Pozzo, Barbara, Diritto comparato e diritto comparato delle religioni: metodo e metodi della moderna compratistica, in: Daimon 5 (2005) 157-167.

Prader, Joseph / Reinhardt, Heinrich, Das kirchliche Eherecht in der seelsorgerischen Praxis. Orientierungshilfen für Ehevorbereitung und Krisenberatung. Hinweise auf die Rechtsordnungen der Ostkirchen und auf das islamische Eherecht, Essen [4]2001.

Prader, Joseph, Das islamische Eherecht und die pastoralen Probleme der Ehe zwischen Katholiken und Muslimen, in: AfkKR 162 (1993) 65-102.

Prader, Joseph, Die Beurteilung der Formgültigkeit der Ehen nichtkatholischer Christen eines orientalischen Ritus, in: *Güthoff, Elmar / Selge, Karl-Heinz* (Hg.), Adnotationes in Iure Canonico. Festgabe Franz X. Walter zur Vollendung des 65. Lebensjahres, Fredersdorf 1994, 97-102.

Prader, Joseph, Die Ehe in der kirchlichen Rechtsordnung, HdbKathKR², 844-904.

Prader, Joseph, Die Ehehindernisse in den Rechtsordnungen der orthodoxen Kirchen, in: AfkKR 156 (1987) 48-62.

Prader, Joseph, Die praktische Bedeutung des religiösen Eherechts in der Gegenwart, Frankfurt 1973.

Prader, Joseph, Differenze fra il diritto matrimoniale del codice latino e quello del codice orientale che influiscono sulla validità del matrimonio, in: IusEccl 5 (1993) 469-494.

Prader, Joseph, Il consenso matrimoniale: la condizione, in: Il matrimonio nel Codice dei canoni delle Chiese orientali (Studi Giuridici 32), Città del Vaticano 1994, 271-282.

Prader, Joseph, Il matrimonio in Oriente e Occidente (Kanonika 1), Roma 1992.

Prader, Joseph, Il matrimonio nel mondo. Celebrazione – nullità e scioglimento del vincolo, Padova 1986.

Prader, Joseph, Interrituelle, interkonfessionelle und interreligiöse Probleme im Eherecht des neuen CIC, in: AfkKR 152 (1983) 408-464.

Prader, Joseph, La forma di celebrazione del matrimonio, in: Il matrimonio nel Codice dei canoni delle Chiese orientali (Studi Giuridici 32), Città del Vaticano 1994, 283-300.

Prader, Joseph, La legislazione matrimoniale latina e orientale. Problemi interecclesiali, interconfessionali e interreligiosi, Roma 1993.

Prader, Joseph, Wesen und Spender des Ehesakramentes in den unterschiedlichen Traditionen der katholischen Kirche und der nichtkatholischen orientalischen Kirchen, in: DPM 4 (1997) 155-179.

Prader, Joseph, Zur Anerkennung und verbindlichen Anwendung nichtkatholischen Eheschließungsrechtes, in: DPM 3 (1996) 283-298.

Prader, Joseph, Zur Anwendung nichtkatholischen Eherechts durch kirchliche Instanzen, in: *Leisching, Peter / Pototschnig, Franz / Potz, Richard* (Hg.), Ex aequo et bono. Willibald Plöchl zum 70. Geburtstag, Innsbruck 1977, 347-366.

Pree, Helmuth, vor c. 96, in: MKCIC, 24. ErgLfg. Mai 1995.

Pree, Helmuth, c. 96, in: MKCIC, 24. ErgLfg. Mai 1995.

Pree, Helmuth, Der Rechtscharakter des kanonischen Rechts und seine Bedeutung für die Kirche, in: Folia Canonica 7 (2004) 49-70.

Pree, Helmuth, Die Ausübung der Leitungsvollmacht, in: HdbKathKR², 156-175.

Pree, Helmuth, Kirchenrecht in der Ökumene, in: *Egler, Anna / Rees, Wilhelm* (Hg.), Dienst an Glaube und Recht. Festschrift für Georg May zum 80. Geburtstag, Berlin 2006, 527-539.

Pree, Helmuth, Le tecniche canoniche di flessibilizzazione del diritto: possibilità e limiti ecclesiali di impiego, in: IusEccl 12 (2000) 375-418.

Pree, Helmuth, Par cum pari. Rechtliche Implikationen des ökumenischen Dialogs, in: AfkKR 174 (2005) 353-379.

Primetshofer, Bruno, Der CCEO und seine (möglichen) Auswirkungen auf das Recht der Lateinischen Kirche, in: *Lüdicke, Klaus / Paarhammer, Hans / Binder, Dieter* (Hg.), Neue

Positionen des Kirchenrechts, Graz 1994, 153-179. = *Primetshofer, Bruno*, Der CCEO und seine (möglichen) Auswirkungen auf das Recht der lateinischen Kirche, in: *Aymans, Winfried / Geringer, Karl-Theodor* (Hg.), Iuri Canonico Promovendo. Festschrift für Heribert Schmitz zum 65. Geburtstag, Regensburg 1994, 557-584.

Primetshofer, Bruno, Der Kreis der Normadressaten des kanonischen Rechts. Überlegungen zu Entwürfen der Päpstlichen Kommission zur Reform des Codex Iuris Canonici, in: *Floßmann, Ursula* (Hg.), Rechtsgeschichte und Rechtsdogmatik. Festschrift Hermann Eichler zum 70. Geburtstag, Wien 1977, 483-501.

Primetshofer, Bruno, Die interkonfessionelle Geltung des kanonischen Rechts, in: ÖAKR 41 (1992) 194-207.

Primetshofer, Bruno, Die kanonistische Bewertung der Zivilehe, in: AfkKR 166 (1986) 400-427.

Primetshofer, Bruno, Interrituelles Verkehrsrecht, in: AfkKR 160 (1991) 346-366.

Primetshofer, Bruno, Konfessionsübergreifende Jurisdiktion? in: *Boekholt, Peter / Riedel-Spangenberger Ilona* (Hg.), Iustitia et Modestia. Festschrift für Hubert Socha zur Vollendung seines 65. Lebensjahres, München 1998, 34-53.

Pulte, Matthias, Von Provida Mater (1936) bis Dignitas Connubii (2005), NomoK@non-Webdokument: http://www.nomokanon.de/abhandlungen/019.htm [14.10.2006].

Punzi Nicolò, Angela Maria, La volontà coniugale viciata da vis vel metus (can. 1103), in: Bonnet, Piero Antonio / Gullo, Carlo (Hg.), Diritto matrimoniale canonico, Vol. II Il consenso, Città del Vaticano 2003, 485-516.

Puza, Richard, Christliches und jüdisches Eheverständnis und deren rechtliche Implikationen, in: *Groß, Walter* (Hg.), Das Judentum – Eine bleibende Herausforderung christlicher Identität, Mainz 2001, 55-77.

Puza, Richard, Comparare le religioni attraverso il loro diritto. Un confronto fra Ebraismo, Cristianesimo e Islam, in: Daimon 5 (2005) 139-156.

Puza, Richard, Die Religionen und das Recht. Grundlagen, Prinzipien und Strukturen des religiösen Rechts im Judentum, Islam und Christentum, in: Informationes Theologiae Europae 9 (2000) 273-284.

Puza, Richard, Menschenrechte ad extra und ad intra? in: *Mieth, Dietmar* (Hg.), Christliche Sozialethik im Anspruch der Zukunft (Studien zur theologischen Ethik 41), Freiburg 1992.

Rachford, Nicholas, Two lungs, two ventricles: The Eastern canons as suppletory law, in: CLSA Proceedings 56 (1994) 153-170.

Rahner, Karl, Über den Begriff des "ius divinum" im katholischen Verständnis, in: *ders.*, Sämtliche Werke, Bd. 10 Kirche in den Herausforderungen der Zeit. Studien zur Ekklesiologie und zur kirchlichen Existenz, Freiburg 2003, 605-625.

Rambacher, Stefan, Formerfordernisse für die Eheschließung getaufter Nichtkatholiken nach dem CCEO. Unter besonderer Berücksichtigung der altorientalischen Kirchen (MthStkan 46), St. Ottilien 1995.

Rees, Wilhelm (Hg.), Katholische Kirche im neuen Europa: Religionsunterricht, Finanzierung und Ehe in kirchlichem und staatlichem Recht mit einem Ausblick auf afrikanische Länder, Münster 2006 [im Erscheinen].

Rees, Wilhelm, Communicatio in sacris und consortium totius vitae. Kirchenrechtliche Überlegungen im Blick auf die konfessionsverschiedene Ehe, in: DPM 7 (2000) 69-95.

Rees, Wilhelm, Der Kirchenbegriff in katholischem und evangelischem Verständnis – Verbindendes und Trennendes aus kanonistischer Sicht, in: *Muckel, Stefan* (Hg.), Kirche und Religion im sozialen Rechtsstaat. Festschrift für Wolfgang Rüfner zum 70. Geburtstag, Berlin 2003, 681-710.

Rees, Wilhelm, Der Religionsunterricht und die katechetische Unterweisung in der kirchlichen und staatlichen Rechtsordnung, Regensburg 1986.

Rees, Wilhelm, Katholische Schule und Religionsunterricht als Verwirklichung der Religionsfreiheit. Kirchenrechtlicher Anspruch und staatliche Normierung, in: *Isensee, Josef / Rees, Wilhelm / Rüfner, Wolfgang* (Hg.), Dem Staate, was des Staates – der Kirche, was der Kirche. Festschrift für Joseph Listl zum 70. Geburtstag, Berlin 1999, 367-390.

Rehak, Martin, Rezension zu: *Jacob, Walter / Zemer, Moshe* (Hg.), Sexual Issues in Jewish Law. Essays and Responsa, in: DPM 13 (2006) [im Erscheinen].

Reinhardt, Heinrich, c. 206, in: MKCIC, 6. ErgLfg. Oktober 1987.

Reinhardt, Heinrich, c. 213, in: MKCIC, Grundbestand.

Reinhardt, Heinrich, c. 217, in: MKCIC, Grundbestand.

Reinhardt, Heinrich, c. 219, in: MKCIC, Grundbestand.

Reinhardt, Heinrich, c. 221, in: MKCIC, 6. ErgLfg. Oktober 1987.

Reinhardt, Heinrich, c. 226, in: MKCIC, Grundbestand.

Reinhardt, Heinrich, c. 229, in: MKCIC, 6. ErgLfg. Oktober 1987.

Reinhardt, Heinrich, Anfragen an das interrituelle und interkonfessionelle Eherecht der katholischen Kirche, in: *Geerlings, Wilhelm / Seckler, Max* (Hg.), Kirche sein. Nachkonziliare Theologie im Dienst der Kirchenreform. Für Hermann Josef Pottmeyer, Freiburg 1994, 383-392.

Reinhardt, Heinrich, Die kirchliche Trauung. Ehevorbereitung, Trauung und Registrierung im Bereich der Deutschen Bischofskonferenz (BzMK 3), Essen ²2006.

Reinhardt, Heinrich, Hat c. 11 CIC/1983 im Bereich des Eherechts Konsequenzen für die Verwaltungskanonistik? in: *Schulz, Winfried* (Hg.), Recht als Heilsdienst. Matthäus Kaiser zum 65. Geburtstag gewidmet von seinen Freunden, Kollegen und Schülern, 200-222.

Reinhardt, Heinrich, Kanonistische Aspekte des ökumenischen Dialogs, vor allem im Hinblick auf die Altkatholiken, in: AfkKR 174 (2005) 3-18.

Reinhardt, Heinrich, Zur Frage der (Selbst-)Beschränkung des päpstlichen Jurisdiktionsprimats im Hinblick auf die nichtkatholischen Christen. Kanonistische Erwägungen, in: Catholica 51 (1997) 255-263.

Riedel-Spangenberger, Ilona, Art. Konversion, in: LexKR 602-604.

Riedel-Spangenberger, Ilona, Der Codex Iuris Canonici und seine ökumenischen Implikationen, in: Catholica 38 (1984) 231-250.

Riedel-Spangenberger, Ilona, Die Rechts- und Handlungsfähigkeit nichtkatholischer Christen, in: *Aymans, Winfried / Haering, Stephan / Schmitz, Heribert* (Hg.), Iudicare inter fideles. Festschrift für Karl-Theodor Geringer zum 65. Geburtstag, St. Ottilien 2002, 391-403.

Rimoldi, Tiziano, I matrimoni tra cattolici e valdesi o metodisti in Italia, in: DirEccl 114 (2003) 1513-1530.

Rincón Pérez, Tomás, in: ComEx, c. 1071.

Rincón Pérez, Tomás, El derecho a contraer matrimonio de los catolicos no creyentes, in: *Corecco, Eugenio / Herzog, Niklaus / Scola, Angelo* (Hg.), Les Droits Fondamentaux du Chrétien dans l'Église et dans la Société. Actes du IVᵉ Congrès International de Droit Canonique (6.-11.10.1980), Fribourg 1981, 1129-1142.

Ritter, Johannes, Die konfessionsverschiedene Ehe im CIC und CCEO – ein Rechtsvergleich, in: *Puza, Richard / Weiß, Andreas* (Hg.), Iustitia in caritate. Festgabe für Ernst Rößler zum 25jährigen Dienstjubiläum als Offizial der Diözese Rottenburg-Stuttgart (AIC 3), Frankfurt am Main 1997, 283-303.

Robleda, Olís, De nullitate matrimonii inter orthodoxos absque ritu sacro initi, in: Per 61 (1972) 96-102.

Rodríguez-Ocaña, Rafael, in: ComEx, c. 1674.

Sabbarese, Luigi, Fede, intenzione e dignità sacramentale nel matrimonio tra battezzati, in: Per 96 (2006) 261-306.

Salachas, Dimitri, Implicanze ecumeniche del „Codice dei Canoni delle Chiese orientali" alle luce del nuovo Direttorio Ecumenico, in: *Bharanikulangara, Kuriakose* (Hg.), Il Diritto Canonico Orientale nell'ordinamento ecclesiale (Studi Giuridici 34), Città del Vaticano 1995, 76-105.

Salachas, Dimitrios, Il sacramento del matrimonio nel Nuovo Diritto Canonico delle Chiese orientali, Roma 1994.

Schmitz, Heribert, Anerkennung der Ämter – Vielfalt theologisch-ekklesialer Kulturen. Anmerkungen zu einem Konsensustext des Ökumenischen Rates der Kirchen über „Das Amt" aus der Sicht des katholischen Kirchenrechts, zweiter Teil, in: TThZ 86 (1977) 201-210.

Schmitz, Heribert, Die Liturgie-Instruktion Redemptionis Sacramentum von 2004. Kirchenrechtliche Anmerkungen zum Erlass der Kongregation für den Gottesdienst und die Sakramentenordnung vom 25. März 2004 (AIC 36), Frankfurt 2005.

Schmitz, Heribert, Die Reform des kanonischen Rechts im Spiegel von 15 Jahren Arbeit der CIC-Reformkommission, in: ZevKR 23 (1978) 147-176.

Schmitz, Heribert, Kirchenaustritt als „actus formalis". Zum Rundschrieben des Päpstlichen Rates für die Gesetzestexte vom 13. März 2006 und zur Erklärung der Deutschen Bischofskonferenz vom 24. April 2006, in: AfkathKR 174 (2005) 502-509.

Schmitz, Heribert, Neue Regelungen im Bereich des kirchlichen Verfahrensrechts, in: NKD 39 (1976) 8-17.

Schöch, Nikolaus, Verfahrensrechtliche Überlegungen zur Beurteilung der Zivilehe von Orthodoxen, in: *Rees, Wilhelm / Breitsching, Konrad* (Hg.), Recht – Bürge der Freiheit. Festschrift für Johannes Mühlsteiger SJ zum 80. Geburtstag (Kanonistische Studien und Texte 51), Berlin 2006, 891-912.

Schouppe, Jean-Pierre, Lo „ius connubii", diritto della persona e del fedele, in: Fidelium Iura 3 (1993) 195-231.

Schuck, Martin, Art. Konfessionsverschiedene Ehe, I. Ev. in: LexKStKR, Bd. 2, 609-610.

Schwendenwein, Hugo, Das neue Kirchenrecht. Gesamtdarstellung, Graz 1983.

Schwendenwein, Hugo, Fragen um den naturrechtlichen Charakter eherechtlicher Normen, in: *Lüdicke, Klaus / Mussinghoff, Heinrich / Schwendenwein, Hugo* (Hg.), Iustus Iudex. Festgabe für Paul Wesemann zum 75. Geburtstag von seinen Freunden und Schülern, Essen 1990, 291-308.

Selge, Karl-Heinz, Der Begriff „christifidelis" im Codex Iuris Canonici von 1983, in: Reinhardt, Heinrich (Hg.), Theologia et Jus canonicum. Festgabe für Heribert Heinemann zur Vollendung seines 70. Lebensjahres, Essen 1995, 259-272.

Selge, Karl-Heinz, Die kirchliche Trauung evangelischer Christen lutherischen Bekenntnisses – ein die Ehe konstituierender Akt? in: *Kaiser, Ulrich / Raith, Ronny / Stockmann, Peter* (Hg.), Salus animarum suprema lex. Festschrift für Offizial Max Hopfner zum 70. Geburtstag (AIC 38), Frankfurt 2006, 413-430.

Selge, Karl-Heinz, Ehe als Lebensbund. Die Unauflöslichkeit der Ehe als Herausforderung für den Dialog zwischen katholischer und evangelisch-lutherischer Theologie (AIC 12), Frankfurt 1999.

Selge, Karl-Heinz, Gibt es das verbietende Ehehindernis der Konfessionsverschiedenheit noch? In: ThGl 82 (1992) 232-238.

Selge, Karl-Heinz, Korreferat, in: *Thönissen, Wolfgang* (Hg.), „Unitatis redintegratio" 40 Jahre Ökumenismusdekret – Erbe und Auftrag, Paderborn 2005, 71-82.

Selge, Karl-Heinz, Zur Verpflichtung katholisch Getaufter jedoch nicht-katholisch erzogener Christen auf die kanonische Eheschließungsform, in: AfkKR 159 (1990) 410-426.

Siebenrock, Roman, Der eine Bund. Systematische Marginalien zur möglichen kirchenrechtlichen Bedeutung einer theologischen Grundkategorie aus dem jüngeren jüdisch-christlichen Gespräch, in: *Rees, Wilhelm / Breitsching, Konrad* (Hg.), Recht – Bürge der Freiheit. Festschrift für Johannes Mühlsteiger SJ zum 80. Geburtstag (Kanonistische Studien und Texte 51), Berlin 2006, 71-86.

Silvestrelli, Antonio, Scioglimento di matrimonio in favorem fidei, in: *Fungini, Raffaelo* (Hg.), I procedimenti speciali nel diritto canonica (Studi giuridici XXVII), Città del Vaticano 1992, 179-216.

Sobański, Remigiusz, „Velut Ecclesia domestica" et la forme civile du mariage, in: StudCan 16 (1982) 353-366.

Sobański, Remigiusz, Ökumenismus und Verwirklichung der Grundrechte der Getauften, in: *Corecco, Eugenio / Herzog, Niklaus / Scola, Angelo* (Hg.), Les Droits Fondamentaux du Chrétien dans l'Église et dans la Société. Actes du IVe Congrès International de Droit Canonique (6.-11.10.1980), Fribourg 1981, 713-737.

Söbbeke-Krajewski, Markus, Der religionsrechtliche Acquis Communautaire der Europäischen Union. Ansätze eines systematischen Religionsrechts der EU unter EU-Vertrag, EG-Vertrag und EU-Verfassungsvertrag, Berlin 2006.

Socha, Hubert, c. 1, in: MKCIC, 14. ErgLfg. April 1991.

Socha, Hubert, c. 8, in: MKCIC, 13. ErgLfg. November 1990.

Socha, Hubert, c. 11, in: MKCIC, 13. ErgLfg. November 1990.

Socha, Hubert, vor c. 29, in: MKCIC, 15. ErgLfg. Juli 1991.

Socha, Hubert, c. 30, in: MKCIC, 15. ErgLfg. Juli 1991.

Socha, Hubert, c. 31, in: MKCIC, 15. ErgLfg. Juli 1991.

Socha, Hubert, c. 33, in: MKCIC, 15. ErgLfg. Juli 1991.

Socha, Hubert, c. 34, in: MKCIC, 15. ErgLfg. Juli 1991.

Socha, Hubert, c. 87, in: MKCIC, 20. ErgLfg. April 1993.

Socha, Hubert, c. 137, in: MKCIC, 4. ErgLfg. November 1986.

Sorrentino, Domenico, Lo sfondo teologico-sacramentale su cui l'Istruzione "Dignitas Connubii" si pone. Intervento alla Conferenza stampa di presentazione dell'istruzione "Dignitas Connubii" (8.2.2005), at: http://www.vatican.va/roman_curia/pontifical_councils/intrptxt/documents/rc_pc_intrptxt_doc_20050208_present-dignitatis-connubii_it.html [14.10.2006].

Spinelli, Lorenzo, Il diritto pubblico ecclesiastico dopo il ConcilioVaticano II, Milano 1985.

Staffa, Dinus, De validitate matrimonii inter partem orthodoxam et partem protestantem baptizatam, in: Per 62 (1973) 11-38.

Stamm, Heinz-Meinolf, Das Territorialprinzip im kanonischen Recht. Vortrag anlässlich der I. Römischen Konsultation zum Jüdischen und Kanonischen Recht, Rom 10.10.2006.

Stein, Albert, Dispens und Lizenz im neuen „Mischehenrecht". Evangelische Bemerkungen zur Auslegung des c. 1124 im ökumenischen Kontext, in: *Gabriels, André / Reinhardt, Heinrich* (Hg.), Ministerium Iustitiae. Festschrift für Heribert Heinemann zur Vollendung des 60. Lebensjahres, Essen 1985, 325-330.

Steindl, Josef, Neuregelung der Eheauflösung in favorem fidei, in: ÖAKR 26 (1975) 345-351.

Taylor, Charles, Modes of Secularism, in: *Bhargava, Rajeev* (Hg.), Secularism and „The Politics of Recognition", übers. v. Reinhard Kaiser, Frankfurt 1992.

Testa Bappenheim, Stefano, Gli impedimenti nel matrimonio ebraico, in: DirEccl 114 (2003) 1531-1562.

Tocanel, Pietro, I matrimoni misti dopo il Concilio Vaticano II negli schemi delle Commissioni Pontificie, in: Kanon 6 (1983) 115-127.

Turchi, Vincenzo, Le disposizioni preliminari sul matrimonio nel processo di codificazione piano-benedettino, Napoli 2001.

Vadakumcherry, Joseph, Il diritto matrimoniale nei codici orientale e latino, in: *Bharanikulangara, Kuriakose* (Hg.), Il Diritto Canonico Orientale nell'ordinamento ecclesiale (Studi Giuridici 34), Città del Vaticano 1995, 142-163.

Vasil, Cyril, Der *ritus sacer* und die priesterliche Segnung – Elemente der Form der Feier der Eheschließung gemäß c. 282 CCEO: Interekklesiale und ökumenische Implikationen, in: DPM 12 (2005) 49-67.

Vasil, Cyril, Zur Bedeutung der Gewohnheit und Tradition im kanonischen Recht. Vortrag anlässlich der I. Römischen Konsultation zum Jüdischen und Kanonischen Recht, Rom 10.10.2006.

Vela Sanchez, Luis, Art. Persona fisica (Persona physica), in: *Corral Salvador, Carlos / De Paolis, Velasio / Ghirlanda, Gianfranco* (Hg.), Nuovo Dizionario di Diritto Canonico, Milano 1993, 790-795.

Vela Sanchez, Luis, Art. Privilegio Paolino (*Privilegium paulinum*), in: *Corral Salvador, Carlos / De Paolis, Velasio / Ghirlanda, Gianfranco* (Hg.), Nuovo Dizionario di Diritto Canonico, Milano 1993, 836-838.

Verschraegen, Bea, Divorce, in: *Glendon, Mary Ann* (Hg.), Persons and Family (Chapter 5), in: *International Association of Legal Science*, International Encyclopedia of Comparative Law (Volume IV), Tübingen 2004.

Wächter, Lothar, Gesetz im kanonischen Recht. Eine rechtssprachliche und systematisch-normative Untersuchung zu Grundproblemen der Erfassung des Gesetzes im Katholischen Kirchenrecht (MthStkan 43), St. Ottilien 1989.

Wähler, Klaus, Interreligiöses Kollisionsrecht im Bereich privatrechtlicher Rechtsbeziehungen, Köln 1978.

Walser, Markus, Der so genannte Kirchenaustritt und die de-facto-Konversion in ihren Auswirkungen auf die Formpflicht bei der Eheschließung. Probleme bei der Anwendung von c. 1117 CIC, in: *Aymans, Winfried / Haering, Stephan / Schmitz, Heribert* (Hg.), Iudicare inter fideles. Festschrift für Karl-Theodor Geringer zum 65. Geburtstag, St. Ottilien 2002, 505-522.

Walser, Markus, Die Bedeutung des Wohnsitzes im kanonischen Recht. Eine Untersuchung zu cc. 100-107 CIC, St. Ottilien 1993.

Walser, Markus, Die Erklärung der Apostolischen Signatur vom 28. Mai 1993 zur Zuständigkeit kirchlicher Gerichte für Ehen zweier Nichtkatholiken, in: DPM 2 (1995) 311-314.

Weber, Margit, Art. *Privilegium Paulinum, Privilegium Petrinum*, in: LexKR, 796-798.

Weber, Margit, Die Sehnsucht nach Halt. Das Recht auf religiöse Erziehung – Anmerkungen zu einem anthropologisch-theologischen Imperativ, Bonn 1998.

Weber, Margit, Rechtssprachliche Anmerkungen zur Anwendung von „christifidelis", „fidelis", „baptizatus" und „christianus" im CIC/1917 und im CIC/1983, in: *Geringer, Karl Theodor / Schmitz, Heribert* (Hg.), Communio in Ecclesiae Mysterio. Festschrift für Winfried Aymans zum 65. Geburtstag, St. Ottilien 2001, 653-667.

Wegan, Martha, Ehescheidung möglich? Auswege mit der Kirche. Mit praktischen Hinweisen, Graz 1993.

Weitzel, Joseph, Zivilehen orthodoxer Christen sind wegen Formmangels ungültig. Anmerkungen zu einem Urteil der Apostolischen Signatur, in: AfkKR 139 (1970) 482-492.

Wernecke, Michael, Die Urteilsvollstreckung im kanonischen Prozessrecht, in: DPM 12 (2005) 175-250.

Wijlens, Myriam, Zwischen Theologie und Kirchenrecht: Zur Verbindlichkeit des Ökumenismusdekrets, in: *Thönissen, Wolfgang* (Hg.), „Unitatis redintegratio" 40 Jahre Ökumenismusdekret – Erbe und Auftrag, Paderborn 2005, 47-70.

Wirth, Paul, Ehen mit Orthodoxen (Wort und Weisung 3), Freiburg 1967.

Wirth, Paul, Mischehen-Instruktion und Ökumenismus (Wort und Weisung 1), Freiburg 1966.

Woestman, William, Validity of a Marriage celebrated by a priest not in Ecclesial Communion, in: Roman Replies and CLSA Advisory Opinions 2003, 45-47.

Wojnar, Meletius, Decree on the oriental catholic Churches, in: Jurist 25 (1965) 173-255.

Wrenn, Lawrence, A New Procedural Law for Marriage Cases? In: Jurist 62 (2002) 195-210.
Wrenn, Lawrence, Some notes on the Petrine Privilege, in: Jurist 43 (1983) 394-405.
Zapp, Hartmut, "Kirchenaustritt" aus steuerlichen Gründen - nun straffrei, in: NomoK@non-Webdokument: http://www.nomokanon.de/aufsaetze/008.htm [14.10.2006].
Zapp, Hartmut, Kanonisches Eherecht. Begründet von Ulrich Mosiek, Freiburg ^{7}1988.
Zapp, Hartmut, Interrituelle Aspekte der kanonischen Eheschließungsform, in: *ders. / Weiß, Andreas / Korta, Stefan* (Hg.), Ius Canonicum in Oriente et Occidente. Festschrift für Carl Gerold Fürst zum 70. Geburtstag, 799-814.
Zotz, Bertram, Katholisch getauft – katholisch geworden. Kanonistische Kriterien für die Zugehörigkeit zur römischen Kirche (BzMK 35), Essen 2002.
Žužek, Ivan, Hat die katholische Kirche die Jurisdiktion der orthodoxen Bischöfe nach dem zweiten Vatikanischen Konzil anerkannt oder nicht? in: ÖAKR 22 (1971) 109-128.

Abgekürzt zitierte Literatur

ComEx: *Marzoa, Rodriguez-Ocaña* (Hg.), Comentario exegetico al código de derecho canónico, Pamplona ^{2}1997ff.
Denz: *Denzinger, Heinrich / Hünermann, Peter* (Hg.), Kompendium der Glaubensbekenntnisse und kirchlichen Lehrentscheidungen, Freiburg ^{40}2005.
HdbKathKR²: *Listl, Joseph / Schmitz, Heribert* (Hg.), Handbuch des katholischen Kirchenrechts, Regensburg ^{2}1999.
HdbStKirchR²: *Listl, Joseph / Pirson, Dietrich* (Hg.), Handbuch des Staatskirchenrechts der Bundesrepublik Deutschland, Berlin ^{2}1994f.
Herder-Konzilskommentar: *Hünermann, Peter / Hilberath, Bernd Jochen* (Hg.), Herders Theologischer Kommentar zum Zweiten Vatikanischen Konzil, 4 Bände, Freiburg 2005.
LexKR: *Haering, Stephan / Schmitz, Heribert* (Hg.), Lexikon des Kirchenrechts (LThK kompakt), Freiburg 2004.
LexKStKR: *Campenhausen, Axel von* (Hg.), Lexikon für Kirchen- und Staatskirchenrecht, Paderborn 2000ff.
LthK²-Konzilskommentar: *Brechter, Heinrich Suso* u.a. (Hg.), Das Zweite Vatikanische Konzil. Dokumente und Kommentare, 3 Bände, Freiburg 1966-1968.
LthK³: *Kasper, Walter* (Hg.), Lexikon für Theologie und Kirche, 11 Bände, Freiburg ^{3}1993-2001.
MKCIC: *Lüdicke, Klaus* (Hg.), Münsterischer Kommentar zum Codex Iuris Canonici unter besonderer Berücksichtigung der Rechtslage in Deutschland, Österreich und der Schweiz (Loseblattsammlung), Essen 1985ff.
New Commentary: *Beal, John / Coriden, James / Green, Thomas* (Hg.), New Commentary on the Code of Canon Law, New York 2000.
Staatslexikon: Görres-Gesellschaft (Hg.), Staatslexikon. Recht, Wirtschaft, Gesellschaft, 7 Bände, Freiburg ^{7}1985-1993.

Personen- und Sachregister

Adnotationes in Ius Canonicum

Herausgegeben von Elmar Güthoff und Karl-Heinz Selge

Band 1 Anton Morhard: Die gerichtliche Berufung im kanonischen Recht. Eine Analyse des klassischen remedium iuris. 1995.

Band 2 Elmar Güthoff (Hrsg.): Der Schutz des geistigen Eigentums in den Schriften von Winfried Schulz. Festgabe für Theodor Schmitz zur Vollendung des 80. Lebensjahres. 1997.

Band 3 Richard Puza/Andreas Weiß (Hrsg.): Iustitia in caritate. Festgabe für Ernst Rößler zum 25jährigen Dienstjubiläum als Offizial der Diözese Rottenburg-Stuttgart. 1997.

Band 4 Ernst Freiherr von Castell: Alkoholismus in der Rechtsprechung der Rota Romana. 1997.

Band 5 Burghard Pimmer-Jüsten: Facultas vel licentia imponendi tributa sacerdotibus. Partikularrechtliche Untersuchung zu den diözesanen "Pflichtabgaben" der Kleriker. 1997.

Band 6 Jürgen Olschewski: Das Recht auf Sakramentenempfang. Zur Entwicklung eines Fundamentalrechtes der Gläubigen vom Konzil von Trient bis zur Gegenwart. 1998.

Band 7 Martin Grichting: Die Umschreibung der Diözesen. Die Kriterien des II. Vatikanischen Konzils für die kirchliche Zirkumskriptionspraxis. 1998.

Band 8 Cesare Mirabelli/Giorgio Feliciani/Carl Gerold Fürst/Helmuth Pree (Hrsg.): Winfried Schulz in memoriam. Schriften aus Kanonistik und Staatskirchenrecht. 1999.

Band 9 Christoph Kühn: Die Rechtsbeziehungen des Heiligen Stuhls zum Europarat. 1999.

Band 10 Peter Stockmann: Außerordentliche Gemeindeleitung. Historischer Befund – Dogmatische Grundlegung – Kirchenrechtliche Analyse – Offene Positionen. 1999.

Band 11 Jürgen Cleve: Inkompatibilität und Kumulationsverbot. Eine Untersuchung zu c. 152 CIC/1983. 1999.

Band 12 Karl-Heinz Selge: Ehe als Lebensbund. Die Unauflöslichkeit der Ehe als Herausforderung für den Dialog zwischen katholischer und evangelisch-lutherischer Theologie. 1999.

Band 13 Elmar Güthoff / Karl-Heinz Selge (Hrsg.): Der Staat der Vatikanstadt, der Heilige Stuhl und die Römische Kurie in den Schriften von Winfried Schulz. Città del Vaticano, Santa Sede e Curia Romana negli Scritti di Winfried Schulz. Franz X. Walter zur Vollendung des 70. Lebensjahres. 1999.

Band 14 Hermann Kahler: Absentia consensus. Der fehlende Mindestwille zur Ehe als Ehenichtigkeitsgrund. 1999.

Band 15 Nikolaus Schöch: Die kirchenrechtliche Interpretation der Grundprinzipien der christlichen Anthropologie als Voraussetzung für die eheprozessrechtliche Beurteilung der psychischen Ehekonsensunfähigkeit. Eine kanonistische Studie unter besonderer Berücksichtigung der päpstlichen Allokutionen und der Judikatur der Römischen Rota. 1999.

Band 16 Michael Landau: Amtsenthebung und Versetzung von Pfarrern. Eine Untersuchung des geltenden Rechts unter besonderer Berücksichtigung der Rechtsprechung der Zweiten Sektion des Höchsten Gerichts der Apostolischen Signatur. 1999.

Band 17 Paul Weibel: Das Selbstbestimmungsrecht der römisch-katholischen Kirche. Eine staatskirchenrechtliche Studie am Beispiel des Kantons Schwyz. 2003.

Band 18 Stefan Korta: Der katholische Kirchenvertrag Sachsen. 2001.

Band 19 Jürgen Wätjer: Das katholische Domkapitel zu Hamburg von den Anfängen bis zur Reformation und seine Wiedererrichtung 1996. Eine kanonistische Untersuchung. 2001.

Band 20 Bernd Matecki: Der Traktat *In primis hominibus*. Eine theologie- und kirchenrechtsgeschichtliche Untersuchung zu einem Ehetext der Schule von Laon aus dem 12. Jahrhundert. Anhang: Edition des Traktates *In primis hominibus*. 2001.

www.peterlang.de

Printed by
CPI books GmbH, Leck

Kolibri 360 GmbH
Ferdinand-Jühlke-Straße 7
99095 Erfurt, Deutschland
produktsicherheit@kolibri360.de